Harald Neifeind

Der Nahostkonflikt – historisch, politisch, literarisch

WOCHENSCHAU VERLAG

Die Deutsche Bibliothek – CIP-Einheitsaufnahme

Neifeind, Harald: Der Nahostkonflikt – historisch, politisch,
literarisch / Harald Neifeind.
– Schwalbach/Ts. : Wochenschau-Verl., 1999
(Schriftenreihe des Deutsch-Israelischen Arbeitskreises für
Frieden im Nahen Osten e.V. ; Bd. 34)
ISBN 3-87920-422-5

Gedruckt auf chlorfreiem Papier
ISBN 3-87920-422-5

SCHRIFTENREIHE des

**Deutsch-Israelischen Arbeitskreises
für Frieden im Nahen Osten e.V.**

Band 34

Dieses Buch widme ich jenen Studierenden der Universität Göttingen und der TU Braunschweig, die sich in den vergangenen Jahren immer wieder für dieses Thema interessierten und mit mir daran arbeiteten.

Die SCHRIFTENREIHE des **Deutsch-Israelischen Arbeitskreises für Frieden im Nahen Osten e.V.** beschäftigt sich mit politischen, ökonomischen, kulturellen und gesellschaftlichen Problemen Israels und des Nahen Ostens sowie mit dem deutsch-jüdischen Verhältnis. Sie soll fundierte Kenntnisse über die Konfliktfelder in der Region vermitteln. Die Herausgeber fühlen sich einer gemeinsamen friedlichen Perspektive für das jüdisch-israelische und das palästinensisch-arabische Volk im historischen Palästina verpflichtet.

INHALTSVERZEICHNIS

Vorwort

Ich wünschte mir immer wieder für die Hand des Lehrers ein Buch, mit dessen Hilfe sich das Thema „Frieden im Nahen Osten" in verschiedenen Facetten für den Unterricht bearbeiten läßt. Dieses Buch sollte die aktuelle und die historische Dimension, es sollte sowohl die israelische wie auch die palästinensische Perspektive erfassen und es sollte neben den sog. Haupt- und Staatsaktionen auch die davon betroffenen Menschen berücksichtigen. Außerdem sollte durch die Berücksichtigung der Belletristik der Blick geöffnet werden auf die emotionalen Blockierungen für eine Friedenslösung. Denn nur so kann deutlich werden, daß Krieg und Frieden nicht nur eine Angelegenheit von Staaten sondern auch der einzelnen Menschen ist.

Die Anregung zu dieser Arbeit erhielt ich durch Vorträge von *Anat Feinberg* (1987 in Haifa) und *Ute Bohmeier* (1994 in Hofgeismar). Dabei ging es mir nicht um ein literarisches Kompendium, sondern es ging mir um die Verknüpfung der Belletristik mit den historisch-politischen Entwicklungen. Das aber machte eine Darstellung beider Bereiche notwendig. Ich folgte in den einzelnen Kapiteln keinem festen Schema, sondern wählte meinen Einstieg entweder mehr historisch oder mehr literarisch.

Viele Titel der israelischen und einige der palästinensischen Belletristik sind in deutsch oder englisch bereits auf dem Büchermarkt, oft sogar im Taschenbuch. Manchmal war ich auf Teilübersetzungen, wie sie z.B. in der israelischen Kulturzeitschrift *ariel* oder in den Aufsätzen verschiedener Verfasser erschienen sind, angewiesen.

Mein Dank gilt somit auch den vielen Übersetzern dieser Werke; er gilt ferner der Bundeszentrale für politische Bildung, mit der ich mehrere Male nach Israel reisen konnte, wodurch ich viele Aspekte der Probleme und des Lebens unmittelbar kennenlernte; ich danke auch meinen Studentinnen und Studenten, die mit mir an diesem Thema gearbeitet haben oder sich auch einfach nur meine Begeisterung für den einen oder anderen Roman anhören mußten – und sich manchmal auch anstecken ließen.

Harald Neifeind

Einleitung

„Es gibt keine Alternative zum Frieden!", das hört man immer wieder, wenn es darum geht, die Fortsetzung des Friedensprozesses im Nahen Osten zu beschwören. Das aber ist falsch. Es gibt eine Alternative und die heißt Krieg! Fassungslos stehen wir manchmal vor diesem Ausbruch von Gewalt, verständnislos vor dieser Ansammlung von Haß, der sich in den Aktionen beider Seiten immer wieder entlädt und dabei neu auflädt.

Wenn *Offergeld / Schulz* 1994 schreiben: „Aus den zahlreichen Konflikten der Nachkriegszeit ragt als unentwegt tätiger ‚Vulkan' der Nahost–Konflikt hervor,"[1] so ist diese Aussage für heute immer noch gültig. Auch die überraschende Wendung, die im Jahre 1993 im Nahen Osten erfolgte, hat daran nichts geändert. Zwar hatte man sich anfänglich schnell an den Friedensprozeß gewöhnt und sich erstaunt gefragt, wie es zu einem solch hartnäckigen Konflikt überhaupt kommen konnte. Aber die Ermordung *Rabins* und die darauf folgende Wahlniederlage von *Peres* haben eine andere Situation geschaffen. Der Friedensprozeß ist, trotz aller Beteuerungen, ins Stocken geraten und neue Tumulte entzünden sich. „Drei Jahre nach den Osloer Verträgen", schreibt *Anne Ponger* am 25.10.1996 in der *Süddeutschen Zeitung*, „gleicht der Nahe Osten wieder einem Pulverfaß kurz vor der Explosion." Die Lage ist angespannt, weil der Haß, der sich in einem Jahrhundert aufgebaut hat, nicht in wenigen Jahren beseitigt werden kann. *Volker Perthes* vermutet, daß für die nahöstliche Staatenwelt insgesamt gilt, „daß es allenfalls deren aufgeklärte Führer sind, nicht aber die Völker, die dort Frieden machen."[2] Wer den Nahen Osten und diesen Konflikt verstehen will, muß auch diesen Haß verstehen. Bereits im Juli 1946 hat *Judah Leib Magnes*, der Verfechter eines bi-nationalen Staates[3], vor diesen Emotionen gewarnt: „An dem Tage, an dem wir den Arabern ‚eins drauf geben', werden wir die Saat ewigen Hasses säen – in solcher Fülle, daß die Juden in jenem Weltteil auf Jahrhunderte hinaus nicht mehr werden leben können"[4]. In diesem letzten Punkte hat sich der Verfasser geirrt: Der jüdische Staat ist aus jenem Weltteil nicht mehr

---

[1] Offergeld/Schulz 1994, S. 210
[2] Perthes 1996, S. 40
[3] Ausführlicher zur bi-nationalen Staatsidee vgl. Ansprenger 1978, S. 48-52, 80-83 und 317-321
[4] Ansprenger 1978, S. 320

wegzudenken. Aber in dem ersten Punkt hat er recht behalten: Die Saat ewigen Hasses ist aufgegangen und die Möglichkeit eines bi-nationalen Staates im Sinne der ursprünglichen Idee, d.h. mit gleichberechtigten Volksgruppen, ist heute kaum noch vorstellbar.

Dabei ist der Begriff „Nahostkonflikt" von scheinbarer Eindeutigkeit. Wenn man die Konfliktlinien allerdings näher betrachtet, wird deutlich, daß es verschiedene Nahostkonflikte gibt. Da ist einmal der Konflikt zwischen Palästinensern und Israelis um das Land Palästina zu nennen. Da gab es den Konflikt zwischen Irak und Iran. Und es gab jenen Krieg um Kuwait, den wir als den zweiten Golfkrieg kennen. Da gibt es noch den Konflikt zwischen dem Irak und der UNO. Es gibt aber auch den Konflikt und den Kampf um den Libanon, in dem Syrien massiv Partei ergriffen hat. Innerhalb des Libanon gibt es eine Auseinandersetzung zwischen den verschiedenen Religionsgruppen. Es existiert ferner eine Konfliktlinie zwischen den zahlenmäßig reichen und gleichzeitig armen Staaten (Ägypten) auf der einen Seite und den gering bevölkerten, aber reichen Ölstaaten (Saudi-Arabien, Golf-Emirate) auf der anderen Seite. Auch das sog. Kurdenproblem ist im Nahen und Mittleren Osten angesiedelt. Außerdem: In fast allen arabischen Staaten gibt es den Konflikt zwischen einer, meist westlich orientierten, wirtschaftlichen Führungsschicht und den religiösen Fundamentalisten.

Der israelische Autor *Uri Avnery* spricht von drei Fronten, die er im Kampf der Israelis und Palästinenser um das Land erkennen kann: „Die erste Front verläuft zwischen Israelis und Palästinensern. .... Die zweite Front verläuft zwischen den Friedenskämpfern auf beiden Seiten und Kriegshetzern auf beiden Seiten. ... [Die dritte Front] verläuft zwischen denen, die zum aktiven Einsatz antreten und den Verzweifelten."[5]

Für uns meint der Begriff „Nahostkonflikt" zu allererst allerdings die Auseinandersetzung um das Land Palästina. Durch die Gründung des Staates Israel im Jahre 1948 wurden viele arabische Palästinenser heimatlos. Ihr Leben als Flüchtlinge, ihre Politik, ihre Aktionen vor allem waren es, welche die Auseinandersetzung mit Israel offenhielten. Lange Zeit verband sich ihr Versuch nach Palästina zurückzukehren mit der Sehnsucht aller Araber nach der Bildung einer „arabischen Nation", wie sie schon während des Ersten Weltkrieges in den Verhandlungen mit Großbritannien formuliert und dann in den „Vereinigten Arabischen Staaten" von Ägypten und Syrien (1958-1961) zeitweise verwirklicht wurde.[6] Der Begriff „Nahostkonflikt" beschreibt aber nicht nur allgemein „Kon-

---

[5] Avnery. In: SZ 2.9.1997, S. 11 (Uri Avnery wurde 1997 zusammen mit dem Palästinenser Sarhan Saleihmeh, dem Leiter des Jerusalemer El-Fatah-Büros, mit dem Aachener Friedenspreis ausgezeichnet)

[6] Nach dem 2.Weltkrieg gab es mehrere Versuche arabischer Staaten zu einem staatlichen Zusammenschluß, vgl. den Kartenüberblick bei Heller 1981, S. 126

flikte im Nahen Osten", sondern präziser, Konflikte zwischen Staaten des Nahen Ostens. Solange es ein zwischenstaatlicher Konflikt war, in dem die Palästinenser eine Randrolle spielten und in dem für sie das Prinzip der Rückkehr galt, war kein Kompromiß möglich. Seit dem SechsTage-Krieg von 1967, dann durch die Wucht der Intifada, wurde dieser Konflikt „palästinisiert". Erst seitdem die Palästinenser die Gründung eines Staates anstreben, konnte es zu einem Kompromiß kommen. Aus dem Nahostkonflikt ist wieder der Palästinakonflikt geworden.[7]

Zu den vielen Aspekten, die zur Erklärung dieses Konfliktes zu betrachten sind, gehört aber auch das deutsch-israelische Verhältnis. Jüdisches Selbstverständnis und zionistische Zielvorstellungen haben durch den Holocaust eine neue Dimension erfahren. Durch die Vernichtung der Juden haben wir Deutsche hier eine besondere Verpflichtung. Denn immer, wenn es in Zukunft um jüdische Geschichte geht, geht es auch um deutsche Geschichte. Dies ist, ob uns das gefällt oder nicht, eine jener Hypotheken, die wir Deutsche zu tragen haben. Wir sollten ihr dadurch gerecht werden, daß wir uns mit den Fragen und Problemen des Konfliktraumes Nahost beschäftigen und daß wir uns dadurch bemühen, einen Beitrag gegen Rassenvorurteile, gegen Antisemitismus und für Frieden im Nahen Osten zu leisten. Dies bedeutet keine unkritische Parteinahme für die israelische Seite, wie überhaupt das Ziel nicht „Parteinahme" sein kann, wie *Walter Gagel* zu Recht ausführte, sondern das „Begreifen".[8] Ich bin zutiefst überzeugt davon, daß ein Bemühen um offene Aufarbeitung der Geschichte dieser beiden Völker – auch wenn sie Kritik beinhalten sollte –, letztlich als Parteinahme für den Frieden beiden Seiten dient. Gerade dort, wo die Emotionen immer wieder so stark zum Ausbruch kommen, würde ein Zudecken von Fragen und Problemen, ein Verstecken vergangener Schuld auch, den Weg zum Frieden zusätzlich verminen.

Der Nahe Osten ist außerdem ein regionaler Konfliktraum, in dem sich die großen internationalen Differenzen und Gegensätze, die das 20. Jahrhundert prägten, abbilden. Zwar waren die Großmächte USA und UdSSR in der entscheidenden UNO-Abstimmung von 1947 noch beide für die Gründung eines israelischen Staates, aber die Verschärfung des Ost-West-Konfliktes in den folgenden Jahren und Jahrzehnten schlug sich auch im Nahen Osten nieder. Die USA wurden zur Schutzmacht Israels, die UdSSR zur Schutzmacht der arabischen Staaten. Folglich wurde die israelische Armee mit amerikanischen Waffen, die Armeen Ägyptens, Syriens und die Palästinenser mit sowjetischen Waffen ausgerüstet.

Über diese Konflikte hinaus ist die Bildung und Entwicklung des Staates Israel ein Vorgang, den zu betrachten sich lohnt. Neben Fragen der Besiedlung und Bewirtschaftung des Landes, des Aufbaus einer modernen

---

[7] Nach: Diner 1991, S. 8f.
[8] Gagel 1988, S. 78f.

Infrastruktur und einer demokratischen Gesellschaft, fasziniert die dafür notwendige Veränderung der jüdischen Identität. Daß dieses Problem so früh erkannt und präzise formuliert wurde, zeugt nicht nur von der Entschlossenheit der Zionisten, sondern auch von der Qualität ihrer vorbereitenden Planungen. Der „neue jüdische Mensch", den die Zionisten für die Besiedlung in Palästina brauchten, mußte erst aus jenem Juden, der sich nicht wehrte und der kein Land bebaute, verwandelt werden in den das Land bearbeitenden Bauern und Soldaten. Dieser Weg führte zu einem Volk, das sich eine der schlagkräftigsten Armeen der Welt aufbaute, einer Armee, die keinen Krieg verlieren durfte und die in mehreren Kriegen ihre Nachbarstaaten besiegte. Auf diesem Hintergrund ist der neue Film von *Claude Lanzmann* „Tsahal", der die israelische Armee glorifiziert, zu sehen. Über diesen Film und seinen Regisseur schreibt *Martina Meister*: „Nach *Shoah* wollte er zeigen, daß die Juden, die sich wie Vieh auf die Schlachtbank haben führen lassen, ihre historische Erfahrung in eine Strategie des Angriffs umgewendet haben. Israels Obsession der Offensive ist für Lanzmann eine folgerichtige Konsequenz aus dem Holocaust."[9] Eine Thematisierung der Gründung des Staates Israel und der angestrebten Veränderung jüdischer Identität vermag zugleich ein erster Schritt zu sein, um Juden als Subjekte der eigenen Geschichte zu erkennen und jüdische Geschichte nicht immer nur im europäischen Kontext zu sehen.[10]

Zugleich ist diese Staatsgründung aber in ihrer inneren Konsequenz, in ihrer Unerbittlichkeit gegenüber den dort wohnenden Arabern ein Vorgang, der erschreckt. Erschreckt vor allem deshalb, weil die Negierung der dort lebenden Menschen und ihrer Daseinsrechte zu unübersehbaren Konflikten und auf beiden Seiten zu großem Leid führte. In einer Äußerung von *Moshe Dayan* wird die ganze Radikalität, mit der Israel versuchte arabische Kultur und Zivilisation zu verdrängen, sichtbar:

> „Alle unsere Siedlungen sind erbaut auf den Ruinen palästinensischer Dörfer. Ja, wir haben sie nicht nur ausradiert bis auf den Boden, sondern auch ihre Namen aus den Geschichtsbüchern getilgt. Sie haben also triftige Gründe für den Kampf, den sie gegen uns führen. Unser Problem ist nicht, wie wir sie loswerden sollen, sondern wie wir mit ihnen leben können. Wenn ich selbst ein Palästinenser wäre, wäre ich wahrscheinlich ein Fatah-Kämpfer."[11]

In seiner Erzählung „Unter den Wäldern" nimmt *A. Jehoschua* dieses Motiv der verschwundenen Dörfer wieder auf. Er berichtet von einem arabischen Dorf, das es nicht mehr gibt und von dem nur noch Ruinen vorhan-

---

[9] Meister. In: FR 6.1.95

[10] Pingel 1993, H.34, S. 4

[11] Zit. aus: Armin Wertz, Frieden ohne Gerechtigkeit wird es nicht geben. In: FR 6.1.95 - Besprechung von: Ludwig Watzal, Frieden ohne Gerechtigkeit? Israel und die Menschenrechte der Palästinenser, Köln/Weimar/Wien 1994

den sind. Aber es gibt aus diesem Dorf noch einen alten Araber, der nicht mehr reden kann, weil man ihm die Zunge herausgeschnitten hat. Seine Kultur wurde vernichtet und die Erinnerung daran verstümmelt. Er selbst aber ist noch da und allein durch seine stumme Anwesenheit klagt er an.

Darüber hinaus aber kann die Kategorie Frieden nicht ohne die historische Dimension bearbeitet werden. Und gerade um den Konflikt um Palästina verstehen zu können, muß „ein gewaltiges Stück Weltgeschichte in den Blick kommen – die ganze Vorgeschichte von Juden, Arabern und Palästina bis zum Zweiten Weltkrieg und der Staatsgründung Israels (1948)."[12]

---

[12] Geiss 1981, S. 59

Der Raum

Der Begriff „Nahost-Konflikt" ist nur scheinbar räumlich präzise festgelegt. Tatsächlich aber sind die Definitionen, was denn nun unter dem „Nahen Osten" zu verstehen sei, höchst unscharf. Auch die Bezeichnung „Palästina" hilft kaum weiter:

> „Der Name Palästina geht auf die Philister zurück. Um 1150 v.Chr. wanderten sie aus der Inselwelt des östlichen Mittelmeeres ein; zwischen Aschkelon und Gaza gründeten sie fünf Städte. Den Namen Palästina prägte Alexander der Große, der 333 v.Chr. das Gebiet eroberte. Aus Palästina wurde im Arabischen ‚Filastin', das ‚Land der Palästinenser'."[13]

Bis zum Ende des Ersten Weltkrieges war Palästina Bestandteil des Osmanischen Reiches. Geographisch war es ein Teil Syriens.

> „Nach der Verwaltungsreform Ende des 19.Jahrhunderts gehörte der nördliche Teil zum Vilayet (Provinz) Beirut, während der Sandschak (Bezirk) Jerusalem von der Hauptstadt Istanbul direkt verwaltet wurde. Die Bewohner des Landes fühlten sich als Araber und Angehörige des Osmanischen Reiches, in dem verschiedene Nationalitäten wie Türken, Araber, Griechen und Juden zusammenlebten. Entsprechend islamischer Auffassung von der ‚Umma' (islamische Gemeinde) gab es keine Aufteilung in einzelne Nationen wie in Europa."[14]

„Palästina" war demnach nie ein Staat, es war immer nur Teil eines größeren Ganzen und im Osmanischen Reich dazu nicht einmal eine Verwaltungseinheit.

> „Mit der Errichtung des Mandats Palästina 1920 trat Palästina erstmals als eigenständige politische Einheit in Erscheinung, und die Abtrennung Transjordaniens als selbständiges Emirat 1921 legte die endgültigen Grenzen Palästinas fest".[15]

Kulturhistorisch geht der Begriff „Palästina" zurück auf die Bezeichnung Orient/Okzident,

---

[13] Aus: Israel verstehen. Sympathie Magazin Nr. 22, hrsg. vom Studienkreis für Tourismus, Starnberg 1991, S. 10
[14] Koszinowski 1988, S. 47
[15] Koszinowski 1988, S. 47

„in denen eine jahrhundertelange Kulturspannung zwischen dem islamischen Morgenland und dem christlichen Abendland zum Ausdruck (kommt).... Er ist die oft sehr lockere geographische Umschreibung einer Region unter Bedingungen der neueren Geschichte und daher nach Belieben zu erweitern bzw. einzuschränken. Die Bezeichnung ‚nah‘ ist nur aus europäischer Perspektive sinnvoll; und wenn man von Indien oder von China nach Kairo oder Damaskus reist, bewegt man sich westwärts; dennoch spricht man geographisch falsch von einer Reise in den ‚Nahen Osten‘. Der Begriff ist im engen Kontext imperialer Interessen europäischer Kolonialmächte entstanden und hat in diesem Zusammenhang seinen geschichtlichen Ursprung.... Auch in der Sprache internationaler Organisationen, vor allem der Vereinten Nationen (seit Frühjahr 1948), gilt dieses Gebiet auch nach der Auflösung der europäischen Kolonialreiche als ‚Naher Osten‘.“[16]

Bassam Tibi verweist auf die Bedeutung der Perspektive, denn in Indien nenne man diese Region „Westasien“. Für ihn umfaßt der Nahe Osten neben den arabischen Ländern noch den Iran, den Irak und die Türkei.[17]

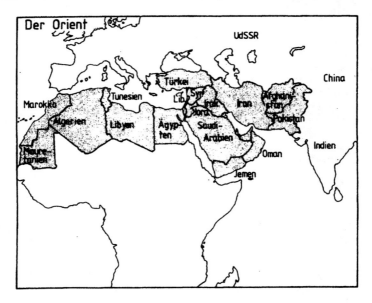

Naher und Mittlerer Osten[18]

[16] Tibi 1989, S. 53
[17] Tibi. In: FAZ 9.8.95
[18] Fahn 1982, S. 419

Hilfreich ist die Unterscheidung von *Offergeld / Schulz*, einerseits nur vom „israelisch-palästinensischen Konflikt" zu sprechen, womit sie den Konflikt auf den politischen Streit zweier Völker um ein einziges Land, um das historische Palästina, begrenzen; andererseits bezieht 'israelisch-arabischer Konflikt' „eine umfassendere, religiös-kulturelle Dimension in den Konflikt ein und (umfasst) eine Kernzone von Ländern, die mehr oder weniger zum Mittelmeer hin orientiert sind: Israel, Ägypten, Jordanien, den Libanon und Syrien."[19]

---

[19] Offergeld/Schulz 1994, S. 211

I. ADRESSAT SCHULE

In einem Buch für die Schule, auch wenn es für die Hand der Lehrerin und des Lehrers gedacht ist, muß die Frage gestellt werden, warum sich deutsche Schülerinnen und Schüler mit dem Nahostkonflikt beschäftigen sollen, gehört dieser Konflikt doch „sowohl in der Politikwissenschaft als auch in der Didaktik zu den schwierigsten Problemfeldern der heutigen Politik"?[20]

Aus mehreren Gründen halte ich die Berücksichtigung dieses Themas in deutschen Schulen für wichtig:
1. Einmal wegen der Verbindung mit der deutschen und europäischen Geschichte: Ohne Holocaust und ohne Pogrome gäbe keinen jüdischen Staat. Hier kann in exemplarischer Weise deutlich werden, daß die unterrichtlich fest verankerten Themen „Antisemitismus" und „Holocaust"[21] nicht nur „historische Themen" sind, sondern daß sie einmal im allgemeinen, aber auch im besonderen über die Brücke Israel in unsere Gegenwart hineinwirken.
2. Wegen der politisch und wirtschaftlich engen Verflechtung des arabischen Raumes mit Europa und
3. weil es sich um einen außereuropäischen Raum handelt;
4. weil beim Nahostkonflikt die Abhängigkeit der politischen Gegenwartsentscheidungen von historischen Erfahrungen unmittelbar greifbar und nachvollziehbar ist;
5. weil in diesem Beispiel die in der politischen Diskussion oder in oberflächlichen Äußerungen allzuleicht vergebenen moralischen Etikettierungen „gut" und „böse" immer wieder die Seiten wechseln. Schüler und Schülerinnen können ausgehend von diesem Thema über jene Frage sprechen, die *Amos Oz* stellte: „Muß sich ein Volk wirklich ethischer verhalten, weil es die Gaskammern durchlitten hat?"[22]

---

[20] Nicklas 1989, S. 308 (Besprechung von W. Gagel)
[21] Böge 1995, S. 764
[22] „Eine Überdosis Geschichte" In: Der Spiegel 2/1996, S. 129

Außerdem ergeben sich vielfältige Möglichkeiten fächerübergreifender Zusammenarbeit.[23] Da ist einmal die Nähe zum Fach Politik/Sozialkunde (Krieg und Frieden; Migration, Politik und Moral), aber es ist ebenfalls eine Zusammenarbeit mit Literatur (Fiktion und Fakten), mit Religion (Judentum), Geographie (Wasser), aber auch mit dem Fach Englisch möglich, da viele Quellen in englisch wiedergegeben sind. Neben einem zeitweisen Ineinandergreifen verschiedener Fächer, ist aber auch vorstellbar, daß parallel zu diesem Themenbereich in Nachbarfächern Inhalte gleichzeitig bearbeitet werden, die indirekt, partiell oder in einem weiteren Sinne mit dem Nahostkonflikt in Beziehung stehen; zum Beispiel in Biologie/Geographie die weltweiten Wasserprobleme; in Deutsch das Thema Emigrationsliteratur; in Politik/Sozialkunde die Rolle supranationaler Organisationen wie der UNO. Zudem ist es denkbar, daß die Verwendung von Texten der Belletristik Schülerinnen und Schüler dazu motiviert, solche Romane oder Erzählungen einmal in ihrem Zusammenhang zu lesen und nach weiteren Informationen durchzusehen. Ein handlungsorientierter Impuls könnte damit gegeben werden, daß die Schüler zu einem systematischen Durcharbeiten von Tageszeitungen angeregt werden, da sich dort nicht nur Kurzinformationen über die tagespolitischen Entwicklungen im Nahen Osten finden, sondern immer wieder auch Hintergrundinformationen angeboten werden. Somit bieten sich insgesamt vielfältige Möglichkeiten für eine begleitende selbständige Mitarbeit der Schülerinnen und Schüler an.

In manchen Kapiteln sind kontrastierende Texte unmittelbar nacheinander gestellt, so daß sich für den Unterricht ein Spannungsbogen ergeben kann, der zum Nachfragen anregt. Welche Texte für den Unterricht ausgewählt werden, obliegt den Lehrerinnen und Lehrern. Es wird keine Vorauswahl und auch kein Stundenmodell angeboten.

1. Der „Nahost–Konflikt" im Schulbuch

Seit vielen Jahren befaßt sich *Chaim Schatzker* mit der Darstellung jüdischer Geschichte in deutschen Schulbüchern. Anläßlich einer Neuauflage der *Deutsch-Israelischen Schulbuchempfehlungen*[24] resümiert er die Forderungen der beteiligten Wissenschaftler in folgender „Formel":

---

[23] Bade 1997, S. 256: „In der Kultusministerkonferenz herrscht Einvernehmen darüber, daß das fachübergreifende und fächerverbindende Lernen zu stärken ist."
[24] Deutsch-Israelische Schulbuchempfehlungen. Zur Darstellung der jüdischen Geschichte sowie der Geschichte und Geographie Israels in Schulbüchern der Bundesrepublik Deutschland. Zur Darstellung der deutschen Geschichte und der Geographie in israelischen Schulbüchern. Studien zur

„Jüdische Inhalte sind ein sachlich notwendiges Element historisch–politischer Bildung, allerdings nicht dieser allein. Denn: Kenntnis und Verständnis der Entwicklung der europäischen Kultur (und besonders der deutschen Geistes- und Kulturgeschichte) hängen davon ab, ebenso das Verständnis des Entstehens des Staates Israel und der weltpolitischen Bedingungen seiner Existenz. Unabhängig von dieser Begründung besteht auch die Verpflichtung, das Thema Juden, Judentum und Staat Israel im Unterricht zu behandeln, aus ethischen Gründen."[25]

Hauptvorwurf, der dabei den deutschen Schulbüchern gemacht werde, sei „die häufig punktuelle und zufällige Darstellung" des Judentums. Bezugnehmend auf die Probleme im heutigen Israel/Palästina faßt *Schatzker* die Empfehlungen wie folgt zusammen:

„Positiv bewerten die Empfehlungen das Bemühen der meisten Bücher um ein abgewogenes Urteil innerhalb der Darstellung der Konfliktgeschichte des Nah-Ost-Problems, bedauern jedoch das Zurücktreten der Analyse der Bedingungen von Friedensmöglichkeiten und die Beschreibung entsprechender Initiativen. Jedenfalls sollte die Geschichte des Staates Israel nicht lediglich aus der Sicht des Nah-Ost Konflikts, von politischen und militärischen Auseinandersetzungen geschildert werden, sondern auch die wirtschaftlichen, gesellschaftlichen und kulturellen Leistungen. Es kann zu Mißverständnissen und Fehldeutungen führen, wenn das Flüchtlingsproblem als ein rein arabisches dargestellt wird und die Flucht und Massenauswanderung von Juden aus arabischen Ländern unerwähnt bleibt. Der kulturelle, wirtschaftliche und politische Beitrag der deutschen Juden zum zionistischen Aufbauwerk in Palästina, später Israel, sollte hervorgehoben werden."[26]

Gefordert wird demnach eine erweiterte Darstellung jüdischer Geschichte, sei es im Rahmen der deutschen, sei es als eigenständige Geschichte. Für Antike, Mittelalter, Neuzeit werden präzise die Desiderata benannt. Es ist die Rede von der „religionsgeschichtlichen Bedeutung des Judentums", davon daß „die Kontinuität jüdischer Besiedlung in Palästina auch nach der Zerstörung des Tempels ... nicht deutlich" werde und daß Juden im Mittelalter nur „im Zusammenhang von Verfolgung und Vertreibung" erwähnt würden. Außerdem wird die „starke Vernachlässigung der Geschichte der Juden zu Beginn der Neuzeit" beklagt. Juden würden letztlich immer nur als „Objekte" dargestellt, die Antwort des Zionismus aber auf das Identitätsproblem würde dagegen nicht gegeben. All dieses ist richtig und all dieses ist wichtig, will man das Bemühen der Juden um einen eigenen Staat verstehen. Dieses Wissen ist unerläßlich, um die

internationalen Schulbuchforschung, 2.erw.Aufl. Frankfurt 1992 (Schriftenreihe des Georg–Eckert-Instituts, Braunschweig, Bd.44))
[25] Schatzker 1994, S. 39
[26] Schatzker 1994, S. 43

Hartnäckigkeit und Verbissenheit zu begreifen, mit der die durch ihre Vergangenheit geprägten Israelis heute die Sicherung ihrer Staatlichkeit betreiben. Eine Sicherung, die sie allerdings oft blind macht für Leiden der Palästinenser. Überlegungen, daß aus der langen Dauer des Leidens den Palästinensern vielleicht einmal ähnliche Kräfte erwachsen werden wie sie den Juden zugewachsen sind, scheinen Israelis meist fremd. Daher kann eine ausgewogenere Darstellung der jüdischen Geschichte in deutschen Schulbüchern die Probleme im Nahen Osten heute nur teilweise verständlich machen, es kann keine Einsicht – wenn dies überhaupt möglich ist– vermittelt werden, ohne daß auch die Geschichte und das Schicksal der in Palästina lebenden Araber behandelt wird. In jedem Unterricht muß das Ausmaß der Emotionen auf beiden Seiten, das einen Friedensprozeß so erschwert, deutlich werden. Nur so kann auch Verständnis wachsen.

Die Anregungen und Forderungen der Empfehlungen müssen aber auch an den Möglichkeiten des Geschichtsunterrichts gemessen werden. Setzt man die Vorschläge um, so führt das zu einer erheblichen Ausweitung des Unterrichtsstoffes. Das aber ist in Zeiten, in denen Geschichtsdidaktiker mit guten Gründen eine Reduktion des Stoffes fordern[27], nicht möglich.

Das Angebot der Schulbücher zum Nahostkonflikt differiert in starkem Maße[28]. Hier gibt es für die Sekundarstufe I neben dem Angebot, das mit zweieinhalb[29] bzw. vier Seiten auskommt[30], auch solche, die über 24 Seiten gehen.[31] Nicht aber allein die verfügbare Platzmenge unterscheidet die Schulbücher voneinander, sondern auch die Auswahl der Inhalte und die Art und Weise des Zugriffs. Zur Erläuterung im folgenden eine Darstellung zweier vierseitiger Angebote:

In dem Geschichtsbuch „Tempora. Bd.10. Gymnasium" (Stuttgart 1995)[32], erhält das Kapitel „Krisenherd Naher Osten" lediglich vier Seiten. Auf diesem schmalen Raum kann nur noch eine Einführung in die Problematik gegeben werden, so sieht es auch das begleitende Lehrerheft.[33] Diese Einführung orientiert sich einmal an der genetischen Entwicklung, in

---

[27] von Borries 1994, S. 381f.; Kuss 1995, S. 192
[28] Hier lediglich eine Auswahl. Detailliertere Informationen bei Schatzker 1992
[29] Geschichtsbuch. Ausgabe A, Bd.4, hrsg. von Peter Hüttenberger, Bernd Mütter, Norbert Zwölfer, Berlin: Cornelsen 1993, S. 175-177
[30] Tempora. Geschichte und Geschehen. Bd.10. Ausgabe N - Gymnasium, Stuttgart: Klett 2.Aufl. 1995; Entdecken und Verstehen. Geschichtsbuch für Rheinland-Pfalz. Erweiterte Ausgabe. Bd.4, Berlin: Cornelsen 1995, S. 174-177
[31] Menschen-Zeiten-Räume. Arbeitsbuch für Gesellschaftslehre, Bd.4, hrsg. von Heiner Beddies und Thomas Berger - von der Heide, Berlin: Cornelsen 1996, S. 32–55
[32] Tempora. Geschichte und Geschehen. Bd.10. Ausgabe N - Gymnasium", 2.Aufl. 1995 Stuttgart: Klett
[33] Tempora. Geschichte und Geschehen, 10. Ausgabe N - Gymnasium: Lehrerheft, Stuttgart: Klett 1992

dem sie vom Zionismus des 19. Jahrhunderts, über die Entwicklung im Ersten Weltkrieg, eine Brücke schlägt bis zur Gründung des Staates im Jahre 1948. Alles auf einer halben Seite. Der Rest des Darstellungsteiles dient fast ausschließlich außenpolitischen Verwicklungen, die Israel und seine Nachbarn oder die Rolle der USA, der UdSSR und der UNO betreffen. Die ersten Schritte zum Frieden zwischen Begin und Sadat werden zwar angesprochen, aber ohne daß der Begriff Camp David fällt. Der Vertrag zwischen Israel und der PLO von 1993 und jener mit Jordanien werden nicht erwähnt, obwohl die 2.Auflage im Jahre 1995 auf den Markt kam. Auf diesen vier Seiten findet sich noch eine Zeitleiste, eine Seite Karten, welche die territorialen Veränderungen seit 1948 anführen, ebenso eine Seite mit Quellen und Arbeitsaufträgen, und es wird noch ein Foto gezeigt, auf dem eine Montagehalle für Kampfflugzeuge in Israel zu sehen ist. Das Kapitel wird mit vier „Arbeitsvorschlägen und Fragen" abgeschlossen. Die Karten und das Foto werden dabei nicht berücksichtigt.

Die Kommentierung im begleitenden Lehrerheft ist mit etwas mehr als drei Seiten fast genauso „ausführlich". Zu Recht wird hier darauf hingewiesen, daß der Lehrer „Zusatzinformationen" bereit halten müsse, wobei – und das zeigt nun wieder die dominierende außenpolitisch orientierte Perspektive – „besonders die widersprüchliche Rolle der europäischen Großmächte England und Frankreich während und gegen Ende des Ersten Weltkrieges exemplarisch herausgestellt werden sollte."[34]

Im Schülerband wie im Lehrerheft tauchen Palästinenser nur als Randerscheinung auf. Der Konflikt wird fast ausschließlich unter europäisch-israelischer Perspektive betrachtet.

Ebenfalls nur vier Seiten umfaßt das Kapitel „Krisen im Nahen und Mittleren Osten seit 1945" in „Entdecken und Verstehen" (Bd.4, Berlin 1995)[35]. Zwar werden auch hier die großen Linien der Chronologie beibehalten (Vernichtung des jüdischen Staates 70 n.Chr.; Gründung des Staates Israel 1948; Kriege mit den Nachbarstaaten), dennoch hat dieses Kapitel eine andere Akzentsetzung: Einmal wird das Problem der palästinensischen Flüchtlinge über einen eigenen Darstellungstext und eine Karte direkt angesprochen und zum anderen wird auf den Vertrag zwischen Israel und der PLO von 1993, den Friedensvertrag von 1994 zwischen Israel und Jordanien über den Text und eine Karte Bezug genommen. Zusätzlich werden die Gefahren für den Frieden durch Text und Karikatur thematisiert. Aufmacher des Kapitels ist eine fast ganzseitige Karte des Nahen und Mittleren Ostens, in welche die vielen Kriege in diesem Raum seit 1945 graphisch eingezeichnet sind. Die Arbeitsfragen beziehen sich auf Text, Karte und Karikatur.

---

[34] Tempora. Geschichte und Geschehen, 10, Ausgabe N - Gymnasium: Lehrerheft, Stuttgart 1992, S. 148

[35] Entdecken und Verstehen. Geschichtsbuch für Rheinland-Pfalz. Erweiterte Ausgabe, Bd.4, hrsg. von Thomas Berger - von der Heide, Karl-Heinz Müller, Hans-Gert Oomen, Berlin: Cornelsen 1995, S. 174–177

Beinahe noch stärker unterscheidet sich das Angebot in der Sekundarstufe II. Hier gibt es einerseits Schulbücher, deren gesamte Themenwahl der Sekundarstufe I ähnelt, mit unterschiedlichen Erweiterungen allerdings, wobei die Themen auf anderem Niveau abgehandelt werden. Als Beispiel sei hier das „Geschichtsbuch. Oberstufe" (Bd.2, Berlin 1996)[36] mit fünf Seiten Nahostkonflikt oder „Epochen und Strukturen" (Bd.2, Frankfurt 1996)[37] mit zweieinhalb Seiten Nahostkonflikt erwähnt.

Für problematisch halte ich hierbei grundsätzlich die Einbettung in den Ost-West-Konflikt oder in den Themenbereich der Dekolonisation. Im ersten Falle wird unterschlagen, daß der Nahostkonflikt in seinen Grundzügen schon bestand, als es noch keinen Ost-West-Konflikt gab; und im zweiten Fall werden die Kausalitäten so grundlegend verschoben, daß sie schon nicht mehr richtig sind. In beiden Fällen wurde der Nahostkonflikt lediglich zeitweise überlagert oder der Raum als Spielwiese für weltweite Konflikte benutzt.

Eine völlig andere Konzeption verfolgen Unterrichtswerke für die Sekundarstufe II, die eine bestimmte Fragestellung durch die Geschichte hindurch verfolgen, wie z.B. Offergeld, Peter/Schulz, Dieter: Krieg und Frieden. Friedensordnungen und Konflikte vom Mittelalter bis zur Gegenwart (Geschichtskurse für die Sekundarstufe II), Paderborn 1994.

Offergeld/Schulz erarbeiten ihr Thema „Krieg und Frieden" an sechs verschiedenen Fallbeispielen. Sie gehen dabei aus vom späten Mittelalter („Krieg und Frieden im mittelalterlichen Europa – 1300) und führen bis ins 20.Jahrhundert. Diese Ausdehnung begründen sie damit, daß „mit dem Beginn der Neuzeit massiv die Herausbildung von Staaten und Staatlichkeit (einsetze) und damit von politischen Strukturen, zu denen wir von Anfang an eine gewisse ‚Erfahrungsnähe' und ‚Vergleichbarkeitsnähe' haben. Denn das vorläufige Ende der Entwicklung ist uns vertraut. Der Staat hat das Recht, öffentlich Gewalt auszuüben, zu seinem Monopol gemacht. Er praktiziert es, indem er in seinem Herrschaftsbereich die Individuen unter den Schutz von Polizei und Justiz stellt und die ‚private' bewaffnete Selbsthilfe verbietet. In diesem Innenbereich des Staates ist somit für die Phänomene Krieg und Frieden kein Platz mehr."[38] Dazu bietet die Darstellung hochmittelalterlicher Verhältnisse „sozusagen einen kontrastierenden Hintergrund. Der Hauptunterschied zu den späteren Verhältnissen besteht darin, daß es den Zentralgewalten noch nicht gelang, öffentliche Gewaltanwendung wirkungsvoll zu mono-

[36] Geschichtsbuch Oberstufe, Bd.2: Das 20. Jahrhundert, hrsg. von Hilke Günther-Arndt, Dirk Hoffmann, Norbert Zwölfer, Berlin: Cornelsen 1996
[37] Epochen und Strukturen. Grundzüge einer Universalgeschichte für die Oberstufe, Bd.2, hrsg. von Immanuel Geiss, Rolf Ballof, Renate Fricke-Finkelnburg, Frankfurt: Diesterweg 1996
[38] Offergeld/Schulz 1994, S. 6f.

polisieren ... (und) gerade durch das mittelalterliche Anderssein kommt die Besonderheit der neuzeitlichen Entwicklung deutlicher in den Blick."[39] Diese Ausgangsperspektive macht deutlich, daß es sich hier um Konzeptionen für die Sekundarstufe II handelt. Allerdings wird die sehr grundsätzlich angelegte Betrachtungsweise im Kapitel über den Nahostkonflikt (S. 209-255: Krieg und Frieden in unserer Zeit – Das Beispiel der Konflikte im Nahen Osten) nicht mehr eingehalten. Hier tauchen einmal die vertrauten Fragestellungen, die bekannten Perspektiven und Quellen wieder auf; zum anderen aber machen die beigefügten „Materialien" deutlich, daß den Autoren gerade die Verknüpfung dieses regionalen mit internationalen Konfliktfeldern wichtig war. So werden Quellen zu Grundlinien der Nahostpolitik der USA, der UdSSR und der UNO angeboten und es wird ebenfalls der Blick auf den Rohstoff Erdöl gelenkt. Dies ist alles nichts grundsätzlich Neues, ohne daß dies den soliden Wert der ausgewählten Materialien schmälern soll. Mit den Kapiteln „Positionen und Strategien der Palästinenser", „Frauen im Nahostkonflikt" und „Islam und Nahostkonflikt" setzen die Autoren allerdings einen Akzent, der deutlich auf weitere Problemfelder verweist. Gerade auf dem Hintergrund der oben zitierten grundsätzlichen Bemerkungen, wäre eine Diskussion darüber wünschenswert gewesen, ob nicht gerade in diesem Konflikt der Krieg auch wieder in den Innenbereich des Staates gerückt ist. Gerade die „Intifada" oder aber die Terroranschläge weisen darauf hin. Operationalisierende Arbeitsfragen schließen das Kapitel ab. Im Anhang finden sich „Hinweise zur Arbeit mit Quellen", „Erläuterung wichtiger Begriffe" und „Literaturhinweise". Insgesamt ist den Autoren ein Werk gelungen, das sich an Lehrkräfte wendet, die sich vertieft in die Problematik „Krieg und Frieden" einarbeiten und damit zugleich Arbeitsmaterialien für ihren Unterricht gewinnen wollen.

Trotz aller Unterschiede im einzelnen lassen sich bei den durchgesehenen Schulbüchern verschiedene gemeinsame Grundzüge erkennen:

– Die Schulbücher folgen der Chronologie.
– Schulbücher behandeln den Nahostkonflikt, unabhängig von der jeweiligen Anbindung an andere Themen, weitgehend aus der israelischen Perspektive.
– In Schulbüchern dominieren historisch-politische Quellen, die in ihrer Nüchternheit keine hinreichende Erklärung dafür bieten können, welche Emotionen sich bei den Menschen im Laufe der Jahrzehnte aufgestaut haben.
– Die unumgänglichen Fakten wie zionistische Zielsetzung, Balfour–Deklaration, Staatsgründung, Kriege gegen die arabischen Staaten usw. unterlegen der Entwicklung eine Folgerichtigkeit, die sie nicht hatte.

---

[39] Offergeld/Schulz 1994, S. 7

Dieser so stringent erscheinende Prozeß, erweckt – wieder einmal – den Eindruck, als gäbe es eine Logik der Geschichte und es käme nur darauf an, diese zu erkennen. Diese sinnfällige Abfolge, die alle Alternativen verschleiert, die Zufälle verdeckt und Mißerfolge verschweigt, stärkt den Glauben an die Planbarkeit historisch-politischer Prozesse und hinterläßt eine Vorstellung, die es nicht in der Realität wohl aber in den Darstellungen gibt. Diese Verengung, der der Historiker nicht ausweichen kann[40], hat bei der Darstellung des Nahostkonfliktes in den Schulbüchern einen Höhepunkt erreicht. Dabei gab es durchaus Ereignisse, die, mit anderem Ausgang, den Gang der gesamten Entwicklung hätten grundlegend verändern können:

a) Wie hätte sich das Szenarium des Nahen und Mittleren Ostens entwickelt, wenn sich Rußland nach der Revolution von 1917 nicht zurückgezogen hätte und bei den Friedensverhandlungen ebenfalls mit Forderungen aufgetreten wäre?

b) Das komplizierte diplomatische Spiel rund um die Balfour-Deklaration von 1917 zeigt von wie vielen Faktoren das Zustandekommen dieser Erklärung letztlich beeinflußt wurde.

c) Lag es in der Logik der Entwicklung, daß der Zionismus, der einstmals eine Außenseiterposition innerhalb der Judenheit innehatte, zur dominierenden Richtung wurde? Muß nicht jeder, der eine ungebrochene Kontinuitätslinie von *Herzl* bis zur Staatsgründung zieht, in Begründungszwänge kommen, wenn es um die für die Staatsgründung letztlich ausschlaggebende Rolle des Holocaust geht?

d) 1947 stimmte die UNO für die Zweiteilung Palästinas in einen jüdischen und einen arabischen Staat. Bis zur letzten Minute war der Ausgang der Abstimmung unklar. Wie wäre die Entwicklung verlaufen, wenn die UNO anders abgestimmt hätte?

e) Mehrmals haben die israelischen Streitkräfte gegen ihre arabischen Widersacher obsiegt. Aber war es immer nur Tüchtigkeit, war da nicht auch Glück mit dabei? Was wäre gewesen, wenn einer dieser Kriege verloren worden wäre?

So vermag ich zwar durchaus jenen roten Faden erkennen, der sich vom Basler Kongreß bis zur Gründung des Staates Israel zieht, aber nicht einmal seine Benennung als „Struktur"[41] kann ich nachvollziehen, weil schon die Anwendung eines solchen Begriffes die Bedeutung, die Singula-

---

[40] Hierzu Koselleck: „Gemessen an der Unendlichkeit vergangener Totalitäten, die uns als solche nicht mehr zugänglich ist, ist jede historische Aussage eine Verkürzung. Im Umkreis einer naiv-realistischen Erkenntnistheorie ist jeder Zwang zur Verkürzung ein Zwang zur Lüge. Ich kann aber darauf verzichten zu lügen, wenn ich einmal weiß, daß der Zwang zur Verkürzung ein inhärenter Teil unserer Wissenschaft ist." Koselleck, Reinhard: Über die Theoriebedürftigkeit der Geschichtswissenschaft. In: Werner Conze (Hrsg.), Theorie der Geschichtswissenschaft und Praxis des Geschichtsunterrichts, Stuttgart 1972, S. 25
[41] Koselleck 1979, S. 147: „Strukturen (sind) als solche überindividuell und intersubjektiv".

rität und damit die Veränderungskraft des Holocaust auf die gesamte
Entwicklung einebnet.

2. Didaktische Literatur

Eine annähernd vollständige Übersicht der didaktischen Literatur zu diesem Thema kann und soll hier nicht geliefert werden, sondern es sollen
lediglich einige Arbeiten vorgestellt werden, die für bestimmte Positionen
oder methodische Zugriffe charakteristisch sind.

*Gagel, Walter: Der Nahost-Konflikt als Aufgabe kontroversen Denkens. Di-
daktische Überlegungen und Vorschläge zur Planung des Unterrichts in
der Sekundarstufe II. In: Der Nahost-Konflikt. Genese – Positionen – Lösungsperspektiven, hrsg. von W. Gagel, Stuttgart 1988 (Politische Bildung
21, 1988, H.1, S. 76–95)*

Vf. skizziert aus der Sicht des Politikwissenschaftlers didaktische Perspektiven für den Unterricht. Auch wenn das Unterrichtsmodell hier in
seinen Einzelheiten nicht vorgestellt werden kann, so sollen doch einige
Umrisse nachgezeichnet werden, da sie für einen Geschichtsunterricht zu
diesem Thema gleichermaßen Gültigkeit haben. Vf. erläutert, daß der
chronologische Zugriff lediglich eine scheinbare Objektivität anbiete.
Wenn der Zugang zu diesem Thema über die Geschichte der jüdischen
Einwanderung eröffnet werde[42], so sei dies zwar sachangemessen, zugleich
aber auch unterschwellig einseitig. Dieser Einstieg erwecke den Eindruck
einer ungleichen Rollenverteilung: Die Juden seien in der Rolle der Aktiven und die in Palästina wohnenden Araber die bloß Reagierenden. Auch
wenn dies historisch richtig sei, so bestehe doch die Gefahr, daß dieses
Bild auf die Gegenwart übertragen werde. Außerdem übernehme diese
Betrachtungsweise das israelische Geschichtsbild; das arabische hingegen
„ist nicht von der Erfahrung des europäischen Nationalismus des
19.Jahrhunderts geprägt, sondern von der Erfahrung der türkischen
Herrschaft bis 1918 und den Auswirkungen des europäischen Kolonialis-
mus." Wenn außerdem die Staatswerdung Israels im Mittelpunkt stehe,
so unterliege man leicht der Gefahr, diese Entwicklung als stringent und
zwangsläufig anzusehen, und „daß jede geschichtliche Situation auch ein
gewisses Maß an Offenheit aufweist", werde dabei leicht übersehen.

Gagel schlägt eine „methodisierte Erkenntnisgewinnung"[43] vor. Er geht
von einem „Akteur-Situations-Modell" aus, wobei Situation als „subjektive
Perspektive der Teilnehmer an diesem Konflikt" definiert wird. „Akteur"

---

[42] Gagel 1988, S. 83f.
[43] Gagel 1988, S. 80ff.

in der Situation ist der Staat als eine Einheit, dessen Handlungen analysiert werden können. Gagel überträgt diesen Ansatz aus der Theorie der Internationalen Politik. Inhalt des Konfliktes „ist das Aufeinanderprallen divergierender Perspektiven". Schülerinnen und Schüler werden „demnach gleichsam verfahrenstechnisch gezwungen", ehe sie werten, „zunächst einmal wahrzunehmen, wie die Konfliktparteien ihre Lage sehen und wie sie zu ihren Entscheidungen kommen oder gekommen sind". Auf diesem angedeuteten Hintergrund formuliert Gagel sein Lernziel:

„Durch Methodenlernen werden die Schülerinnen und Schüler befähigt, wechselweise die Perspektiven der Konfliktparteien einzunehmen und deren Handlungsmöglichkeiten zu beschreiben. Sie erfassen dadurch die Komplexität des Konflikts und sind in der Lage, Hypothesen über die Realisierungschancen von Lösungsvorschlägen für diesen Konflikt zu formulieren."[44]

Mit Entschiedenheit plädiert Gagel daher dafür, daß das Ziel einer solchen Unterrichtseinheit nur das „Begreifen" sein kann. „Und dieses bezieht sich auf die Gesamtheit des Konfliktes, also auf jede der beiden Seiten."[45] Und weiter:

„Begreifen heißt hier: ... zu verstehen ... wie eine Entscheidung zustande gekommen ist: Welche Menschen, welche Faktoren, welche Interessen, welche Wünsche und Hoffnungen waren im Spiel?"[46]

„Begreifen heißt, die Motive der Menschen zu erkennen, die ... einer Politik die Unterstützung versagen, die den Außenstehenden ... vernünftig erscheint."[47]

„Parteinahme" oder auch „reflektierte Parteinahme" kann nicht das Ziel einer solchen Unterrichtseinheit sein, denn

„Je intensiver die Komplexität der politischen Strukturen aufgedeckt wird, desto weniger erscheint eine Parteinahme ... möglich. Denn Parteinahme ... erfordert eine Vereinfachung, das Umdenken differenzierter politischer Systeme in bloße Kollektivpersönlichkeiten oder gar eine Personalisierung der Politik: hier Arafat – hier Schamir. Angemessen ist hingegen eine innere Teilnahme *an dem Prozeß der Lösungsfindung*: die Dringlichkeit der Befriedung, das Bewußtsein, wieviel Verzicht beiden Seiten zugemutet werden muß, wenn ein Kompromiß gefunden werden soll ..."[48]

---

[44] Gagel 1988, S. 82
[45] Gagel 1988, S. 80
[46] Gagel 1988, S. 78
[47] Gagel 1988, S. 79
[48] Gagel 1988, S. 79f.

„Sie [Parteinahme] ist in internationalen Konflikten, in denen wir nicht beteiligt sind, ohnehin problematisch, weil ihr etwas Spielerisch-Unverbindliches und daher Unpolitisches anhaftet, solange der Parteiergreifende nicht für die mit dem Konflikt verbundenen Kosten aufkommen muß. Für einen Israeli z.b. geht es immer auch um die Frage, ob ihm sein persönliches Leben gefährdet erscheint oder nicht oder es geht um sein Selbstverständnis: will er gegen das durch die jüngste Geschichte erzeugte Opfersyndrom angehen, soll Israel Menschlichkeit verwirklichen u.a. Wir Deutsche sind hingegen allenfalls interessierte Zuschauer, die nicht einmal Eintrittsgeld zahlen müssen."[49]

Ziel eines Unterrichts über den Nahostkonflikt wäre auch, im Sinne Gagels, die Annäherung an eine objektive Rekonstruktion des Gegenstandes, ohne dabei „zu verleugnen, von welchem weltanschaulichen, politischen oder moralischen Standpunkt aus die Auswahl und Wertung der Inhalte erfolgt ist."[50]

Rohlfes, Joachim: Der Weg zum Staat Israel. Vom 'Baseler Programm' zur Unabhängigkeitserklärung. (=Bausteine für die Unterrichtspraxis) In: GWU 44 (1993) S. 283–397

Wer sich über zentrale Fragen der Staatswerdung Israels kurz informieren möchte, ist hier gut bedient. Rohlfes zitiert eingangs die drei wichtigsten Texte zum Thema im Wortlaut: A. Das Baseler Programm (1897), B: Die Balfour-Erklärung (1917), C. Die Unabhängigkeitserklärung des Staates Israel (1948). Auf den nachfolgenden Seiten werden diese Quellen analysiert und interpretiert. Der Leser erhält dabei differenzierten Einblick in die politischen Hintergründe und er erfährt, welche politisch handelnden Personen oder Gruppierungen für die jeweiligen Formulierungen verantwortlich zeichneten. Von besonderer Bedeutung aber ist, daß Rohlfes herausarbeitet, wie sich die jeweiligen Positionen und Strategien in den Formulierungen der Texte niedergeschlagen haben, bzw. welche Aspekte weggelassen wurden. So zeigt er auf, in welcher Weise jeder dieser Texte einen Spiegel der verschiedenen politischen Strömungen darstellt.

Nähere Erläuterungen zum unterrichtlichen Einsatz gibt es nicht. Rohlfes liefert Informationen für diejenigen, die sich dieses Thema erarbeiten und dann ihren eigenen Unterrichtsentwurf konzipieren möchten.

---

[49] Gagel 1988, S. 80
[50] Kuss 1991, S. 151

Böge, Wolfgang: Das Thema Israel im Unterricht. In: Geschichte in Wissenschaft und Unterricht 46 (1995) S. 762–764

Diese kurze Notiz stellt Ergebnisse von Untersuchungen zum Thema Israel vor. Böge legt dar, daß Israel entweder an das Thema Nationalsozialismus, d.h. Antisemitismus und Holocaust, oder an die Kriege zwischen Arabern und Juden angebunden wird. Bei den Jugendlichen habe aber ein Paradigmawechsel stattgefunden, wonach Israel mehr und mehr aus der aktuellen Situation heraus betrachtet werde und nicht wie bisher aus dem Blickwinkel der deutsch-jüdischen Geschichte. Die Jugendlichen unterschieden deutlich zwischen den Opfern des Holocaust einerseits und den Israelis von heute andererseits; wenn diese Verbindung aber hergestellt werde, dann nur individuell und nicht kollektiv. So würden auch die Israelis von heute nicht mehr als Überlebende des Holocaust gesehen, sondern als Staatsvolk im Nahen Osten. Überhaupt scheine die Repräsentation des Themas Israel in den Medien erheblich höher zu sein als es dem tatsächlichen Interesse der Jugendlichen entspreche. Der Vf. plädiert dafür, das Thema Israel „nicht nur als Verpflichtung, sondern auch als Thema eigenen Rechts" zu verstehen, womit er den Deutsch-Israelischen Schulbuchempfehlungen folgt.

Wehling, Rosemarie: Frieden im Nahen Osten? (Thema im Unterricht. Arbeitsheft 9, hrsg. von der Bundeszentrale für politische Bildung) Bonn 2.Aufl 1996

Hierbei handelt es sich um ein Angebot für die Sekundarstufe II. Auf 40 Seiten Din-A4 werden Informationen und Materialien geboten, mit denen sich ein differenzierter Einblick in die Probleme des Nahostkonfliktes gewinnen läßt. Die Vf. unterteilt das Thema in vier Bausteine: Baustein A – Frieden in Nahost?; Baustein B – Jerusalem: Religion und Politik; Baustein C – Die Israelis; Baustein D – Die Palästinenser. Das Heft wird abgerundet von einem Glossar, Literaturhinweisen und Adressen.

Jeder Baustein wird durch eine kurze Sachinformation eingeführt. Im folgenden dominieren dann Quellen und Darstellungen, Karten und Bildmaterial. Am Ende jeden Bausteins finden sich Erschließungsfragen, die oft mehrere der vorhergehenden Materialien einbinden. Die Texte selbst sind durch Symbole gekennzeichnet, die darüber informieren, ob es sich um a) eine Kurzinformation der Verfasserin handelt oder b) um Texte aus Büchern, Zeitungen oder Zeitschriften oder c) Texte von Fachleuten oder Wissenschaftlern und d) Vertrags- oder Gesetzestexte, bzw. amtliche Statistiken.

Besonders auffällig ist, wie ausführlich das Thema Palästinenser behandelt wird. Hier geht es um die PLO, um Flüchtlinge, um das UNO-Hilfswerk, um die Intifada, um Hamas, um die vorläufige palästinensische Selbstverwaltungsbehörde, d.h. in einem Fächer von Angeboten kann man sich in Lebensfragen jener Bevölkerungsgruppe einarbeiten, die in der Vergangenheit zu Unrecht oft vernachlässigt wurde, ohne die aber Frieden in Palästina nicht möglich ist.

3. Ein neues Zauberwort: Schlüsselprobleme[51]

Wolfgang Klafki hat in seinem Werk „Neue Studien zur Bildungstheorie und Didaktik" (Weinheim/Basel 2.Aufl. 1991) entschieden dafür plädiert, trotz aller Einwände nicht auf einen „Bildungsbegriff als Grundkategorie" zu verzichten, denn eine zentrale Kategorie wie der Bildungsbegriff oder ein Äquivalent dazu sei notwendig, wenn „lebenslanges Lernen" nicht in ein unverbundenes Nebeneinander oder Gegeneinander von Einzelaktivitäten zerfallen soll. Neuere, sich kritisch verstehende pädagogische Theorien verzichteten zwar auf einen Bildungsbegriff, nicht aber auf andere zentrale Leitkategorien wie „Emanzipation" oder „Selbst- und Mitbestimmungsfähigkeit".[52]

Bildung verstehe sich heute, so *Klafki*, „als Zusammenhang dreier Grundfähigkeiten", nämlich der „Fähigkeit zur Selbstbestimmung", der „Mitbestimmungsfähigkeit" und der „Solidaritätsfähigkeit".[53] Ein so verstandener Bildungsbegriff sei als „Allgemeinbildung" oder als „allgemeine Bildung" auszulegen.[54] Ausgehend von dieser Analyse fordert *Klafki* eine „Allgemeinbildung als Bildung für alle".[55] In dem, was er seine „Kernthese" nennt, fordert er zugleich, die historische Dimension einer solchen Allgemeinbildung zu berücksichtigen:

> „Meine Kernthese lautet: Allgemeinbildung bedeutet in dieser Hinsicht, ein geschichtlich vermitteltes Bewußtsein von zentralen Problemen der Gegenwart und – soweit voraussehbar – der Zukunft zu gewinnen, Einsicht in die Mitverantwortlichkeit aller angesichts solcher Probleme und Bereitschaft, an ihrer Bewältigung mitzuwirken. Abkürzend kann man von der Konzentration auf epochaltypische Schlüsselprobleme unserer Gegenwart und der vermutlichen Zukunft sprechen".[56]

---

[51] Auf die Einwände des Verbandes der Geschichtslehrer gegen dieses Konzept („Die politische Setzung von Schlüsselproblemen nach Klafki droht dem Geschichtsunterricht den Wissenschaftsbezug zu nehmen." GWU 46, 1995, S. 183) sei hier nur hingewiesen. Dennoch gibt es andererseits auch eine breite Akzeptanz, die sich vor allem in den Richtlinien niedergeschlagen hat.

[52] Klafki 1991, S. 44

[53] Klafki 1991, S. 52

[54] Klafki 1991, S. 52

[55] Klafki 1991, S. 54

[56] Klafki 1991, S. 56

Im folgenden benennt er fünf „Schlüsselprobleme"[57]:

1. Die Friedensfrage
2. die Umweltfrage
3. die gesellschaftliche produzierte Ungleichheit
4. die Gefahren und Möglichkeiten der neuen Steuerungs-, Informations- und Kommunikationsmedien und
5. die Erfahrung der Liebe, der menschlichen Sexualität, des Verhältnisses zwischen den Geschlechtern.

Und an anderer Stelle:

> „Allgemeinbildung heißt im Blick auf solche Schlüsselprobleme: Auf den verschiedenen Stufen des Bildungsganges bzw. des Bildungswesens sollte jeder junge Mensch und jeder Erwachsene mindestens in einige solcher Zentralprobleme ... eingedrungen sein. Verbindlich daran ist die Forderung, problemsichtig zu werden, ein differenziertes Problembewußtsein zu gewinnen; hingegen kann es nicht um die Festlegung auf eine einzige Sichtweise und einen bestimmten der in der Diskussion befindlichen Lösungsvorschläge gehen – das wäre mit dem Anspruch auf Entwicklung der Selbstbestimmungsfähigkeit unvereinbar. Vielmehr gilt es, im exemplarischen Unterricht jeweils einige historische Wurzeln solcher Probleme aufzudecken, einige der zentralen, unterschiedlichen Problemlösungsvorschläge und die dahinter stehenden Interessenperspektiven und Einschätzungen aufzuklären...".[58]

Es geht demnach nicht darum, den „Bildungswert der Geschichte" gleichsam durch die Hintertüre wieder einzuführen, sondern es geht um die historische Dimension der ausgewählten Schlüsselprobleme.

Klafki sieht, daß eine Benennung der Schlüsselprobleme selbst noch nichts darüber aussagt, über welche Qualifikationen die Schülerinnen und Schüler konkret verfügen sollen, aber er hebt „vier grundlegende Einstellungen und Fähigkeiten heraus", die „jeweils inhaltsbezogene und kommunikationsbezogene Komponenten" enthalten[59]:

1. Kritikbereitschaft und -fähigkeit und Fähigkeit zur Selbstkritik
2. Argumentationsbereitschaft und -fähigkeit
3. Empathie im Sinne der Fähigkeit, eine Situation, ein Problem, eine Handlung aus der Lage des jeweils anderen, von der Sache Betroffenen aus sehen zu können.
4. Vernetzendes Denken.

---

[57] Klafki 1991, S. 56-60
[58] Klafki 1991, S. 62
[59] Klafki 1991, S. 63

Diese Fähigkeiten seien „nicht an spezielle Themen gebunden", jedoch böten sie mehr als nur „formale Funktionen". Sie seien vielmehr „auf bereichsspezifische Strukturen bezogen" und setzten bestimmte inhaltliche Einsichten voraus. Es gehe, so *Klafki* weiter, „nicht nur um Einsichten und intellektuelle Fähigkeiten, sondern durchaus auch darum, emotionale Erfahrungen und Betroffenheiten zu ermöglichen, zum Ausdruck zu bringen und zu reflektieren und die moralische und politische Verantwortlichkeit, Entscheidungs- und Handlungsfähigkeit anzusprechen."[60] Grundlage seines Schlüsselproblem-Vorschlages sei ein „weltgeschichtlicher Prozeß .., der unumkehrbar ist":

> „Blickt man auf das 20.Jhd. zurück, dessen Ende wir uns jetzt nähern, so zeichnet sich darin ein weltgeschichtlicher Prozeß ab, der offensichtlich unumkehrbar ist: die Entwicklung zunehmender Wechselwirkungen und wechselseitiger Abhängigkeiten aller Teile der Welt, anders formuliert: die zunehmende Vernetzung oder Verkoppelung des Schicksals aller Erdteile, Kulturen, Staaten, Gesellschaften. ..."[61].

Es liegt in der logischen Konsequenz dieses Ansatzes, daß *Klafki* die transnationale Bedeutung dieser Probleme betont. Ob es je, wie er fordert, zu einem „Block von international bedeutsamen Rahmenthemen" kommen wird, scheint allerdings auch ihm zweifelhaft:

> „So utopisch es auf den ersten Blick erscheinen mag: Ich halte es für notwendig und teils mittelfristig, teils langfristig für möglich, in den Lehrplänen der Schulen aller Staaten und Gesellschaften einen Block von international bedeutsamen Rahmenthemen festzulegen und sie dann, der jeweiligen weiteren Entwicklung entsprechend, sozusagen fortzuschreiben. ... Die Themen dieses Unterrichtsblocks betreffen Schlüsselprobleme der modernen Welt, und sie würden den gemeinsamen inhaltlichen Kern internationaler Erziehung bilden. ... Bestehende internationale Institutionen ... die UNESCO, die Erziehungsorganisation der Vereinten Nationen, könnten die Einrichtungen sein, in denen die notwendigen Absprachen getroffen und Planungen ausgearbeitet werden müßten...".[62]

Allgemeinbildung ist also nicht ein „Bewußtsein von zentralen Problemen der Gegenwart"[63], sondern ein **geschichtlich** (Hervorhebung HN) vermitteltes Bewußtsein von zentralen Problemen der Gegenwart." *Klafki* macht damit deutlich, daß Allgemeinbildung eben mehr ist, als nur die zentralen Probleme der Gegenwart zu kennen, daß ihre historische Erklärung mit zum Verstehenshorizont gehören. Die Konsequenzen bei der Umsetzung seiner Kriterien für die Schule sind allerdings weittragend, da

---

[60] Klafki 1991, S. 65
[61] Klafki 1991, S. 79
[62] Klafki 1991, S. 81
[63] So, allerdings mit anderer Fragestellung, zitiert bei Gisela Wegener-Spöhring, Hopper und andere. In: Neue Sammlung 34 (1994) 547-560

30

seine Formulierung den Einbau der historische Dimension in den Unterricht nicht nur rechtfertigt und ermöglicht, sondern gleichsam zwingend fordert. Mit der Formulierung seiner „Schlüsselprobleme" erzwang *Klafki* eine Neubesinnung und Neubewertung unterrichtlicher Inhalte. Nicht daß ein Thema wie Friedenspädagogik neu wäre. Seit *Robinson* aber ist die Frage, was Schüler über die jeweiligen inhaltlichen Themen hinaus eigentlich lernen müssen, nicht mehr zu beantworten, ohne daß man darüber nachdenkt, welches die Probleme und die Fragen jener Zeit sind, in der Schülerinnen und Schüler in Zukunft werden leben und die sie werden bewältigen müssen. Dabei lag es nicht in *Klafkis* Absicht, diese Probleme neu und endgültig festzuschreiben, sondern die Stärke seines Vorschlages liegt gerade in seiner Flexibilität:

„ ... die Verständigung über die gesamtgesellschaftlich-politische, meistens globale Bedeutsamkeit solcher Schlüsselprobleme (muß) als ein im Prinzip unabschließbarer Diskussionsprozeß im nationalen und internationalen Rahmen verstanden werden."[64]

Und es lag auch nicht in seiner Absicht, in der schulischen Auseinandersetzung

„Lösungen mit gleichsam eingebauter Erfolgsgarantie zu vermitteln. Es geht vielmehr darum, ... jeweils ein Stück weit in die Struktur eines Schlüsselproblems bzw. eines seiner Aspekte oder Teilbereiche einzudringen."[65]

Dabei kann es nicht nur um unsere Welt, um Deutschland, um Europa gehen. Die Notwendigkeit, die europazentrische Perspektive aufzugeben, ist als Desiderat längst formuliert und soll hier nicht mehr wiederholt werden. Wenn Lernen als „Kulturaneignung" verstanden wird[66], so sind damit grundsätzlich auch nichteuropäische Kulturen gemeint. Allerdings scheinen mir hier solche Kulturen als für unsere Schülerinnen und Schüler besonders geeignet, die in historischer und gegenwärtiger Perspektive in vielfältiger Beziehung zu Deutschland und Europa standen und stehen, wie es zum Beispiel für den arabisch-türkisch-islamischen Raum gilt und – ganzbesonders – für den Staat Israel und die Kultur des Judentums überhaupt.

---

[64] Klafki 1995, S. 34
[65] Klafki 1995, S. 36
[66] Duncker 1994, S. 465

4. Das Schlüsselproblem „Frieden" in den Richtlinien[67]

Die Inhaltsauswahl der in den letzten Jahren publizierten Richtlinien wird bestimmt von diesen „Schlüsselproblemen", die *Wolfgang Klafki* als Orientierungslinie vorgegeben hat. Sein Begriff von „Allgemeinbildung" und dessen Ableitung aus den „epochaltypischen Schlüsselproblemen" stießen auf breite Akzeptanz.

In der Folge suchten die Autoren der Richtlinien nach Sachthemen, welche auf diese Schlüsselprobleme zulaufen. Es ist einsichtig, daß zu dem Schlüsselproblem „Frieden" der Nahost-Konflikt besser paßt als die Erfindung der Buchdruckerkunst, diese aber wiederum besser zum Thema „Neue Technologien und ihre gesellschaftlichen Auswirkungen". Es ist unumstritten, daß Geschichte die Aufgabe hat, auf Zukunft vorzubereiten und daß es daher notwendig ist, die heute erkennbaren Probleme dieser Zukunft zu definieren, um dann zu fragen, in welcher Art und Weise Geschichte hier einen Beitrag leisten kann. Damit hat sich in den letzten Jahrzehnten die Begründung für Geschichte im Kanon der Schulen völlig umgedreht: Die Rechtfertigung für Geschichte im Unterricht leitet sich nicht mehr aus dem „Bildungssinn" der Geschichte her, sondern der Blick ist auf die Gegenwart und in die Zukunft gerichtet.[68]

Sucht man in den Richtlinien nach den Leitvorstellungen für das Thema „Frieden im Unterricht", so stößt man auf einen Runderlaß des Kultusministeriums in Nordrhein-Westfalen vom 15.11.1977 mit dem Thema „Friedenserziehung im Unterricht".[69] Hier scheint die spätere Forderung *Klafkis* nach internationaler Einigung und Zusammenarbeit über Schlüsselprobleme schon vorweggenommen, da eingangs auf die Aufrufe der UNESCO verwiesen wird, daß die Staaten durch Erziehung verstärkt „zur Erhaltung und zum Ausbau eines gerechten Friedens" beitragen sollen.

In seiner Präambel geht der Erlaß auf die besondere Verantwortung der Deutschen für den Frieden ein. Diese Verantwortung sei entstanden durch „die besondere Schuld, die sich ... mit den beiden Weltkriegen verknüpft".

Kapitel II definiert den Friedensbegriff und unterscheidet zwischen einem engeren, mehr außenpolitischen, und einem erweiterten Friedensbegriff. Hier wird Gewalt im Krieg von Gewalt in politischen und sozialen Verhältnissen unterschieden. „Die Abwesenheit von Krieg bedeutet also keineswegs Frieden", lautet die Schlußfolgerung. Friede wird demnach nicht nur als „Zustand" begriffen, sondern meint „generell ein Prinzip rationaler Konfliktregelung in allen Bereichen des Lebens."

---

[67] Hier nur eine Auswahl, welche den Trend anzeigt.

[68] Dazu ausführlicher Kuss 1994/1995

[69] „Friedenserziehung im Unterricht". Runderlaß des Kultusministers vom 1.3.1985

Kapitel III beschreibt die Ziele einer Erziehung zum Frieden speziell in Deutschland.

Kapitel IV nennt mögliche Schwerpunkte einer unterrichtlichen Behandlung, die fast ausschließlich aus dem 20. Jahrhundert genommen sind.

Die im Erlaß genannten Beispiele orientieren sich an „Hypotheken der deutschen Geschichte", am „Ost-West-Konflikt in seinen verschiedenen Phasen", der „Wiederbewaffnungsdebatte in der Bundesrepublik Deutschland" und an der „Friedensbewegung". Der Erlaß nennt ferner „Verschiedene Arten der Kriegführung", „Probleme und Instabilität des militärischen Gleichgewichts", „Entspannungspolitik in Europa" und den „Zusammenhang zwischen Ost-West-Konflikt und Nord-Süd-Konflikt". Diese Aufzählung entspricht der Perspektive der 70er Jahre, in denen das Papier entstanden ist. Regionale Konflikte, wie sie heute typisch sind und wozu auch der Nahost–Konflikt zu rechnen ist, werden nicht genannt. Dabei ist es gerade hier möglich aufzuzeigen, wie in einem überschaubaren Raum gegenwärtige Konflikte durch historische Entwicklungen bedingt sind. Der Nahost-Konflikt bietet sich außerdem durch seine enge Verflechtung mit europäischer und deutscher Geschichte dabei besonders an.

Und auch auf das, was *Walter Gagel* später das „Methodenlernen" nennen wird, wird in diesem Erlaß bereits ein Hinweis gegeben:

> „Die Erziehung zum Frieden soll die Fähigkeit zum Wechsel der Perspektive, zum Sich-Hineinversetzen in die historische, politische und psychische Situation des jeweils anderen und zum Denken aus dessen Sicht, zum Erkennen der wechselseitigen Bedrohtheitsvorstellungen ... anstreben."[70]

Inzwischen wird das Schlüsselproblem „Frieden" in den Richtlinien verschiedener Bundesländer explizit genannt.[71] In NRW nehmen die Richtlinien „Geschichte/Politik – Lernbereich Gesellschaftslehre: Hauptschule" von 1989 die Formulierung „Schlüsselprobleme" direkt auf und nennen an erster Stelle „den Frieden als individuelle und globale Aufgabe"[72]. Auch die Richtlinien für „Gesellschaftslehre in NRW" wie auch die für „Geschichtlich-soziale Weltkunde in Niedersachsen" oder die „Rahmenrichtlinien für die Integrierte Gesamtschule – Gesellschaftslehre in Niedersachsen" nennen diesen Leitbegriff sowohl für die Hauptschule[73] wie auch für die Realschule.[74] Ein Arbeitspapier der TU Braunschweig zu einer neuen Lehrerausbildung in Niedersachsen schlägt die Berücksichtigung der Schlüsselprobleme für alle Schulformen in Niedersachsen vor:

---

[70] Vgl. „Friedenserziehung...", III, 5
[71] So z.B. für die Gesamtschulen in Nordrhein-Westfalen und Niedersachsen
[72] Richtlinien Geschichte/Politik – Lernbereich Gesellschaftslehre: Hauptschule, Hrsg.: Der Kultusminister des Landes Nordrhein-Westfalen, Frechen 1989, S. 41
[73] Rahmenrichtlinien für die Hauptschule: Geschichtlich-soziale Weltkunde, Hannover 1995, S. 5
[74] Rahmenrichtlinien für die Realschule: Geschichtlich-soziale Weltkunde, Hannover 1995, S. 5

Präambel: ..." Die bisherigen Strukturen von Schule und die bisher prak-
tizierten Konzepte von Bildung und Erziehung werden offenbar den An-
forderungen der Zeit und der Zukunft nicht mehr gerecht."
These 7: „Die heutige Schule steht vor großen ökonomischen, sozialen und
politischen Herausforderungen. Diese Herausforderungen schlagen sich in
neuen „Schlüsselproblemen" nieder (z.B. Krieg/Frieden, Gewalt, veränderte Kindheit, Familie und Gesellschaft, soziale Integration...). Sie müssen
stärker als bisher in den Mittelpunkt des Unterrichts gerückt werden,
denn es handelt sich um Herausforderungen von epochaler, zeitgeschicht-
licher Bedeutung." (Braunschweiger Manifest. November 1994).

Schleswig-Holstein akzeptiert in seinem „Lehrplan für die Schularten der
Sekundarstufe I" zwar die Vorstellung, die hinter dem Begriff „Schlüsselproblem" steht, wählt aber an dessen Stelle die Bezeichnung „Kern-
probleme". Deren Inhalte decken sich mit den Schlüsselproblemen Klaf-
kis, erhalten aber durch andere Formulierungen insgesamt doch einen
eher positiven Anstrich. Was bei *Klafki*[75] „Gesellschaftlich produzierte
Ungleichheit" genannt wird, lautet in Schleswig-Holstein „Gleichstellung";
Klafkis „Umwelt" wird zu „Erhalt der natürlichen Lebensgrundlagen";
Klafkis „Frieden: Ursachen der Friedensgefährdung, Friedenserziehung"
wird zu „Grundwerte: Frieden, Menschenrechte, Zusammenleben in der
Welt".[76]
Doch auch dann, wenn der Begriff „Schlüsselprobleme" weder direkt
noch in anderer Form verwandt wird, gibt es grundsätzliche Überein-
stimmungen in Bezug auf „Leitprobleme historischen Lernens". So führen
die Niedersächsischen Rahmenrichtlinien für das Gymnasium von 1994
an: „Mensch und Natur", „Mensch und Gesellschaft", „Gleichheit und Ungleichheit", „Herrschaft und Freiheit", „Krieg und Frieden" und „Men-
schenbild und Weltdeutung".[77] Die Richtlinien des Faches Geschichte für
das Gymnasium in NRW nennen für die Jahrgangsstufe 10 das Thema
„Friedenssicherung: Lernen aus der Geschichte – Kriegserfahrung und
Friedenssicherung."[78] „Krieg und Frieden" ist ein unumstrittenes und anerkanntes Thema der Richtlinien geworden – was nicht heißt, daß es auch
durchweg im Geschichtsunterricht thematisiert wird.

---

[75] Klafki, W.: Neue Studien zur Bildungstheorie und Didaktik, Weinheim/Basel 2.Aufl. 1991, S. 56-60
[76] Lehrplan Geschichte für die Schularten der Sekundarstufe I: Hauptschule, Realschule, Gymnasium.
Anhörungsfassung 1995, Hrsg.: Die Ministerin für Frauen, Bildung, Weiterbildung und Sport des
Landes Schleswig-Holstein, S. 3
[77] Rahmenrichtlinien für das Gymnasium – gymnasiale Oberstufe: Geschichte, Hannover 1994, S. 9
[78] Geschichte, Gymnasium, 1992, S. 26

5. Der Nahost–Konflikt in den Richtlinien

5.1 Gymnasium

In den Richtlinien für die Sekundarstufe I in NRW von 1992 wird der Nahost-Konflikt nicht als Unterrichtsthema genannt. Fachinhalt 10.4 ist nur allgemein überschrieben mit: „Lernen aus der Geschichte – Kriegserfahrung und Friedenssicherung".[79] Zwar wird in den Erläuterungen ausgeführt „Die Funktion des Krieges als eines Mittels gewaltsamer Interessendurchsetzung und das Verhältnis von Krieg und Politik lassen sich besonders gut am historischen Beispiel aufarbeiten"[80], es bleibt aber unklar, welches Beispiel so weit aufgefächert werden kann, daß es einmal in sich verständlich wird, sich zum andern aber auch in den in den Richtlinien geforderten Längsschnitt von der Antike bis zur Gegenwart einfügt. Der Querverweis, daß im Politikunterricht die Friedensthematik mit aktuellen Konfliktanalysen aufgegriffen werden kann[81], hat somit kaum mehr als eine Alibifunktion.

Die „Richtlinien für das Gymnasium – gymnasiale Oberstufe, die Gesamtschule – gymnasiale Oberstufe, das Fachgymnasium, das Kolleg" in Niedersachsen bieten drei Rahmenthemen an. Rahmenthema Nr.3 lautet: „Die Eine Welt in ihren Widersprüchen. Globale Perspektiven historischer Erfahrung".[82] Innerhalb dieses dritten Rahmenthemas werden 15 Beispiele für Kursthemen genannt, darunter als Nr.11: „Der Nahe Osten und die Industrieländer: Imperialismus – Unabhängigkeitsbewegungen – Sicherheitsinteressen".[83] Es ist offensichtlich, daß dabei primär nicht an den Nahost-Konflikt zwischen Arabern und Israelis gedacht wurde. Außerdem soll hier „das chronologisch-genetische Verfahren"[84] im Vordergrund stehen und demnach kein problemorientierter Zugriff dominieren.

---

[79] Geschichte, Gymnasium, 1992, S. 106 (Entwurf?)
[80] Geschichte, Gymnasium, 1992, S. 105 (Entwurf?)
[81] Geschichte, Gymnasium, 1992, S. 107 (Entwurf?)
[82] Rahmenrichtlinien für das Gymnasium – gymnasiale Oberstufe, die Gesamtschule – gymnasiale Oberstufe, das Fachgymnasium, das Abendgymnasium, das Kolleg: Geschichte, Hannover 1994, S. 62
[83] Rahmenrichtlinien für das Gymnasium...., Hannover 1994, S. 69
[84] Rahmenrichtlinien für das Gymnasium... , Hannover 1994, S. 71

5.2 Realschule

In den „Richtlinien und Lehrpläne: Geschichte – Realschule" Nordrhein-Westfalens von 1994 werden für „TE 17 Weltkonflikte"[85] einleitend folgende „thematische Stichwörter" angegeben:

> „Ursachen und Wirkungen von Kriegen und Weltkonflikten unter besonderer Berücksichtigung der Weltkriege des Ost-West- bzw. West-Ost-Konfliktes und des Nord-Süd- bzw. Süd-Nord-Konfliktes".

Die „geschichtliche Untersuchung und Urteilsbildung" soll sich an folgenden Punkten orientieren:

> „– Erörterung von Kriegen und ihren Ursachen, ihren Folgen und Wirkungen sowie Formen der Beendigung und Verarbeitung
> – Fragen nach ‚unerklärten', verdeckten und permanenten Kriegen
> – Erörterung des Ost-West-/West-Ost-Konflikts
> – Erörterung des Nord-Süd-Konflikts/Süd-Nord-Konflikts
> – Fragen nach
> > direkter und indirekter deutscher Beteiligung an Kriegen/Weltkriegen, Waffengeschäften, Paktleistungen
> > den historischen Zusammenhängen der Kriege des zwanzigsten Jahrhunderts
> > der Rolle von internationalen Organisationen
> > Möglichkeiten von Friedensbewegungen."

Es ist dies die einzige thematische Einheit, in welcher der Nahost-Konflikt, ohne genannt zu sein, einen Platz finden könnte. Dennoch bleibt festzuhalten, daß es äußerst schwierig ist, sich in diesem globalen Rundumschlag zu orientieren. Abgesehen davon sind Formulierungen wie „Weltkriege des Ost-West bzw. West-Ost-Konflikts und des Nord-Süd-bzw. Süd-Nord-Konflikts" höchst irreführend. Oder sollte ich einen „Weltkrieg" übersehen haben? Wenn Richtlinien „orientieren" sollen, dann muß der Rahmen erkennbar sein und darf nicht durch die Fülle und die

---

[85] Richtlinien und Lehrpläne: Geschichte – Realschule 1994, S. 86 Richtlinien und Lehrpläne: Geschichte – Realschule (=Die Schule in Nordrhein-Westfalen. Eine Schriftenreihe des Kultusministers, Nr. 3316) Frechen 1994

Komplexität der Hinweise verstellt werden.[86] Ein Sachverhalt, mit dem sich besonders Richtlinien aus NRW schwer tun.[87]

In den niedersächsischen „Rahmenrichtlinien für die Realschule: Geschichtlich-soziale Weltkunde" von 1995 taucht der Nahostkonflikt bei den verbindlichen Unterrichtsthemen nicht auf. Genannt wird er allerdings in der Rubrik „Wahlfreier Unterricht" im Fach „Sozialkunde": „Nahostkonflikt: – Aktuelles Tagesgeschehen; – Ursachen des Konflikts; – Lösungsansätze." Dort wird ebenfalls unter dem Thema „Wasser als Waffe" benannt: „Aktueller Konflikt; – Gestiegener Wasserverbrauch durch industrielle Produktion (Beispiel auch industrialisierte landwirtschaftliche Produktion in Israel); – Wasser als Machtfaktor."[88] „Wahlfreier Unterricht", so die Richtlinien, „findet ... in Form von Arbeitsgemeinschaften statt."[89]

5.3 Hauptschule

Die „Richtlinien und Lehrpläne für die Hauptschule in NRW: Geschichte – Politik. Lernbereich Gesellschaftslehre" von 1989 sparen den Nahost-Konflikt ganz aus. Vier Themenbereiche orientieren sich am Schlüsselproblem „Mitverantwortung für den Frieden als individuelle und globale Aufgabe". Im einzelnen: „TE 4: Allah ist groß"[90], „TE 12: Heil Dir im Siegerkranz"[91], „TE 17: Ost-West oder West-Ost"[92] und „TE 22 Overkill"[93]. Die regionalen Konflikte nach dem Zweiten Weltkrieg gehören eigentlich in TE 17, wo aber nur die USA und die UdSSR thematisiert werden.

Die niedersächsischen „Rahmenrichtlinien für die Hauptschule" übernehmen die Zuordnung und Formulierung der Rahmenrichtlinien für die Realschule (siehe oben).[94] Am Rande taucht der Nahe Osten dann noch einmal auf im Themenbereich „Weltmächte entstehen und vergehen", wo unter „Mögliche Inhalte" auch „Die Rolle der Weltmächte im Nahen Osten" genannt werden.[95] Diese Zuweisung ist allerdings nicht verbind-

---

[86] Kritisch merkt Joachim Rohlfes an, daß „Verständlichkeit" der Lehrpläne einerseits, und deren „Akzeptanz" andererseits abgenommen haben: „Deren erhebliche Theorielastigkeit, verbunden mit einer zuweilen esoterichen Terminologie und nicht immer realitätsnahen pädagogischen Höhenflügen ... bewirkt nicht selten eine gewisse Entfremdung zwischen Theorie und Praxis, Anspruch und Wirklichkeit." (GWU 48, 1997, S. 561)

[87] Ausführlicher zu den Richtlinien in Nordrhein-Westfalen vgl. Kuss, Horst: Geschichtsunterricht und Lehrplan. Lehrplananalyse und Lehrplankritik am Beispiel der Lehrpläne von Bayern, Nordrhein-Westfalen und Berlin. In: GWU 48 (1997) 533–549

[88] Rahmenrichtlinien für die Realschule: Geschichtlich-soziale Weltkunde, Hannover 1995, S. 41f.

[89] Rahmenrichtlinien für die Realschule: Geschichtlich-soziale Weltkunde, Hannover 1995, S. 39

[90] Richtlinien und Lehrpläne für die Hauptschule in NRW, 1989, S. 78f.

[91] Richtlinien und Lehrpläne für die Hauptschule in NRW, 1989, S. 94f.

[92] Richtlinien und Lehrpläne für die Hauptschule in NRW, 1989, S. 104f.

[93] Richtlinien und Lehrpläne für die Hauptschule in NRW, 1989, S. 114f.

[94] Rahmenrichtlinien für die Hauptschule: Geschichtlich-soziale Weltkunde, Hannover 1995, S. 42

[95] Rahmenrichtlinien für die Hauptschule: Geschichtlich-soziale Weltkunde, Hannover 1995, A 13 HS

lich. Damit ist zwar die Möglichkeit gegeben den Nahost-Konflikt zu behandeln, aber er wird hier dem Ost-West-Konflikt untergeordnet. Dies aber verdreht die Grundlagen. Wäre dieser Ansatz richtig, so müßte mit dem Ost-West-Konflikt auch der Nahost-Konflikt zu Ende sein, was aber nicht der Fall ist. Denn grundlegend ist in der Tat der regionale Konflikt, dessen sich die Großmächte jeweils bedienten.

Es ist zu vermuten, daß Lehrerinnen und Lehrer in Zukunft verstärkt nicht nur danach fragen werden, mit welchen Themen, sondern vor allem mit welchen Materialien sie die Schlüsselprobleme im Unterricht bearbeiten sollen.

II. MATERIALAUSWAHL

In den verbreiteten Publikationen für den Geschichts- und Politikunterricht tauchen immer wieder die gleichen Quellen, Texte und Materialien auf. Einerseits ist das verständlich. Es gibt Ereignisse und Daten, z.B. 1917, 1948, 1967, und Texte, um die man nicht herumkommt, wie z.b. die Balfour-Deklaration, die Unabhängigkeitserklärung des Staates Israel, die Palästinensische Nationalcharta oder der Sechs-Tage-Krieg. Und wenn der Platz beschränkt ist – und in Schulbüchern ist das immer der Fall, so ist die Folge, daß sich die Unterrichtsvorschläge und Schulbücher auf erstaunliche Weise ähneln. Andererseits trägt gerade der traditionelle chronologische Zugriff zu einer gewissen Einseitigkeit des Geschichtsbildes bei, wie *Walter Gagel* darlegte. Und gerade die politischen Veränderungen seit 1993 zeigen, daß auch andere Perspektiven möglich, ja sogar notwendig, sind. Durch die Friedensschlüsse mit Ägypten, Jordanien und vor allem den Palästinensern hat sich eine neue Dimension aufgetan. Wir stehen – so ist zu hoffen – nicht mehr mitten in diesem Konflikt, sondern am Ende, wenn auch offensichtlich an einem langen Ende. Wir können zurückblicken. Dies sei mit aller Vorsicht gesagt. Es gibt noch viele Stolpersteine für den Frieden, die ein außerordentliches Gewicht haben und die einzubetten sind in geopolitische Zusammenhänge des Nahen **und** Mittleren Ostens.

Die Materialauswahl stützt sich einmal auf die wichtigen und bekannten Werke von *Wolffsohn, Schreiber, Laqueur, Bunzl, Diner* und andere, auf die Informationen zur politischen Bildung sowie weitere deutschsprachige Literatur; hinzu kommen Publikationen aus den angelsächsischen Ländern oder aus dem Nahen Osten, soweit sie in englisch erschienen sind. Eine herausragende Stelle nehmen außerdem Zeitungsartikel ein, da eine Reihe kundiger Journalistinnen und Journalisten (z.B. *Gisela Dachs, Heiko Flottau, Josef Joffe, Anne Ponger, Ludwig Watzal, Armin Wertz*) den Nahostkonflikt und die innere Entwicklung in Israel seit Jahren vor Ort intensiv und kenntnisreich begleiten. Immer wieder beeindruckte mich während meiner Arbeit, wie sehr Publizisten die schwierigen und komplexen Zusammenhänge verständlich formulieren konnten.[96] Stellvertretend für diesen Fachjournalismus sei auf *Anne Ponger*, die Korrespondentin der *Süddeutschen Zeitung* in Jerusalem, hingewiesen, die es in ihren Artikeln versteht, das Allgemeine aus dem Besonderen herauszuarbeiten. Immer wieder macht sie deutlich, wie die große Politik und der Alltag der Menschen aufeinander bezogen sind. Der Leser nimmt wahr, daß es Menschen sind, die handeln, und daß vom Handeln wiederum Menschen betroffen sind; er nimmt aber auch wahr, daß Handelnde und Betroffene auf beiden Seiten zu finden sind.

Berücksichtigt werden auch die Ergebnisse der sog. neuen Geschichtsbewegung in Israel (z.B. *Morris*), die viele der alten Mythen in Frage stellte.

1. Belletristik

Ein besonderes Gewicht hat für mich die belletristische Literatur, soweit sie in deutscher Übersetzung vorhanden ist. Denn gerade die Beschäftigung mit der Belletristik vermag den Blick auf grundlegenden Wandel, auf tiefgreifende Veränderungen in der Werteskala der Menschen zu öffnen. Zugleich werden damit Anregungen zum Weiterlesen gegeben. Nicht nur das wissenschaftliche Sachbuch ist ein Kind seiner Zeit, auch die schöngeistige Literatur ist es. In ihr spiegeln sich in mehrfach gebrochener Weise die realen Konflikte der Region.

Da ist beispielsweise auf den Israeli *Amos Oz* zu verweisen, dessen Romane tief im israelischen Kulturraum verwurzelt sind und der sich in seinen öffentlichen Äußerungen immer wieder aktiv in den Konflikt zwischen Israelis und Palästinensern einmischte. Auf Bitten des Redakteurs einer ägyptischen Wochenzeitung stellte er 1982 den ägyptischen Lesern die Gründe des israelisch-arabischen Konflikts und Wege zu seiner Lösung vor, so wie er sie sah. Dieser Artikel erschien sowohl in der ägyptischen Wochenzeitung *Oktober* als auch in der israelischen Tageszeitung *Al Hamischmar*. In den Kern seiner Überlegungen stellte *Oz* zwei einfache Sätze, die zugleich die ganze Dramatik erkennbar werden lassen:

„Der Konflikt ähnelt einer griechischen Tragödie und nicht einem Wildwestfilm. Es gibt in ihm einen Zusammenstoß des Rechtes mit dem Recht."[97]

---

[96] Auf die Gefahren einer journalistischen Überpräsenz in Israel, wo es 350 Korrespondenten gibt, zu denen noch mehrere tausend journalistische Kurzbesucher pro Jahr kommen, die alle ihre Existenz rechtfertigen müssen, weist Gisela Dachs hin (Die Zeit 13.6.1997, S. 51).

[97] Aus: Jendges/Vogt 1985, S. 59

Uns Europäern ist dieser Konflikt in seiner Dauer und Zuspitzung fast unverständlich. Warum können sich die Gegner nicht zusammensetzen und Frieden schließen? Sie können es nicht, weil sich in der Vergangenheit zu viel an Emotionen aufgetürmt und zu Haß geformt hat. Die Heftigkeit dieser Emotionen ist uns fremd, aber sie ist im Nahen Osten Realität. Wir können diesen Konflikt nicht verstehen, wenn wir diese Emotionen nicht kennen. Es geht darum, wie *Dan Diner* schreibt, „daß auch Gefühle Fakten sind und entsprechend wirken".[98] Texte, aus denen sich diese Emotionen ablesen lassen, finden sich immer wieder in Zeitungen oder in der Belletristik. Sie finden sich aber nicht in unseren Schulbüchern, die „vermeiden ganz allgemein eine subjektive Sprache und emotionale Urteile."[99] Es reicht demnach nicht aus, nur die Genese der Ereignisse darzustellen, so wichtig sie für das Verständnis auch sein mag. Zugleich muß dargestellt werden, daß es auch eine Genese der Emotionen gibt, die dahin geführt hat, daß heute nur ein Drittel der Palästinenser die Anwendung von Gewalt gegenüber den Israelis ablehnt[100], daß Jugendliche ihre Lebenssituation als so ausweglos interpretieren, daß sie mit Steinen gegen eine Armee kämpfen[101] und daß einige in Selbstmordaktionen sich selbst mit dem Feind in die Luft sprengen.[102] Hier ist eine Steigerung von Haß und Leid auf beiden Seiten erreicht, die man kennen muß, will man die Tiefe dieses Konfliktes verstehen.

Um an diese Emotionen heranzuführen, werden Texte aus der belletristischen Literatur zitiert. In diesen Texten treten die Menschen oft deutlicher hervor. „Emotionen ... verstehen heißt, die menschliche Existenz zu verstehen", schreibt *Horst Gies*[103]. Diese Texte bieten Einblick in einen Alltag, den die historisch-politischen Quellen allzu leicht versperren, denn dort treten die Menschen oft „hinter Strukturen und Institutionen zurück"[104]. Da es aber darum geht, mit Hilfe der Geschichte die Gegenwart und mögliche Zukunft von Menschen besser zu verstehen, ist es notwendig ein Medium zu finden, in dem die Folgen der Ereignisse und der politischen Entscheidungen im Leben konkreter Personen nachvollziehbar werden. Denn „Strukturen wecken als solche noch keine Emotionen, erst wenn sie

---

[98] Diner 1991, S. 7
[99] Pingel 1993, S. 5; auch Bodo von Borries weist ausdrücklich darauf hin, daß die Schwierigkeit des Geschichtslernens im Unterricht „nicht nur in mangelnder Einsicht von Unbelehrbaren, sondern – mindestens teilweise – in der Sache selbst [liegt], z.B. in: ... der oft demotivierenden Wirkung von Historie nach der weitgehenden (in der Schule fast völligen!) Abschaffung abenteuerlicher, fiktionaler, triebhafter, affirmativer Zugänge zur Geschichte, ..." (Borries, Bodo von: Das Geschichtsbewußtsein Jugendlicher, München 1995, S. 420)
[100] Dachs. In: Die Zeit 3.2.1995, S. 6
[101] Zur Intifada vgl. Neifeind 1997 und Edinger 1997
[102] Vgl. das Kapitel „Demütigung und Terror"
[103] Gies 1992, S. 27
[104] Stupperich 1994, S. 4

Folgen für konkrete Leute zeigen".[105] Und erst wenn wir die Emotionen kennen, können wir Gegenwart leichter verstehen. Erst dann kann deutlich werden, daß man nicht einfach sagen kann: So, jetzt machen wir mal Frieden. Und es wird vielleicht auch begreifbar, daß die Gefühle, die aus diesen Erfahrungen entstanden sind, es schwer machen, das Prinzip Frieden **vor** das Prinzip Gerechtigkeit zu stellen, wie es *Dan Diner* fordert[106], mag es auch vorerst als der einzige Weg scheinen. Die Stärke der literarischen Texte ist die dichte Beschreibung. „Man muß hebräische Literatur lesen, um zu wissen, was hier vorgeht", sagte *Herbert Freeden* in einer Fernsehsendung des Jahres 1996[107]. Andererseits muß erkennbar bleiben, daß es sich um Literatur handelt, denn diese Literatur kann keine Informationen darüber liefern was war, sie kann nur spiegeln wie diese Ereignisse aufgenommen wurden. Auch wenn sich der Schriftsteller an wirklichen Menschen orientiert, bleiben die Figuren in seinem Werk doch Fiktion. In sie fließen seine eigenen Erfahrungen und seine Absichten mit ein. Mögen diese Figuren auch der Phantasie entsprungen sein, so leben und handeln sie aber nicht in einem imaginären Raum und einer imaginären Zeit, sondern in der dem Leser bekannten und vertrauten Wirklichkeit. Der Leser wird damit gerade nicht „in eine andere Wirklichkeit hineingezogen" und er macht auch nicht „die Erfahrung einer neuen Gegenwart"[108], sondern lernt diese Gegenwart nur aus einer anderen Perspektive kennen. Während, wie *Schörken* herausarbeitet, „der Historiker seine Geschichte erzählt, um vergangene Wirklichkeit zu erklären, [setzt] der Schriftsteller mit seiner Erzählung Wirklichkeit"[109], und zwar nachvollziehbare Wirklichkeit. „Handelt es sich bei literarischen Gestalten um eine, die sich einer Gruppe zuordnen läßt, so wird sie nicht nur als Individuum, sondern auch als Prototyp empfunden werden. Die literarische Figur eines Arabers wird zum Bild des Arabers und wirkt somit aus der Literatur in die Wirklichkeit zurück".[110] Die zeitgenössische hebräische und palästinensische Literatur bietet überzeugende Beispiele solcher Prototypen, mit deren Hilfe sowohl eine emotionale Zustandsbeschreibung wie auch Anzeichen von Veränderungen deutlicher zu markieren sind. Es macht wenig Sinn, solche belletristische Literatur von den historisch-politischen Materialien abzutrennen, da man sie damit aus ihrem Kontext löst.

Das Problem der Trennschärfe zwischen historischen und literarischen Texten wird von hebräischen Autoren und Autorinnen mehrfach ange-

---

[105] Reese 1992, S. 185
[106] Diner 1991, S. 12 und 21
[107] „Die Träume der Jeckes. Geschichten von deutschen Schriftstellern in Israel". Hessischer Rundfunk 3. Programm, 19.1.1996
[108] Schörken 1994, S. 59f.
[109] Schörken 1994, S. 62
[110] Bohmeier 1991, S. 60

sprochen. Über die Beziehung von Literatur und Realität äußert sich *Risa Domb* im Vorwort ihres Buches „The Arab in Hebrew Prose 1911-48":

> „The writer of fiction it may be said draws his material from life itself and therefore wether one regards fiction as the reflection of reality, or as a tool with which to shape it, its relevance to life is inherent in its very nature. Every possible facet of the Arab-Jewish conflict should be illuminated and as a fiction is a manifestation of reality, literary analysis of the subject might be of some help leading, hopefully, to a better understanding of the situation."[111]

Folgt man *Moshe Shamir*, so muß alles im menschlichen Leben als Rohmaterial für die literarische Bearbeitung dienen:

> „Modern Hebrew literature was, from the outset, closely linked to the ideals and ideas of Zionism, especially in the interwar period of 1920 to 1940. Shamir's manifesto is filled with youthful enthusiasm and naivete, and this was the idealistic Zeitgeist whose totems were struggle, progress, and equality."[112]

Konsequent verarbeitet *Shamir* in Werken wie „My Life with Ismael" oder „With his own hands" seine eigene Biographie. Für ihn gilt gleichermaßen, was *Alex Zehavi* über *Nathan Zach* schreibt, „daß die Literatur in Zeiten moralischer Gefahr die Aufgabe habe, sich mit politischen Themen zu befassen – auch wenn es den Verlust ihrer ästhetischen Werte bedeute."[113] Diese enge Bindung an die Realität verwirft dagegen *S. Yizhar*, der Literatur erst dort beginnen läßt, wo sie ihre Abhängigkeit von der Realität aufgibt:

> Nach seiner Meinung ist es nicht die Aufgabe der Literatur die Realität darzustellen – und er setzt dies als Prinzip, das für die Literatur in der Vergangenheit, der Gegenwart und der Zukunft gilt. Da die Fragen, die in der Geschichtsschreibung gestellt werden, sich von jenen in der Literatur unterscheiden, kann keine notwendige Verbindung zwischen ihnen bestehen.

> Ferner: Die Ereignisse, die während seiner wenigen Jahrzehnte in Israel vorkamen, ‚machten' keine Literatur. Vielmehr ‚benutzte' Literatur diese Ereignisse – gerade so wie sie immer ihren ‚Stoff' findet und ihn für ihre eigenen Bedürfnisse auspreßt. Sogar in der ‚Kriegsliteratur', argumentiert er, finden wir keine Spiegelung der ‚Kriegsereignisse' (we do not have a reflection of the ‚war events') – denn der Historiker kann den Schreiber von Belletristik nicht ermahnen, weil er ‚die Kanonen nicht in die richtige Position gestellt habe', genauso wie der politische Wissenschaftler kein

---

[111] Domb 1982, Vorwort
[112] Ramras-Rauch 1989, S. 86
[113] Zehavi 1992, S. 12

Recht hat zu sagen, daß die zentralen Figuren in einem Romanwerk nicht so dargestellt sind ,wie sie wirklich sind'.“

Yizhar sagt, weil die historischen Ereignisse nur das Rohmaterial der Belletristik seien, sei der Schreiber selbst verantwortlich für die Gestaltung seiner fiktiven Welt. ... Literatur als sozio-politisches Dokument zu interpretieren, bedeute, sie in den Kot des Journalismus zuziehen. Literatur beginne, wenn sie ihre Abhängigkeit von der Realität aufgebe und sogar von ihr abweiche.[114]

Die literarischen Texte machen durch ihre Anschaulichkeit[115] nicht nur Menschen sichtbar, sondern sie liefern zugleich auch Geschichten für das Verständnis der Geschichte. Geschichten, die durch ihre Aktualität und Konfrontation nicht selten auch dramatische Geschichten sind, die Leid und Zorn von Menschen wiedergeben. Das liegt in der Natur der Sache und ist keine didaktische Absicht. Die Meinung, die *Jürgen Busche* am 4./5.2.1995 in der *Süddeutschen Zeitung* äußerte, „Was nicht Stoff für einen aufregenden Roman oder Film sein kann, hat im Geschichtsunterricht für Schüler nichts zu suchen“, halte ich – so sehr ich das Erzählen prinzipiell befürworte – grundsätzlich für falsch. Es kann und darf im Geschichtsunterricht nicht nur um eine andere Form des Abenteurerfilms gehen, Emotion und Begeisterung darf nicht das Ziel eines solchen Unterrichts sein und als Vehikel der Wissensvermittlung sind sie sehr überlegt und vor allem behutsam einzusetzen. Es ist denkbar, daß erst der Weg über die geweckte Emotion einen Zugang eröffnet, aber wenn es dann dabei bleibt und keine kognitive Auseinandersetzung mit dem Gegenstand folgt, wenn keine Auseinandersetzung angeboten wird, die auch andere Zugänge und damit auch andere Perspektiven eröffnet, dann wird gerade das nicht erreicht, was doch erreicht werden soll: eine rationale Beschäftigung mit dem Gegenstand, mit dem Ereignis oder mit der Person, ein Verstehen des Problems. Der emotionale Zugriff selbst ist kaum in Frage zu stellen, es sei denn, ich maße mir an, über die Emotionen anderer ein Urteil zu fällen. Da eine solche Wertung nicht akzeptabel ist, ermöglicht diese Art der Annäherung an die Geschichte, sofern sie nicht in eine rationale Auseinandersetzung mündet, keine Kommunikation und führt letztendlich zur Perspektivlosigkeit. Es darf also keinesfalls darum gehen, „die rationale gegen die emotionale Komponente menschlichen Handelns und Verstehens auszuspielen.“[116] Es muß aber immer darum gehen, den jeweiligen Text zu charakterisieren, denn für die angestrebte rationale

---

[114] Ramras-Rauch 1989, S. 81ff. (Übers. HN)
[115] Pandel/Schneider 1985, S. 5: Anschaulichkeit meint eine besondere Qualität eines Bildes, Textes, Filmes etc., die es ermöglicht, daß das, was man nicht sieht, „sondern nur erzählt wird, sozusagen ,vor sich' sieht“ (zit.nach: Gadamer, Hans-Georg: Anschauung und Anschaulichkeit. In: neue hefte für philosophie Nr.18/19, 1980, S. 2)
[116] Gies 1992, S. 28

Beschäftigung mit dem Nahostkonflikt ist es unumgänglich zu wissen, ob man es beispielsweise mit einem Brief, einem Interview oder mit einem Roman zu tun hat. Ich will diese Diskussion hier nicht weiter führen, sondern lediglich auf die Problematik hinweisen, wenn literarische Texte, wie ich es tue, herangezogen werden, um politisch-historische Situationen zu beschreiben. Ich tue dies, weil ich meine, daß auch Belletristik sich nicht im luft- oder ereignisleeren Raum entwickelt, sondern daß sie von ihrem jeweiligen Umfeld geprägt ist. Ich benütze die Belletristik dabei mehr oder weniger als Steinbruch und gebe keine literarische Würdigung der verwendeten Titel. Die Literatur soll lediglich helfen, die Spiegelung der politischen Ereignisse im Leben der Menschen sichtbar werden zu lassen. Dies ist mir wichtig, weil ich davon überzeugt bin, daß – wenigstens manchmal – die Identifikation mit konkreten Personen zu einem vertieften Verständnis der Konfliktlage führen kann. Allerdings scheint mir für diesen Einsatz von Belletristik gerade der Nahostkonflikt geeignet, weil er so dominierend und seit so langer Zeit in das Leben von Menschen eingreift und ihren Alltag bestimmt, so daß es für Literatur fast unmöglich ist, sich davon zu lösen. *Amos Oz* argumentierte in diesem Sinne in einem *Spiegel*-Interview von 1996: „In Israel hat das Politische in der Literatur Tradition", daher werde alles, was geschrieben wird, „als Allegorie aufgefaßt. Haben in einem Roman ein Mann und eine Frau Ehestreit, so interpretiert das jeder als Sinnbild für den palästinensisch-israelischen Konflikt. Fehlt einem Jungen Taschengeld, habe ich mich in Wahrheit über den Staatsetat lustig gemacht".[117] In einer Besprechung von *Yoram Kaniuk* „Tante Schlomzion die Große" heißt es:

„In dieser weitverzweigten Familie gibt es für jedes Phänomen im alten Palästina und im jungen Israel die personifizierte Entsprechung, eben jenen Herrn Odinsky etwa, der sich ausgerechnet in eine kalte, passive Schönheit mit dem Namen einer der Stammütter, Mirjam, verliebt und sie heiratet, der Land von den Arabern erwirbt und nach der Staatsgründung lukrative Geschäfte macht, indem er Gräber am Ölberg verkauft. Mutter Schlomzion die Kleine verkörpert die Nährerin, den grundguten, aber gleichermaßen unattraktiven Aspekt des Landes, in dem angeblich Milch und Honig fließen. Dann der Sohn von Schlomzion der Großen, der seinen guten hebräischen Namen amerikanisiert hat, nachdem er sich ins ‚Land des Antisemitismus und der Mischehen' abgesetzt und seine Identität verleugnet hat. Die Mutter hat ihn deswegen verflucht und umwirbt ihn zugleich, daß er zurückkomme.

Schlomzion die Große, die Allesbeherrschende, die Geizige, hat ihre materiellen Güter, ihre Schätze allüberall an geheimen Plätzen verteilt, doppelt und dreifach abgesichert von Bankmenschen und Juristen, die dafür

---

[117] „Eine Überdosis Geschichte" – Spiegel-Gespräch. In: Der Spiegel 2/1996, S. 130

sorgen, daß alle die potentiellen Erbschleicher ihrer Mischpoche garantiert leer ausgehen. Ebensowenig wie die große Tante scheint das Land Israel seine verborgenen Schätze preisgeben zu wollen. Aber so direkt, so didaktisch formuliert das Yoram Kaniuk natürlich niemals. ..."[118]

Ich wähle hier solche Texte aus, von denen ich denke, daß sie die Voraussetzung einer „dichten Beschreibung" erfüllen. Ganz in dem Sinne, wie *Gerhard Neumann* in der *Frankfurter Rundschau* schrieb, „Literatur und Lebenswelt als kulturelles Gewebe gemeinsam zu lesen....als ein Verfahren ‚dichter Beschreibung'":

> „Dabei kommt der Literatur als Argumentationssystem, im Gegensatz zu anderen diskursivierten Formationen gesellschaftlichen Lebens, eine besondere Rolle zu. Während die Prozesse lebensweltlicher Sinnstiftung im Feld der Kultur durch (zumindest intentionale) Vereindeutigung und Funktionalisierung bestimmt sind, hat die Literatur in diesem Kontext eine entgegengesetzte Aufgabe: die der Differenzierung, der Vervielfältigung, der ‚Überschichtung' und der Subversion von Sinn."[119]

Manche Romane, Erzählungen oder Schilderungen nehmen den Nahostkonflikt direkt auf und machen ihn gleichsam zum Thema. Eine Autorin wie die Palästinenserin *Sumaya Farhat-Naser* oder wie der Israeli *David Grossman* begeben sich dabei auf Spurensuche in die eigene Gesellschaft, ihre Menschen existieren in der Realität, sie werden wörtlich zitiert. Beiden Autoren geht es nicht darum, neue Wirklichkeit zu schaffen, sie schreiben mit der Absicht, Wirklichkeit möglichst genau wiederzugeben. Dazu *Grossman* im Vorwort zu „Der geteilte Israeli":

> „Das ist es, worum es in diesem Buch geht: um das gemeinsame Zelt, um die Angst, sich darin aufzuhalten, um das, was einen draußen erwartet, und um das, was die Nachbarn wider Willen, etwa vier Millionen Juden und neunhunderttausend Araber, tun, um sich nicht gemeinsam darin aufhalten zu müssen, und zwar wirklich."[120]

Auch *Yael Dayan* sucht in ihrem Roman „Three Weeks in October" diese Wirklichkeit, in dem sie Menschen beschreibt, die diesen Krieg, es geht um den Yom-Kippur-Krieg von 1973, erlebt haben. Ihr geht es darum, das Handeln und Fühlen von Menschen in einem allseits bekannten historischen Zusammenhang nachzuzeichnen. Sie bettet ihre Figuren in eine allgemein bekannte Realität ein, so daß ihr Roman wie eine fotografische Abbildung erscheint. Der Leser muß nicht mehr lange fragen, er sieht alles vor sich. In der Einführung präzisiert sie ihre Absichten:

> „What happened to most of the people is not recorded in history books. Their sorrows and actions and failures and hopes are generalized into

---

[118] SZ 30.12.1995
[119] FR 21.2.1995, S. 12
[120] Grossman, Israeli, S. 9

46

such statements as ‚The mood at that time...‘, ‚The overall feeling was...‘, ‚Mainly the people were...‘ The actual details are buried in individual memories. Occasionally they come to the surface...“[121]

Sie will ihren Text, ihre Personen, ihre Handlung, möglichst nahe an die Wirklichkeit heranführen und will zeigen, wie es im Krieg wirklich ist. Dazu braucht sie den Roman, um jene Einzelheiten, die in individuellen Gedächtnissen vergraben sind, durch ihre Kenntnisse und ihre Einfühlung wieder hervorzuholen. *Dayan* erfüllt, was *Joachim Rohlfes* als Charakteristikum der literarischen Gattung „Erzählen“ anführt: diese Dichtung erhebt den Anspruch „wahre, genauer: ‚innerlich‘ wahre Geschichte zu erzählen...“[122]

Um Wirklichkeit geht es ebenfalls *A. B. Jehoschua* in seiner Erzählung „Angesichts der Wälder“ oder *Amos Oz* in seinem Roman „Panther im Keller“. *Oz* schildert einen Jungen in der Pubertät, der sich mit und gegen seine Freunde behaupten muß. Ihre Abenteuer, ihre Erlebnisse und Erfahrungen sind eingeflochten in das große politische Geschehen, das im Hintergrund immer wieder sichtbar wird. Jehoschua dagegen nähert sich in „Angesichts der Wälder“ dieser Wirklichkeit eher verschlüsselt. Nur durch die Beziehungen seiner Figuren zueinander wird der große Konflikt erschließbar. Anders als bei *Yael Dayan* bietet sich bei ihm die Wirklichkeit nicht offen dar. Der Leser muß immer wieder nach der Bedeutung des Dargestellten fragen. Unmittelbar und direkt wird dieser Konflikt in den Romanen der Palästinenserin *Sahar Khalifa* oder bei *Ghassan Kanafani* aufgenommen, wohingegen die Erfahrungen von Diaspora oder Verfolgung sich eher als Hintergrundschablone in *Benjamin Tammuz'* Kriminalroman „Das Geheimnis des Minotaurus“ oder in dem Roman „Mein erster Sony“ von *Benny Barbasch* abzeichnen. Bei *Barbasch* beispielsweise wird Diasporageschichte dann sichtbar, wenn die in Argentinien aufgewachsene Mutter beginnt, auf spanisch zu schimpfen[123] oder wenn der kleine Jotam erklärt: „Bei uns zu Hause kaufte man wegen Großmutters Holocaust nichts aus Deutschland.“[124] Hier ist die Vergangenheit nicht Thema, gleichwohl ist sie da, manchmal nur zufällig, wie nebenbei erwähnt. Sie ist präsent mit einer gewissen Selbstverständlichkeit, jeder weiß, daß das so ist, deswegen muß man es nicht eigens hervorheben. Sie ist da im Verborgenen und nur manchmal tritt sie, eher unerwartet, hervor. Als Beispiel diene ein Gespräch zwischen Jo'ela, der Mutter, und ihrer Tochter Ja'ara über die Schönheit der Frauen in dem neuen Roman von *Batya Gur* „So habe ich es mir nicht vorgestellt“:

[121] Dayan, Three weeks..., 1979, S. XII
[122] Rohlfes 1997, S. 737
[123] Aber es heißt auch: „... die spanischen Wörter sind die ersten, die ihr einfallen, wenn ihr Verstand ausgeschaltet ist.“ (Barbasch, Sony, 1996, S. 8)
[124] Barbasch, Sony, 1996, S. 19

„War Oma früher eine schöne Frau?" ...

„Ja, sie war sehr schön", sagte Jo'ela. „Wenn sie auf der Straße ging, haben sich die Leute nach ihr umgedreht. Und wenn sie in ein Zimmer trat, haben alle ... Der Direktor von meiner Schule war in sie verliebt, sie hatte Augen... Sogar der Fischhändler vom Markt hat ihr immer die schönsten Fische gegeben. ...Ich glaube, sie ist überzeugt davon, daß diese Schönheit ihr ein paarmal das Leben gerettet hat. Das hat sie jedenfalls immer gesagt."

„Wie? Erzähl doch."

„Die Einzelheiten weiß ich nicht, sie hat es nie wirklich erzählt."

„Hast du sie nicht danach gefragt?"

„Doch." Jo'ela seufzte. „Natürlich habe ich sie gefragt, als ich klein war, aber später habe ich sie nicht mehr gefragt, da wußte ich schon, daß man darüber nicht spricht."

„Was hat das Ganze mit der Schönheit zu tun?" beharrte Ja'ara.

„Sie hat es doch selbst zu dir gesagt. Sie hat gesagt, daß es in deinem Alter keine Rolle spielt, was du anziehst, du siehst sowieso schön aus. Weil du jung bist. Später, wenn man älter wird, das heißt, wenn Frauen älter werden, gibt es keinen anderen Weg zu überleben." Sie dachte laut nach. „Einerseits hat sie der körperlichen Schönheit eine enorme Bedeutung zugemessen, andererseits denke ich, wie schuldig sie sich fühlen mußte, weil sie als einzige ihrer Familie überlebt hat. Dieses Schuldgefühl, wegen ihrer Schönheit überlebt zu haben, ließ ihr auch keinen Raum, sich daran zu freuen. Wie hätte sie sich denn an ihrer Schönheit freuen sollen?"

Ja'ara ließ schweigend eine Hand über das Sofa gleiten und folgte der Bewegung mit den Augen. ...

Neben der Spüle standen Frikadellen in Tomatensoße, grüne Bohnen und ein Topf mit Gemüsesuppe. Jo'ela steckte eine Gabel in eine Frikadelle, tauchte sie in die Soße und biß ein kleines Stück ab. Sie hätte nicht sagen können, daß es ihr nicht schmeckte, aber sie war unfähig weiterzuessen. Ohne zu zögern, warf sie die Frikadelle in den Abfalleimer. Jo'ela! Was tust du da! Sagte ihre Mutter erschrocken. Ist es nicht schade drum?

„Es ist schade um die Toten", murmelte Jo'ela und betrachtete den gelben Mond hinter dem Fenster. „Und es ist schade um die Lebenden", sagte sie, als ihr Blick auf den Kalender fiel. Der Tag der Schoah. Wieder hatte sie ihn vergessen. Mit langsamen Bewegungen füllte sie die Reste des Essens ... aus den Töpfen in Plastikdosen und legte sie ins Gefrierfach. Dann stand sie einige Minuten vor der Spüle und blickte hinaus auf den Mond, der von Abend zu Abend runder wurde, um dann wieder abzunehmen."[125]

---

[125] Gur 1996, S. 219-221

Nicht nur die Vergangenheit allgemein, auch der Holocaust im besonderen ist in den Hintergrund getreten: „Der Tag der Schoah. Wieder hatte sie ihn vergessen." In einem kurzen Augenblick ist die Erinnerung daran wach geworden, hatte die Gegenwart so bestimmt, daß sie unfähig war weiterzuessen.

Diese belletristischen Arbeiten sind keine Quellen, die uns Auskunft über Vergangenheit geben, sie stehen für die eigene Zeit und sind Belege für das Wirken der Vergangenheit in den Vorstellungen der Menschen. Ihre Wertung aber muß besonders dort berücksichtigt werden, wo Vergangenheit und Gegenwart so eng aufeinander bezogen sind, wie in Israel und in Palästina. Insofern sind sie unbedingt notwendige Ergänzungen, um zu begreifen, warum im Nahen Osten der Weg zum Frieden so unendlich steinig ist.

III. DER KONFLIKT RICHTET SICH EIN – DIE GRUNDLAGEN

1. Die Zeit des 1.Weltkrieges

Wenn man sich heute mit dem Nahostkonflikt und seiner Entwicklung beschäftigt und seinen Grundlagen nachspürt, dann muß man zumindest bis zum 1.Weltkrieg zurückgehen. Damals wurde die Basis für jenes arabische Mißtrauen gegenüber dem Westen gelegt, das heute noch das Verhältnis zwischen den arabischen und den westlichen Staaten beeinflußt. Zwar richtete sich der arabische Nationalismus, der sich vor dem Ersten Weltkrieg an der fortgeschrittenen bürgerlichen Gesellschaft des Westens orientiert hatte, zuerst einmal gegen die Osmanen und die türkische Herrschaft über Arabien, nachdem aber Großbritannien und Frankreich nach dem 1.Weltkrieg eine Kolonialherrschaft über den Orient errichtet hatten, wandte sich der arabische Nationalismus gegen den Westen.[126] Gleichzeitig bauten sich in dieser Zeit auch die jüdischen Hoffnungen auf, wie sie David Horowitz rückschauend beschreibt:

„Die Stimmung jener Tage kann nur auf dem Hintergrund der großen Weltstunde verstanden werden, die mit dem Ende des Ersten Weltkrieges angebrochen schien. Ein neuer Wind durchwehte Ost und West. Die alte Welt war zerstört, und eine neue Welt schien im Entstehen. Zwar hatte der amerikanische Kongreß die große Vision Präsident Wilsons verwässert, aber der Völkerbund war dennoch errichtet worden, wenn auch ohne die Vereinigten Staaten. Das reaktionäre Deutschland unter Kaiser Wilhelm war zusammengebrochen, und auch das österreichisch-ungarische „Völkergefängnis" war nicht mehr. Im Westen wuchsen die Arbeiterbewegungen, im Osten hatte die russische Revolution gesiegt, die damals die Trägerin der höchsten Ideale zu sein schien. Am stärksten aber beeinflußte uns die Welle der Nationalbewegungen, die aus den Trümmern der österreichisch-ungarischen Doppelmonarchie hervorbrach. Vor unseren Augen entstanden Staaten, deren politische Form mit ihren nationalen,

---

[126] Tibi 1971

geistigen und kulturellen Inhalten identisch war, und nur wir waren außerhalb der Mauern geblieben, Wanderer ohne nationalpolitische Unabhängigkeit.

... In Eretz Israel dagegen, so glaubten wir, bot sich uns die Möglichkeit,
unser Leben vom Grunde auf neu und unseren eigenen Wünschen gemäß
zu gestalten.

Wir packten unsere Habseligkeiten in Rucksäcke und versteckten das zur
Reise nötige Geld in hohlen Nüssen, deren Schalen wir sorgfältig zuge-
klebt hatten. Mehrere kleine Truppen, darunter auch die unsere, schlos-
sen sich zu einer größeren Gruppe zusammen, und wir machten uns auf
den Weg...

Am 21.Tag unserer Reise, am 20.Juli 1920, trafen wir in Jaffo ein."[127]

1.1 Die Vorgeschichte[128]

Kriegsgegner Englands im 1.Weltkrieg waren das Deutsche und das Osmanische Reich. Der türkische Sultan war aber nicht nur weltlicher Herrscher, sondern er war auch der Kalif aller Muslime und besaß damit zugleich ein weltliches und ein religiöses Amt. Da die englischen Truppen im
Nahen und Mittleren Osten zum größten Teil aus Muslimen bestanden,
hätte ein Aufruf des türkischen Sultans zum ‚Heiligen Krieg' bedeutet,
daß es die Pflicht aller Gläubigen gewesen wäre, ihm zu folgen. Die Verbindung Englands zu *Scherif Hussein* von Mekka, dessen Segen für einen
Aufruf zum Heiligen Krieg notwendig war, schien daher ein geeignetes
Mittel, um einer solchen Bedrohung von Seiten des Sultans vorzubeu-
gen[129]. Zudem aber war für Großbritannien die Sicherung des Seeweges
durch den Suezkanal von zentraler Bedeutung. Ein Sieg der Mittelmächte
und des Osmanischen Reiches im 1.Weltkrieg hätte für diese Verbindung
unabsehbare Probleme gebracht.[130]

---

[127] Horowitz, David: Mein Gestern, 1970 (hebräisch). Zit. aus: „Die Schmerzen des Anfangs". In: ariel
23 (1975) S. 111f.

[128] Ausführlich vgl. Fromkin 1989, S. 276ff.

[129] Elias 1993, S. 39 (es gehört zu den kleinen „Unsauberkeiten" dieses Buches, daß hier die Initiative
verdreht wird: Es war Hussein, der den ersten Brief schrieb. Vgl. Fromkin 1989, p.173ff.)

[130] Fromkin 1989, S. 281f.: „.... in conjunction with Mesopotamia, Palestine gave Britain the land road
from Egypt to India and brought together the empires of Africa and Asia. ... Palestine was the key
missing link that could join together the parts of the British Empire ..."

1.2 Der Briefwechsel zwischen McMahon und Scherif Hussein, 1915

a) Text

Im Jahre 1915 fand zwischen dem *Scherif Hussein* von Mekka und *McMahon*, dem britischen Hohen Kommissar in Ägypten, ein folgenreicher Briefwechsel statt:[131]

Schreiben von Scherif Hussein   14. Juli 1915

Aus diesen Gründen fragt die arabische Nation an, ... ob die britische Regierung in der Lage ist, durch ihren Repräsentanten folgende grundlegende Vorschläge billigen zu lassen ...:

1. Großbritannien erkennt die Unabhängigkeit der arabischen Länder an, die im Norden durch Mersina und Adana bis zum 37. Breitengrad begrenzt werden...; im Osten begrenzt durch Persien bis zum Golf von Basra; im Süden durch den Indischen Ozean, mit Ausnahme der Stellung von Aden, die so bleiben soll, wie sie ist; im Westen durch das Rote Meer, das Mittelmeer bis nach Mersina. Großbritannien billigt die Proklamation eines arabisch-islamischen Kalifats.

2. Die arabische Regierung erkennt an, daß Großbritannien ein Vorrecht bei allen wirtschaftlichen Unternehmungen in den arabischen Ländern haben soll.

3. Für die Sicherheit dieser arabischen Unabhängigkeit und für die Sicherheit des Vorrechtes bei wirtschaftlichen Unternehmungen, bieten beide vertragsschließenden Parteien gegenseitige Militärhilfe an, um jede fremde Macht, welche eine der beiden Parteien angreift, zurückzuschlagen. Ohne Zustimmung der beiden Parteien soll kein Frieden geschlossen werden.

Der britische Kommissar gab daraufhin folgende Zusagen:[132]

The McMahon Letter   October 24, 1915

" I have received your letter of the 29th Shawal, 1333, with much pleasure und your expression of friendliness and sincerity have given me the greatest satisfaction.

---

[131] aus: Hurewitz 1956, S. 13ff. (Übers. HN)
[132] Aus: Laqueur 1969, S. 15ff.

I regret that you should have received from my last letter the impression that I regarded the question of limits and boundaries with coldness and hesitation; such was not the case, but it appeared to me that the time had not yet come when that question could be discussed in a conclusive manner.

I have realised, however, from your last letter that you regard this question as one of vital und urgent importance. I have, therefore, lost no time in informing the Government of Great Britain of the contents of your letter, and it is with great pleasure that I communicate to you on their behalf the following statement, which I am confident you will receive with satisfaction.

The two districts of Mersina and Alexandretta and portions of Syria lying to the west of the districts of Damascus, Homs, Hama and Aleppo cannot be said to be purely Arab, and should be excluded from the limits demanded.

With the above modification, and without prejudice to our existing treaties with Arab chiefs, we accept those limits.

As fore those regions lying within those frontiers wherein Great Britain is free to act without detriment to the interests of her ally, France, I am empowered in the name of the Government of Great Britain to give the following assurances and make the following reply to your letter:

(1) Subject to the above modification, Great Britain is prepared to recognize and support the independence of the Arabs in all the regions within the limits demanded by the Sherif of Mecca.

(2) Great Britain will guarantee the Holy Places against all external aggression and will recognize their inviolability.

(3) When the situation admits, Great Britain will give to the Arabs her advice and will assist them to establish what may appear to be the most suitable forms of government in those various territories.

(4) On the other hand, it is understood that the Arabs have decided to seek the advice and guidance of Great Britain only, and that such European advisers und officials as may be required for the formation of a sound form of administration will be British.

(5) With regard to the vilayets of Bagdad and Basra, the Arabs will recognize that the established position and interests of Great Britain necessitate special administrative arrangements in order to secure these territories from foreign aggression to promote the welfare of the local populations and to safeguard our mutual economic interests.

I am convinced that this declaration will assure you beyond all possible doubt of the sympathy of Great Britain towards the aspirations of her friends the Arabs and will result in a firm and lasting alliance, the immediate results of which will be the expulsion of the Turks from the Arab countries and the freeing of the Arab peoples from the Turkish yoke, which for so many years has pressed heavily upon them.

I have confined myself in this letter to the more vital and important questions, and if there are any other matters dealt with in your letters which I have omitted to mention, we may discuss them at some convenient date in the future.

It was with very great relief and satisfaction that I heard of the safe arrival of the Holy Carpet and the accompanying offerings which, thanks to the clearness of your directions and the excellence of your arrangements, were landed without trouble or mishap in spite of the dangers and difficulties occasioned by the present sad war. May God soon bring a lasting peace and freedom of all peoples.

I am sending this letter by the hand of your trusted and excellent messenger, Sheikh Mohammed ibn aruf ibn Uraifan, and he will inform you of the various matters of interest, but of less vital importance, which I have not mentioned in this letter.

(Compliments)   Signed: A.Henry McMahon"

b)   Zur Bewertung

Dieser Briefwechsel gilt in der neueren arabischen Geschichtsschreibung als das „Schlüsseldokument" für die Beziehungen zum Westen. Die Korrespondenz kam 1931 zum ersten Mal an die Öffentlichkeit. *Scherif Hussein* übergab sie kurz vor seinem Tode dem arabischen Historiker *George Antonius*, der sie publizierte. Großbritannien machte sie erst 1939 der Öffentlichkeit zugänglich[133].

Wie Großbritannien den Briefwechsel verstanden wissen wollte, geht aus einer Geheimnote hervor, die der britische Außenminister *Lord Grey* an seinen Chefunterhändler *McMahon* in Kairo sandte:

> „Sie sind bevollmächtigt, freundliche Zusicherungen zu machen, aber nur mit Vorbehalt, die keine Interessen unserer Verbündeten in dieser Region tangieren, um die Sympathie und die Zustimmung der Araber zu erlangen. Unsere Vorbedingung, von den Arabern in jeglicher Angelegenheit bevorzugt behandelt zu werden, soll nur, wenn es wirklich von Notwendigkeit ist, in den Vordergrund gestellt werden, da ansonsten der Argwohn und das Mißtrauen unseres Verbündeten Frankreichs unnötig erweckt werden. ... Sie können den Arabern eine sehr allgemein und großzügig gefaßte Zusicherung geben, damit wir verhindern können, daß sie sich mit unseren Feinden verbünden. Das ist das wichtigste, was wir bei den Arabern erreichen wollen. ..."[134]

---

[133] Elias 1993, S. 45
[134] Elias 1993, S. 46f.

McMahon faßte seine Zusagen in einem Schreiben an den Vizekönig von Indien, der seinerseits beklagt hatte, daß die indischen Interessen in der Korrespondenz mit *Hussein* zu kurz gekommen seien, so zusammen:

> „I had necessarily to be vague as on the one hand HMG[135] disliked being committed to definite future action, and on the other hand any detailed definition of our demands would have frightened off the Arab."[136]

Die Perfidie dieses gesamten Briefwechsels wird auf dem Hintergrund der Anweisung des britischen Außenministers offenkundig, vor allem wenn man sich klar macht, daß die diplomatisch noch unerfahrenen Araber diese Texte auch als vollständige Zusage lesen konnten. Aber erst der Vertrag von 1916 zwischen Großbritannien und Frankreich und die Versprechen von 1917 an die Juden machten die Doppelbödigkeit der britischen Diplomatie gegenüber den Arabern vollkommen.[137] Zugleich zeigt die geheime Anweisung des britischen Außenministers aber auch, wie weit die englische Diplomatie bereits vorausdachte, indem sie den derzeitigen Verbündeten Frankreich schon als möglichen künftigen Konkurrenten im Nahen Osten wahrnahm.

1.3 Das Sykes-Picot-Abkommen, 1916

a) Vorgeschichte[138]

Mitten im Krieg, bevor überhaupt deutlich war, welche Seite gewinnen würde, planten die Alliierten bereits für die Zeit danach: Im März 1915 schlug Frankreich Großbritannien Geheimverhandlungen über die Aufteilung des Osmanischen Reiches in britische und französische Interessensphären vor. Frankreich erhob vor allem Anspruch auf Syrien und Kilikien, wobei Syrien nach französischem Verständnis bis zum Meer und bis zur ägyptischen Grenze reichte, also Palästina und den heutigen Libanon einschloß. In Syrien war Frankreich bereits früher als Schutzmacht der römisch-katholischen Christen aufgetreten und hatte 1860/61 Truppen gelandet, um die christliche Bevölkerung zu schützen. Da auch Rußland als Schutzmacht der orthodoxen Christen in Syrien Anspruch auf Palästina erhob, schlug Großbritannien eine Sonderkommission zur Auf-

---

[135] His Majesty Government
[136] Kedourie, Elie: In the Anglo-Arab Labyrinth: The McMahon-Husayn Correspondence and its Interpreters 1914-1939, Cambridge 1976, p.75 (zit. aus: Fromkin 1989, p.186)
[137] Zur Rezeption des 'Lawrence von Arabien' bemerkt Elias 1993, S. 58: „Alles, was Lawrence in seinen Büchern schrieb, ist erfunden und Hochstapelei. Man hat aus ihm eine Legende gemacht, die die Dimensionen von Tausendundeiner Nacht bei weitem gesprengt hat. Der aufwendige Hollywood-Film über ihn hat das Seine dazu beigetragen."
[138] Im folgenden nach Elias 1993, S. 50ff.

teilung der Gebiete vor. Diese Kommission lehnte das Ansinnen Frankreichs bezüglich Palästina ab. Im Herbst 1915 drängte nun *Scherif Hussein* die Briten zu einer verbindlichen Zusage in bezug auf einen arabischen Nationalstaat. Darauf forcierten die Briten die Geheimverhandlungen mit Frankreich und gaben gleichzeitig im Oktober 1915 den Arabern weitgehend die von diesen gewünschten Zusagen.

b) Das Abkommen von 1916

England und Frankreich[139] einigten sich auf folgende Grundsätze:[140]

1. Bildung eines unabhängigen Staates unter einem arabischen Herrscher. Innerhalb dieses Staates gibt es eine Region A (die Städte Mossul, Aleppo, Hamah, Homs und Damaskus) und eine Region B (Kirkuk, Ostjordanien, Naqab und al-Aqaba). In A hat Frankreich und in B Großbritannien Vorzugsrechte.

2. Die Küstenregion Syriens untersteht direkt der französischen, die Distrikte Bagdad und Bassra direkt der britischen Herrschaft.

3. Palästina soll einer internationalen Verwaltung unterstellt werden.

4. Die Seehäfen Akko und Haifa werden Großbritannien unterstellt.

England, Frankreich und das zaristische Rußland hatten mit diesem Abkommen ihre Interessensphären abgesteckt. Nach dem Zusammenbruch des Osmanischen Reiches sollte Libanon, Syrien, Kurdistan mit Mossul und Kleinarmenien französischer Interessensbereich, Mesopotamien (wie der Irak damals bezeichnet wurde), Transjordanien und Nordpalästina britischer Interessensbereich werden. Der südwestliche Teil Palästinas sollte unter internationale Verwaltung kommen. In diesen Gebieten sollte *Scherif Hussein* keinerlei Macht erhalten.[141]

c) Stellungnahmen

Der französische Senator *Pierre-Etienne Flandin*, der entschieden für französische Kolonialinteressen eintrat, wandte sich 1916 in scharfer Form gegen dieses Abkommen: *Picot* sei ein Narr, der Frankreich verraten habe. *Flandin* bestand darauf, daß Frankreich die gesamte Küste von Syrien, Libanon und Palästina hinunter bis El Arish auf der ägyptischen

---

[139] Nach dem Untergang des Zarenreiches schied das neue revolutionäre Rußland als Vertragspartner aus, so daß als künftige Mandatsmächte nur noch Frankreich und England in Frage kamen.
[140] Elias 1993, S. 56
[141] Matuz, 1990, S. 267

Sinai-Halbinsel haben müsse.[142] *Hirst* bezeichnet dieses Abkommen neben der Balfour-Erklärung als „one of the two key documents that have shaped the modern history of the Middle East."[143] Die Vereinbarung stand in scharfem Kontrast zu den Zusagen, die man 1915 den Arabern gemacht hatte. Nach der Oktober-Revolution wurde das Geheimdokument von der bolschewistischen Regierung veröffentlicht. *Elias* bewertet es als „ein Meisterstück erzkolonialistischer Machtpolitik".[144]

Tatsächlich folgte der Völkerbund den hier festgelegten britisch-französischen Vorstellungen, als er diesen beiden Mächten das Mandat über Teile des aufgelösten Osmanischen Reiches übertrug. „Großbritannien und Frankreich haben als Kolonialmächte nach dem Ende des 1.Weltkrieges die arabische Welt unter sich aufgeteilt. Die Folge war eine künstliche Balkanisierung insbesondere der arabischen Halbinsel."[145]

1.4 Die Balfour-Deklaration, 1917

a) Vorgeschichte

In den letzten Jahren des 19.Jahrhunderts wurde Großbritannien mit jüdischen Flüchtlingen aus Osteuropa überschwemmt; in London gab es Streiks und Demonstrationen gegen sie. Ein Ausländergesetz, welches die jüdische Einwanderung reglementierte, wurde verabschiedet. Es war *Balfour*, zu dieser Zeit britischer Premierminister, der dieses Gesetz verteidigte. Die Juden prangerten dieses Gesetz als offenen Antisemitismus, der gegen das gesamte jüdische Volk gerichtet sei, an.[146]

In der Zeit vor dem Ersten Weltkrieg[147] hatte in der zionistischen Bewegung eine Richtung die Oberhand gewonnen, welche die sofortige Inangriffnahme der praktischen Palästina-Arbeit anstrebte. Da wegen der türkischen Gegnerschaft eine jüdische Kolonisation in Palästina in großem Stil, wie sie der politische Zionismus forderte, nicht möglich war, entschloß man sich innerhalb der zionistischen Bewegung zu einer mehr pragmatischen Politik. Man nannte diese Kombination von politischem und praktischem Zionismus „synthetischer Zionismus". Einer der neuen Führer war Professor *Chaim Weizmann*. Er formulierte auf dem VIII. Kongreß im Haag (1907) die neue Politik so:

---

[142] Fromkin 1989, S. 288
[143] Hirst, 1977, S. 37
[144] Elias 1993, S. 57
[145] Robert 1980, S. 25
[146] Nach Hirst 1978, S. 38f. (Übers. HN); auch Schölch 1981, S. 45 weist auf antizionistische Äußerungen Balfours aus seiner Zeit als Premierminister hin.
[147] Im folgenden nach Holdheim 1964, S. 16

„Wenn uns die Regierungen heute einen Charter ausstellen, wird es ein Stück Papier sein; anders, wenn wir in Palästina arbeiten, dann ist er geschrieben mit Schweiß und Blut, zusammengehalten durch einen Kitt, der sich nie lösen wird."

Neben dem bereits bestehenden Jüdischen Nationalfonds, der den Erwerb von Grund und Boden „als unveräußerliches Eigentum des jüdischen Volkes" betrieb, wurde nun eine Landentwicklungsgesellschaft (Palestine Land Development Company) gegründet.

Der Beginn des Ersten Weltkrieges stellte die Zionistische Organisation vor neue Probleme: Sitz ihrer Exekutive war seit 1911 Berlin, ihre Mitglieder aber gehörten beiden kämpfenden Mächtegruppen an. Mit ihrem Kriegseintritt schloß die Türkei die Büros der zionistischen Organisationen in Palästina und verbot jede zionistische Tätigkeit. Viele Juden wurden aus Palästina ausgewiesen. In dieser Lage entschied die Zionistische Organisation, ein neues Büro in Kopenhagen zu errichten.

Zugleich entfaltete *Weizmann* in England neue Aktivitäten. Schon 1906 hatte er in Kontakt mit *Lord Balfour* gestanden, als es um das Ostafrika-Projekt („geographisch fälschlich als Uganda-Plan bekannt geworden"[148]) ging. Nun kam es 1917 zu ernsthaften Verhandlungen zwischen Großbritannien und der Zionistischen Organisation. Der Widerstand des zaristischen Rußland gegen ein zu starkes Engagement Englands in Palästina war durch die Revolution von 1917 hinfällig geworden; außerdem plante England für den Herbst 1917 eine große Offensive in Palästina und suchte Unterstützung.

Eine Vorgeschichte der Balfour-Deklaration wäre unvollständig, ohne auf das komplizierte Dreiecksverhältnis Frankreich-England-Zionismus einzugehen.[149] Obwohl einflußreiche Politiker in England pro-zionistisch dachten, war eine einseitige und öffentliche Sympathie-Erklärung für ein zionistisches Gemeinwesen in Palästina diplomatisch eine schwierige Angelegenheit, da man sich ein Jahr zuvor im Sykes-Picot-Abkommen mit Frankreich über die Aufteilung des Nahen Ostens geeinigt hatte. Man wollte diesen wichtigsten Alliierten im Kampf gegen Deutschland nicht durch eine allzu plumpe Parteinahme für die Zionisten düpieren, aber man wollte Palästina auch nicht mit den Franzosen teilen. Für *Lloyd George* war die Zukunft Palästinas ein Problem, das zwischen Briten und Juden zu lösen sei.[150] Die Franzosen ihrerseits sahen den militärischen Vormarsch englischer Truppen in Palästina mit großem Mißtrauen. *Picot*, der die englischen Invasionstruppen begleitete, berichtete, daß „London now considers our agreements a dead letter."[151] Zugleich agierte die fran-

---

[148] Rohlfes 1993, S. 389
[149] Im folgenden nach Elias, 1993, S. 88ff.
[150] Fromkin 1989, S. 287
[151] Fromkin 1989, S. 287

zösische Diplomatie gegenüber den Zionisten mit großer Vorsicht. Zu sehr fürchtete man, daß eine Verpflichtung gegenüber den Zionisten letzten Endes zu einem Aufgeben der französischen Ansprüche in Palästina führen könnte.[152] Da man zugleich aber die Zionisten nicht verprellen wollte, erhielt *Nahum Sokolow*, einer der Verantwortlichen der zionistischen Weltorganisation, der mit dem französischen Außenministerium verhandelt hatte, am 4. Juni 1917 von dort folgendes Schreiben:

> „Sie hatten die Freundlichkeit, uns das Projekt, dem Sie Ihre Anstrengungen widmen und dessen Ziel die Förderung einer jüdischen Besiedlung Palästinas ist, vorzustellen. Sie meinen, daß es, sofern die Umstände es erlauben und die Unabhängigkeit der heiligen Stätten gewahrt bleibt, ein Akt der Gerechtigkeit und Wiedergutmachung ist, durch den Schutz der alliierten Mächte die Wiedergeburt der jüdischen Nationalität in dem Land, aus dem das Volk Israel vor so vielen Jahrhunderten vertrieben wurde, zu unterstützen. .... Die französische Regierung, die in diesen Krieg eintrat, um ein zu Unrecht angegriffenes Volk zu verteidigen, und die diesen Kampf so lange weiterführt, bis das Gute über die Gewalt gesiegt hat, kann nur Sympathie für Ihre Sache empfinden, deren Triumph mit dem der Alliierten aufs engste verbunden ist. Es freut mich, Ihnen hiermit diese Zusicherung zu geben."[153]

Die Zurückhaltung[154] ist unübersehbar. Doch hatten sich die Franzosen mit diesem Schreiben zugleich selbst ausmanövriert, denn diese formale Versicherung war zu vorsichtig, ihre Existenz aber veranlaßte die Engländer nun ihrerseits eine Versicherung abzugeben. Außerdem drängten die Zionisten die Engländer, nicht hinter Frankreich zurückzustehen. Getragen von seiner pro-zionistischen Sympathie und in Kenntnis des französischen Schreibens, konnte England seine Bedenken gegen einen Bruch des englisch-französischen Geheimvertrages von 1916 nun fallen lassen, es mußte im Gegenteil ab jetzt eine zu starke französische Position in diesem für England wichtigen Raum fürchten.[155] Großbritannien veröffentlichte daher eine entsprechende Erklärung: die Balfour-Deklaration. Für England galt es, mit dieser Erklärung einen französischen Einfluß im Nachkriegs-Palästina möglichst zu verhindern.

Chaim Weizmann wußte genau, daß die einzige Chance einen jüdischen Staat zu schaffen, in einem etappenweisen Vorgehen lag. Wenige Monate vor der Verkündigung der Balfour-Deklaration erklärte er:

> „States must be built up slowly, gradually, systematically and patiently. We, therefore, say that while the creation of a Jewish Commonwealth in Palestine is our final ideal ... the way to achieve it lies through a series of

---

[152] Fromkin 1989, S. 292
[153] Elias 1993, S. 89f.
[154] Fromkin 1989, S. 292f.
[155] Ausführlich schildert Elias 1993, S. 53ff. die französische Interessenlage.

intermediary stages. ... Under the wing of this power [Großbritannien], Jews will be able to develop, and to set up the administrative machinery which ... would enable us to carry out the Zionist scheme."[156]

Durch die 1948 erfolgte Staatsgründung scheint es in der Rückschau so, als ob es von Anfang an das klare Ziel der Zionisten gewesen sei, in Palästina einen Staat zu gründen. Es gibt aber auch Stimmen, die deutlich machen, daß dies offensichtlich nicht unumstritten war. So äußerte *Max Nordau* im Jahre 1916 zu dieser Frage:

„Zionism has not the ambition of founding an independent Jewish State, be it a kingdom or a republic. All it desires is that its adherents should be allowed to immigrate without any restraint into Palestine, to buy there as much land as they can obtain for their money, to enjoy autonomy of local administration, and not to be hampered in their earnest efforts to create culture and prosperity. It goes without saying that Zionist Jews pledge themselves to observe the most scrupulous, most generous loyalty towards the Power under whose sovereignty Palestine is placed."[157]

b) Text

Die Balfour-Deklaration ist der Schnittpunkt, an dem sich die jüdisch–zionistischen Bestrebungen mit der englischen Orientpolitik kreuzen und für Jahrzehnte verbinden. Sie ist zugleich die Grundlage jüdischer Einwanderung in den kommenden Jahrzehnten. Nach ihrer Formulierung ist zum ersten Mal seit der Niederschlagung des jüdischen Aufstandes durch die Römer im Jahre 70 n.Chr. die Vision eines jüdischen Staatswesens eine erreichbare Möglichkeit geworden. Zudem setzt die Balfour-Deklaration den Schlußpunkt jener Verstrickung von Verträgen und Zusagen, durch die sich Großbritannien in der Suche nach kurzfristigen Vorteilen langfristig zwischen ‚Skylla und Charybdis' manövrierte, wenn auch die eigentliche Bankrotterklärung der britischen Palästinapolitik erst im Jahre 1947 mit dem Abzug aus Palästina erfolgte. Der Wortlaut der Balfour-Deklaration:

Foreign Office   November 2nd, 1917

Dear Lord Rothschild,

I have much pleasure in conveying to you, on behalf of His Majesty's Government, the following declaration of sympathy with the Jewish Zionist aspirations which has been submitted to, and approved by, the Cabinet.

---

[156] Palestine. A Study of Jewish, Arab and British Policies, ESCO Zionist Institute, Yale University Press, New Haven, vol.I, S. 98f. (zit.aus: Hirst, 1978, S. 41)
[157] Zionism 1916, S. 6

„His Majesty's Government view with favour the establishment in Palestine of a national home for the Jewish people, and will use their best en-
deavours to facilitate the achievement of this object, it being clearly understood that nothing shall be done which may prejudice the civil and re-
ligious rights of existing non-Jewish communities in Palestine, or the
rights and political status enjoyed by Jews in any other country."

I should be grateful if you would bring this declaration to the knowledge
of the Zionist Federation.

Yours sincerely,

Arthur James Balfour[158]

Übersetzung:
"Seiner Majestät Regierung betrachtet die Schaffung einer nationalen
Heimstätte in Palästina für das jüdische Volk mit Wohlwollen und wird
die größten Anstrengungen machen, um die Erreichung dieses Zieles zu
erleichtern. Es soll nichts getan werden, was die bürgerlichen und religiösen Rechte bestehender nichtjüdischer Gemeinschaften in Palästina ...
beeinträchtigt."[159]

c) Zur Interpretation

„Eine Nation schenkt einer zweiten das Land einer dritten", so faßte der
Publizist *Arthur Koestler* die Balfour-Deklaration zusammen.[160] Adressat
dieser Erklärung war *Lord Rothschild*, der zwar nicht der offizielle, aber
doch der anerkannte Führer der Juden Großbritanniens war.[161] Außerdem
sei darauf hingewiesen, daß *Lord Rothschild* die meisten Aktien der Suez-
Kanal-Gesellschaft hielt.[162] Präsident der Britischen Föderation der Zionisten aber war seit Februar 1917 *Chaim Weizmann*. *Weizmann* war Che-
miker und leitete von 1916-1919 die Laboratorien der britischen Admirali-
tät. Er hatte eine kriegswichtige Erfindung gemacht, woraus fälschlicher-
weise der Schluß gezogen wurde, die ganze Balfour-Deklaration sei eine
Art Danksagung an ihn.[163] Richtig ist, daß er durch sein Amt Zugang zu
hohen Beamten der britischen Regierung hatte, den seine Erfindung noch

---

[158] Laqueur 1969, S. 16
[159] Aus: Ullmann 1964, S. 252
[160] Zit. aus: Bethell 1979, S. 14
[161] Eban 1986, S. 300f.
[162] Elias 1993, S. 90
[163] Häufig findet sich der Hinweis, daß die Balfour-Deklaration eine britische Danksagung an das persönliche Wirken Weizmans und seine Verdienste um England durch die Entwicklung eines Verfah-
rens zur Herstellung des kriegswichtigen Acetons gewesen sei. Schölch (Mejcher/Schölch, 1981,
S. 11) bezeichnet diese Geschichte als „Ammenmärchen". So auch Fromkin 1989, S. 285 Anm.
**: „Years after the war, Lloyd George – in writing his memoirs – invented the story that he had gi-
ven the Balfour Declaration in gratitude for Weizman's invention. Weizman's important invention
was real, but Lloyd George's story was a work of fiction."

erleichterte. Entscheidender war, daß ihm *C.P.Scott*, der Herausgeber des *Manchester Guardian*, die Verbindung zu *Lloyd George*, seit 1915 Rüstungsminister, und anderen führenden britischen Regierungsmitgliedern verschaffte. 1916 wurde *Lloyd George* Premier- und *Balfour*, den *Weizmann* ebenfalls bereits persönlich kannte, Außenminister. Er verfügte damit über hervorragende Beziehungen, die er im Sinne der zionistischen Sache einsetzte.[164]

Im Zentrum der Erklärung steht der Begriff „national home". Dieser Begriff war offensichtlich in Anlehnung an das „Baseler Programm" des ersten Zionistenkongresses gewählt worden. Damals hatte man die „Schaffung einer öffentlich-rechtlich gesicherten Heimstätte in Palästina" gefordert. Der britische Premierminister versicherte *Weizmann* in Anwesenheit von *Lord Balfour*, daß „national home" nur eine Umschreibung von „Jewish State" sei.[165] 1937 räumte dann die „Britisch Königliche Palästina-Kommission" unter Vorsitz von *Lord Peel* ein: „S. M. Regierung hatte offenbar daran gedacht, daß ein jüdischer Staat im Laufe der Zeit errichtet werden könnte..."

An dieser Stelle, wo von „einer Heimstätte in Palästina" die Rede ist, zeigt sich auch, wie sehr die Interpretation des Textes von der Gewichtung der einzelnen Worte abhängt. Liegt die Betonung auf *einer*, so ergibt sich ein den Arabern unfreundlicher Sinn des Textes, denn es ist nur von einer Heimstätte für die Juden nicht aber von einer solchen für die Araber die Rede; betont man *Heimstätte*, so ist der Inhalt den Juden wenig entgegenkommend, denn das Gewicht liegt auf der Frage nach der Natur dieses Gemeinwesens, und es ist dabei von einer Heimstätte, nicht von einem Staat die Rede.

Eine völlig andere Gewichtung der Absichten, die hinter diesem Text stehen, ergibt sich, wenn man die Genese des Textes untersucht. Der Text wurde nicht von *Lord Balfour* formuliert, man hatte die Zionistische Föderation in England um eine ,Formel' gebeten. Diese hat daraufhin folgenden Vorschlag unterbreitet:

„1. Die Regierung seiner Majestät akzeptiert das Prinzip, daß Palästina als die Nationale Heimstätte für das jüdische Volk rekonstruiert werden sollte.

2. Die Regierung seines Majestät wird ihr Bestes tun, die Erreichung dieses Ziels zu sichern, und sie wird die notwendigen Methoden und Mittel mit der Zionistischen Organisation erörtern."[166]

---

[164] Eban, 1986, S. 300; Encyclopaedia Judaica, vol.16, Jerusalem 1971, Sp.428
[165] Ingrams, Doreen: Palestine Papers 1917-1922. Seeds of Conflict, London 1972, S. 146 (zit in: Hirst, 1978, S. 41 und in Hottinger, 1995, S. 208)
[166] Aus: Schölch 1981, S. 44

Dabei wird deutlich, daß die Zionisten mit ihrer Formulierung „Palästina als **die** Nationale Heimstätte für das jüdische Volk" (Hervorhebung HN) auf das gesamte Palästina zielten. Dieser Vorschlag aber ging der britischen Regierung zu weit, da das Papier veröffentlicht und weder die arabischen noch die europäischen Verbündeten verprellt werden durften. Völkerrechtlich war der Begriff „national home" unbekannt.[167] Dennoch gab er eine Richtung an.[168] Seine Neuheit und seine Unbestimmtheit hat schon zur Zeit seiner Entstehung und in den nachfolgenden Jahren immer wieder zur Interpretation gereizt. Später gestand *Max Nordau*, daß er es gewesen sei, der den Begriff „Heimstätte" erfunden habe und überhaupt „für den Wortlaut des Basler Programms verantwortlich" zeichne.[169]

Der Begriff "nichtjüdische Gemeinschaften" ist eine sehr weiche Formulierung, welche die Rolle der Araber als Bevölkerungsmehrheit in Palästina unterdrückt. *Elias* zitiert eine Volkszählung von 1922, die von den britischen Kolonialbehörden selbst durchgeführt worden ist und die 78% Muslime und nur 11% Juden angibt.[170] Insofern macht die Verwendung „nichtjüdische Gemeinschaften" allein schon klar, daß es sich um eine bewußte Diskriminierung der arabischen Bevölkerungsmehrheit handelte.

Wenn es im weiteren Verlauf heißt, daß die „bestehenden Rechte" dieser nichtjüdischen Gemeinschaften nicht beeinträchtigt werden sollen, so ist zu fragen, über welche Rechte diese Gemeinschaften damals verfügten. Man kann jedenfalls auf Grund dieser Formulierung nicht davon ausgehen, daß daran gedacht war, den „nichtjüdischen Gemeinschaften" eine den Juden gleichartige Position zuzubilligen. „Dazu paßte, daß die Balfour-Erklärung nur von den bürgerlichen und religiösen Rechten der Nicht-Juden sprach, nicht von politischen; den Juden hingegen stellte die britische Regierung in Gestalt der ‚nationalen Heimstätte' offenkundig auch politische Rechte in Aussicht."[171]

Es waren verschiedene Motive, welche die Briten zu einer solchen Zusage verleiteten. *Schölch*[172] stellt vor allem drei heraus:

1. Die amerikanischen Juden sollten die öffentliche Meinung in den USA pro England beeinflussen, während die russischen Juden helfen sollten, das Ausscheiden Rußlands aus dem Krieg zu verhindern. „Die Zionisten in aller Welt sollten ihre Hoffnung ganz auf die Sache der Alliierten und besonders auf England setzen."

[167] Informationen zur politischen Bildung, Nr.141, 1970, S. 3
[168] Zur Genese dieses Begriffs vgl. Hirst 1978, S. 19f.
[169] Kongreßrede, Hamburg 26.12.1909. In: Nordau 1923, S. 197
[170] Elias,1993, S. 91 (Elias hat diese Zahlen seinerseits aus einer arabisch-sprachigen Publikation entnommen, sodaß sie für mich nicht nachprüfbar sind). Kritische Hinweise zur methodischen Exaktheit finden sich bei Stüber, Werner Jacob: Das Britische Mandat in Palästina: Zur Situation des Bildungswesens. In: Internationale Schulbuchforschung 16 (1994), S. 5 Anm. 2
[171] Rohlfes 1993, S. 391
[172] Im folgenden nach Schölch 1981, S. 43

2. Andererseits dachte England aber auch langfristig und wollte sich mit einer Garantie der jüdischen Heimstätte in Palästina auch jenseits des Suez-Kanals festsetzen. Palästina stellte die Landverbindung zwischen dem britischen Ägypten und dem künftigen britischen Mesopotamien her.

3. Da sowohl die USA als auch die neue russische Regierung einen anti-annexionistischen Kurs verfolgten, sollten sie durch diese Erklärung geneigt werden, die britische Herrschaft über Palästina zu billigen, gleichsam als Gegenleistung dafür, daß England sich bereit zeigte, der unterdrückten jüdischen Nation bei ihrer Selbstverwirklichung und bei der Gewinnung ihres Selbstbestimmungsrechtes beizustehen.

Es lag aber auch im Interesse Großbritanniens, Palästina aus dem französischen Einflußbereich herauszuhalten, da Frankreich durch seine traditionell guten Beziehungen in die Levante dort eine starke Stellung innehatte.[173]

Neben diesen politisch-strategischen Motiven gab es aber auch noch andere, tieferliegende Gründe für die zionistenfreundliche Politik Großbritanniens. Schon in der zweiten Hälfte des 19.Jahrhunderts existierte in England eine umfangreiche Romanliteratur, die sich für die Rückkehr der Juden einsetzte. Stellvertretend für die judenfreundliche Stimmung in England steht eine Äußerung von *Lloyd George*, dem englischen Premierminister:

„Wir sind besser unterrichtet worden in hebräischer Geschichte als in der Geschichte unseres eigenen Landes ... Ich kann Ihnen alle Könige Israels aufzählen... Wir waren förmlich durchtränkt mit der Geschichte des jüdischen Volkes..."[174]

d)   Wirkung

Auch wenn die Balfour-Deklaration keine konkrete Unterstützungszusage Großbritanniens enthält, so wurde sie in der Judenheit doch als der erste große Erfolg des Zionismus betrachtet. „The Balfour Declaration had been greeted by world Jewry as a kind of Magna Charta."[175] *Menachem Begin*, Ministerpräsident Israels von 1977 bis 1983, erinnerte sich an die Stimmung jener Tage, die er als Knabe in Polen erlebt hatte:

"Ich wurde von meinem Vater zu einem Bewunderer Großbritanniens erzogen. Mein Vater war einer der ersten Zionisten, und als die Balfour-Deklaration veröffentlicht wurde, sahen wir in Großbritannien den Retter unseres Volkes. Und wir verglichen die Balfour-Deklaration immer mit der Erklärung des Kyros, des persischen Königs, der unser Volk aus der

---

[173] Encyclopaedia Judaica, vol. 16, Jerusalem 1941, Sp. 428
[174] Holdheim 1964, S. 21
[175] Encyclopaedia Judaica, vol. 16, Jerusalem 1941, Sp. 430

babylonischen Gefangenschaft nach Zion zurückkehren ließ. Und dann bauten sie den Tempel wieder auf."[176]

Welche Bedeutung diese Erklärung für das jüdische Denken hatte, wird in einer Erzählung von *Moshe Shamir* „Under the sun" (1950) deutlich, in der er einem neunzehn Jahre alten Mädchen den Namen ,Balfouria' gibt, offensichtlich in Anspielung auf *Lord Balfour* und der nach ihm benannten Erklärung von 1917.[177]

Daß man auch in Deutschland erkannt hatte, daß es günstig sein könnte, die jüdischen Sympathien zu gewinnen, zeigt ein Vorschlag, der kurz nach der Balfour-Deklaration publiziert wurde. Am 5.1.1918 erhielten die in Berlin ansässigen Mitglieder der jüdischen Exekutive eine Erklärung des Auswärtigen Amtes, in der es hieß, daß die kaiserlich-deutsche Regierung

> „mit der Absicht der kaiserlich-osmanischen Regierung sympathisiert, die aufblühende jüdische Siedlung in Palästina durch Gewährung freier Einwanderung und Niederlassung in den Grenzen der Aufnahmefähigkeit des Landes und freier Entwicklung ihrer kulturellen Eigenart zu fördern."

Es wird deutlich, daß bei der Formulierung dieses Textes die Balfour-Deklaration Pate gestanden hat.

Die französische Regierung erkannte die Balfour-Deklaration im Februar 1918 an, im Mai zog Italien nach. Der Regierung der USA hatte den Text der Deklaration bereits vor der Veröffentlichung gekannt und akzeptiert.[178]

In den Vereinigten Staaten war die zionistische Bewegung zu Beginn des Ersten Weltkrieges klein und unbedeutend. Von den etwa drei Millionen Juden, die damals in den USA lebten, bekannten sich nur 12.000 zur Zionistischen Federation; das jährliche Budget überschritt niemals die Marke von 5.200 Dollar. Allein in New York hatte die Bewegung nur 500 Mitglieder. Bis 1919 war die Zahl der amerikanischen Mitglieder auf 175.000 angewachsen. Ob dies allein auf die Balfour-Deklaration oder auch auf den herausragenden Führer *Louis D. Brandeis* zurückzuführen ist, bleibt dabei unerheblich. Sicher ist, daß die Balfour-Deklaration *Brandeis* bei seinen Bemühungen unterstützte.[179]

Von größter Bedeutung allerdings war, daß die Balfour-Erklärung unverkürzt Eingang fand in die Friedens- und Mandatsregelungen nach dem Ersten Weltkrieg. „1920 einigte sich der Oberste Rat der Friedenskonferenz in San Remo darauf, die Balfour-Deklaration als bindende Richtlinie der Mandatspolitik anzusehen und sie in ihren wesentlichen Passagen in

---

[176] Aus: Bethell 1979, S. 17f.
[177] Ramras-Rauch 1989, S. 92
[178] Elias 1993, S. 92f.
[179] Fromkin 1989, S. 299f.

den Text des Friedensvertrages mit der Türkei aufzunehmen. Sie erhielt damit eine zusätzliche völkerrechtliche Verankerung."[180] Großbritannien, als Mandatsmacht für Palästina, wurde durch die Präambel des Mandatsauftrages ausdrücklich zur Verwirklichung der Balfour-Deklaration verpflichtet. Diese Präambel „ging noch ein erhebliches Stück darüber hinaus, indem sie auf die historische Verbundenheit des jüdischen Volkes mit Palästina verwies und von einer ‚Wiedererrichtung' seiner nationalen Heimstätte sprach."[181] Die Verwendung des Possessivpronomens „seiner" macht deutlich, daß sich der Völkerbund weitgehend die jüdische Interpretation zu eigen gemacht hatte.

e) Die arabischen Palästinenser

Es wäre falsch zu behaupten, daß europäische Autoren die Probleme der arabischen Bevölkerung, die durch die Balfour-Erklärung eingeleitet wurden, übersehen hätten. Schließlich waren die Araber Adressaten jener britischen Zusagen von 1915 und sie wurden, wenn auch in der schwachen Formulierung „nichtjüdische Gemeinschaften", auch in der Balfour-Deklaration angesprochen. Aber schon diese Formulierung allein macht die Perspektive deutlich: Man stand auf Seite der Juden. Erheblich schärfer interpretieren heutige arabische Autoren die Haltung der Engländer, die mit dem „Westen" gleichgesetzt werden:

> „Als sich Viscount Edmund Allenby in den Morgenstunden des 11. Dezember 1917 zusammen mit den arabischen Truppen daranmachte, Jerusalem zu erobern, dämmerte über Palästina der zweite Verrat des Westens an den Arabern auf: 39 Tage zuvor hatte der britische Premierminister Balfour mit seiner politisch und völkerrechtlich höchst umstrittenen ‚Balfour-Deklaration' das Todesurteil über die Freiheit und die staatliche Eigenständigkeit der Araber gesprochen und ihnen ihr Land genommen."[182]

Mag dies in europäischen Ohren auch ein wenig theatralisch klingen, mag es auch im Detail nicht präzise genug sein – *Balfour* war zu dieser Zeit Außen- und nicht Premierminister, so beschreibt diese Stellungnahme doch sehr genau die vorherrschende arabische Meinung:

> „Balfours Äußerungen bezeugen die selbstverständliche Unverfrorenheit, mit der die ‚übergeordneten' Ansprüche einer Kolonialmacht jegliches Territorium jeglichem Zweck verfügbar machen."[183]

---

[180] Rohlfes 1993, S. 392
[181] Rohlfes 1993, S. 392
[182] Elias 1993, S. 113
[183] Said, Edward W.: Zionismus und palästinensische Selbstbestimmung, Stuttgart 1979, S. 53. Zit. aus: Elias 1993, S. 91

Es gibt verschiedene Belege, die zeigen, wie tief diese Verfügungspolitik des Westens die Araber in ihrem Denken und in ihrer Einstellung bis in die zweite Hälfte dieses Jahrhunderts beeinflußt hat. In bitteren Worten beschreibt *Fadwa Touqan*, die als eine der bedeutendsten palästinensischen Schriftstellerinnen angesehen wird, in einem Interview (1974) die Balfour-Deklaration als die Quelle allen Übels:

> Das Übel begann am Tag nach der Balfour-Deklaration. Von diesem Augenblick an haben die Palästinenser begriffen, daß die Juden ihre Zukunft bedrohen, daß sie kommen und sich des Landes bemächtigen werden. Diese Möglichkeit, welche erst die Balfour-Deklaration geschaffen hat, brachte die Palästinenser dazu, sich der jüdischen Emigration zu widersetzen, was vorher nicht der Fall war.[184]

Und *Jassir Arafat* sagte am 13.11.1974 vor der UNO-Vollversammlung über die Balfour-Deklaration:

> „Diese Deklaration verkörperte den realen kolonialistisch-zionistischen Pakt. Diese Deklaration brachte das Ausmaß des kolonialistischen Unrechts gegen die Völker zum Ausdruck, da Britannien der zionistischen Bewegung etwas versprach, was es weder besaß noch ein Recht dazu hatte."[185]

Arafat wußte, daß die grundsätzliche Ablehnung der Balfour-Deklaration zugleich auch die grundsätzliche Ablehnung des Staates Israel bedeutete. Das Eine ging nicht ohne das Andere. Er wußte sich in seiner Position gestützt von allen palästinensischen Gruppierungen. Diese hatten wenige Jahre zuvor, 1968, in einem „Nationalabkommen" festgelegt:

> „Art.1) Palästina ist das Vaterland des palästinensisch-arabischen Volkes...
>
> Art. 2) Palästina bildet mit seinen Grenzen, die zur Zeit des britischen Mandats bestanden, eine geschlossene regionale Einheit.
>
> Art.19) Die Teilung Palästinas 1947 und die Gründung Israels ist von Grund auf null und nichtig,...
>
> Art.20) Die Balfour-Deklaration, der Mandatsvertrag und alles, was darauf gegründet wurde, werden als null und nichtig betrachtet..."[186]

---

[184] Halter 1974, S. 116 (Übersetzung aus dem Französischen HN)
[185] Zit. nach: Reinartz 1979, S. 166–169
[186] Jendges/Vogt 1985, S. 71f.

2. Einwanderung[187] – „Die Schmerzen des Anfangs"[188]

Nathan Alterman besingt in seinem Epos über die Entstehung Israels („Lieder aus der Stadt der Taube", 1958) die Welle der Masseneinwanderung, die den Staat in den ersten Jahren überschwemmte:

> „Mit Türen, in den Angeln hängend,
> Mit Stuhl und Tisch, mit Geiß und Lamm
> Treten in Sage sie ein und Sang,
> Werden ihr Thema, ihr Gegenstand."[189]

„Einwanderung nach Palästina", das ist ein Stichwort, das mehr beinhaltet, als einen einfachen bürokratischen Akt. Einwanderung nach Palästina war in der Vergangenheit kein freiwilliger Entschluß, so wie man heute den Entschluß fassen kann, nach Australien auszuwandern, sondern die damit verbundene ‚Aufgabe von Heimat' geschah fast immer unter Zwang, erfolgte, um wenigstens noch das Leben zu retten. In diesem Sinne war die Einwanderung eine „Rettungsbewegung"; zugleich aber war sie auch „das Mittel zur Verwirklichung einer Idee, nämlich der ‚Sammlung der Zerstreuten' und der Schaffung eines Gemeinwesens in der alten Heimat".[190] Wenn *S. J. Agnon* in seinem 1951 veröffentlichten Roman „Nur wie ein Gast zur Nacht" eine Frau zu ihrem Mann unmittelbar vor der Einschiffung nach Israel sagen läßt: „So gehen wir also hinauf ins Land Israel", so wird an dem „hinauf" deutlich, daß der Begriff „Einwanderung" im Hebräischen eine besondere Bedeutung hat:

> „Die Palästinawanderung ist am ehesten dadurch charakterisiert, daß sie im Hebräischen mit dem Begriff ‚Alijah' bezeichnet wird. ‚Alijah' heißt wörtlich ‚Aufstieg', und damit wird bereits impliziert, daß die Wanderung ins Land für die Juden eine Erhöhung bedeutet. Das Wort trägt wie viele

---

[187] Zahlen über die Größenordnungen der einzelnen Einwanderungswellen finden sich an verschiedenen Stellen. Vgl. Wolffsohn ³1991, S. 227; Ansprenger 1978, S. 293f.; Kampmann 1974, S. 16f.; Länderbericht Israel 1991, hrsg. Vom Statistischen Bundesamt, S. 25f.

[188] Horowitz, David: Die Schmerzen des Anfangs. In: ariel (Jerusalem) 23, 1975, S. 111-118 (Auszüge des Buches „Mein Gestern", hebräisch, 1970)

[189] Zit. aus: Laor 1992, S. 5

[190] Luft 1977, S. 17

Begriffe der zionistischen Terminologie einen ursprünglich religiösen Charakter und stammt daher, daß man zu den drei Pilgerfesten des Jahres, die zugleich Erntefeste waren, nach Jerusalem zum Tempel emporstieg. ... ‚Alijah' ... meint damit einen geistigen Prozeß, da mit der Rückkehr in die historische Heimat die Zerstreuung mit allen ihren Leiden ein Ende findet. ... Das Gegenstück ... zur ‚Alijah' ist die zur ‚Jeridah', zur Auswanderung. ‚Jeridah' bedeutet wörtlich Abstieg und hat ... einen verächtlichen Beigeschmack. Assoziationen verknüpfen den Auswanderer mit der Meuterei des Volkes in der Wüste nach dem Auszug aus Ägypten. Es sehnte sich nach den Fleischtöpfen zurück, war also bereit, materielle Vorteile den geistigen Werten, also dem Dienst Gottes ... vorzuziehen. Es gab Perioden, wo diese Stimmung so stark war, daß Auswanderer das Land heimlich verließen oder vorgaben, nur auf eine Auslandsreise zu gehen, um das Odium der ‚Jeridah' zu vermeiden."[191]

Dort, wo Einwanderung zur Rettungsbewegung wurde, hatte sie oft dramatische Ursachen und nahm eben solche Formen an. *Shulamith Lapid* läßt in ihrem Roman die Heldin Tanja die Fluchtgründe aus dem zaristischen Rußland nacherleben:

„Von all den Träumen ihres Vaters war nur ein einziges Echo geblieben – sein Schrei *Schma Israel!* Dieser Schrei klang ihr in ihren nächtlichen Alpträumen noch immer in den Ohren. Jechiel hatte sie schon häufig aufgeweckt, wenn sie im Schlaf zu schreien begann. Im Traum roch sie wieder den Branntweingestank, hörte wieder die Angstschreie ihrer Eltern, die sich mit ihren eigenen vermischten, spürte wieder den fremden Körper, der ihren eigenen Körper zerfetzte. Nie wieder! Das war der unerschütterliche Vorsatz, der sie seither begleitet hatte. Nie wieder! Nichts konnte sie von ihrem Entschluß abbringen. Nicht der glühendheiße Wind und nicht die Schlangen, nicht der Hunger und nicht die harte Arbeit. Sie hatte den Mord an ihrer Familie überlebt und hatte nur ein einziges Ziel vor Augen: Weiterleben um jeden Preis! Handeln und feilschen wie der übelste Händler, wie der schmierigste Hausierer, wenn sie damit ihre neue Familie am Leben erhalten konnte."[192]

Auch die Auswanderung aus Israel fand ihren literarischen Niederschlag. In seinem 1966 erstmals veröffentlichtem Roman „Keiner bleibt allein" beschreibt *Amos Oz* das Leben in einem Kibbuz. Über einen der dortigen Bewohner heißt es:

„Es wäre logisch, wenn Re'uwen Charisch die Touristen hassen würde. Aus tiefstem Herzen müßte er sie hassen! Es war ein Tourist, der sein Leben zerbrochen hat. Das ist noch gar nicht viele Jahre her. Noga [seine Tochter] war zehn Jahre alt und Gai [sein Sohn] war etwa drei, als Eva ihren Mann und ihre Kinder verließ, um einen Touristen zu heiraten, ei-

---

[191] Luft 1977, S. 17f.
[192] Lapid: Im fernen Land..., 1990, S. 80

nen Verwandten, ihren Vetter Isaak Hamburger, der hier bei uns im Kibbuz Mezudat-Ram drei Sommerwochen lang zu Besuch war. Es war eine häßliche Geschichte! Dunkle Triebe waren aus dem Verborgenen hervorgekrochen und hatten sich erhoben, um zu versengen und zu verderben. Jetzt sitzt Eva mit ihrem neuen Ehemann in Deutschland, in München. Dort führen sie ein Nachtlokal ... Man möge es verzeihen, aber es fällt uns schwer, über dieses Ereignis und seine Beteiligten ohne moralische Entrüstung zu sprechen."[193]

Und später über Eva:

„Eine warme Zärtlichkeit lag über allem, was sie tat. Trotz ihres Verrates werden wir nie vergessen können, mit wieviel Liebe und Geschmack sie die Zusammenkünfte des kleinen Kreises von Liebhabern klassischer Musik in unserem Kibbuz gestaltet hat. Bis der Teufel in sie gefahren ist."[194]

Eva hat etwas getan, was man nicht tut: sie hat den Kibbuz, ihren Mann und vor allem ihre beiden Kinder verlassen. Im Kibbuz sah man dies als „Verrat" an. Nun verdient sie ihr Geld in einer Art und Weise, die ebenfalls nicht akzeptiert werden kann: in einem Nachtlokal. Und das alles auch noch in Deutschland, dorthin ist sie ausgewandert, d.h. abgestiegen. Der „verächtliche Beigeschmack" dieses Wortes offenbart sich in der Person und ihren Handlungen. Sie lebte ein normales Kibbuzleben, „bis der Teufel in sie gefahren ist."

Diese Verachtung gegenüber denen, die aus Israel auswandern, ist auch in *Yoram Kaniuks* Roman „Tante Schlomzion die Große" (hebr. Original 1976) ein wiederkehrendes Motiv. Über das Verhältnis zwischen Tante Schlomzion und ihrem Bruder heißt es:

„Außerdem hat sie ihrem Bruder niemals verziehen, daß er, ihrem ausdrücklichen Wunsch entgegen, 1917 nach Amerika ausgewandert ist. Sie war damals ein junges Mädchen und hatte ihm unumwunden erklärt: Wenn Du Erez Israel verläßt, werde ich nie mehr mit dir reden. Er hatte die jugendliche Torheit seiner kleinen Schwester belächelt, hatte sie auf die Stirn geküßt und war abgefahren.

Sie hat seitdem nie wieder mit ihm gesprochen, weder bei ihrem Besuch in Amerika noch bei seinem Besuch hier. Bei Onkel Nechemjas Beerdigung hatte ihr Bruder zum erstenmal im Leben gespürt, was es heißt, Luft zu sein. Sie übersah ihn einfach.

Er ist heute ein alter Mann, an die Achtzig."[195]

An diesem Beispiel läßt sich die Bedeutung von Begriffen nachvollziehen: In dem Gegensatzpaar „Einwanderung" und „Auswanderung" ist der erstere deutlich positiv besetzt. In der Proklamationsurkunde des Staates

[193] Oz: Keiner..., 1976, S. 16
[194] Oz: Keiner..., 1976, S. 19
[195] Kaniuk: Tante Schlomzion..., 1995, S. 17f.

Israel vom 14. Mai 1948 wird aber weder der eine noch der andere Begriff angewandt, sondern es heißt dort:

> „Auf Grund dieser historischen und traditionellen Verbundenheit strebten die Juden in allen Geschlechtern danach, ihre alte Heimat wiederzugewinnen; in den letzten Generationen kehrten viele von ihnen in ihr Land zurück;..."[196]

Während man überallhin „einwandern" kann, so bedeutet der Begriff „Rückkehr" jedoch, daß man dort schon einmal war und er festigt somit zugleich den politischen Anspruch auf das Land. Wie kritisch aber auch Israelis selbst dies sehen können, zeigt *Yoram Kaniuk* in seiner Gedenkschrift zu *Emil Habibi:*

> „Gegen Ende des 19.Jahrhunderts veränderte sich etwas. Auf der Suche, wie sie selbst sagen, nach einem Heil in ihrer historischen Heimat begannen die Juden nach Palästina auszuwandern, um dort zu leben und nicht mehr wie vorher nur um dort zu sterben. Um die kühne Formulierung des israelischen Schriftstellers Itzhak Orpaz zu bemühen, diese Juden kamen nach Palästina als ‚weltliche Kreuzfahrer'".[197]

In den 30er Jahren flohen viele deutsche Juden vor den Nationalsozialisten nach Palästina.[198] Anfänglich konnte man noch relativ unbehindert dort einreisen. So kamen „zwischen 1933 und 1938 etwa 40.000 deutsche Juden nach Palästina ... Dagegen nahmen etwa die USA in diesen Jahren nur rund 27.000 Juden aus Deutschland auf."[199] Konnten sie anfänglich noch ihr Vermögen retten – „bis 1939 sollen auf diese Weise ... rund 140 Millionen Reichsmark in den Aufbau Palästinas geflossen sein"[200] – so wurde dies im Laufe der Jahre immer schwieriger. Verlor man 1934 nur 10% des Geldes bei der Transferierung nach Palästina, so betrugen diese Verluste 1937 bereits 40%, außerdem mußte man noch ein bis zwei Jahre auf die Überweisung des Geldes warten. Viele deutsche Immigranten hatten daher enorme Schwierigkeiten, ihren Lebensunterhalt zu finanzieren. *Gerda Luft* schildert die Anpassungsprobleme dieser Einwanderer:

> „Einige Zahlen, die wir der Übersicht von Britschgi–Schimmer [Studie über Erfolge und Mißerfolge der Umschichtung] aus dem Jahre 1936 entnehmen, mögen die Lage an diesem kritischen Zeitpunkt illustrieren. Sie hielt sich an ein Beispiel von 572 Familien, von denen 170 aufs Land gingen. Von diesen waren 72 schon im Ausland für ihren Beruf vorgebildet, 76 fanden Unterkunft in Kibbuzim, 94 wurden in die Kolonien, also die auf Lohnarbeit basierten Pflanzungskolonien, geschickt. Von diesen wanderten 130 wieder in die Stadt zurück. Manchmal geschah das, weil un-

---

[196] Jendges/Vogt 1985, S. 31
[197] Kaniuk: Epilog (1997). In: Reimann 1998, S. 220
[198] Ausführlich dazu: Wetzel 1988, S. 446-476: „Die Auswanderung nach Palästina"
[199] Informationen zur politischen Bildung 1981, S. 52
[200] Informationen zur politischen Bildung 1981, S. 52

terdessen die Eltern angekommen waren und mit versorgt werden mußten, was als Tagelöhner draußen oder auch in einem Kibbuz unmöglich war. 24 hatten keine Arbeit, 11 waren krank, 54 konnten das nötige Geld zum Siedeln nicht aufbringen. Britschgi betont nachdrücklich den ungewöhnlichen Charakter dieser Einwanderung aus Deutschland, ihre Berufsschichtung, das ungewöhnlich hohe Durchschnittsalter, die Motivation, die ungewohnte Umgebung, das fremde Klima und den fremden Lebensstil und spricht von dem ‚stillen Heldentum‘, mit dem die Einwanderung allen Schwierigkeiten begegnet und die Umschichtung bzw. den Berufswechsel durchführt. Ärzte werden Chauffeure, Juristen arbeiten auf dem Bau, eine Haushilfe, die sie befragt, stellt sich als eine frühere Journalistin heraus, eine Stenotypistin ist beim Lackieren von Autos beschäftigt. 54% der Befragten waren in Deutschland Kaufleute, 27.5% Akademiker. Meist suchen sie die Möglichkeit, unabhängig zu bleiben und nicht Arbeitnehmer zu werden. ...“[201]

Gad Granach gibt die Probleme der deutschen Akademiker in Palästina in einer kleinen Geschichte wieder:

„Die vielen Akademiker, die damals aus Deutschland eingewandert sind, die Rechtsanwälte, Wissenschaftler und Ärzte, hatten es sehr viel schwerer, einen Job zu finden. Damals erzählte man sich die schöne Geschichte, wie ein Autobus mit dreißig Arbeitern in eine Orangenplantage fährt, und auf einmal wird einer von ihnen ohnmächtig, denn es ist sehr heiß. Der Chauffeur hält an und 29 Männer springen auf und schreien: ‚Ich bin Arzt! Ich bin Arzt!‘ Da sagt der Chauffeur: ‚Ruhe, meine Herren Kollegen, in meinem Bus behandle ich!‘“[202]

Im Romanwerk des israelischen Schriftstellers *Nathan Shaham*, so *Anat Feinberg*, werden gerade die Einwanderungsschwierigkeiten der deutschen Juden in die neue jüdische Heimatstätte aufgezeigt. Es geht um

„Juden in einem doppelten Exil: vertrieben aus ihrer europäischen Heimat, heimatlos in dem gelobten Land ... Diese Thematik wird durch die Musik als zentrale Metapher verstärkt. ... Die Flucht in die klassische Musik deutet hier auf den gescheiterten Versuch hin, die hebräische Sprache, die Teil der Identitätsbildung in der neuen jüdischen Heimat ist, zu meistern. Die Musik wird als die übernationale, universale Kommunikationsform hoch gelobt, und der fiktive Schriftsteller Löwenthal findet in ihr eine Art Trost, als er, dessen linguistische Heimat die deutsche Sprache ist, in Israel keinen Platz findet.“[203]

---

[201] Luft 1977, S. 61f.; vgl. auch Löwenberg 1990, S. 26 und 31
[202] Granach: Heimat los!, 1997, S. 86
[203] Feinberg 1989, S. 155f.

„Als jüdische Schriftsteller", so *Feinberg* weiter, „besaßen sie zwei Heimatländer, das eine war Israel, das andere die deutsche Sprache. Zuhause waren sie nirgendwo."[204]
Vor den Deutschen waren bereits osteuropäische Juden in großer Zahl nach Palästina eingewandert. Auch sie stellten die unbekannten Lebensbedingungen, das fremde Milieu, vor große Probleme; dazu *Walter Laqeur* 1972:

> „Die Lebensbedingungen waren selbst nach osteuropäischen Maßstäben unvorstellbar primitiv. Die Einwanderer mußten sich mit Malaria, Schlangen, Skorpionen und allerlei Ungeziefer abfinden, mit Vorarbeitern, die ihnen die Arbeit zur Hölle machten, und mit einem Kulturmilieu, das entweder levantinisch war oder sie an das *Schtetl* in der alten Heimat erinnerte. Es gab nicht genügend Arbeit. Die jüdischen Farmer von Petach Tikwa, Rischon le-Zion und Sichron Jaakow beschäftigten lieber arabische als jüdische Arbeitskräfte, weil die arabischen Arbeiter billiger und erfahrener waren und überdies weniger zu Widerspruch neigten. Häufig wurde den Neuankömmlingen mitgeteilt, sie befänden sich in einem großen Irrtum, wenn sie meinten, daß man sie in Erez Israel benötigte, sie wären besser beraten, wenn sie so schnell wie möglich wieder heimkehrten. ..."[205]

Ben Gurion, der Gründer des Staates Israel und spätere Ministerpräsident, schrieb 1906 in einem Brief an seinen Vater über seine ersten Erfahrungen mit der ungewohnten landwirtschaftlichen Arbeit in Palästina:

> „Keine leichte Arbeit. Sie erfordert viel Geduld und Ausdauer von einem, der nie zuvor eine solche Arbeit verrichtet hat – was bei den meisten hier der Fall ist. Auch fällt es schwer, die Sommerhitze zu ertragen, den roten Lehmboden aufzuhacken... Der Schweiß fließt in Strömen, unsere Hände sind wund und voller Schwielen, die Gelenke bis zum Zerreißen angespannt ... Und zu alledem steht der Eigentümer oder dessen Aufseher neben dir und brüllt Iallah! (Los, beeilt euch!) ..."[206]

Und weiter:

> „Ich habe weniger Zeit mit Arbeit verbracht als damit, unter Fieber und Hunger zu leiden. Arbeit, Malaria, Hunger – das war neu für mich ... Tagsüber war das nicht so schlimm, da sprach ich mit Freunden oder versuchte, mich auf andere Dinge zu konzentrieren. Schlimm wurde es erst in der Nacht. Von dem Augenblick an, wo ich einzuschlafen versuchte, gaukelte meine Phantasie mir volle Fleischtöpfe vor, gebratene Hühner, mit Speisen überladene Platten. Ich bangte schon um meinen Verstand. Wenn ich dann am Morgen müde und zerschlagen erwachte und mit der

[204] Feinberg 1989, S. 159
[205] Laqueur 1972, S. 297f.
[206] Bar-Zohar 1988, S. 33

Hand durchs Haar strich, fiel es mir büschelweise aus und blieb in den Fingern hängen.“[207]

Shabtai verarbeitete diese Erfahrungen in seinem 1977 erschienen Roman „Erinnerungen an Goldmann“:

„Die Not, vor allem aber die Sehnsucht nach Zion hatten sie hergeführt, ihren Mann, Großvater David, in ihrem Gefolge, der in Europa erfolgreich mit Lederwaren gehandelt und sich als Synagogendiener betätigt hatte. Doch war Clara bald enttäuscht von diesem Land, in ihrer Phantasie hatte es ganz anders ausgesehen. Sie fühlte sich fremd und betrogen in dem harten Licht der Sonne, der staubigen, vor Fliegen wimmelnden Hitze, zwischen den weißen, quaderförmigen Häusern und der öden, das Auge blendenden Dünenlandschaft ringsum, deren Sand in ihre Schuhe und manchmal auch in ihr Essen geriet. Erst nach langen Jahren ließ die Enttäuschung nach und verlor an Schärfe, äußerte sich aber in der Zwischenzeit in einem unaufhörlichen Schwall jiddischer, polnischer und russischer Flüche und einer Flut wütender Schmähreden, die Clara lauthals in alle Richtungen ausschickte, nachdem sie ihre Emotionen zuvor oft über alle Maßen geschürt hatte.“[208]

Und an anderer Stelle beschrieb *Shabtai* die Enge der Wohnungen in den Jahren nach dem Zweiten Weltkrieg:

„Die Familie Goldmann wohnte zu jener Zeit im großen Zimmer des Holzhauses, von einer Unmenge grüner Möbel umgeben, die sich um das massige schwarze Buffet drängten. Abends wurden sie zur Seite gerückt, um ein wenig Platz für Goldmanns und Noomis Betten zu schaffen; Stefana und Goldmanns Vater schliefen auf einem Sofa mit Sprungfedern. Im zweiten Zimmer waren Stefanas Eltern untergebracht, zwischen lauter klotzingen braunen Möbeln, die sie größtenteils zusammen mit Kissen, Federbetten und Haushaltsgeräten aus Polen mitgebracht hatten, die wechselnden Untermieter bewohnten die Kammer, die nach dem Krieg eine Zeitlang Noomi gehörte, und als eines Tages, im Krieg, David Kostomolski erschien, ein entfernter Cousin von Goldmanns Vater, der seine Uniform und seine Papiere am Strand versteckt hatte und von der Armee desertiert war, wurde jeden Abend im Flur ein Klappbett für ihn aufgestellt, das später über ein Jahr von Mosche Zellermeyer benutzt wurde. Der hatte die Konzentrationslager überlebt und war ohne Angehörige und Freunde nach Palästina gekommen, Goldmanns Vater gewährte ihm Unterschlupf, kaufte ihm Kleidung, gab ihm Geld, half ihm, Arbeit und schließlich sogar eine Frau zu finden, und Mosche Zellermeyer vergaß nie, was die Goldmanns für ihn getan hatten. Auch David Kostomolski war ihnen stets dankbar.“[209]

---

[207] Bar-Zohar 1988, S. 33f.
[208] Shabtai: Erinnerungen..., 1993, S. 147
[209] Shabtai: Erinnerungen..., 1993, S. 195f.

Aus allen Teilen der Welt, nicht nur aus Osteuropa und Deutschland, wanderten Juden nach Israel ein. Ganz selbstverständlich, gleichsam nebenbei, findet dies fortwährend Erwähnung in der Belletristik, selbst in Kriminalromanen. Einige Beispiele:

Alexander, der Protagonist in Benjamin Tammuz Roman „Das Geheimnis des Minotaurus" (hebräisch 1980) ist der Sohn eines Russen und einer Deutschen, die in Palästina leben.

In einem der Gespräche in Abraham B. Jehoschuas Roman „Die Manis" sagt ein Gesprächspartner:

„Er ist in Jerusalem geboren, ebenso wie sein Vater, und der Großvater ist als junger Bursche aus Griechenland hierhergekommen. Solche Juden findet man gar nicht leicht, denn Juden kommen keineswegs so selbstverständlich in Palästina zur Welt wie Engländer in England, Waliser in Wales und Schotten in Schottland. Die meisten, die Sie hier sehen, sind Neuankömmlinge; ..."[210]

Michael Ochajon, der Kommissar aus den Kriminalromanen von Batya Gur, ist ein Kind jüdischer Marokkaner.

Shulamith Lapid läßt in ihrem Roman „Lokalausgabe" die Lokalreporterin Lisi Badichi Ermittlungen in einem Mordfall durchführen:

„Sind Sie aus Argentinien?" fragte Lisi.

„Nein, aus der Türkei. Aber ich bin mit vier Jahren ins Land gekommen."

„Und ihre Eltern?"

„Meine Mutter stammt aus Wien, mein Vater aus Galizien. Eine mörderische Zusammenstellung."[211]

Vor dem Zweiten Weltkrieg war der Zionismus noch die Bewegung einer Minderheit und Palästina stellte keinesfalls das bevorzugte Einwanderungsland für Juden dar. In dem Zeitraum von 1880-1929 emigrierten 2.885.000 Mio. europäische Juden allein in die USA und lediglich 120.000 nach Palästina und 100.000 nach Deutschland. Im einzelnen[212]:

---

[210] Jehoschua, Die Manis, 1995, S. 211
[211] Lapid: Lokalausgabe..., 1996, S. 111f.
[212] Aus: Geschichte betrifft 2/89, S. 8f.

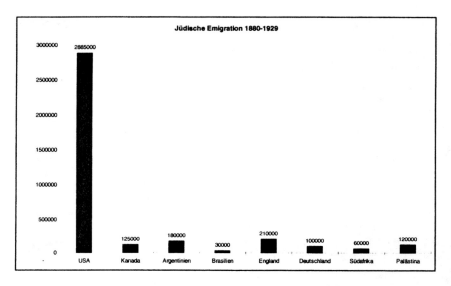

Jüdische Emigration 1880-1929

Diese Werte zeigen deutlich, daß in der Zeit von 1880-1929 Palästina keineswegs das bevorzugte Ziel der jüdischen Emigration darstellte, daß diese – neben der USA und vielen anderen Ländern – auch nach Deutschland
ging. Nach 1929 war es vor allem die Erfahrung des Antisemitismus in
Deutschland, der die Juden aus Europa weg und vor allem nach Palästina
trieb; nach dem Zweiten Weltkrieg war es die Erfahrung des Holocaust,
welcher die Juden verstärkt nach Palästina einwandern ließ.

Nach 1945 hofften die überlebenden Juden auf eine ungehinderte Einwanderung nach Palästina. Großbritannien aber, immer noch Mandatsmacht in Palästina, war nicht bereit, die Einwanderung der Juden in großem Stil zuzulassen. „Man bot den Zionisten eine monatliche Einwande-
rungsquote von 1500 Personen an, von der jedoch die illegalen Einwanderer abgezogen werden sollten.“[213] Ein Vorschlag, der für die Juden unan-
nehmbar war. Sie organisierten zunehmend illegale Einwanderungen und
die militärischen Aktionen gegen England in Palästina häuften sich.
Großbritannien seinerseits verhängte eine Seeblockade, um die Einreise
von Flüchtlingen per Schiff zu verhindern. „Von den insgesamt 63 Schiffen, die zwischen April 1945 und Januar 1948 nach Palästina ausliefen,
konnten nur fünf die britische Seeblockade durchbrechen.“[214] Es kam zu

---

[213] Laqueur 1972, S. 589
[214] Sterzing 1986, S. 118

einer Reihe von spektakulären Zusammenstößen und Übergriffen. Am bekanntesten wurde der Fall der „Exodus"[215]:

> „Das kühnste Unternehmen im Kampf um die illegale Einwanderung, das die öffentliche Meinung der ganzen Welt bewegte, war die Affäre um die ‚Exodus', ein Flüchtlingsschiff, das im Juli 1947 mit 4500 illegalen Einwanderern an Bord aus Marseille auslief. Es wurde in der Nähe der palästinensischen Küste von britischen Zerstörern angegriffen, die auf seine Decks feuerten, wobei mehrere Passagiere getötet wurden. Das Schiff wurde in den Hafen von Haifa gebracht, und die Immigranten wurden nicht nach Zypern deportiert, sondern nach Europa zurückbefördert. Die französische Regierung erklärte sich bereit, sie aufzunehmen, aber die Passagiere weigerten sich, das Schiff zu verlassen. Sie wurden in Hamburg unter Anwendung von Zwang von Bord geholt. Es war für die Überlebenden des Holocaust ein furchtbarer Schock, nach zwei Jahren des Kampfes und der Hoffnung in das Land ihrer Leiden zurückgebracht zu werden, und überdies wurden sie tatsächlich wieder in die DP[216]-Lager geschafft. So war es nur verständlich, daß viele von ihnen kurze Zeit danach andere illegale Einwandererschiffe bestiegen. Der Vorfall weckte im Jischuw und in der ganzen Welt Groll gegen England."[217]

Bis zum Teilungsbeschluß der Vereinten Nationen war die jüdische Bevölkerung in Palästina auf 31% der gesamten Bevölkerung angewachsen. „Die jüdische Bevölkerung war aber nach wie vor eine überwiegend städtische Bevölkerung; 1946 lebten allein in den städtischen Großräumen Jerusalems, Tel Avivs und Haifas 85% des Yischuw."[218]

Die Einwanderung erfolgte nicht gleichmäßig, sondern vollzog sich in Wellen, in aller Regel bedingt durch Ereignisse im Ausgangsland[219]:

1904-1914:ca. 35–40.000 Einwanderer, vorwiegend jüdische Sozialisten aus der sozialrevolutionären Bewegung Rußlands (Ben Gurion). Ihr Ziel war die Eroberung der Arbeit. 1909 Gründung des ersten Kibbuz (Degania);

1919-1923:ca. 35.000 Einwanderer aus Rußland nach der Revolution;

1924-1931:ca. 82.000 Einwanderer von Handwerkern und Mittelstand aus Polen;

1932-1939:ca. 265.000 Einwanderer aus Mitteleuropa. Vorwiegend Wissenschaftler, Ingenieure und Geschäftsleute mit beträchtlichen finanziellen Mitteln;

---

[215] Weltweit bekannt wurde der Fall durch den Roman von Leon Uris „Exodus", der inzwischen die 51. Auflage erreicht hat und bereits verfilmt wurde
[216] DP = Displaced Persons
[217] Ettinger 1995, S. 325
[218] Schölch 1983, S. 12
[219] Aus: Sontheimer 1968, S. 41f., 44f., 45 und aus: Wehling 1996, S. 20

1948-1951: Enormer Anstieg der Einwanderungszahlen in Zusammenhang mit der Gründung des Staates Israel. Steigende Einwanderung aus den arabischen Nachbarstaaten.

seit 1988: über 200.000 Einwanderer, v.a. aus den Ländern der ehemaligen Sowjetunion.

Die Wellen der Einwanderung, immer wieder durch äußere Ereignisse
angeschoben, lassen sich aus der folgenden Kurve ablesen[220]:

Einwanderung nach Palästina 1919-1996

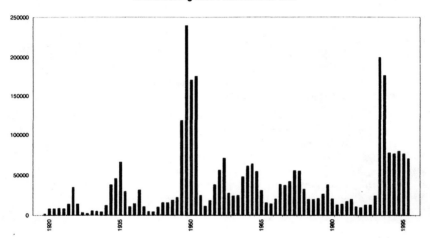

Waren es bis zur Staatsgründung vorwiegend europäische Juden, die den
Weg nach Palästina fanden, so setzte mit der Gründung des Staates Israel
im Jahre 1948 und vor allem nach dem Krieg gegen die Nachbarstaaten
eine große Wanderungswelle von Juden aus den Staaten des Nahen und
Mittleren Ostens nach Israel ein[221]:

---

[220] Zahlen für 1919-1977 aus: Ansprenger 1978, S. 293f.; für 1978-1996 aus: „Immigrants and potential immigrants by period of immigration and last continent of residence", aus: Statistical Abstract of
Israel Nr.5.1, 1997, Hrsg.: Central Bureau of Statistics (http://www.cbs.gov.il/shnaton/st05-
01ab.gif)
[221] Statistical Abstract of Israel, Jerusalem 1969 (Tabelle nach: Kampmann 1974, S. 16)

Jahre	Einwanderer insgesamt	Asien/ Afrika %	Europa %
1919-1948	452 160	10.4	89.6
1948-1951	684 200	49.7	50.3
1952-1954	51 190	78.1	21.9
1955-1957	160 960	69.1	30.9
1958-1960	72 390	35.8	64.2
1961-1963	168 130	66.5	33.5

Die Einwanderung der orientalischen Juden veränderte die demographische Struktur Israels vollkommen. „1948 waren etwa 80% der Bevölkerung europäischer Herkunft, 1963 waren es – einschließlich ihrer im Land geborenen Kinder – rund 60% Orientalen"[222].

Seit 1989 hat die Einwanderung, die zwischenzeitlich zurückgegangen war (1985: 10642 Einwanderer; 1986: 9505 E.; 1987: 12965 E.; 1988: 13034 E.), wieder zugenommen. Dabei handelt es sich vor allem um Einwanderer aus den Ländern der ehemaligen Sowjetunion (1989: 24050 E.; 1990: 199.516 E.; 1991: 176.100 E.)[223], die in Städten wie Beersheba in eigenen Vierteln leben, in denen die Straßennamen in Kyrillisch geschrieben sind, und die inzwischen auch eine eigene Partei gegründet haben, die auch in die Knesset kam. Hier deutet sich ein Problem der Integration an, das frühere Einwanderer nicht in dem Maße hatten, da sie unter dem Zwang standen, sich in die vorgefundene hebräische Welt integrieren zu müssen.

2.1 „Nicht mehr für alle das gelobte Land"

Diese Überschrift aus der *Süddeutschen Zeitung* vom November 1997 deutet vorsichtig einen Vorgang an, der in Israel allmählich immer häufiger zu beobachten ist: die Auswanderung von Juden, welche die jahrzehntelange Unsicherheit nicht mehr aushalten wollen und können. Die jüngsten Terroranschläge führten dazu, daß für eine solche Haltung in der Bevölkerung immer mehr Verständnis aufgebracht wird:

> „Wer es sich leisten kann, zieht die Konsequenzen und wandert aus, zumindest ‚vorübergehend'. Gespräche kreisen häufig um Einwanderer, die

---

[222] Kampmann 1974, S. 17
[223] Statistical Abstract Of Israel 1997, Tab. 5.1, Hrsg.: Central Bureau of Statistics (http://www.cbs.gov.il/shnaton/st05-01ab.gif)

zurückgegangen, um Israelis, die aus dem Urlaub nicht zurückgekommen sind, die ihre Wohnungen vermieten wollen, weil sie ‚ein, zwei Jahre‘ im Ausland arbeiten. Es geht um Söhne und Töchter, die nach dem Armeedienst langfristig in Asien oder Südamerika herumreisen, in den USA oder Europa studieren. Viele Eltern machen kein Geheimnis mehr daraus, daß ihre Sprößlinge, die das Land nach dem dreijährigen Militärdienst verlassen, nicht mehr heimkehren wollen. ... Was vor Jahren als unpatriotisch empfunden wurde, gilt heute als clever: so lange die Zukunft Israels unberechenbar ist, darf man Lebens- und Berufsalternativen anderswo suchen.“[224]

---

[224] Ponger: ...Land. In: SZ 15./16.11.1997, S. 10

3. Die Gründung des Staates Israel

„Plötzlich steht ein Mensch auf am Morgen
und sieht, daß er ein Volk ist
und beginnt zu gehen.
Und jedem, dem er begegnet, sagt er Shalom"[225]

Was hat dieser Text von *Gilboa* mit der Gründung des Staates Israel zu
tun, mag man sich fragen. Mit den Worten „steht ein Mensch auf am Morgen und sieht, das er ein Volk ist", beschreibt *Gilboa* den Anspruch der
Juden darauf, ein Volk zu sein, ein jüdisches Volk, wie es im Zionismus
gegen die Bestrebungen der Assimilation formuliert wurde. Und dieser
revolutionäre Vorgang der Bewußtwerdung, ein Volk zu sein, geschah
„Plötzlich", es ist der „Morgen" des jüdischen Volkes. Dieser Mensch
„beginnt zu gehen" und beginnt als Volk sofort alle notwendigen Schritte
einzuleiten, die zu einem eigenen Staat führen werden. Er macht es in
friedlicher Absicht, denn „Jedem, dem er begegnet, sagt er Shalom"; was
in der Sprache der Politik heißt, daß Beschlüsse der jüdischen Organisationen, Balfour-Deklaration, Einwanderung nach Palästina, Besiedlung
des Landes usw., daß dies alles in friedlicher Absicht geschah.

In jenen Jahren der Auseinandersetzung um einen jüdischen Staat,
wurde Dichtung, so führt *Anat Feinberg* aus[226]:

„Teil des alltäglichen Lebens. Gedichte wurden bei öffentlichen Zeremoni-
en und Festen vorgetragen oder gar gesungen, sie begleiteten den Aufbau
des Landes, die Entstehung neuer Siedlungen wie auch die *Palmach*-
Soldaten im Kampf. Das neue politische Bewußtsein, die wiederherge-
stellte Ehre des Kollektivs wurde von den Schriftstellern für das eigene
Volk ‚formuliert', wobei das Wir das lyrische Ich oft verdrängte."

Die Menschen, die damals gegen Engländer und gegen Araber um einen
jüdischen Staat kämpften, sie trugen Bilder in sich, welche die Dichtung
geschaffen hatte und an denen sie sich orientierten. Diese Bilder wurden
zum nationalen kollektiven Eigentum:

---

[225] Aus: Feinberg 1993, S. 67
[226] Feinberg 1993, S. 67

„Der Junge und das Mädchen, die ihr Leben der Nation auf einem silbernen Tablett darbieten, in dem von Pathos und Leidenschaft gefärbten Gedicht ‚Das silberne Tablett' (1947) wurden zum Vorbild einer gesamten Generation, das sich mit den Jahren in einen Staatsmythos verwandelte.

‚Unendlich müde, sich enthaltend der Ruhe
Und tropfend den Tau der hebräischen Jugend,
So kommen sie ruhig, stehen ohne Bewegung,
Und kein Zeichen ist, ob sie lebend sind oder erschossen.
Dann fragt die Nation, voller Tränen und Verwunderung,
Und sagt: Wer seid ihr? Und ruhig werden antworten
Die Zwei: Wir sind das silberne Tablett,
auf dem euch gereicht wird der Staat der Juden.
So werden sie sagen und ihr fallen zu Füßen,
Von Schatten verhüllt.
Und der Rest wird in Israels Chronik erzählt.'"[227]

3.1 „Plötzlich steht ein Mensch auf" – Pinsker und Herzl

Der Staat Israel wurde am 14.5.1948 ausgerufen. Seine Gründung bildete den vorläufigen Endpunkt des Ablösungsprozesses von dem Gedanken der Assimilation. Zwar waren die Juden der Diaspora immer mit Palästina verbunden – daß sie sich beim Abschied und an Pessach „Nächstes Jahr in Jerusalem" zuriefen, mag dafür stehen[228] – aber dies war nicht Ausdruck eines nationalen Gefühls. „Nationales Selbstgefühl? Wo dieses hernehmen?", fragte *Leo Pinsker* 1882. Und fuhr fort: „Das ist ja das große Unglück unseres Stammes, dass wir keine Nation ausmachen, dass wir bloss Juden sind."[229] Und er klagt:

„Das jüdische Volk hat kein eigenes Vaterland, wenn auch viele Mutterländer; es hat kein Zentrum, keinen Schwerpunkt, keine eigene Regierung, keine Vertretung. Es ist überall anwesend und nirgends zu Hause."[230]

Die Zukunft des jüdischen Volkes wird

„unsicher und prekär ... in Ewigkeit bleiben, so lange in unserer Lage nicht ein radikaler Umschwung eintritt. Nicht die bürgerliche Gleich-

---

[227] Feinberg 1993, S. 66

[228] Die festliche Mahlzeit des jährlichen Pessachfestes erreicht mit den Worten „Nächstes Jahr in Jerusalem" ihren Höhepunkt. Pessach ist das erste der drei großen Wallfahrtsfeste, und bis zur Zerstörung des Tempels zog, wer immer es ermöglichen konnte, zu diesem Fest nach Jerusalem. André Kaminski wählte diesen Ausruf als Titel seines Romans: „Nächstes Jahr in Jerusalem", Suhrkamp-Verlag: Frankfurt am Main 1986

[229] Pinsker 1919, S. 18

[230] Pinsker 1919, S. 12

stellung der Juden in dem einen oder anderen Staates vermag diesen Umschwung herbeizuführen, sondern einzig und allein die A u t o e m a n - z i p a t i o n des jüdischen Volkes als Nation, die Gründung eines eigenen jüdischen Kolonistengemeinwesens, welches dereinst ... unser Vaterland werden soll."[231]

Noch aber war Palästina nicht das Ziel eines jüdischen Gemeinwesens. *Pinsker* erwähnte es nur beiläufig: „Nicht das ‚heilige Land‘ soll jetzt das Ziel unserer Bestrebungen werden, sondern das ‚eigene‘."[232] Als mögliche Objekte nannte er „in Nordamerika ein kleines Territorium, oder in der asiatischen Türkei ein ... als neutral anerkanntes Paschalik."[233] Die zentrale Frage, auf welche Art und Weise das Land in jüdischen Besitz kommen solle, löste er auf dem Weg des bürgerlichen Rechtsgeschäftes: „Dann ... soll das Direktorium, in Gemeinschaft mit einem Konsortium von Kapitalisten als Gründern einer später zu bildenden Aktiengesellschaft, einen Strich Landes ankaufen..."[234]. Das Direktorium ist nach *Pinsker* ein Leitungsgremium, „ein besonderes nationales Institut, ..., das jene uns fehlende Einheit zu vertreten hätte."[235] Zwar fragte *Pinsker*: „Welches Land wird uns die Erlaubnis dazu hergeben, dass wir uns innerhalb seiner Grenzen als Nation konstituieren?"[236], aber er sah die Probleme lediglich darin, daß Juden unbeliebt sind; daß bei einer Ansiedlung von Juden in einem Territorium andere Menschen u.U. weichen müssen, sah er nicht. Er ging von einem friedlichen Vorgang aus, der aus dem Ankauf von Land und aus einer Einigung mit den jeweiligen Regierungen bestehe.

Pinsker publizierte seine Gedanken 1882. Sie waren eine Reaktion auf die großen Pogrome des Jahres 1880, die vor allem in Rumänien durch die Unabhängigkeit und in Rußland durch die Ermordung des Zaren *Alexander II.* ausgelöst worden waren und zur „umfassendsten und bedeutendsten Wanderungsbewegung in der jüdischen Geschichte" führten, „in deren Verlauf etwa eindreiviertel Millionen Juden auf deutschen Schiffen von Bremen und Hamburg aus Europa verließen."[237] *Pinskers* Schrift gilt als das erste Dokument des politischen Zionismus. Andere[238] nahmen seine Gedanken auf und wendeten ihre Aufmerksamkeit nun ganz auf Palästina.[239]

---

[231] Pinsker 1919, S. 31
[232] Pinsker 1919, S. 24f.
[233] Pinsker 1919, S. 29
[234] Pinsker 1919, S. 29
[235] Pinsker 1919, S. 27
[236] Pinsker 1919, S. 31
[237] Reinharz 1981, S. 3
[238] Zu seinen Vorläufern vgl. den zusammenfassenden Überblick in: Encyclopaedia Judaica, vol.16, Jerusalem 1971, Sp.1033 ff.
[239] Einen knappen Überblick über die Entwicklung geben die „Informationen zur politischen Bildung, Nr.141: „Das jüdische Volk in der Weltgeschichte, 2", 1979,S. 2; in diesem Zusammenhang sind besonders die vielen damals neugegründeten jüdischen Vereine zu beachten, die sich die Aus-

Besondere Bedeutung in diesem Zusammenhang kommt *Theodor Herzl* zu. Er war es, der erkannte und aussprach, daß der „Mensch ein Volk ist". In seinem Werk „Der Judenstaat" (1896) formulierte er den programmatischen Satz: „Wir sind ein Volk, ein Volk"[240]. *Herzl* fällte aber noch keine Entscheidung bezüglich des Ortes. Für ihn lautete die Frage noch: „Palästina oder Argentinien?"[241] – wenngleich es deutlich ist, daß ihm die für Palästina angeführten Gründe gewichtiger schienen. Auch hatte er bereits im Mai 1896 in einem Brief betont: „Mein Programm ist vielmehr: ... Concentration aller Kräfte auf die völkerrechtliche Erwerbung Palästinas."[242]

Herzl äußerte sich auch zu der Art und Weise, wie das Land zu erwerben sein wird. Die *Jewish Compagny*, ein „rein geschäftliches Unternehmen", welches Immobilien von Juden verkauft und für Juden kauft[243], „wird sich den nötigen Boden durch zentralisierten Kauf sichern."[244] Er beschrieb einige der Probleme, die auftauchen könnten. Daß das Land aber, welches auch immer es sei, von seinen Bewohnern nicht freiwillig geräumt werden könnte, sah auch er nicht. Die Festlegung auf Palästina erfolgte dann ein Jahr später auf dem ersten Zionistenkongreß in Basel, 1897:

> „Der Zionismus erstrebt die Schaffung einer öffentlich-rechtlich gesicherten Heimstätte für das jüdische Volk in Palästina."[245]

In ihrem ersten Propaganda-Flugblatt von 1897 formulierte die *Zionistische Vereinigung für Deutschland*:

> „Der Zionismus erstrebt die Rückkehr eines grossen Teiles der Juden zum Ackerbau auf dem historisch geweihten Boden Palästinas."[246]

So konnte *Theodor Herzl* noch 1897 in sein Tagebuch schreiben:

> „In Basel habe ich den Judenstaat gegründet. Wenn ich das heute laut sagte, würde mir ein universelles Gelächter antworten. Vielleicht in fünf Jahren, jedenfalls in Fünfzig wird es Jeder einsehen."[247]

---

wanderung nach Palästina zum Ziel gemacht hatten, wie „Bnei Brith", „Esra", „Zion" u.a., vgl. Reinharz, 1981, S. 3ff.; die leidenschaftlichen Debatten, die unter den Juden über das Palästinaprojekt und den eigenen nationalen Staat geführt wurden, können hier nicht Gegenstand sein. Vgl. dazu: H.H.Bodenheimer (Hrsg.), So wurde Israel. Aus der Geschichte der zionistischen Bewegung. Erinnerungen von M.I. Bodenheimer, Frankfurt 1958

[240] Herzl 1918, S. 2
[241] Herzl 1918, S. 34
[242] Herzl an Bodenheimer am 24.5.1896. In: Bodenheimer 1965, S. 20
[243] Herzl, 1918, S. 37
[244] Herzl 1918, S. 39
[245] Dubnov, Bd.3, 1923, S. 347f.
[246] Lichtheim 1954, S. 136
[247] Herzl 1983, S. 538f.

Herzls Voraussage ist fast aufs Jahr genau eingetroffen. Mit dem Zionistischen Kongreß von 1902 wurde entschieden, wo der eigene Staat liegen sollte, in Palästina. *Herzl* verarbeitete diese Entscheidung in seinem 1902 erstmals veröffentlichten Roman „Altneuland". Gleich zu Beginn ließ er einen Rabbiner im Rahmen einer Gesellschaft äußern:

> „Es gibt seit einigen Jahren eine Bewegung, man nennt sie die zionistische. Die will die Judenfrage durch eine grossartige Kolonisation lösen. Es sollen alle, die es nicht mehr aushalten können, in unsere alte Heimat, nach Palästina, gehen."[248]

In dem Gelächter, das der Rabbi beim Worte Palästina erntete, spiegelt sich die damalige Ablehnung dieses Planes durch die Mehrzahl der Juden wider.

Aus dem Begriff „Kolonisation", den *Herzl* gebrauchte, wird die Grundeinstellung deutlich, die hinter dem jüdischen Siedlungsvorhaben in Palästina stand. Man dachte, ein rückständiges Land zu verbessern, ganz in dem Sinne, wie es *Herzl* in „Altneuland" einen Araber sagen ließ:

> „Für uns alle war es ein Segen. Selbstverständlich in erster Linie für die Besitzenden, die ihre Landstücke zu hohen Preisen an die jüdische Gesellschaft verkaufen konnten oder auch weiter behielten, wenn sie noch höhere Preise abwarten wollten.[249] ... Die nichts besaßen, also nichts zu verlieren hatten, die haben natürlich nur gewinnen können. Und sie haben gewonnen: Arbeitsgelegenheit, Nahrung, Wohlergehen. Es hat nichts Armseligeres gegeben, als ein arabisches Dorf in Palästina zu Ende des neunzehnten Jahrhunderts. Die Bauern hausten in erbärmlichsten Lehmnestern, die zu schlecht waren für Tiere. Die Kinder lagen nackt und ungepflegt auf der Straße und wuchsen auf wie das liebe Vieh. Heute ist das alles anders. Von den grossartigen Wohlfahrtseinrichtungen haben sie profitiert, ob sie wollten oder nicht. Als die Sümpfe des Landes ausgetrocknet wurden, als man die Kanäle anlegte und die Eukalyptusbäume pflanzte, welche den Boden gesund machen, da wurden diese einheimischen, widerstandsfähigen Menschenkräfte zuerst verwendet und gut gelohnt. Blicken sie nur da hinaus ins Feld! Ich erinnere mich noch aus meiner Knabenzeit, dass hier Sümpfe waren. Diesen Boden hat die neue Gesellschaft am billigsten erworben und hat ihn zu dem besten gemacht. Die Aecker gehören zu dem blanken Dorfe, das Sie dort auf dem Hügel sehen. Es ist ein arabisches Dorf. – Sie bemerken die kleine Moschee. Diese armen Menschen sind viel glücklicher geworden, sie können sich ordentlich ernähren, ihre Kinder sind gesünder und lernen etwas. Nichts von ihrem Glauben und ihren alten Bräuchen ist ihnen verstört worden – nur mehr Wohlfahrt ist ihnen zuteil geworden."[250]

---

[248] Herzl 1962, S. 15
[249] Herzl 1962, S. 94
[250] Herzl 1962, S. 95 und 100

Herzl beschrieb hier jüdisches Wunschdenken. Und in der Tat, viele Juden, die nach Palästina zogen, um dort zu siedeln und das Land zu „kolonisieren", glaubten naiv, sie würden von der einheimischen Bevölkerung mit offenen Armen aufgenommen oder zumindest nach einiger Zeit akzeptiert, wenn diese die importierten Segnungen erkennen würden. „Und jedem, dem er begegnet, sagt er Shalom". Von daher ist es vorstellbar, welch ein Schock es für diese Juden gewesen sein muß und auch, welche Verbitterung entstanden sein muß, als die Araber begannen, sich mit Gewalt gegen die wachsende Einwanderung zu wehren. Andererseits kann man aus diesen Texten ableiten, daß die Gewaltbereitschaft der Juden für die Errichtung eines eigenen Staatswesens nicht von Anbeginn an angelegt gewesen war, sondern im Laufe der Zeit erst entstanden ist.

Von Bedeutung für die Ziele der Zionisten war es, die Welt davon zu überzeugen, welche Aufbauleistung sie in Palästina vollbringen konnten. *Max Nordau* argumentierte in diesem Sinne auf dem zionistischen Kongreß 1905:

„Wir wollen dem dünn bevölkerten Palästina Millionen arbeitsfreudiger Siedler zuführen, die nur dort und sonst nirgends gedeihen können. Wir wollen das brachliegende Land, das einst jüdisch war, unter den Pflug nehmen, ihm Wert geben, es zu einer Stätte lebhaften Güteraustausches, blühender Kultur, musterhafter Ordnung machen, dem türkischen Reich, dem jüdischen Volke, der ganzen Menschheit zum Gewinn. Und solche Bestrebungen sollen nicht den Beifall und die Unterstützung aller Regierungen finden?"[251]

Dies war die Mehrheitsmeinung unter den Zionisten. Aber es gab auch andere Stimmen. Während *Nordau* Palästina nicht selbst kannte und auch nicht daran dachte, dorthin überzusiedeln, lebte *Izhak Epstein* als einer der ersten Einwanderer in Palästina und schrieb somit aus eigener Anschauung. Er beklagte schon 1907 die Ignoranz der zionistischen Bewegung gegenüber dem Araberproblem:

„Es ist an der Zeit, der Ansicht zu widersprechen, daß es in Palästina leeren Boden gibt, der von faulen Arabern nicht bearbeitet wird."

Dieser Boden gehöre den Fellachen, die ihn bearbeiteten, aber die Zionisten würden ihn von den Effendis kaufen. Die Fellachen würden vertrieben. Gewiß, man zahle ihnen eine Entschädigung, aber:

„Wenn wir mit uns selbst ehrlich sein wollen, so müssen wir zugeben, daß wir armselige Menschen vertrieben haben und ihre Existenzgrundlage vernichteten. Wohin soll der arme Vertriebene sich wenden? Er hat nur noch wenig Geld. Gewiß, die hebräischen Moschavot bieten ihm manchmal Arbeit und Lohn an, Lohn, der größer ist als das Einkommen, das er

---

[251] Aus: Orland 1988, S. 29f.

als Pächter erzielte. Aber wir können uns nicht verpflichten, ihn auf Dauer zu beschäftigen."

Der vertriebene Araber hänge doch in der Luft. Er hätte keine Vorteile, müßte vielmehr sehen, wie sein Grund und Boden von anderen vereinnahmt würde. Als Individuum verbittere und verletze ihn das. Hinzu komme das arabische Volk als Kollektiv.

„Im Bezug auf dieses große und stolze Volk machen wir einen großen psychologischen Fehler. Während wir die Heimatliebe in allen unseren Herzen und in unserem Sehnen verspüren, vergessen wir, daß auch das Volk, das dort jetzt lebt, Herz und liebende Seele hat. Der Araber, wie jeder andere Mensch auch, empfindet eine starke Bindung an seine Heimat."

Epstein kritisiert vor allem die Art und Weise des Bodenkaufs und beklagte die Methoden, mit denen sowohl die Effendis als auch die Besitzer kleinerer Grundstücke zum Verkauf ihres Bodens „überredet" wurden.
...[252]

Was *Epstein* meinte, wenn er davon sprach, daß die Effendis zum Bodenverkauf „überredet" wurden, läßt *Yoram Kaniuk* in seinem Roman von 1976 „Tante Schlomzion die Große" erahnen. Er erzählt, wie Herr Odinsky einst das Land erwarb, durch dessen Weiterverkauf er reich wurde:

„Bei Ausbruch des Ersten Weltkrieges war Schlomzion die Große sechzehn Jahre alt. Eines Tages fuhr sie in Herrn Odinskys eleganter Kutsche von Jaffa in das Dorf Dschamussin, um dem armen Hawadscha Assam Kassani einen letzten Besuch abzustatten.

Viel Land und viele Baugenehmigungen hatte Assam Kassani dem Herrn Odinsky verschafft. Auch allerlei öffentliche Liegenschaften verschiedener Rechtskategorien verkaufte er, obwohl sie, zumindest dem Buchstaben nach, dem Osmanischen Reich gehörten. Auf dunklen, abenteuerlichen Wegen erwirkte Assam Kassani reich verzierte Besitztitel in verschnörkelter Schönschrift von müden Effendis in Beirut oder Damaskus, die ihre letzten Tage damit verbrachten, Arrak trinkende junge Französinnen auf den zitternden Knien zu wiegen."[253]

Obwohl die osmanische Regierung ihre Ablehnung gegenüber einer jüdischen Einwanderung mehrere Male verkündet hatte, vermehrte sich die jüdische Bevölkerung in Palästina in den Jahren 1882-1908 von 24.000 auf 70 bis 80.000 Menschen. Nach der Balfour-Erklärung von 1917 sah man sich nun auch diplomatisch zur Einwanderung ermutigt. Bereits in den 20er Jahren setzte dagegen der arabische Widerstand ein, der in den großen Aufständen von 1929 und von 1936-39 seinen Höhepunkt erreichte. Da England sich inzwischen immer deutlicher von seinen Zusagen aus der Balfour-Deklaration gelöst hatte und gegenüber den Arabern einen

---

[252] Aus: Orland 1988, S. 30f.
[253] Kaniuk: Tante Schlomzion..., 1995, S. 97

versöhnlicheren Kurs einschlug, macht *Ben Gurion* im März 1939 unmiß-
verständlich seine Zielrichtung des zionistischen Kampfes klar:

> „Das einzige Ziel, nach dem wir streben und um das wir kämpfen müssen,
> ist die Unabhängigkeit der Juden in Palästina, mit anderen Worten, ein
> Judenstaat...“[254]

3.2 Vom Zweiten Weltkrieg bis zur Ausrufung des Staates Israel

Noch während des Krieges, im Mai 1942, tagte im New Yorker Hotel
Biltmore der erste nationale Kongreß der amerikanischen Zionisten. In
der sog. Biltmore-Resolution formulierten die Zionisten ihre Forderungen
für die Zeit nach dem Ende des Krieges:

> „1) Die Tore Palästinas müssen für die jüdische Einwanderung geöffnet
>   werden.
>
> 2)   Die Jewish Agency muß berechtigt sein, die jüdische Einwanderung
>   durchzuführen und brachliegendes Land, einschließlich der unbe-
>   siedelten und unkultivierten Gebiete, urbar machen zu lassen.
>
> 3)   Palästina soll als ein jüdisches Commonwealth konstituiert werden,
>   als ein Teil der neuen, demokratischen Welt.“[255]

Damit war die Zielrichtung der zionistischen Bewegung klar: Man er-
strebte einen eigenen Staat in Palästina. Nach dem Zweiten Weltkrieg
verschärften sich folgerichtig erst einmal die diplomatischen und militärischen Auseinandersetzungen mit Großbritannien. Da die britische Regierung nicht bereit war, den Juden einen entscheidenden Schritt entgegenzukommen – der englische Premier *Bevin* äußerte gar in einer Pressekon-
ferenz vom November 1945, daß „die europäischen Juden ihren Rassen-
status zu sehr betonen“[256] – legte *Ben Gurion* unmittelbar danach in einer
Rede, die als Antwort auf die Erklärung *Bevins* gedacht war und deren
Anlaß die Erschießung von neun Juden durch die britische Polizei in Palästina war, noch einmal ausdrücklich den jüdischen Standpunkt dar:

> „Ich möchte einige Worte an Bevin und seine Kollegen richten. Wir, die
> Juden des Landes Israel, wollen nicht umgebracht werden. Wir wollen le-
> ben. Im Gegensatz zur Ideologie Hitlers und seiner Gefolgsleute in ver-
> schiedenen Ländern glauben wir, daß wir auch als Juden, als einzelne wie
> als ganzes Volk, ein Recht auf Leben haben, genausogut wie die Englän-

---

[254] Bar-Zohar 1988, S. 143
[255] Bar-Zohar 1988, S. 155
[256] Bar-Zohar 1988, S. 193

der und andere Völker. Doch wie die Engländer besitzen auch wir etwas, das uns kostbarer ist als das Leben. Ich möchte Bevin und seinen Kollegen sagen, daß wir bereit sind, uns umbringen zu lassen, aber nicht, auf folgende drei Dinge zu verzichten: auf die freie jüdische Einwanderung, auf unser Recht, die brachliegenden Gebiete unserer Heimat aufzubauen, auf die politische Unabhängigkeit für unser Volk in seinem Vaterland."[257]

Diese drei Punkte waren die erneute Bekräftigung der Biltmore-Resolution. Um die Streitigkeiten zwischen Großbritannien und den Juden zu beenden, setzte die UNO im Jahre 1947 eine Kommission ein, die sich mit einer Lösung des Palästinaproblems befassen sollte. Diese schlug im August 1947 die Beendigung des britischen Palästinamandates vor. Die Mehrheit der Kommission empfahl darüber hinaus die Teilung des Landes in einen arabischen und einen jüdischen Staat. Beide Staaten sollten durch eine ökonomische Union verbunden werden. 1947 beschloß die UNO-Vollversammlung, Palästina zu teilen. Ein sowjetischer Diplomat faßte die Meinung der UN-Mehrheit so zusammen:

"Die Erfahrung der Vergangenheit, insbesondere während des Zweiten Weltkrieges, zeigt, daß kein westeuropäischer Staat in der Lage war, dem jüdischen Volk in der Verteidigung seiner Rechte und seiner bloßen Existenz vor der Gewalttätigkeit der Hitleristen ... hinreichend Schutz zu bieten."[258]

---

[257] Bar-Zohar 1988, S. 193
[258] Aus: Frei 1965, S. 159ff.

Mit diesem Beschluß der UN war das britische Mandat über Palästina beendet. Die Situation, die Großbritannien zurückließ, geißelte der Karikaturist *F. Behrendt*:

Die Engländer verlassen Palästina[259]

Am 14. Mai 1948 wurde der Staat „Israel" ausgerufen. Aus der Gründungsurkunde:

> „In Erez Israel stand die Wiege des jüdischen Volkes; hier wurde sein geistiges, religiöses und politisches Antlitz geformt; hier lebte es ein Leben staatlicher Selbständigkeit; hier schuf es seine nationalen und universellen Kulturgüter und schenkte der Welt das unsterbliche ‚Buch der Bücher'.

> ... Die über das jüdische Volk in der letzten Zeit hereingebrochene Vernichtung, ... bewies erneut und eindeutig die Notwendigkeit, die Frage des heimat- und staatenlosen jüdischen Volkes in Israel zu lösen. ... Wir ... sind daher heute, am Tag der Beendigung des britischen Mandats über Israel, zusammengetreten und proklamieren hiermit kraft unseres natürlichen und historischen Rechts und auf Grund des Beschlusses der Voll-

---

[259] Cornelsen Aktuelle Landkarte 5/94, Berlin 1994, S. 6

versammlung der Vereinten Nationen die Errichtung eines jüdischen Staates in Israel,...“[260]

In diesem Text vereinigt sich die These von der Kontinuität des jüdischen Volkes in Palästina mit dem sog. Holocaust-Syndrom: Dem Wachhalten dieser Erinnerung kommt damit neben der humanen zugleich eine legitimierende Funktion zu. Immer wieder geht es um die Legitimität der Existenz dieses Staates. „In Israel wird die Staatsgründung von 1948 als Anknüpfung an die seit der Spätantike unterbrochene Staatstradition verstanden. Als mindestens genauso wichtiges Argument wird außerdem die niemals unterbrochene religiöse und kulturelle Orientierung der Juden auf ‚Eretz Israel‘, das Land Israel, angeführt. Religiöse Argumente im eigentlichen Sinn werden dagegen von israelischer Seite aus gutem Grund nicht eingebracht, da in der jüdischen Teleologie die Wiedererrichtung eines Staates für das in der Diaspora zerstreute Volk der Juden dem wiedergekehrten Messias vorbehalten ist.“[261]

3.3 Die Haltung der arabischen Staaten

Die ablehnende Haltung der arabischen Staaten ist in mehreren Äußerungen festgehalten. Schon im Vorfeld, 1946, gab es eine arabische Stellungnahme für die UNO:

„Das ganze arabische Volk wendet sich unverändert gegen den Versuch, ihm die jüdische Einwanderung und Besiedlung aufzuzwingen und letztlich einen jüdischen Staat in Palästina zu errichten. ... Die Araber stammen von der im Lande ansässigen Bevölkerung ab, die darin seit Beginn der Geschichte gelebt haben; sie können nicht zustimmen, ... eine... Bevölkerung gegen ihren Willen fremden Einwanderern zu unterwerfen, deren Anspruch auf einer historischen Verbindung ruht, die vor vielen Jahrhunderten aufhörte zu bestehen. Überdies bilden sie die Mehrheit der Bevölkerung, als solche können sie sich nicht einer Einwanderungspolitik unterwerfen, die sie ... aus einer Mehrheit in eine Minderheit in einem fremden Staat verwandelt; darüber hinaus beanspruchen sie das demokratische Recht einer Mehrheit, in Angelegenheiten dringenden nationalen Interesses ihre eigenen Entscheidungen zu treffen.“[262]

---

[260] Ullmann 1964, S. 307ff.
[261] Gottstein 1990, S. 29
[262] Laqueur 1969, S. 94ff.

Seine ablehnende Haltung gegenüber den Vorstellungen der UNO-Kommission von 1947 äußerte der damalige Sekretär der *Arabischen Liga* in einem Gespräch mit dem jüdischen Vertreter der Kommission:

> „Das arabische Volk ist jedem Kompromiß abgeneigt. Auf friedlichem Wege werdet ihr nichts erreichen ... Wir werden versuchen, euch zu vernichten ... Auch die Kreuzfahrer konnten wir vertreiben ... Der Nationalismus ist die große Kraft, die uns antreibt. Auf wirtschaftliche Entwicklung sind wir nicht angewiesen. Für uns gibt es nur eines – die Gewalt ... Die Frage kann nur durch die Waffen gelöst werden."[263]

3.4 Erster Niederschlag in der Belletristik

Die Probleme um die Staatsgründung sowie der in Israel so genannte „Unabhängigkeitskrieg" von 1948/49 und die Jahre des Aufbaus schufen in der Literatur einen Helden, der zum literarischen Prototyp des ‚neuen' Juden wurde. „Zu den typischen Eigenschaften dieses literarischen Helden zählen beispielsweise seine Hingabe zum Kollektiv, zum Staat und zu seinen Kameraden sowie seine Bereitschaft, von sich etwas aufzugeben, und sei es um den Preis, ein Stück Individualität dafür einzubüßen. Er ist ein Vertreter des ‚Hier und Jetzt',..."[264].

> „Leitfigur dieser israelischen Literatur vom Ende der dreißiger bis in die fünfziger Jahre hinein war der Tabar (heute ‚Sabra' oder ‚Sabre' geschrieben), der im Lande Geborene, Nachfolger des Pioniers aus der Zeit vor und nach dem Ersten Weltkrieg, der mit dem Diaspora-Juden und seiner Religiosität nichts mehr zu tun hatte. Er war ein Naturbursche, Arbeiter, Bauer oder Kämpfer, der sich vom verderblichen Stadtleben fern hielt, einem Kibbuz (der sozialistisch-zionistischen landwirtschaftlichen Gemeinschaft) oder der Palmach (den jugendlichen Kommandotruppen der Untergrundarmee Haggana) angehörte. Als Kind der Pioniergeneration unter großen Hoffnungen und harten Bedingungen aufgewachsen, lebte der Sabra für die Gemeinschaft und unterwarf sich ihr, opferte die individuelle Selbstverwirklichung der kollektiven Selbstbestimmung, dem Aufbau und der Verteidigung des Staates."[265]

Zu den literarischen Vertretern jener Zeit gehört *Moshe Shamir*. Er lieferte in „With his own Hands" eine neue Version des Bildungsromans, wo der Eintritt in die Männlichkeit im Kriegstod des jungen Mannes kulminierte. Die Gruppe, die unmittelbare soziale Einheit, lieferte das unterstützende System, welches wiederum das Individuum entmündigte. In der Schule,

---

[263] Holdheim 1964, S. 52
[264] Feinberg 1986, S. 152
[265] Bohmeier 1983, S. 9

dann durch Aktivitäten in der Jugendbewegung, dem *Kibbuz*, der *Palmach* und der *Haganah* – in all diesen Feldern war der junge Israeli Teil seiner Gruppe. Und durch eine soziale Osmose nahm er ihre Werte und Ziele in sich auf.[266] *Shamir* verweilt nicht beim Innenleben seines Hauptdarstellers. *Shamirs* Held ist ein Mann der Aktion, ein Kämpfer und ein Führer.[267] Aber mit diesem viel zitierten Satz: ‚Elik entstieg dem Meer‘ setzte *Shamir* noch ein weiteres Charakteristikum für diese Generation der Kämpfer: Sie haben keine Vergangenheit, keine Geschichte, keinen Stammbaum.[268] Sie sind Teil dieses Landes. Elik wurde in den Worten *Shamirs* zum Araber, ihm ist er näher als dem Juden der Diaspora:

> „In the middle of the desert, that's were you are. .... Me – I'm on that horse, and that's when the whole thing starts getting really nice. I'm mounted on the horse, wearing a burnous of course, a flowing robe that flutters behind me in the wind, a silver sword, and with my face half covered by my headdress. There's a rifle stuck in my saddle-holster, ... The horse bounds forward and we have topped the bridge. What's that over there? A Bedouin bivouac! Black tents, horse, sheep. I dash into the encampment at a gallop. Dogs bark. Their masters rush out of their tents brandishing swords, but on seeing who I am they crowd around me joyfully: ‚Ya Ali, Akbar Ali, Ali the Great!‘ I lean down from my saddle and utter a terse ‚After me!‘ (they already know me, they're my tribesmen, my people). ...“[269]

Über seine Figuren schreibt G. *Ramras-Rauch*: „...die Hauptperson ist Mitglied eines Kibbuz oder eines Moschaw; er hat eine landwirtschaftliche Schule besucht und ist in militärischen Aktivitäten eingebunden. ... *Shamirs* Mann [ist] kein Intellektueller, eher ein Anti-Intellektueller.“

Es ist bezeichnend für seine allgemeine Gültigkeit, daß dieser Prototyp sich nicht nur in der hebräischen, sondern auch in der amerikanischen Literatur findet. Ganz in der Tradition dieser israelischen Literatur zeichnet *Leon Uris* in seinem viel gelesenen und verfilmten Roman „Exodus“[270], der die Probleme jüdischer Einwanderung nach Palästina in der Welt bekannt machte, seinen Helden:

> „Ari ben Kanaan war der ganze Stolz seines Vaters. Mit siebzehn Jahren war er einsachtzig groß und stark wie ein Löwe. Außer Hebräisch und Englisch beherrschte er Arabisch, Deutsch, Französisch und Jiddisch, die Sprache, in die seine Mutter Sara immer wieder zurückfiel, wenn sie aufgeregt war oder sich ärgerte und ihrem Herzen Luft machen wollte.
>
> Ari war ein begeisterter Landwirt. Wie die meisten jungen Leute des Moschaw und des ganzen Jischuw, gehörten auch Ari und Dafna zu einer Ju-

---

[266] Ramras-Rauch 1989, S. 88f. (Übers.HN)
[267] Ramras-Rauch 1989, S. 90 (Übers.HN)
[268] Feldman 1988, S. 54
[269] Shamir: With his own hands, 1970, S. 21
[270] Inzwischen in der 51.Auflage auf dem Markt

gendgruppe. Sie wanderten kreuz und quer durch Palästina und besuchten die Stätten berühmter Schlachten der Vergangenheit. Sie bestiegen den Berg, auf dem die Hebräer mehr als drei Jahre lang der Belagerung durch die Römer standgehalten hatten [Masada], und sie wanderten durch die Wüste auf dem Weg, den Moses mit den zwölf Stämmen gezogen war. Sie trugen die traditionellen blauen Hemden und kurzen Hosen, und sie sangen Lieder, die von dem hohen Ziel der Wiedergewinnung der Heimat handelten.

Dafna war zu einem frischen, kräftigen Mädchen herangewachsen. Sie war sehr attraktiv und voller Liebe für den Sohn Barak ben Kanaans. Es schien, als ob die beiden früh heiraten wollten. ....

Ari hatte sich bei der Hagana außerordentlich hervorgetan, und Avidan hielt ihn trotz seiner Jugend für einen der verheißungsvollsten Soldaten in ganz Palästina. Tatsächlich waren die besten Soldaten der Hagana meist noch keine zwanzig. Als der Kampf mit den Engländern um die Einwanderung begann, wurde Ari von der Hagana an die Stellen kommandiert, wo die Aliyah-Bet-Schiffe an Land kamen....«[271]

„Eines Nachts lag Ari in seinem Zelt und schlief fest, als ihn jemand wachrüttelte. ‚Komm, Ari, rasch!‘ Er warf seine Decke ab, nahm sein Gewehr und rannte hinter den anderen her zu den südlichen Feldern, auf denen gerade Terrassen zum Anbau von Wein angelegt wurden. Dort stand eine Gruppe aufgeregt herum. Alle verstummten, als sie Ari kommen sahen. Er drängte sich hindurch und starrte auf die Erde. Sie war voll Blut. Fetzen einer blauen Bluse lagen am Boden. Eine blutige Spur führte von der Stelle in die Berge. Ari sah die Umstehenden an. Keiner sagte etwas.

‚Dafna‘, sagte Ari tonlos.

Zwei Tage später fanden sie die Leiche. Man hatte ihr die Hände abgehackt, Nase und Ohren abgeschnitten und die Augen ausgestochen.

Niemand sah Ari ben Kanaan eine Träne vergießen. Von Zeit zu Zeit verschwand er für mehrere Stunden. Er kam mit bleichem Gesicht zurück. Doch er zeigte weder Trauer noch Haß, nicht einmal Wut. Er erwähnte ihren Namen nie mehr.«[272]

In der Figur Ari ben Kanaans finden wir jene Elemente wieder, die den neuen Juden kennzeichnen. Er ist „groß und stark wie ein Löwe", er ist „ein begeisterter Landwirt", er wandert „kreuz und quer durch Palästina", besteigt Berge, bezeichnenderweise Masada, und durchquert Wüsten, nicht irgendwelche, sondern „auf dem Weg, den Moses mit den zwölf Stämmen gezogen war." Ari ist aber auch ein Kämpfer und hatte sich bei der Hagana, der jüdischen Untergrundarmee, so hervorgetan, daß er bald

---

[271] Uris: Exodus, 1969, S. 252f.
[272] Uris: Exodus, 1969, S. 260f.

94

mit besonderen Aufgaben betraut wurde. Er, der Held, der für sein Volk da ist, er zeigt keine Gefühle über die grausame Ermordung seiner Freundin Dafna. Er stellte seine individuellen Gefühle zurück vor der großen Aufgabe, der er sich gewidmet hatte, dem Aufbau eines jüdischen Staates. „Niemand sah Ari ben Kanaan ein Träne vergießen." Seine Trauer wird nicht sichtbar, „er zeigte weder Trauer noch Haß, nicht einmal Wut." Er, der Held, verarbeitet seine Gefühle allein. „Von Zeit zu Zeit verschwand er für mehrere Stunden. Er kam mit bleichem Gesicht zurück."

3.5 Neue Helden – Die Literatur formuliert ihre Zweifel

Nach der Gründung des Staates Israel folgten mehrere Kriege und Siege gegen die arabischen Nachbarn. Dem Rausch der Siege aber stellte die belletristische Literatur ihre Zweifel entgegen. Der Siegeszug der Männer der Tat wurde abgelöst von Männern, die durch Unsicherheit und Grübeleien geprägt waren. Diese „Helden" waren nicht mehr sportlich, sie waren dicklich. Sie bearbeiteten kein Land mehr, sie lasen Bücher. Sie kämpften nicht mehr mit der Faust, sondern mit Worten und dies nicht einmal öffentlich, sondern nur im privaten Kreis. Sie hatten keine Erfolge mehr, sie träumten nur noch von Erfolgen.

1970 schrieb *Abraham B. Jehoschua* seine Kurzgeschichte „Angesichts der Wälder". Er beginnt wie folgt:

„Auch der letzte Winter war wieder im Nebel untergegangen, und er, wie üblich, hatte ihn nutzlos vertan, hatte seine Prüfungen verschoben, die Arbeiten immer noch nicht geschrieben. Eigentlich war sein Studium schon beendet (das heißt, die Vorlesungen hatte er alle schon gehört), und eine Reihe von Unterschriften in seinem fleckigen Kollegheft bezeugte, daß alle ihre Pflicht an ihm erfüllt hatten, bevor sie ins Schweigen versunken waren; die einzige Pflicht, die es hier noch zu erfüllen gab, lag in seinen eigenen, schlaffen Händen. Aber die Worte machten ihn müde, seine eigenen Worte nicht weniger als die Worte der anderen. Er zog von Wohnung zu Wohnung, nirgends faßte er Fuß, hatte nicht einmal einen festen Arbeitsplatz. Ohne die Nachhilfestunden, die er seinen zurückgebliebenen Privatschülern gab, wäre er längst verhungert. Er näherte sich seinem dreißigsten Lebensjahr, und in der Mitte seines welken Haares leuchtete bereits eine Glatze. Seine Augen wurden schwach, sie stellten manches in Frage. Seine nächtlichen Träume langweilten ihn, sie blieben sich immer gleich und hatten kaum einen Inhalt: gelbe Wüsten, in denen dürre Bäume wuchsen, und in besonderen Nächten eine nackte Frau. Auf den wilden Parties der Studenten sah man ihm schon mit einem gewissen Lächeln nach, der Schwips, den er sich schnell angetrunken hatte, gehörte seit langem zum festen Programm. Denn es gab keine Party, die er verpaßte; noch wurde er gebraucht. Seine traurige Gestalt war gerne gesehen, weil niemand so leicht wie er Kontakte zwischen den Menschen herstellen konnte. Seine Kommilitonen der ersten Jahre hatten längst ihr Studium abgeschlossen, jeden Morgen gingen sie mit ihren schweren Aktentaschen zur Arbeit. Wenn sie ihm am Nachmittag auf ihrem Heimweg begegneten, einem grauen Nachtfalter mit müden, schlaftrunkenen Augen, der auf der Suche war nach seiner ersten Mahlzeit, stellten sie ihn über seinen liederlichen Lebenswandel zur Rede und hatten bald – halb aus Mitleid, halb im Zorn – ihr Urteil gefällt:

‚Einsamkeit!'

Einsamkeit war's, was ihm nottat. Denn unbegabt war er nicht, auch keinesfalls dumm. Man mußte ihm nur seinen Willen stärken."[273]

Der Held, ein Israeli, etwa 30 Jahre alt, ist ein verkrachter Wissenschaftler. Durch seine Freunde erhält er eine Arbeit als Forstaufseher. Seine Aufgabe ist es, auf einem Turm zu sitzen und einen Wald zu beobachten, um im Brandfalle die Feuerwehr zu rufen. Sein Telefon ist die einzige Verbindung zur Außenwelt. Unter ihm, im Erdgeschoß, lebt ein Araber mit einem jungen Mädchen. Dessen Aufgabe ist es, den Israeli zu versorgen. Beide, weder der Israeli noch der Araber, haben einen Namen. Anfangs leben sie fast ohne Kontakt nebeneinander her, mißtrauisch. Bei seinen Streifzügen entdeckt der Israeli Spuren eines ehemaligen arabischen Dorfes, auf dessen Fläche der Wald angelegt worden sein soll. Kommt der Araber aus diesem Dorf? Man erfährt es nicht, denn der Araber kann nicht sprechen. Man (wer?) hat ihm die Zunge abgeschnitten. So lebt auch er ohne Kontakt zur Außenwelt, das Dorf, sein Zuhause, ist begraben, Kommunikation ist abgeschnitten. Der Israeli wollte diese Zeit der Einsamkeit eigentlich nutzen, um wissenschaftlich zu arbeiten, aber er legt eine Karte über das verschwundene Dorf an, er ist sensibel für die Vergangenheit, für die Schuld gegenüber dem Araber.

Eines Tages zündet der Araber den Wald an. Der Israeli verhindert die Tat nicht. Die Telefonleitung ist gestört und somit ist keine Kommunikation zwischen ihm und der Alarmstation, zwischen ihm und der israelischen Gesellschaft, möglich.

Jehoschua entfernte sich immer mehr vom strahlenden Helden der Gründungszeit, wie ihn *Shamir* einst zeichnete. 1977 veröffentlichte er seinen Roman „Der Liebhaber", in dem er über die Titelfigur schreibt: „Er hatte etwas Albernes an sich, aber auch etwas Trauriges – wie ein verlorenes Kind."[274]

Dieser neue Heldentypus war kein Einzelfall. In seinem Roman „Der dritte Zustand" beschrieb *Amos Oz* seinen Helden „Fima" mit freundlicher Distanz:

---

[273] Jehoschua: ...Wälder, 1982, S. 87f.
[274] Jehoschua: Der Liebhaber, 1994, S. 27

„Im Laufe der Jahre lernten einige von ihnen die Mischung aus Scharf-
sinn und Zerstreutheit, Trauer und Begeisterung, Feinsinn und Hilflosig-
keit, Tiefe und Torheit zu schätzen, die sie bei Fima entdeckten. Außerdem konnte man ihn jederzeit zum Korrigieren von Druckfahnen oder zur
Beratung über einen Aufsatzentwurf heranziehen. Hinter seinem Rücken
tuschelte man großmütig: Das ist einer, wie soll man sagen, ein originel-
ler, warmherziger Typ, bloß faul ist er. Ohne jeden Ehrgeiz. Denkt einfach
nicht an morgen. Dabei ist er ja nicht mehr jung.

Trotz allem: etwas an seinem dicklichen Äußeren, seiner plumpen, ge-
dankenversunkenen Gehweise, der hübschen hohen Stirn, den müde her-
abhängenden Schultern, dem schütteren hellen Haar, den guten Augen,
die immer verloren nach innen oder aber über Berge und Wüsten hinweg
zu schauen schienen – etwas an seiner Gestalt überschwemmte sie mit
Zuneigung und Freude und zauberte ihnen ein breites Lächeln aufs Gesicht, wenn sie ihn auch nur von weitem, von der anderen Straßenseite
aus, im Stadtzentrum herumlaufen sahen, als wisse er nicht, wer ihn her-
gebracht hatte und wie er hier wieder herauskam. Dann sagten sie: Da
geht Fima und fuchtelt mit den Armen, diskutiert sicher mit sich selbst
und siegt gewiß in der Debatte."[275]

Vergleicht man diese beiden Figuren, so stellt man viele Übereinstim-
mungen fest:

	Jehoschua	Oz
Körper	schlaffe Hände	dicklich
	welkes Haar	plumpe Gehweise
	Glatze	hübsche, hohe Stirn
	30 Jahre	schütteres helles Haar
	schwache Augen	gute Augen
	traurige Gestalt	fuchtelt mit den Armen
	müde, schlaftrunkene	müde, herabhängende
	Augen	Schultern
Intellektueller	abgebrochenes Studium	Scharfsinn und Zerstreutheit
	gibt Nachhilfestunden	Korrigieren von Druckfahnen
	unbegabt war er nicht	Beratung Aufsatzentwurf
Alltag	ohne festen Arbeitsplatz	
	laufend Wohnung wechselnd	
	verpaßt keine Party	
Urteil der Freunde	keinesfalls dumm. Man	ein origineller, warm-
	mußte... ihm nur	herziger Typ, bloß faul ist er.
	seinen Willen stärken	Ohne jeden Ehrgeiz. Denkt
		einfach nicht an morgen.

[275] Oz: Der dritte Zustand, 1992, S. 36

Die Nähe zwischen beiden ist unverkennbar. Beide sind Intellektuelle, Bücherleser, Diskutierer; beide sind dicklich und unsportlich; beide haben ihre Freunde, von denen sie belächelt werden; beide sind „müde". Beide sind unproduktiv, ohne Ehrgeiz und Willen. In diesen beiden Hauptfiguren unterschiedlicher Autoren spiegeln sich die Selbstzweifel und die Unsicherheit eines Volkes. Was *Amos Oz* für sich selbst aber als Erkenntnis formulierte, ist für viele Israelis Kern eigener Unsicherheit und provoziert Radikalität:

> „...der Konflikt zwischen uns und den Palästinensern (ist) kein billiger ‚Wildwestfilm', in welchem die ‚guten' Kulturmenschen gegen die ‚bösen' Eingeborenen kämpfen ... Es gibt ... einen Zusammenstoß des Rechtes mit dem Recht. Die palästinensischen Araber haben eine starke (und rechtmäßige) Argumentation und die Israeli müssen diese anerkennen... Wir müssen einem Kompromiß zustimmen und bekennen, daß Israel die Heimat zweier Völker ist..."[276]

3.6 Die Geschichte der Dörfer

Hinter der vor 50 Jahren erfolgten „Flucht und Vertreibung" der arabischen Palästinenser geriet die Vernichtung der Dörfer zu einem Nebenthema. *Alexander Schölch* weist darauf hin, daß seit 1948 zwischen 374 und 478 arabische Dörfer verschwunden sind. Die Differenz ergebe sich aus der unterschiedlichen Definition dessen, was noch als selbständige Ansiedlung anzusehen ist. Heute existieren in Israel noch 105 arabische Dörfer.[277]

Daß ein Dorf im Zuge von Kriegshandlungen oder durch Flurbereinigungen verschwinden kann, mag man sich noch vorstellen können. Aber hunderte von Dörfern? Wie soll das gehen? Aus diesem Grunde beschreibt *Schölch* ausführlich die Geschichte zweier Dörfer:

> „Bir'im und Iqrit waren zwei katholische Dörfer; [ihre Bewohner] kämpften drei Jahrzehnte lang vergeblich um ihr vom Obersten Gerichtshof zugestandenes Recht auf Rückkehr. In den letzten Jahren der Mandatszeit hatten sie mit jüdischen Organisationen zusammengearbeitet; sie waren sogar bei der illegalen Einwanderung von Juden behilflich gewesen. Sie hatten sich im Krieg von 1948 geweigert, mit arabischen Truppen zu kooperieren, und junge Männer aus beiden Dörfern dienten seither in der israelischen Armee. Im Verlaufe der Kriegshandlungen von 1948 wurden die Bewohner von der Hagana zum zeitweiligen Verlassen ihrer Dörfer

---

[276] Aus: Jendges/Vogt 1985,S. 59
[277] Schölch 1983, S. 13; vgl. auch Jiryis 1973, S. 84; eine Liste der zerstörten Dörfer erhält man unter der Internetadresse http://www.alnakba.org/index.htm

aufgefordert, und dieser Aufforderung kamen sie nach. Doch man ließ sie nicht mehr zurückkehren.

Im Jahre 1951 bestätigte zwar der Oberste Gerichtshof ihr Rückkehrrecht; daraufhin stellten die Militärbehörden jedoch nachträglich individuelle Ausweisungsbefehle aus und erklärten die Dörfer nach den Emergency Regulations von 1949 zur Sicherheitszone. Die Betroffenen gingen nun erneut vor den Obersten Gerichtshof. Während der Fall dort anhängig war, machte die Armee am Weihnachtstag des Jahres 1951 Iqrit dem Erdboden gleich. Das Land beider Dörfer wurde benachbarten jüdischen Siedlungen zur Bearbeitung übergeben, welche bis zum heutigen Tage einen Teil der umgesiedelten Dorfbewohner als landwirtschaftliche Lohnarbeiter auf deren ehemaligem Eigentum beschäftigen. 1953 wurde das Land aufgrund des Land Acquisition Law der israelischen Entwicklungsbehörde übertragen, und es ging seither in unveräußerlichen jüdischen Besitz über. Zum Zeitpunkt dieser Übertragung im Jahre 1953 standen die Häuser von Bir'im noch, und im September 1953 entschied der Oberste Gerichtshof erneut zugunsten des Rückkehrrechts der ehemaligen Bewohner dieses Dorfes. Daraufhin wurde Bir'im von der israelischen Luftwaffe bombardiert und ebenfalls dem Erdboden gleichgemacht. ...

In den folgenden beiden Jahrzehnten unternahmen die Betroffenen mehrfach vergebliche Versuche, zu ihrem höchstrichterlich verbrieften Recht zu gelangen. Eine neue Chance schien sich 1972 aufzutun, als die Emergency Regulations von 1949 außer Kraft traten. Nun schien einem Wiederaufbau der beiden Dörfer nichts im Wege zu stehen, denn die ehemaligen Bewohner hatten schon 1965 ausdrücklich auf ihr Land, das inzwischen Besitz jüdischer Siedlungen geworden war, verzichtet. Die letzte Entscheidung lag beim Kabinett, das unter dem Vorsitz von Golda Meir die Rückkehr jedoch verweigerte. Drei Gründe wurden geltend gemacht: die nationale Sicherheit; der Präzedenz-Charakter, den eine Rückkehr annehmen könnte; die Schwächung der politischen Moral durch Nachgiebigkeit. Daraufhin kam es zu einer massiven Solidarisierung breiter Kreise der Öffentlichkeit mit den Dorfbewohnern; etwas derartiges hatte es im Staat Israel weder zuvor gegeben, noch hat es sich seither wiederholt. Dennoch ließ sich die Regierung nicht umstimmen. Nach einem entsprechenden Kabinettsbeschluß Anfang 1973 verbot der Militärgouverneur nun aufgrund der Defence (Emergency) Regulations von 1945 die Rückkehr. In einer Versammlung hatten Leute aus Bir'im zuvor noch in sarkastischer Form angeboten, sie würden alle zum jüdischen Glauben übertreten, um wenigstens als Juden zurückkehren zu können. In den Jahren 1978/79 zog die israelische Regierung dadurch einen Schlußstrich unter die Angelegenheit, indem sie das Terrain, auf dem die beiden ehemaligen Dörfer standen, in ein Naturschutz- und Erholungsgebiet umwandelte."[278]

---

[278] Schölch 1983, S. 19-21

Gerade die Geschichte der verschwundenen arabischen Dörfer vermag aufzuzeigen, wie eng die Verbindung zwischen Literatur und Realität ist. Der damalige israelische Verteidigungsministers *Moshe Dayan* führte 1969, also ein Jahr bevor die Geschichte *Jehoschuas* publiziert wurde, in einer Rede vor Studenten der Technischen Universität Haifa, aus:

„Wir kamen in dieses Land, das bereits von Arabern bewohnt war und errichteten hier einen hebräischen, d.h. jüdischen Staat... Jüdische Dörfer entstanden an Stelle der arabischen Dörfer. Ihr kennt nicht einmal die Namen dieser Dörfer, und ich werfe euch das nicht vor, da die entsprechenden Erdkundebücher nicht mehr existieren. Nicht nur die Bücher existieren nicht, auch die Dörfer gibt es nicht mehr."[279]

Und an anderer Stelle wird *Moshe Dayan* mit folgenden Worten zitiert:

„Alle unsere Siedlungen sind erbaut auf den Ruinen palästinensischer Dörfer. Ja, wir haben sie nicht nur ausradiert bis auf den Boden, sondern auch ihre Namen aus den Geschichtsbüchern getilgt. Sie haben also triftige Gründe für den Kampf, den sie gegen uns führen. Unser Problem ist nicht, wie wir sie loswerden sollen, sondern wie wir mit ihnen leben können. Wenn ich selbst ein Palästinenser wäre, wäre ich wahrscheinlich ein Fatah-Kämpfer."[280]

Yousif Ammar berichtet von seinem verschwundenen Dorf:

„Es war Ende September auf einem Familienausflug in der Nähe von Igsim, auf einem Hügel am äußersten westlichen Zipfel des Karmelgebirges, dreißig Kilometer südlich von Haifa. Und Igsim ist unser Dorf. Mein Dorf? Das Dorf meiner Tante? Fest steht, daß in Igsim die Familie meines Großvaters lebte, bis es 1949 von israelischen Truppen eingenommen und dem Erdboden gleichgemacht wurde. Wenig später entstand an der gleichen Stelle eine kleine jüdische Siedlung namens *Kerem Maharal*."[281]

Der spanische Schriftsteller *Juan Goytisolo* erlebte noch im Jahre 1995, anläßlich seines Besuchs in Gaza, in welcher Intensität die Menschen an ihren alten Dörfern festhalten:

„...die Vertriebenen von 1948 lehnten es ab, sich unter annehmbaren Bedingungen niederzulassen, im Vertrauen auf die baldige Rückkehr in ihre Wohnungen in Jaffa, Haifa, Akko oder in eins der vierhundert Dörfer, die nach und nach von der Landkarte gefegt wurden, um auf den Ruinen die neuen Kibbuzim zu errichten. Wie unter Juden und Morisken in der Diaspora bewahrten sie liebevoll die Schlüssel und Besitzurkunden von Häusern und Feldern, die längst nur noch im Gedächtnis und in ihren Träumen existierten; lieber klammerten sie sich an die immaterielle

---

[279] Publiziert in Ha'aretz, 4.4.1969 zit. aus: Ammar, Yousif, Nachruf im Morgengrauen. Die Geschichte eines verschwundenen Dorfes, in: Hamdan/Wiebus, 1969, 60
[280] Zit. aus: Wertz, Armin: Frieden ohne Gerechtigkeit wird es nicht geben. In: FR 6.1.1995, S. 21
[281] Ammar. In: Hamdan/Wiebus, 1969, S. 60

Wirklichkeit der Erinnerung, als in feste Häuser zu ziehen, die die UNRWA [UN-Flüchtlingsorganisation, HN] ihnen bauen wollte."[282]

Inzwischen sind die zerstörten und verschwundenen Dörfer bereits Gegenstand der Forschung geworden. Im „Zentrum zur Erforschung und Dokumentation der palästinensischen Gesellschaft" der Universität Birseit in der West-Bank wird seit 1979 die Geschichte der von den Israelis zerstörten palästinensischen Dörfer rekonstruiert.[283]

Aus der jüdischen Perspektive liest sich die Geschichte dieser Dörfer allerdings anders. *S. Yizhar*, der sich in seinen Schriften überwiegend mit dem Unabhängigkeitskrieg von 1948 und der Zeit davor befaßte, schrieb in „The Silence of the Villages" über ein zerstörtes arabisches Dorf. Er macht dabei deutlich, wie man unter den Juden über diese Dörfer dachte, aber er läßt auch keinen Zweifel daran, mit welchen Vorurteilen man unter den Juden behaftet war. Ein Hügel ist alles, was von diesem Dorf blieb. *Yizhar* bezieht sich auf die arabischen Aufstände von 1930 und bemerkt, daß dieses Dorf bekannt gewesen sei als ein „wasps' nest", als ein „ravens nest", auch als „eagle's nest":

> „A ‚murderers' village' it was called in the newspapers in those days, without anyone trying too hard to know what it looked like or where it was, exactly. But it's always good when people have a place they can visualize, as a cave of violent men and a pit of vipers. It's hard to live in a world that has no such horrible places. And may be it was even the place of the terrible Abu Jilda, once so well known for his deeds but now forgotten. Here he slept, or at least he passed by to instill fear, here he had a sip of coffee, murdered a bit, mounted his horse and disappeared. However that may be, this is what the place is today."[284]

Gibt es inzwischen schon einen Mythos des verschwundenen Dorfes? Auch im Spielfilm taucht das Thema des verschwundenen und enteigneten Landes auf. *Bodo Fründt* berichtet anläßlich der „Berlinale 1995" in der *Süddeutschen Zeitung* über den neuen israelischen Spielfilm „Das fliegende Kamel":

> „Eines Tages steht er vor der Tür und will nicht mehr gehen. In das Leben eines versponnenen jüdischen Architekturprofessors bricht mit sanfter Beharrlichkeit ein palästinensischer Arbeiter von der Müllabfuhr ein. Das chaotische Hinterhofgelände, in dem der Professor haust und auf dem er Artefakte aus der Baugeschichte des Landes versammelt, war einst der

---

[282] Goytisolo: Das Pulverfaß Gaza. In: FR 22.2.95, S. 8

[283] Vgl. Nassier Yaa'gub, Fahoum Shalabi: „Abu Shuska. Series of Palestinian Destroyed Villages", Bd.18. Birseit University (in arabischer Sprache mit kurzer Einleitung in Englisch) (Hinweis in FAZ 6.9.95)

[284] aus: S. Yizhar, Stories of the plain, pp. 145-164 (Tel Aviv: Hakibbutz HaMenchad, 1963), zit. nach der englischen Übersetzung in: Ramras-Rauch, 1989, S. 79f.

Orangenhain des Großvaters dieses Palästinensers. Und dort möchte der enteignete Erbe jetzt wieder neue Bäume pflanzen."[285]

Daß auch die israelischen Siedler, die neu ins Land gekommenen Juden, die Hypothek einer solchen Vergangenheit aus ihrem Denken nicht ausblenden konnten, ist leicht vorstellbar. *Yousif Ammar* beschreibt dies in „Nachruf im Morgengrauen":

> „Um uns lagen mehrere zerstörten Häuser. Die jüdischen Siedler vermieden bis Mitte der siebziger Jahre jede Berührung mit den Überresten des arabischen Dorfes. Es war, als hätten sie eine Leiche unter sich, deren Gestank sie nicht ertragen konnten. Mit der Zeit gewöhnten sie sich an den Anblick und machten sich daran, den Trümmern ein neues Leben zu geben: Die zerstörten Häuser wurden dazu benutzt, um auf den Grundmauern mit Zementblöcken weiterzubauen. Ein eigenartiger Anblick: Eine Mischung aus konservativ-stabilem und praktisch-pappigem Bau, wobei die Trennlinie zwischen den beiden in den Wänden der Gebäude deutlich zu erkennen war."[286]

Grossman berichtet, wie ihm ein Araber, der mit seinem arabischen Freund an einer Reise nach Osteuropa teilgenommen hatte, von dem Besuch jüdischer Gedenkstätten dort erzählte:

> „In dem Konzentrationslager, das wir besuchten, stand ich vor den Gaskammern, und wir zündeten Kerzen an, und auf einmal schießt dir alles, was du über das Leiden und die ganze Geschichte der Juden gewußt hast, durch den Kopf und jagt dir wirklich Schauer über den Rücken, ich würde sagen, man ist fast den Tränen nahe. Und vor der Gaskammer fragte ich meinen Freund, einen Araber, der mit mir dort war, ‚was sagst du dazu, daß ein ganzes Dorf, ganze Kleinstädte dort innerhalb eines Tages ausgelöscht wurden.' Er antwortete mir: ‚Was willst du, schau dir doch an, was sie jetzt mit uns machen.'

> Also, ich bin nicht bereit, einen solchen Vergleich zu ziehen, sagte Yunes, aber eine Beziehung zwischen den Dingen existiert zweifellos. Schließlich war der Hauptimpuls, der zur Errichtung des Staates Israel führte, die jüdische Erfahrung im Exil und im Holocaust. Und diese traumatische Erfahrung hat auf das ganze Leben hier Auswirkungen. Wenn du die Dinge dort siehst, verstehst du auf ganz konkrete Weise, und du begreifst, wie tief die Komponente der Furcht als Folge des Holocaust in der jüdischen Gesellschaft sitzt. Die Angst vor dem Fremden. Die Angst vor allem und jedem."[287]

So verläßt das verschwundene Dorf aus *Jehoschuas* Erzählung „Angesichts der Wälder" die Ebene der Fiktion und wird zu einer beklemmenden und immer wiederkehrenden Realität, die *Amos Oz* in seinem 1995

---

[285] Fründt. In: SZ 17.2.95, S. 14
[286] Ammar. In: Hamdan/Wiebus, 1969, S. 62
[287] Grossman: ...Israeli, 1994, S. 158f.

erstmals publizierten Roman „Panther im Keller" (dt. 1997) wieder her-vorholt:

> „Einmal sagte mir Sergeant Dunlop, daß, wie er es sehe, nach Ablauf des britischen Mandats ein hebräischer Staat entstehen würde und sich die Worte der Propheten erfüllten, genau wie es in der Bibel stünde, und dennoch tue es ihm leid für die Völker Kanaans, das heißt für die Araber des Landes und vor allem für die Bewohner der Dörfer. Er sei überzeugt, daß sich die Juden nach Abrücken der britischen Armee erheben und ihre Feinde besiegen würden, die steinernen Dörfer würden verfallen, Felder und Obstgärten würde zu Tummelplätzen für Schakale und Füchse, die Brunnen würden versiegen, Bauern, Ackersleute, Olivenpflücker, die maulbeerzüchtenden Hirten, die Eselinnenführer und die Hüter der Her-den würden samt und sonders in die Wüste getrieben. Vielleicht seien sie auf Wunsch des Erschaffers dazu verdammt, ein verfolgtes Volk zu sein, anstelle der Juden, die endlich in ihre Heimat zurückkehrten."[288]

[288] Oz: Panther..., 1997, S. 107f.

III. WARUM IST FRIEDEN SO SCHWER?

1. Demütigung und Terror

Was ist Demütigung? Dazu vorab zwei Fallbeispiele.

Beispiel 1: Fateh, ein Palästinenser, arbeitet in einem israelischen Restaurant. *David Grossman* interviewte ihn:

> Fateh: „Wir sind wirklich der Abschaum. Sogar die Hilfsköche sind Juden. Warum ich nicht Hilfskoch werde? Wenn ich den Chef frage, sagt er: Du bist ein Araber. Du bist zum Abfallraustragen und Tellerwaschen gerade gut genug. Sie lassen mich noch nicht einmal Kellner werden. Nur wer wenigstens etwas jüdisch aussieht, darf mit den Gästen umgehen, und auch der muß noch seinen Namen ändern und heißt dann Mosche oder Jossi. Aber wenn man wie ein Araber aussieht, dann wollen einen die Juden nicht sehen beim Essen."[289]

Beispiel 2: Im November 1996 nimmt *Asam Maraka*, ein Palästinenser, mit seiner Videokamera heimlich eine Szene auf, in der israelische Grenzpolizisten sechs Palästinenser brutal verprügeln („mit schallenden Ohrfeigen, brutalen Tritten gegen Kopf und Unterleib, ... von Obszönitäten in arabischer Sprache begleitet..."). Er leitet den Film dem israelischen Fernsehen zu. Befragt nach seinen Gründen äußert er:

> „Ich wußte, daß die das nicht dürfen, daß sie ihre Kompetenzen auf kriminelle Weise überschreiten. Ich wußte auch, wozu es führt, wenn Menschen so behandelt werden. Das züchtet Rachegelüste – mit Messern, Waffen, Bomben."[290]

„Demütigung im authentischen Sinne", schreibt *Friedrich Balke* in seiner Besprechung von *Avishai Margalits* ,Politik der Würde. Über Achtung und Verachtung' (Berlin 1997), „entsteht daher immer dann, wenn man Men-

---

[289] Grossman: ...Wind, 1990, S. 190
[290] Ponger: Der Gegenschlag per Video. In: SZ 21.11.96, S. 3

schen nicht bloß als etwas ganz anderes (Tiere, Gegenstände, Maschinen), sondern als Nicht-mehr-Menschen, als ‚Untermenschen' behandelt."[291]

1.1 Demütigungen der Palästinenser durch Israelis

Eigentlich ist ein Kapitel mit diesem Titel nicht zu trennen von einer Darstellung und Erklärung der Umstände, die zu der jeweiligen Situation führten. Daß ich es dennoch tue, hängt mit dem Umfang zusammen, den diese Demütigungen einnahmen, aber auch mit der Bedeutung für künftige Einstellungen. Dabei müssen die angeführten Belege exemplarisch für unterschiedliche Situationen und Begegnungen stehen. Wobei solche Situationen allein schon durch die Beschreibung etwas Besonderes werden und ihre Alltäglichkeit einbüßen. Immer aber sind es Situationen, die durch Gefühle gesteuert sind und die neue Gefühle hervorrufen.

„Auch Gefühle sind Politik", schrieb *Dan Diner*. Ein besonderes Problem dabei können jene Gefühle werden, die durch fortdauernde Demütigungen immer wieder erneut erzeugt und verstärkt werden. Es gibt Gründe, die das Festhalten der Israelis an einer unnachgiebigen Politik verstehbar machen, und es gibt historische und aktuelle Gründe, die das israelische Sicherheitsbedürfnis ausreichend erklären. Aber alle diese Gründe erklären nicht, warum zu ihrer Erreichung die fortwährende Demütigung der Palästinenser notwendig ist. Und in ihrer langfristigen Auswirkung gefährlich für den Staat Israel, schätze ich jene Emotionen ein, die durch ihre lange Dauer zementiert werden. Hier liegt eine der wesentlichen Wurzeln jenes Hasses, der für die Araber, wie der Spiegel schreibt, zumindest bis 1993 „erste Bürgerpflicht" war.[292]

David Grossman, ein israelischer Journalist, erzählt einige Geschichten, in denen diese Demütigungen zentrales Erfahrungselement geworden sind:

In diesem Zusammenhang fällt mir die Geschichte eines Soldaten der Reserve ein, die dieser mir während der sieben Wochen meiner Recherchen erzählte. ....

„Als ich einmal Bereitschaftsdienst hatte, verübten Terroristen einen Anschlag in der Nähe des Rockefeller-Museums in der Jerusalemer Altstadt. Wir richteten im Hof des Polizeipräsidiums einen abgesperrten Bereich für verdächtige Araber ein und nahmen alle fest, die wir erwischen konnten. Wir brachten ganze Lastwagen mit Verdächtigen an. Und wie ich die in der Nacht damals durchgeprügelt habe! Außer mir hatte noch ein wei-

---

[291] Friedrich Bahlke, Der Prozeß der Demütigung. In: taz 15.10.1997, S.XVIII (Literataz)
[292] Wiedemann 1993, S. 155

terer Reservist Dienst, ein junger Typ, und ich sah, daß er jeden Araber, den er fing, ins Ohr biß. Manchmal sogar ein Stück davon abbiß. Ich fragte ihn, warum er das mache, und er antwortete: ‚Damit ich sie das nächste Mal gleich erkenne, wenn wir uns wieder begegnen'". [293]

Ich habe eine letzte Frage, vielleicht die wichtigste überhaupt: „Die Israelis brachten euch in euer Dorf zurück. Haßt ihr sie dafür jetzt weniger?"

Sie tauschten Blicke aus – der sehr alte Mann und seine Frau, ihre Schwiegertochter, die vielen Enkel und Urenkel – alle, die sich mittlerweile in dem Zimmer eingefunden haben. Die Schwiegertochter erzählt, daß ihr Mann unter dem Verdacht der Teilnahme an Terroranschlägen verhaftet worden sei. Sofort nach seiner Festnahme kamen israelischen Soldaten und zerstörten ihr Haus. Es war ein neues Haus, gerade fertig gebaut. Die Soldaten gaben der Familie nicht genügend Zeit, um ihre Habseligkeiten aus dem Haus zu schaffen. Es stürzte ein, über zehn Säkken Zucker und zehn Säcken Mehl, die für das anstehende Einweihungsfest teuer erstanden worden waren. Gleich darauf sei ihr Mann wieder freigelassen worden, ohne daß es zu einer Anklage kam. Während sie erzählt, werden ihr Lippen weiß vor Wut; wir sehen aus wie eine Narbe im Gesicht. Zwei weitere Söhne von Abu Harb sind derzeit in Israel in Haft. Einer ist im Gefängnis, der andere wartet auf seinen Prozeß. Abu Harb sagt: Beide sind unschuldig. Und wenn sie etwas getan haben, dann hatten sie eben keine andere Wahl. Die Ungerechtigkeit und die negativen Auswirkungen der Lage machen aus den Menschen Kriminelle. Mutter Ratiba sagt: „Nachts kommen die Siedler mit ihren Hunden vom Berg herunter. Sie jagen uns Angst ein. Sie haben uns unsere Wasserquelle genommen und nennen das teilen."

Der zehnjährige Enkel Hasem erzählt: „Der Schulbus der Siedlerkinder blockiert jeden Tag unseren Schulbus. Deshalb müssen wir einen Kilometer zu Fuß zur Schule gehen."

„Sie werden uns wieder von hier vertreiben", sagt ein junger Mann, etwa achtzehn Jahre alt, und alle nickten zustimmend.

„Und dann werden wir wirklich verrückt werden", sagt Großmutter Ratiba. [294]

Taher, ein Palästinenser, ist ein Mann mittleren Alters, der energisch für den Abbau von Vorurteilen eintritt. Daher lernt er Hebräisch, was von den anderen Dorfbewohnern anfänglich mit großen Mißtrauen gesehen wurde:

„Ihr [die Israelis, HN] müßt noch eine ganze Menge lernen, zum Beispiel euch in unsere Lage zu versetzen. Warum müssen mich eure Soldaten

---

[293] Grossman: ...Wind, 1990, S. 76f.
[294] Grossman: ...Wind, 1990, S. 79f.

fünfmal aufhalten, wenn ich in der Hauptstraße von Hebron einen Sack Mehl kaufen will? Warum müssen sie mich vor den Augen meiner Kinder demütigen? Warum müssen meine Kinder mit ansehen, wie ihr Vater ausgelacht, wie er aus dem Wagen gezerrt wird? Klar, ihr müßt euch wie Eroberer benehmen. Das Recht will ich euch nicht bestreiten. Das ist nun mal der Lauf der Geschichte: Ihr habt den Krieg gewonnen, wir haben ihn verloren. Na gut, sage ich. Dann benehmt euch eben wie Eroberer. Schubst uns herum, aber bitte mit etwas Feingefühl. Manchmal werdet ihr nämlich so brutal, daß man sehen kann, wie sehr ihr euch vor uns fürchtet."[295]

Die Allenby-Brücke war bis zum Friedensschluß zwischen Israel und Jordanien die einzige Verbindung zwischen den beiden Staaten. *Grossman* berichtet über die israelischen Kontrollen an dieser Stelle:

„Der Reservist an der Gepäckkontrolle erzählte mir: ‚Bei Hochbetrieb kann man hier nicht mehr besonders umsichtig oder höflich sein. Ich habe schon Soldaten erlebt, die die Kleider oder andere Sachen der Araber aus reiner Bosheit herumgeworfen haben oder um sie zu beleidigen. Mehr als einmal habe ich erlebt, daß ein junger, gereizter Soldat seine Machtposition ausnutzte, um einen ehrwürdigen Alten zu demütigen. Einmal schickte einer einen alten Mann in Socken durch die Gegend, machte sich obendrein noch lustig über ihn und erniedrigte ihn so vor allen anderen Mitreisenden aus seinem Heimatdorf. Es ist nicht schwer zu erraten, was jemand nach einer solchen Behandlung gegenüber Israel empfindet.'

Die Schuhe der Reisenden kommen alle gleichzeitig in einer einzigen großen Kiste zurück, auf die sich natürlich dann alles stürzt. Und so kommt es mitunter vor, daß ein ärmlich aussehender Araber mit einem Paar glänzender Modell-Lederschuhe aus der Menschentraube zurückkehrt, während ein elegant gekleideter Rechtsanwalt als letzter übrigbleibt und verärgert ein Paar ausgetretene Sandalen aus der Kiste fischt."[296]

Die Kontrolle an der Allenby-Brücke verarbeitet auch die Palästinenserin *Sahar Khalifa* in ihrem Roman „Der Feigenkaktus":

„Stehenbleiben!" sagte der Soldat, der auf einem Stuhl vor der Holzschranke saß. Usama blieb stehen. Sein Herz schlug langsamer. ...

„Usama al-Karmi? Usama al-Karmi? Wer heißt hier Usama al-Karmi?"

„Hier, ich."

„So, du!? Warum antwortest du nicht? Du warst auf dem Klo? Und was meinst Du dazu? Dreckig, wie üblich. Aravim, Araber! Wir bauen ihnen pikfeine Klos, und sie verscheißen sie. Scheiße hier, Scheiße da, überall Scheiße. Du da, Madam. Her mit der Kette! Du brauchst sie nicht in deinem Ausschnitt verschwinden zu lassen. Gold ist verboten. Und du da,

---
[295] Grossman: ...Wind, 1990, S. 100
[296] Grossman: ...Wind, 1990, S. 171

was ist das? Eine Uhr? Für wen? Für deine Mutter? Deine Mutter soll um Gottes Beistand bitten, wenn's ans Zahlen geht. Verzollen! Und was ist denn das? Stoff für deine Mutter? Die Glückliche. Die Reichtümer Saudiarabiens und Kuwaits wird sie in den Händen halten. Da geht ihr erst zu den Ölquellen und kommt dann hierher zurück? Was gefällt euch denn hier so gut? ... Süßigkeiten und Schokolade sind verboten. Ja, verboten, mein Lieber, verboten, mein Herzchen, verboten, verboten! Gesetz, mein Herr! Weißt du, was das ist? Dort rein zum Verhör." ...

Der Soldat schrie scharf, jede Höflichkeit war verschwunden. „Geh schon! Los, verzieh dich, dorthin!"

Er ging weiter, seine Knie zitterten, sein Magen verkrampfte sich.

Seiner Aussprache nach war er Pole. Er hatte einen blonden Schnurrbart und war riesengroß, reichte bis an die Decke der Holzbaracke. Draußen begann eine Planierraupe zu arbeiten. Es war unerträglich. Der Pole schrie gegen den Krach der Planierraupe an: „Name?"

„Usama al-Karmi."

„Alter?"

„Siebenundzwanzig."

„Woher kommst du?"

„Aus Ammann."

„Wo warst du davor?"

„In den Ölstaaten."

„Was hast du dort gearbeitet?"

„Ich war angestellt."

„Als was?"

„Als Übersetzer."

„Aha, daher die guten Englischkenntnisse ... Was? Du mußt lauter reden!"

„Nichts."

„Was hast du übersetzt?"

„Berichte und Korrespondenz."

„Hast du für eine Firma, fürs Radio oder für die Regierung gearbeitet?"

„Für eine Firma."

„Und was hast du übersetzt?"

„Versicherungspolicen."

„Aha, ist das dein Notizbuch?"

„Ja."

„Wessen Name ist das? Und wessen Adresse?"

„Das sind der Name und die Adresse des Händlers, bei dem meine Mutter ihr Gemüse einkauft."

„Wie heißt er?"

„Es steht ja da: al-Hadsch Abdallah Mubarak. Gemischtwarenhandlung 'Al-Wafa', Saada-Straße."

„Weshalb trägst du diese Adresse mit dir herum?"

„Er muß mir sagen, wo meine Mutter wohnt."

„Du weißt nicht, wo deine Mutter wohnt?"

„Nein."

„Du weißt nicht, wo deine Mutter wohnt?"

„Nein."

„Wie kommt es, daß du nicht weißt, wo deine Mutter wohnt?"

„Ich weiß es eben nicht."

„Wie kommt das?"

„Ich bin vor fünf Jahren weggegangen, in die Ölländer, drei Monate nach der Besetzung. Wir haben damals in Tulkarm gewohnt. Als dann mein Vater starb, ist meine Mutter nach Nablus gezogen."

„Warum ist deine Mutter nach Schechem gezogen?"

„Nablus gefällt ihr."

„Warum gefällt ihr Schechem?"[297]

Dieses Verhör ist Teil des Kampfes zwischen Israelis und Palästinensern. Usama gibt nur preis, wonach er gefragt wird, er sagt kein Wort zu viel, um dem verhörenden Soldaten keinen einzigen Schritt entgegenzukommen. Die Situation gipfelt in der Auseinandersetzung um den richtigen Namen für die Stadt „Nablus", die im hebräischen „Schechem" heißt. Beide wissen wovon sie reden, aber keiner gibt nach, denn sie wissen: Sprache ist Politik.

Grossman berichtet auch über ein Gespräch mit Mohammed Ali el Kalilah, einem 49-jährigen Araber mit „würdevollem Auftreten". Von diesem erfährt er folgende Geschichte:

„Ein paar Männer kamen und taten so, als ob sie mich verprügeln wollten. Sie sagten: ‚Du bist ein Hund und der Sohn eines Hundes', und ich fragte: ‚Wieso?' Sie sagten: ‚Du weißt nicht, warum Du hier bist? Wo ist Dein Sohn?' Ich sagte: ‚Mein Sohn war zuletzt vor ungefähr drei Wochen bei uns, und dann fuhr er wieder zurück in sein Haus in Ramallah. Er

---

[297] Khalifa: Der Feigenkaktus 1983, S. 12-15

lebt dort mit seiner Frau und den Kindern.' Sie sagten: ‚Nein, nein. Sag uns jetzt, wo er ist.'"

Der Sohn, Ali Mohammed el Schehade el Kalilah, hat sein Elternhaus in Samua mit achtzehn Jahren verlassen und mietete ein Haus in Ramallah.

„Sie sagten: ‚Wir wollen Deinen Sohn, und nur du weißt, wo er ist.' Ich sagte, ich weiß es nicht. Sie sagten: ‚Du bist ein Strichjunge und der Sohn einer Hure und ein Hund.' Dann kamen sie auf mich zu, um mich zu schlagen, aber einer sagte: ‚Laßt ihn, er wird uns bald alles erzählen.' Ich sagte: ‚Ich weiß überhaupt nichts.' Sie sagten: ‚Wir werden deine Frau hierherbringen und dann ficken wir sie vor deinen Augen.' So ging das fast eine ganze Woche lang."[298]

Es gibt Passagen in *Grossmans* Buch, bei deren Lektüre man spürt, wie sehr der Autor selbst manchmal von den Emotionen, auf die er traf, überrollt wurde, wie er nicht mehr wußte, wie er mit ihnen umgehen sollte. Gegen Ende seines Buches bekennt er:

„Aber in diesen drei Wochen traf ich so viele Juden und Araber, die ihren elenden Dogmen hinterherliefen und von denen einige nicht einmal merkten, wie elend das alles war. Ich empfand nur noch Mutlosigkeit und Verzweiflung und die ganze Sinnlosigkeit dieses Gefängnisses aus zementierten Verhältnissen, dem nicht beizukommen ist und aus dem es kein Entrinnen gibt – das immer nur neues Leid hervorbringt und einen nicht endenden, immer weiter um sich greifenden Terror. ...weil es eine Geschichte ist, die sich ständig in tausend Variationen wiederholt, und weil sie zu diesen furchtbaren und bedrückenden Geschichten gehört, in denen keiner im Recht ist und in denen es keinen Sieger gibt, nur Tod und Zerstörung und Menschen, die, wie mit einem Fluch beladen, ihrem Schicksal folgen."[299]

Im ersten großen Nachkriegs-Exodus von 1967 verließ etwa 1/5 der Bevölkerung die Westbank, ungefähr 200.000 überquerten den Jordan. Für manche zum zweiten Mal in ihrem Leben. Nicht für alles, was die Araber zur Flucht veranlaßte, kann man die Israelis beschuldigen, aber, wie Schwester Marie-Thérèse entdeckte, als sie zur Allenby-Brücke ging, waren die Israelis sehr erfreut darüber, daß die Palästinenser gingen:

„It was there that the fleeing refugees had to go, most of them once before refugees from that other war. With their children and their parcels they had to clamber down the smashed bridge and wade through the water with the help of ropes. The Israeli soldiers, seated in armchairs, had been watching them pass for a fortnight. If it had been necessary for tanks to cross during the war, the bridge would have been rebuilt in a few hours.

---

[298] Grossman: ...Wind, 1990, S. 195f.
[299] Grossman: ...Wind, 1990, S. 198

110

Why should human beings be so humiliated? From below, glances of hatred, from above, glances of contempt; ... [300]

Als besondere Form der Demütigung sind aber auch jene Maßnahmen anzusehen, welche die arabischen Palästinenser zwangen, Haus und Besitz aufzugeben und die ihnen die Rückkehr und die Wiederinbesitznahme verweigerten. Für den, der einmal außerhalb der israelischen Grenzen weilte, wurde die Rückkehr verboten. Eine Erlaubnis wurde nur selten erteilt. Und auf diejenigen, die dann illegal über die Grenzen gingen, wurde geschossen. Unter Verordnung Nr. 125, hrsg. vom Kommandeur der israelischen Verteidigungsstreitkräfte der Westbank, wurde befohlen, jede Person, die nach dem 7.Juni 1967 außerhalb der Westbank oder anderer besetzter Gebiete war und die ohne israelische Genehmigung versuchte, zurückzukehren, als „Infiltrator" zu betrachten und als solchen mit bis zu lebenslänglichem Gefängnis zu bestrafen. Diese Bestimmung machte nicht nur aus denen, die vor den Kämpfen geflohen waren, „Infiltratoren", sondern auch aus den vielen Tausenden, die in Jordanien oder Kuwait arbeiteten und die, sei es aus geschäftlichen Gründen oder daß sie in Ferien weilten, einfach nur „abwesend" waren als der Krieg ausbrach. Es war wie 1948. Diese „Infiltratoren" versuchten den Jordan im Schutz der Nacht zu überqueren. Manchmal waren es 300-500 pro Nacht. Aber die Risiken waren beträchtlich, gleich ob man als bewaffneter Guerillakämpfer oder als Frau kam, die zu ihrer Familie wollte. Es war auch hier wie 1948 für jemanden, der die Waffenstillstandslinie überquerte, wenn er nach vermißten Verwandten suchte oder nur Orangen aus seinem eigenen Obstgarten pflückte. Die Israelis legten Hinterhalte und schossen auf alles, was sich bewegte. Das Ergebnis war, daß jeden Morgen Tote den Jordan hinab trieben, Männer, Frauen, Kinder, ganze Familien, die beim Versuch, ohne die israelische Erlaubnis nach Hause zu kommen, erschossen wurden. [301]

In der *Frankfurter Rundschau* erschien am 24.12.1994 ein Bericht über Ibrahim Ahmad Abu el Hawa. Er ist Araber und lebt mit einer großen Familie in seinem Haus auf dem Ölberg in Jerusalem. Ibrahim legt Telefonleitungen für die israelische Telefongesellschaft. Ibrahim erzählte:

„Wir trauen uns kaum, unsere Kinder ins Ausland zu schicken, denn wenn sie länger als ein Jahr fort sind, verlieren sie ihr Wohnrecht. So habe ich zwei Kinder verloren." Die Älteste, Samira, studierte „in North Carolina Computerwissenschaften, Ahmed Unternehmensverwaltung." Jetzt erlauben die Israelis den beiden nicht mehr die Rückkehr. Sein Sohn habe in New Orleans geheiratet, seine Tochter lebe in einem kleinen Ort in Illinois. Die Israelis „kommen aus Rußland, aus Indien, aus Afrika, können jahrelang im Ausland leben, sogar mit einer anderen Staatsangehörigkeit und dürfen jederzeit zurückkommen. Wir aber, wir sind von hier, haben

---

[300] Les Cahiers du Témoignage Chrétien, 5 October 1967, S. 20 – zit. nach: Hirst 1978, S. 228
[301] Nach: Hirst 1978, S. 228f. (Übers. HN)

immer hier gelebt und dürfen nicht heimkehren, wenn wir mal weg waren."[302]

Der rechtliche Hintergrund für ein solches Vorgehen beruht auf einem englischen Gesetz von 1943[303]. Darin hatten die Briten festgelegt, daß enteignete Besitzer von Land oder anderem, eine Entschädigung erhalten sollten – und die Israelis boten sie auch an. Aber praktisch mußten sie nie bezahlen, denn sie wußten genau, daß die Araber das Geld nicht nehmen konnten, da dies einem Verkauf von Palästina gleichkäme. Die Israelis boten diese Entschädigung auf dem Wertniveau von 1948 an, plus 25 Prozent zusätzlich in israelischen Schuldscheinen über eine Periode von 20 Jahren – was einer gewaltigen Entwertung gleichgekommen wäre:

Ein führender Geschäftsmann zeigte mir das Haus, in dem er und sein Vater geboren worden waren. Er kam auch zu einem wirtschaftlichen Besitz, den seine Familie 1944 gekauft hatte. „Wäre er jetzt mein Eigentum, könnte ich ihn für etwa 450.000 Pfund verkaufen. Aber ich schätze, wenn ich das israelische Entschädigungsangebot akzeptieren würde, würde ich etwa 6.000 Pfund dafür erhalten."[304]

Hirst belegt mit weiteren Beispielen, daß das nicht Einzelfälle oder individuelle Schicksale sind, sondern Teil einer systematischen israelischen Strategie darstellt. So berichtet er von neu errichteten Wohnungen in Wadi Joz. Von den 28 Wohnungen waren 26 verschlossen und verriegelt. Salim Namari, der erste Bewohner in einem dieser beiden Häuser, erzählt:

„Ich lebte in Jerusalem im jüdischen Viertel. Sie [die Israelis] rissen so viel von meinem Haus ab, daß ich fast im Freien lebte. Ich weigerte mich auszuziehen, bis ich ein anderes Haus gefunden hätte. Ich konnte keines finden. So boten sie mir eines in Wadi Joz an. Zuerst sollte es 1.500 dann 2.300 Pfund kosten. Ich konnte keinen Grund für diese Differenz entdecken. Ich ging sechs Monate lang etwa viermal die Woche zur städtischen Behörde. Jedes Mal wurde ich weggeschickt. Es gelang mir erst, sie wieder auf einen Preis von 1.500 Pfund herunterzuholen, als ich Kontakt zu einem Journalisten der Jerusalem Post aufnahm, der für seine Opposition gegen die Behörde bekannt war und er drohte, über mich zu schreiben. – Dann war es wieder das gleiche Theater, um Kredit zu bekommen... – Aber ich hatte gewisse Vorteile, denn ich sprach fließend Hebräisch. Meine Frau ist eine Jüdin. Ich habe in Tel Aviv einen Freund, der Rechtsanwalt ist. Stellen Sie sich einmal vor, wie das für andere ist."[305]

---

[302] Wertz. In: FR 24.12.1994
[303] Nach Hirst 1978, S. 233ff.
[304] Nach Hirst 1978, S. 234
[305] Nach: Hirst 1978, S. 236f.

Es gibt auch Geschichten, die sind so infantil, aber auch so bösartig, daß man sie sich kaum als wahr vorstellen kann:

> „Während der Intifada ging eines Tages in Ramallah ein Mann mit seinem Esel auf der Straße. Soldaten hielten ihn an und forderten die vorbeigehenden jungen Männer auf, den Schwanz des Esels hochzuheben und ihm den Hintern zu küssen. Wer sich weigerte, wurde brutal geschlagen und verhaftet.
>
> Nach Birseit kamen eines Nachts Soldaten, weckten die Studenten und forderten sie auf, im Nachthemd auf der Strasse Volkstänze aufzuführen. Andernfalls wurden sie verprügelt. Die Soldaten krümmten sich vor Lachen."[306]

Die Autorin, *Sumaya Farhat-Naser*, ist Palästinenserin. Sie hat in Deutschland studiert und lehrt heute an der Universität Birseit. Sie berichtet aus unmittelbarer Anschauung oder aus direkter Nähe und beschreibt Vorgänge, in denen sie selbst „Demütigung" und „Ungerechtigkeit" empfand. In gewissem Sinne ist sie daher Partei. Allerdings erweckt ihr Buch nicht den Eindruck, als handle es sich um übertriebene und propagandistische Ausführungen. Trotz ihrer Erlebnisse tritt sie auf Vorträgen in Deutschland immer wieder für einen Ausgleich und für Versöhnung ein. Ganz betont will sie sich nicht vom Haß leiten lassen. So berichtet sie von den täglichen Straßensperren während der Intifada, die kurze Wege zu stundenlangen Unternehmungen werden ließen:

> „Unsere Kinder mussten für ihren fünfzehnminütigen Schulweg zwei Stunden rechnen. ... Die Angst war kaum zu ertragen: Jeden Morgen, wenn die Kinder sich auf den Weg gemacht hatten, stand ich am Fenster und versuchte zu erkennen, ob die Menschen sich normal oder hektisch bewegten... Ich wartete auf ein erlösendes Zeichen, dass die Kinder es geschafft hatten, und empfand ohnmächtige Wut über diese gezielte Demütigung."[307]

Wie begründet diese Angst war, geht aus der Beschreibung von Frau *Farhat-Naser* über die Verhaftung ihres Sohnes hervor:

> „Auf dem Heimweg von der Schule steigt mein fünfzehnjähriger Sohn Anîs ... gegen drei Uhr nachmittags aus dem Bus. Das Dorf ist von Militär umstellt. Man ist dabei, mit Gewalt Steuern einzukassieren, und es wird Material aus Kaufläden konfisziert. Der Weg vom Bus zum Elternhaus ist voller Soldaten. Anîs läuft rasch ins Tal hinunter, um ihnen auszuweichen. Nach kurzer Zeit, als es ruhig geworden ist, steigt er wieder hinauf, um nach Hause zu gehen. Kaum hat er die Straße betreten, nimmt er zwei schießbereite Soldaten wahr. Der eine steht hinter einer Mauer, der andere liegt hinter seinem aufgepflanzten Maschinengewehr auf der Stra-

---

[306] Farhat-Naser 1995, S. 123
[307] Farhat-Naser 1995, S. 125f.

sse. Ohne Vorwarnung wird Anîs aus einer Distanz von ungefähr zwölf Metern angeschossen. Er wird am linken Oberschenkel getroffen. Das Geschoss reisst beim Austreten eine grosse Wunde. Anîs hat das Gefühl, seine Ohren seien vom Druck wie nach aussen gerissen. Das angeschossene Bein kann er nicht mehr bewegen. Auf dem gesunden Bein hüpft er wieder in Richtung Tal. Doch vier Soldaten laufen ihm nach und fassen ihn, wobei sie ihrer Freude lautstark Ausdruck geben. Anîs sagt später: „Dieser Augenblick – er war fürchterlich. Ich war starr vor Angst." An den Armen schleppen sie ihn bis zum Jeep, ..., wobei Bauch und Beine am Boden schleifen.

Eine Frau, die das mitangesehen hat, läuft herbei, um zu helfen. Sie schreit um Gnade, aber sie wird geschlagen ... Ein Kind läuft zu uns nach Hause und berichtet, was vorgefallen ist. Ich bin verreist, und Munîr, mein Mann, ... fährt zur Bushaltestelle, wo er Anîs blutend im Jeep findet. Munîr fleht die Soldaten an, den Jungen ins Krankenhaus zu bringen. Aber sie schlagen auch ihn und drohen, sein Auto zu konfiszieren. Er befürchtet, sie würden Anîs seinetwegen noch brutaler behandeln, und fährt deshalb weg, um Freunde um Hilfe zu bitten.

Die Soldaten fahren mit Anîs zu einer Militärstation. ... Anîs wird verhört und geschlagen. ... Hundertmal soll er den Namen des einen oder anderen Soldaten sagen; hebräische Sätze, die er weder versteht noch richtig nachsprechen kann; hundertmal auch: „Gulani (Truppe) – the best in the west, Gulani balagani..." Jedesmal, wenn er einen Sprechfehler macht, wird er ins Gesicht geschlagen. Ein Soldat befiehlt ihm, einem eben eingetretenen anderen Soldaten einen Satz auf Hebräisch zu sagen. Dieser wird wütend und verprügelt ihn, weil Anîs ihm einen Fluch gesagt habe. Ein Soldat steckt Anîs eine Palästinafahne unter das Hemd, ein anderer holt sie wieder heraus und sagt: „Hier ist der Beweis für deine Schuld! Dein Haus wird gesprengt; du kommst für zehn Jahre ins Gefängnis. ..." Dann putzt sich der Soldat mit der Fahne die Nase.

Man fragt Anîs nach Namen von Klassenkameraden, nach seinen Freunden im Dorf. Man schlägt ihn, weil man ihm nicht glauben will, dass er erst fünfzehn und nicht sechzehn Jahre alt ist und darum keinen Ausweis besitzt (den man erst mit sechzehn bekommt). Immer wieder fleht Anîs sie an: „Please, take me to the hospital; I have pain, please, please." Die Antwort: „No, no, you will bleed until you die!"[308]

Ich breche diesen Bericht hier ab. Anîs wurde gerettet. Sein Vater hat einen ihm bekannten arabischen Arzt angerufen, der seinerseits wieder Kontakt aufnahm mit einem israelischen Arzt. Ein Parlamentarier wurde eingeschaltet und Anîs wurde in ein Krankenhaus gebracht und dort operiert. Später sagte er:

---

[308] Farhat-Naser 1995, S. 244ff.

„Mama, ich sah den Tod vor Augen, aber ich wusste, daß ich es schaffen
werde. Ich war selbst erstaunt, daß ich noch lebte, und das gab mir Kraft.
Sie kamen mir so kindisch vor, als sie meine Schuhe und meine Hose mit
einem Messer zerschnitten, nur um mich zu ärgern. Je mehr sie mir zu-
setzten, desto mehr verlor ich die Angst vor dem Sterben. Ich bereitete
mich darauf vor, und mir taten die vielen Kinder leid, die in solchen Situationen so leicht zerbrechen."[309]

Später bewertete seine Mutter die Wirkung dieser Ereignisse für sich
selbst:

„Mehr noch als seine Gefangennahme trafen mich die Demütigung, die
Schikanen und der fehlende Respekt."[310]

Entsetzt, aber auch erstaunt, fragt man sich, warum niemand einschritt
gegen diese Willkür. Ist Israel nicht ein Rechtsstaat? Dann müßte man
solche Vorkommnisse doch verhindern können. Aber auch wenn man feststellen muß, daß die Soldaten unmoralisch, willkürlich und brutal handelten, so standen sie dennoch nicht außerhalb ihrer Gesetze. Denn es ist ein
gewichtiger Unterschied, ob man sich im israelischen Kernland oder in
den besetzten Gebieten befindet; die besetzten Gebiete stehen unter Militärverwaltung:

„In allen Gebieten, die von der UNO [1947] für den arabischen Staat bestimmt, aber im Verlauf der Kampfhandlungen von jüdischen Truppen
besetzt worden waren, führte Ben Gurion Militärverordnungen ein. Nach
der Staatsgründung im Mai 1948 wurde daraus die offizielle Militärverwaltung. Sie wurde später auf die arabischen Gebiete innerhalb des jüdischen Staates ausgedehnt. ... Die Militärverwaltung leitete ihre Hoheits-
befugnisse aus der Notstandsgesetzgebung ab, die die britische Mandatsregierung 1936 erlassen hatte, um den arabischen Aufstand zu unterdrücken, und von der sie später, vor allem 1946 und 1947, auch ausgiebi-
gen Gebrauch gemacht hatte, um gegen die jüdische Widerstandsbewe-
gung vorzugehen.

Diese Notstandsgesetze verliehen der Armee und ihren Militärgouverneu-
ren die Macht, eine weitgehende Kontrolle über das Leben, den Besitz, die
Arbeit und die Bewegungsfreiheit der in ihrem Hoheitsgebiet lebenden
Zivilisten auszuüben. Die verantwortlichen Beamten konnten Personen
ohne richterliche Anordnung, ohne Angabe von Gründen und für unbegrenzte Zeit festnehmen oder einsperren, sie des Landes verweisen, ihren
Besitz einziehen oder zerstören und ihnen verbieten, zu arbeiten ... Außerdem hatten sie die Vollmacht, ganze Gebiete auf unbegrenzte Zeit ab-
zuriegeln. All dies wurde unter Berufung auf die Staatssicherheit gerechtfertigt, und die Militärverwaltung war nicht verpflichtet, ihre Maßnahmen vor irgendeinem Richter zu begründen. Tatsächlich war die Militär-

---

[309] Farhat-Naser 1995, S. 247f.
[310] Farhat-Naser 1995, S. 138

verwaltung laut Order des Verteidigungsministeriums immun gegen jegliches Eingreifen des Parlaments oder der Justiz. .... (Nach dem Sechs-Tage-Krieg von 1967 wurden die besetzten Gebiete unter eine ähnliche Militärverwaltung gestellt.)"[311]

Die ergriffenen Maßnahmen gegen Anîs entsprachen formal somit geltendem Recht. Das bedeutet, fast alles von dem, was nach außen hin sichtbar war, die Gefangennahme, der Abtransport, selbst die Schüsse, waren zwar brutal, aber rechtlich kaum zu beanstanden. Die Schläge im Gefängnis dann, die Folter, die Schreie, all dieses, was durch die Gesetze nicht mehr gedeckt wird, war nicht nach außen sichtbar. Außer den unmittelbar Beteiligten gab es keine Zeugen. Wir kennen nur den Bericht von Anîs selbst, und diesen auch noch durch seine Mutter.

Es ist erschütternd wahrzunehmen, wie sehr manche Israelis hierbei die in der Diaspora selbst erlebten Formen von Ausgrenzung, Unterdrückung und Demütigung anwenden. Ein Gedanke, den der Israeli *Yoram Kaniuk* in seiner Geschichte „Bekenntnisse eines guten Arabers" diesen zu einer Jüdin aussprechen läßt: „Du magst der verfolgten Rasse angehören, aber du gehörst auch zu den einst Verfolgten, die sich nun an den Schwachen für das rächen, was man ihnen angetan hat."[312] Im *Palästina Bulletin* wird beispielsweise folgende Geschichte berichtet:

„Ich weigere mich, in den Straßen wie ein Hund mit einem Halsband herumzulaufen", war der Kommentar eines 70-jährigen palästinensischen Arbeiters, der in der Siedlung Ariel beschäftigt ist, zu der Plakettenpflicht, die der Bürgermeister der Siedlung,..., für palästinensische Arbeiter eingeführt hat. Den Anstecker mußten ... Palästinenser tragen, um in Ariel arbeiten zu können. Sie mußten am Morgen einen Brief ihres Arbeitgebers vorzeigen und diesen dann im Austausch für den Anstecker bis zum Abend am Eingang der Siedlung hinterlegen. Auf Druck aus der Knesset wurde diese Maßnahme wieder zurückgenommen. Der israelische Parlamentsabgeordnete Yossi Sarid rief ... aus: „Ich hoffe, die Plakette ist nicht gelb."[313]

Felicia Langer, Israelin, die 1990 den alternativen Nobelpreis verliehen bekam, berichtet in ihrem Buch „Die Zeit der Steine" über ein Erlebnis, das sie überschrieb mit „Seine Nummer ist 85":

„Samir Adib ist ein Lehrer aus Jericho, ungefähr 35 Jahre alt, verheiratet, zwei Kinder. ... Samir sitzt zur Zeit im Gefängnis unter dem Verdacht der Anstiftung... Während ich auf das Treffen mit dem Gefangenen warte, unterhalte ich mich mit Samirs Kindern, seiner Frau und seiner Mutter. Seine Tochter Fula ist neun Jahre alt. (Nach drei Stunden) öffnet sich die Tür. Samir haben sie die Haare in Streifen wegrasiert. ...

---

[311] Flapan 1988, S. 150f.
[312] Kaniuk: Bekenntnisse..., 1987, S. 18
[313] Aus: Palästina Bulletin Nr.23/1989, S. 1

‚Wer hat euch das angetan?' frage ich.

‚Der diensthabende Offizier hat einem arabischen Gefangenen befohlen, uns die Haare so zu scheren, damit alle uns auslachen. Sie stellten uns auch vor die Soldatinnen, um uns lächerlich zu machen', sagte Samir. ‚Sie haben uns sogar numeriert. Sehen Sie, hier!'

Samir erhebt sich und zeigt mir die Zahl 85, die auf Arabisch auf seinem Hinterkopf einrasiert worden ist. ...

Samir fährt fort: ‚Nie hätte ich gedacht, daß die Israelis fähig sind, so etwas zu tun.'

Ich rede mit dem Leutnant, der alt genug ist, um zu wissen, was damals in Europa geschah. Aber er gibt keinerlei Antwort. ...“

Es erstaunt nicht, daß gefangene Frauen besonderen Demütigungen ausgesetzt waren. *Raimonda Tawil* gibt die Aussagen einer jungen Frau in einem Gerichtsprozeß wieder:

„Ich machte es mir zur Gewohnheit, den Verhandlungen des Militärgerichtshofes von Nablus beizuwohnen, wenn die Israelis jungen Widerstandskämpfern den Prozeß machten. Als Beobachterin dieser Prozesse wurde ich Zeuge so mancher unvergeßlichen Szene. Auffallend war bei diesen Prozessen die Haltung der Familien, besonders dann, wenn es sich bei den Angeklagten um Mädchen handelte. In früheren Zeiten, war die Hauptsorge eines arabischen Vaters die ‚Ehre' seiner Tochter gewesen – mit anderen Worten: ihre Jungfräulichkeit. Als meine Freundin Rada el Nabulsi vor Gericht kam, schilderte sie den Richtern, wie man bei den Verhören versucht hatte, sie zu vergewaltigen. Sie berichtete in aller Offenheit und Unmißverständlichkeit, obwohl sie wußte, daß ihre Familie im Gerichtssaal saß und jedes Wort hörte. Inmitten der Schilderung sprang ihr Vater plötzlich auf und rannte aus dem Saal, bitterlich weinend. Die Beschreibung war abscheulich, selbst Fremde waren schockiert.

Mit der Anwendung solcher Methoden zielten die israelischen Vernehmer offensichtlich auf die traditionelle Besessenheit der Araberin, ihre Jungfräulichkeit und ihre weibliche Ehre zu bewahren. Sie wußten, dies war ihre schwache Stelle, und so bedrohten sie ihre weiblichen Gefangenen mit ‚Schande', wenn sie nicht bereit waren, ihre Fragen zu beantworten.“[314]

Diese Erlebnisse und Erfahrungen fanden ihren Niederschlag in der Belletristik. Die in Nablus lebende Palästinenserin *Fadwa Tuqan*, geb. 1917, verdichtete ihre Ängste und die erlittene Demütigung in einem Gedicht:

---

[314] Tawil 1980, S. 146f.

*„To her sister and comrade
in resistance"*

At last, I conceded
as the beast wanted
under the savagery of the
investigation
Sister, my beloved
forgive me.
I said ‚yes'
Not because I could bot bear

the gnawing pain
Neither because of the barbarians
kept banging my bleeding head
against the wall,
then tossing me
numb
like a morsel between his jaws.

If that were all
My determination, patience and pride

and unwavering faith
could have sustained me
I could habe endured.
But one of them
wanted to –
Sister
Spare me the words
I am choking
every time that racking scene
passes through my memory
I shudder.

Now ten years of my life
will here be spent
an atonement for the moment
of my surrender.

*An ihre Schwester und
Kameraden im Widerstand"*

Letztlich gab ich nach
wie das Vieh wollte
unter der Barbarei der Untersuchung.
Geliebte Schwester,
vergib mir.
Ich sagte ‚ja'
Nicht weil ich die nagenden
Schmerzen
nicht mehr ertragen konnte
Und nicht, weil einer der Barbaren
meinen blutenden Kopf festhielt
und gegen die Wand schlug,
mich dann schüttelte
betäubt
wie ein Bissen zwischen seinen
Kiefern.

Wenn das alles gewesen wäre
Meine Entschlossenheit, meine Ge
duld und mein Stolz
und mein fester Glaube
hätten mich gestützt
und ich hätte ausgehalten.
Aber einer von ihnen
wollte auch –
Schwester
Erspare mir Worte
Ich bin geschockt
jedesmal, wenn diese Folterszene
mir in den Kopf kommt.
Ich schaudere.

Nun sind zehn Jahre
meines Lebens hier verbracht
eine Sühne für den Augenblick
meiner Übergabe.[315]

In seinem Roman „Das Tal der Dschinnen" beschreibt *Emil Habibi* in iro-
nisierender Übertreibung die Kontrolle, die arabische Palästinenser immer wieder über sich ergehen lassen mußten:

---

[315] Kamal 1978, S. 154 (Übers. HN)

„Damals führte die Polizei eine Ermittlung jener Art durch, die man ‚umfassend' zu nennen pflegt und bei der sie folgendermaßen vorgeht: In einem Umkreis, der vom Ort des Geschehens aus – also der Kreuzung der Hechaluz- und der ‚Propheten-Strasse' – auf der einen Seite bis zum Hafen, auf der anderen bis zum Französischen Karmel reicht, lässt sie keinen Passanten gehen, ohne ihn erst einmal verdächtigt zu haben, Araber zu sein; dann lässt sie keinen, der verdächtig ist, Araber zu sein, gehen, ohne ihn erst einmal gehörig – ermittlungshalber –durch die Mangel geschlagen zu haben; dann läßt sie keinen durch die Mangel Geschlagenen gehen, ohne der Presse erst einmal erklärt zu haben, er sei geständig; die Presse ihrerseits lässt keinen Geständigen gehen, ohne dass ein Generalstabchef a.D. erst einmal verkündet hat, ‚er hat es getan', er habe es getan, um seine Eignung zu demonstrieren, als Mitglied in eine Geheimbewegung gegen das Recht Israels auf Bewegungsfreiheit aufgenommen zu werden; und der Generalstabchef a.D. lässt ihn nicht gehen, ohne dass der Vizepräsident der Knesset erst einmal erklärt hat, ‚er hat es getan', weil er Antisemit sei, und deswegen werde er ihm beide Augen ausstechen; wenn er aber einäugig ist, so das gesunde zweite Auge; wenn er aber blind ist, so sei das der beste Beweis dafür, dass ihn der Antisemitismus schon an Fleisch und Knochen angefressen habe, da er lieber blind sei, als den Judenstaat zu sehen."[316]

In den Bereich der täglichen Demütigung gehört auch die Erfahrung, für gleiche Arbeit einen geringeren Lohn zu erhalten:

Jahr	durchschnittlicher Tageslohn					
	Landwirtschaft		Industrie		Baugewerbe	
	Araber	Israeli	Araber	Israeli	Araber	Israeli
1970	10,–	14,9	11,1	25,5	13,–	24,5
1971	11,5	18,5	12,3	29,–	14,7	27,1
1972	15,4	22,2	15,6	33,1	19,1	31,2

Tab. Vergleich durchschnittlicher Tageslöhne zwischen palästinensischen und israelischen Arbeitern in Israel (in israel. Pfund)[317]

„Wie Blutegel haben sie uns ausgesaugt", läßt *Sahar Khalifa* eine ihrer Figuren in dem Roman „Das Tor" sagen[318].

Warum all diese Geschichten? Zum ersten können erst mehrere solcher Geschichten den Eindruck verdrängen, als handele es sich um Einzelfälle. Zweitens zeigen sie, wie sehr die Emotionen die Auseinandersetzungen bestimmen. Es gibt keinen vernünftigen Grund dafür, einen fünfzehnjährigen Jungen so zu behandeln oder einen Araber zu zwingen, seinen Esel auf den Hintern zu küssen. Drittens kann auf dem Hintergrund solcher

---

[316] Habibi: Das Tal der Dschinnen, 1993, S. 30f.
[317] Sharaf 1983, S. 114
[318] Khalifa: Das Tor, 1996, S. 173

und anderer erlittener Demütigungen und Ungerechtigkeiten der unversöhnliche Haß verständlich werden, mit dem viele Araber den Israelis gegenüberstehen. Allerdings muß man viertens auch die Frage stellen, woher solches Verhalten israelischer Soldaten eigentlich kommt. Denn auch hier gibt es Gründe, die gleichermaßen ernst zu nehmen sind. Sie liegen einerseits in der Geschichte des jüdischen Volkes, vor allem im Erlebnis des Holocaust, sie liegen andererseits aber auch in erlebten Erfahrungen mit den Arabern. Insgesamt vermag somit für Schülerinnen und Schüler verständlicher werden, warum ein Frieden so schwierig ist.

1.2 Demütigungen der Palästinenser durch Araber

Diese Überschrift mag zuerst erstaunen, sind doch Palästinenser ebenfalls Araber. Und doch gab es auch zwischen Arabern und Palästinensern massive Formen von Demütigung. Sie machen auf der menschlichen Ebene deutlich, was man aus der politischen Entwicklung bereits weiß: Die arabischen Staaten interessierten sich nicht für das Schicksal der Palästinenser, sie benutzten die Flüchtlinge, um dadurch das Problem Israel auf der Welttagesordnung halten zu können.

Schon früh wird deutlich, daß die Araber die Palästinenser ablehnen. *Sharaf* zitiert aus einer arabischen Sozialstudie von 1950, die in Ostjordanien durchgeführt worden war. Sie zeigt die Einstellung der Beduinen, der Bevölkerungsmehrheit in Ostjordanien, die zu verschiedenen gesellschaftlichen Themen befragt wurden. Zum Bereich „Rundfunk und Kino" heißt es:

> „Die dem Rundfunk zuhören, sind böse Menschen. Schau dir die Palästinenser an, sie hörten Radio und danach zerstörte sie Gott. Wir wollen solche Probleme bei uns nicht."[319]

Salah Khalaf[320], ein Palästinenser, beschreibt eine Reise, die er antrat, um zur Beerdigung seines Schwagers zu kommen:

> „Begleitet von meiner Frau und meiner damals dreijährigen Tochter Imane flog ich nach Beirut, von wo wir erst am nächsten Tag die Maschine nach Kairo nehmen konnten. Doch die libanesischen Behörden weigerten sich, uns ein Transitvisum für vierundzwanzig Stunden auszustellen, und so mußten wir auf dem Beiruter Flughafen in einem winzigen Zimmer übernachten, in dem wir uns nicht einmal ausstrecken konnten. Ich in-

---

[319] Sharaf 1983, S. 76
[320] Salah Khalaf (Deckname Abu Iyad) war einer der Mitbegründer der Fatah und Chef des Fatah-Geheimdienstes. Im Januar 1991 wurde er von Palästinensern in Tunis ermordet (Baumgarten 1991, S. 58)

tervenierte zugunsten meiner Frau und meiner Tochter und schlug vor, daß ich auf dem Flughafen bleiben würde, während sie die Nacht in einem Hotel der Stadt verbringen könnten. Aber vergebens. Der Sicherheitsbeamte ließ sich nicht erweichen.

Unterdessen hatte man einen Hund in den Raum gesteckt, in dem wir festgehalten wurden. Auch er durfte libanesischen Boden nicht betreten, da er kein gültiges Impfzeugnis besaß. Ich begann bereits, mich mit dem Gedanken zu trösten, daß ein Hund doch offenbar nicht schlechter behandelt wurde als ein Palästinenser, als kurz darauf unser Leidensgenosse abgeholt wurde: Er hatte durch Intervention ‚von oben' eine Sondergenehmigung erhalten.

Dieser Zwischenfall, der das Los der Palästinenser symbolisiert, blieb unauslöschlich in meiner Erinnerung haften. Zehn Jahre später ... erzählte ich diese Geschichte einem Libanesen, der heute einen hohen Posten in der Falange-Partei bekleidet. Er maß mich mit eisigem Blick und antwortete voller Verachtung: ‚Eure sogenannte Befreiungsbewegung hat noch kein einziges ihrer Ziele erreicht. Ihr werdet immer ungebetene Gäste bleiben und euch in den arabischen Ländern nie frei bewegen können. Das einzig greifbare Resultat eurer Gegenwart im Libanon ist, daß ihr durch eure Lohnforderungen zur Erhöhung der Gehälter beigetragen habt, die wir unserem Dienstpersonal zahlen.'"[321]

Die Palästinenser als Spielball zwischen den verschiedenen arabischen Staaten, dies geht auch aus einer weiteren Geschichte *Khalafs* hervor:

„Es handelt sich um einen gewissen Naji El-Astal; er besaß einen ordnungsgemäßen ägyptischen Reisepaß, und dennoch wurde ihm eines Tages im Jahre 1976 am Kairoer Flughafen die Einreise verweigert. Die Behörden verfrachteten ihn in ein Flugzeug nach Damaskus, von wo aus er sofort nach Kuweit geschickt wurde. Dort setzte man ihn in eine Maschine nach Amman, aber die jordanischen Behörden weigerten sich ebenfalls, ihn aufzunehmen. Auf diese Weise reiste er mehrere Wochen lang durch verschiedene arabische Länder, bis er endlich durch die Vermittlung zahlreicher Personen Asyl fand. Meiner Kenntnis nach hatte Astal nie gegen ein Gesetz verstoßen. Aber schon jeder x-beliebige Polizeibericht, der sich nur auf Hörensagen gründet, reicht aus, um einen Palästinenser in Verdacht zu bringen."[322]

---

[321] Khalaf 1979, S. 66 f.
[322] Khalaf 1979, S. 67

1.3 Palästinensischer Terror

Es geht in diesem Kapitel nicht um eine Geschichte des Terrorismus in Palästina, denn dies müßte auch den jüdischen Terrorismus gegen die Briten aus der Zeit vor der Staatsgründung einschließen. Die Verbindung von „Demütigung und Terror" soll auch weder bedeuten, daß das eine grundsätzlich ohne das andere nicht existieren könnte, noch einen Hinweis darauf geben, das eine könne nur als Ursache des anderen verstanden werden. Aber ich will darauf hinweisen, daß beides etwas miteinander zu tun hat. Beides scheint mir auf seine Weise partielle Ursache für die heftigen Emotionen zu sein, mit denen man den Gegner zu treffen sucht; beide geben damit eine der vielen richtigen Antworten auf die Frage, warum es für die Menschen im Nahen Osten so schwer ist, Frieden zu schließen. Es stellt sich die Frage, wie sollen diejenigen, die Opfer eines Terroranschlags in der eigenen Familie beklagen oder jene, die auf eine der geschilderten Weisen gedemütigt wurden, wie sollen diese Menschen je die Kraft zum Frieden aufbringen können?

Bei dem Stichwort „Terror" denkt man sofort an die vielen Anschläge, die in der letzten Jahren in Israel verübt wurden. Am 5.9.1997 druckte die *Frankfurter Allgemeine Zeitung* eine Zusammenstellung der Nachrichtenagentur AP ab[323]:

„Bombenkrieg gegen Israel

Chronik der tödlichen Anschläge seit der Unterzeichnung des israelisch-palästinensischen Autonomieabkommens im September 1993:

4. Oktober 1993: Ein Palästinenser fährt ein mit Sprengstoff beladenes Auto ... im Westjordanland gegen einen israelischen Bus. 29 Personen werden verletzt. Hamas bezichtigt sich des Anschlags.
6. April 1994: Ein mit Sprengstoff beladenes Fahrzeug explodiert in der Nähe eines Busses in der nordisraelischen Stadt Afula. Dabei werden neun Personen getötet. Hamas bezichtigt sich abermals des Anschlags und erklärt, es handele sich um einen Vergeltungsakt für das Massaker in der Ibrahim-Moschee in Hebron, in der ein jüdischer Siedler am 25.Februar 29 Muslime erschossen hatte.
13. April: Ein Hamas-Kämpfer bringt in einem Bus in der Stadt Hadera einen Sprengsatz zur Explosion. Sechs Personen werden dabei getötet und 25 verletzt.
9. Oktober 1994: Abermals zündet ein Hamas-Kämpfer in einem Bus in Tel Aviv einen Sprengsatz. 22 Personen werden getötet, 48 verletzt.
11. November: Ein Palästinenser zündet an einem Armeeposten außerhalb der jüdischen Siedlung Nesarim im autonomen Gaza-Streifen einen Sprengsatz.

---

[323] Aus: SZ 5.3.1996

Drei israelische Soldaten werden getötet, elf Personen verletzt, darunter auch Palästinenser. Die Gruppe Islamischer Dschihad bezichtigt sich des Anschlags.

22. Januar 1995: Zwei Palästinenser sprengen sich auf der Straßenkreuzung von Beit Lid selbst in die Luft – dabei werden 21 Menschen getötet.

9. April: Zwei Hamas-Kämpfer sprengen sich in der Nähe zweier jüdischer Siedlungen im Gaza-Streifen in die Luft. Sieben israelische Soldaten und eine amerikanische Studentin werden dabei getötet.

24. Juli: Bei einem Selbstmordanschlag auf einen Bus in Tel Aviv werden sechs Personen getötet und 28 verletzt. Hamas bezichtigt sich der Tat.

21. August: Ein Selbstmordattentäter der Hamas sprengt in Jerusalem einen Bus in die Luft. Fünf Personen werden getötet und mehr als hundert werden verletzt.

25. Februar 1996: Bei zwei Selbstmordanschlägen in einem Bus in Jerusalem und an einer Haltestelle in der Hafenstadt Aschkalon werden 25 Personen getötet und mehr als achtzig verletzt. Hamas bezichtigt sich der Tat.

3. März: Bei einem Bombenanschlag der Hamas in einem Jerusalemer Bus werden 18 Personen getötet und zehn verletzt.

4. März: Ein Selbstmordattentäter sprengt sich vor einem Einkaufszentrum in Tel Aviv in die Luft und tötet dreizehn Personen, verletzt werden mehr als 150. Hamas und Islamischer Dschihad bezichtigen sich der Tat.

21. März 1997: Bei einem Selbstmordanschlag eines Hamas-Kämpfers in einem Café in Tel Aviv werden der Attentäter und drei Frauen getötet, 46 Personen werden verletzt.

30. Juli: Bei einem Anschlag auf einem Jerusalemer Markt sprengen sich zwei Selbstmordattentäter in die Luft. Siebzehn Personen werden getötet, mehrere Dutzend verletzt.

4. September: Bei dem Anschlag in der Jerusalemer Innenstadt werden mindestens acht Personen getötet, darunter vermutlich die drei Selbstmordattentäter. Die Polizei spricht von mehr als hundert Verletzten. Hamas hat sich in einem Schreiben der Tat bezichtigt."

Die Zunahme der Selbstmordanschläge ist unverkennbar. Die Überschriften der Zeitungen sprechen eine bildhafte Sprache:

„Der Tod im Bus der Linie 18"[324]
„Israel erleidet Terror ohne Ende"[325]
„Palästinensische Terroristen morden weiter. Tote und Verletzte bei Bombenanschlag in Tel Aviv"[326]
„Bombe in Café tötet drei Menschen"[327]
„Ein Israeli schrie: Krieg allen Arabern"[328]

---

[324] Die Zeit 1.3.1996, S. 2
[325] FR 5.3.1996, S. 1
[326] FAZ 5.3.1996, S. 1f.
[327] SZ 22./23.3.1997, S. 2
[328] Die Welt 31.7.1997

Der Terror hat in Palästina eine lange Geschichte, die weit über den Zeitraum 1994-1997 zurückreicht. Schon vor dem Zweiten Weltkrieg gab es Anschläge der Araber gegen einwandernde Juden, und es gab Anschläge jüdischer Extremisten sowohl gegen Araber als auch gegen Engländer.[329] *Bar-Zohar* beschreibt in seiner Biographie *Ben Gurions* zwei Vorfälle, die einmal die lange Dauer des Terrors belegen, die zum andern aber auch zeigen, wie eng Aktion und Reaktion aneinander geknüpft sind. Beide Vorfälle werden hier von Arabern begonnen, ob es sich tatsächlich so abspielte oder ob dies nur die israelische Sichtweise darstellt, spielt hier keine Rolle. Es kommt darauf an, an diesen Beispielen den Automatismus zu erkennen, wie Gewalt wieder Gewalt hervorbringt:

„In der Nacht des 15. April 1936 halten Araber einen Lastwagen an und schießen auf die jüdischen Insassen. Einer von ihnen ist sofort tot, zwei weitere werden verwundet, von denen einer nach fünf Tagen seinen Verletzungen erliegt. Mitglieder der rechtsgerichteten Fraktion der Hagana schlagen zwei Tage später zurück und ermorden zwei Araber. Noch am gleichen Tag, einem Samstag, werden Araber in Tel Aviv von aufgebrachten Juden überfallen. Am Sonntag ziehen Araber in Massen durch die Straßen von Jaffa und töten jeden Juden, dem sie begegnen; bis zum Abend werden sechzehn Todesopfer gezählt. Die Hagana schreitet gegen die Aufrührer ein und evakuiert die Randgebiete der Stadt, wobei es nur mit Mühe gelingt, die militanten Kräfte zu jener Politik der Mäßigung zu bewegen, welche die Jewish Agency auf ihre Fahnen geschrieben hatte. Die Unruhen von 1936 hatten damit ihren Anfang genommen."[330]

„Am 12. Oktober 1953 dringen arabische Untergrundkämpfer aus Jordanien in ein israelisches Dorf ein und werfen eine Handgranate in ein Haus. Eine Frau und zwei ihrer Kinder finden dabei den Tod. Der Vorfall löst in Israel große Aufregung aus, ...

Es wird beschlossen, eine Vergeltungsaktion zu unternehmen, die größer sein soll als alle vorhergehenden. Als Ziel wählt man die jordanische Ortschaft Kibija, die den Freischärlern als Ausgangsbasis und Zufluchtsort dient. Ein israelisches Kommando soll in diesem Dorf mehrere Dutzend Häuser in die Luft sprengen. ...

[Die Israelis stürmen das Dorf]. Mindestens zwölf Jordanier, zumeist Soldaten, fallen im Kampf. Die Dorfbewohner fliehen mit Frauen und Kindern in Nachbarorte. Die Israelis hindern sie nicht daran. ... Während die Fallschirmjäger ein Haus nach dem anderen in Schutt und Asche legen, kommt es keinem von ihnen in den Sinn, unbeabsichtigt ein Blutbad anzurichten. Dutzende von Frauen, Kindern und alten Leuten haben sich nämlich in den Kellern, in den oberen Stockwerken und unter ihren Betten versteckt. Sie geben keinen Laut von sich und niemand bemerkt sie....

[329] Meier-Cronemeyer 1997, S. 103
[330] Bar-Zohar 1988, S. 126

Als die jordanischen Bewohner am nächsten Tag in ihr Dorf zurückkehren, kommt die furchtbare Wahrheit ans Licht. In den Trümmern findet man siebzig Leichen, ..."[331]

Die Beispiele zeigen, daß es eine Chronologie des Terrors gibt, die sich über das gesamte Jahrhundert zieht. Wie aber hat man sich einen solchen Anschlag vorzustellen? Dazu ein Bericht aus der Zeitung *Die Welt* vom 31.7.1997:

> „Ein Israeli schrie: Krieg allen Arabern
> Entsetzen und Wut nach dem Attentat in Jerusalem
> von Heinz-R. Othmerding
>
> Jerusalem – Die Szene war grauenhaft, wenn auch allzu bekannt für jemanden, der die blutige Geschichte der Terrorangriffe in Israel während der letzten Jahre verfolgt hat. Ultraorthodoxe Juden kletterten auf Dächer und Strommasten, um die letzten kleinen Reste menschlicher Körper zu bergen, damit sie ein anständiges jüdisches Begräbnis bekommen. Der Mahane-Jehuda-Markt mitten im Zentrum der Stadt glich dem Ort eines Gemetzels. Blutverschmierte Kleider, völlig auseinandergeflogene Läden und Obststände bestimmten das Bild. Schreiende Verletzte wurden von wild gestikulierenden Sanitätern in die Krankenwagen geschoben. Ein Ort der Panik, ein Ort des Entsetzens.
>
> Am Mittag, kurz nach ein Uhr, waren die zwei Sprengsätze auf dem Marktplatz hochgegangen, im Abstand weniger Sekunden. Augenzeugen berichteten, wie Körper ohne Gliedmaßen durch die Luft flogen. Einzelne Arme oder Beine lagen abgerissen auf dem Boden. Panisch suchten die Menschen nach den Ausgängen, viele fanden sie schließlich, blaß, blutverschmiert, weinen und schreiend.
>
> Wie so oft wich das Entsetzen und die Angst der wild artikulierten Wut auf alles Arabische und alle Araber. ‚Krieg allen Arabern!' schrie ein Mann wie außer sich. ‚Der Friede ist doch tot, keinen Frieden mit den Arabern. Krieg, Krieg!'"[332]

Aber es gibt auch andere Stimmen. Am 6. März 1996 veröffentlichte der israelische Schriftsteller *Amos Oz* in der *Frankfurter Allgemeinen Zeitung* unter dem Titel „Die geteilte Hölle. Brief an einen arabischen Freund" folgenden Text:

> „Lieber Freund, Israel ist unsere Heimat, Palästina ist die eure. Jeder, der sich weigert, mit diesen beiden einfachen Tatsachen zu leben, ist entweder verblendet oder böse. Zweieinhalb Jahre nach der Unterzeichnung des Abkommens von Oslo haben wir uns mit euch noch immer nicht über die einzelnen Friedensbedingungen geeinigt. ... Aber nachdem drei Gene-

---

[331] Bar-Zohar 1988, S. 292-294
[332] Die Welt 31.7.1997

rationen gegeneinander gekämpft haben, sind wir uns zumindest darin einig, daß wir die Wunden von nun an verheilen lassen wollen. ...

Jitzhak Rabin war ein mutiger Mann. Er hat für seine Bemühungen mit dem Leben bezahlt. Shimon Peres ist ein mutiger Mann: Sein Leben und seine politische Zukunft stehen auf dem Spiel. Nun ist es an der Zeit, daß auch Jassir Arafat seinen Mut unter Beweis stellt – oder seinen Posten an jemanden abtritt, der mutiger ist als er.

Das Abkommen von Oslo ... ist klar: Wir hören auf, euch zu verwalten und zu unterdrücken – ihr erkennt Israel an und hört auf, uns zu töten. Bisher sind nur wir unseren Verpflichtungen nachgekommen, ihr nicht. ... In der Zeit nach dem Abkommen sind sogar mehr Israelis durch Palästinenser getötet worden als in der Zeit vorher. ... Wenn die Palästinenser nicht aufhören, Israelis zu töten, wird das Abkommen von Oslo hinfällig. Der Zweck des Friedens besteht nicht darin, alles Leiden der Vergangenheit auszulöschen, sondern zunächst einmal darin, künftiges Leiden zu verhindern. ...

Wir stehen an einem Wendepunkt... Wo sind heute die palästinensischen Massendemonstrationen gegen den Mord und für den Frieden? ... Wo sind eure Intellektuellen, eure Meinungsführer, eure Geistlichen und Dichter?"[333]

Salah Khalaf begründet im Jahre 1970 diesen palästinensischen Terrorismus:

„Überall in der dritten Welt griffen die Völker zu den Waffen, um sich ihre Freiheit und Unabhängigkeit zu erkämpfen, obwohl sie nicht die geringste materielle Basis hatten. Die Gründer der Fatah kannten sehr wohl die militärische Überlegenheit Israels, seine Möglichkeiten und die Macht seiner Verbündeten; dennoch setzten sie den bewaffneten Kampf als vorrangiges Ziel. Zum einen hofften wir, trotz alledem den zionistischen Staat besiegen zu können; zum anderen hielten wir dies für den einzigen Weg, um die Weltöffentlichkeit auf die Sache der Palästinenser aufmerksam zu machen; zum dritten wollten wir in dieser Bewegung, die wir zu gründen versuchten, die Masse unseres Volkes zusammenführen. Hierbei waren zwei Faktoren zu berücksichtigen: die Geisteshaltung der Palästinenser und ihre Zersplitterung in den verschiedenen arabischen Parteien. ... Nur der bewaffnete Kampf konnte die ideologischen Differenzen überwinden helfen und so zum Katalysator der Einheit werden."[334]

Und für *George Habash*, neben *Arafat* der zweite herausragende Gründer der palästinensischen Nationalbewegung und Gegenspieler *Arafats*, besteht ein unmittelbarer Zusammenhang zwischen dem Kampf gegen den Staat Israel und der Vertreibung der Palästinenser im Jahre 1948. In Interviews äußerte er:

---

[333] FAZ 6.3.1996, S.35
[334] Khalaf 1979, S. 60

„Was damals in Palästina passierte, war fürchterlich, unerträglich. Ganz besonders für einen jungen Mann wie mich, Anfang zwanzig, der noch nichts erlebt hatte. Für mich war es das natürlichste der Welt, in Lydda, in Palästina zu sein. Schließlich war Lydda meine Heimatstadt, Palästina mein Heimatland.

Und dann mußte ich miterleben, wie die israelische Armee einmarschierte. Sie schoß auf alles, was sich bewegte, einfach so. Am nächsten Tag befahlen sie den Einwohnern von Lydda, ihre Stadt zu verlassen. Sie gaben den Befehl dazu, ich bin absolut sicher; mit Gewalt trieben sie uns hinaus, töteten die Menschen noch unterwegs. Ich konnte es nicht fassen.

Als ich nach Beirut zurückkam, war ich fest entschlossen, den Kampf weiterzuführen für eine Sache, die gerecht war und völlig eindeutig."[335]

„Denn was für einen Sinn hat es, einen kranken Körper zu heilen, wenn so etwas passieren kann? Man muß die Welt verändern, etwas tun, töten wenn notwendig, selbst mit dem Risiko, nun selber unmenschlich zu werden."[336]

Deutlich ist der Unterschied erkennbar zwischen der Charakterisierung *Khalafs* einerseits und den heutigen Terroraktionen andererseits: Er stellt die Palästinenser in eine Reihe mit den Befreiungsbewegungen der Welt. Ziel war es einmal, über den „bewaffneten Kampf" gegen den Staat Israel diesen zu besiegen, zum andern die Weltöffentlichkeit auf die eigene Sache aufmerksam zu machen und drittens, das eigene Volk zusammenzuführen. Der Ausdruck „bewaffneter Kampf" erweckt zudem Assoziationen, die mit den Selbstmordanschlägen von heute kaum noch deckungsgleich sind. Allerdings wurden von Beginn an neben staatlichen Einrichtungen auch zivile Ziele angegriffen. „Nach 1968 begannen die PLO und ihre Helfer den Terror zu exportieren. ... Zwischen 1968 und 1980 unternahmen arabische Terroristen mehr als dreihundert verschiedene Attacken ... in 26 Ländern außerhalb von Israel."[337] Es waren vor allem die Flugzeugentführungen, wodurch man die Weltöffentlichkeit auf die Sache der Palästinenser aufmerksam machen konnte. „Damals hieß das Wort ‚Palästinenser' gleich Terrorist", schreibt die PLO-Politikerin *Hanan Ashrawi* in ihrer Autobiographie.[338]

Habash leitet aus dem selbst erlittenen Unrecht das Recht ab zu kämpfen, zu töten und „selber unmenschlich zu werden." Schon zu Anfang ist hier seine Radikalität erkennbar. Ist diese Begründung teilweise verständlich – was nicht bedeutet, daß man die Folgerungen billigt – so endet

[335] Interview 1973, zit. aus: Baumgarten 1991, S. 61
[336] Interview 1970, zit. aus: Baumgarten 1991, S. 61
[337] Laffin 1983, S. 128
[338] Ashrawi 1995, S. 27

dieses Verstehen dort, wo die von *Habash* 1967 gegründete PFLP[339] aus Konkurrenz zur PLO Terroranschläge verübte:

> „Neben der Zuspitzung der Widersprüche im Lande entschied sich die PFLP 1968, mit spektakulären Aktionen wie Flugzeugentführungen, Bombenanschlägen und Attentaten auf die Palästina-Frage regional und international aufmerksam zu machen. Am 23.Juli 1968 entführten PFLP-Militante eine Maschine der israelischen Fluggesellschaft El Al nach Algier, um die Freilassung von 16 verhafteten Palästinensern zu erzwingen. 1969 und 1970 unternahm die PFLP immer häufiger derartige massenmedienwirksame Aktionen, nicht zuletzt um zu versuchen, der übermächtig gewordenen Fatah den Rang streitig zu machen."[340]

Ghassan Kananfani, Sprecher der PFLP, rechtfertigt ausdrücklich die Flugzeugentführungen:

> „Wenn wir in der Endphase der Revolution ... Flugzeuge entführt hätten, dann wäre ich der erste, der das verurteilte. Doch in der Vorbereitungsphase der Revolution haben militärische Operationen ihre psychologische Wirkung."[341]

Die heutigen Anschläge werden vorwiegend als Selbstmordattentate durchgeführt. Zwar waren auch die früheren Terroristen bereit, für ihre Sache zu sterben, wenn es keinen anderen Ausweg gab, aber bei vielen der jüngsten Anschläge wird der eigene Tod von Anbeginn an einkalkuliert. Auch handelt es sich nicht um Kommandoaktionen gegen bestimmte Personen oder ein bestimmtes Objekt, sondern gerade die Willkürlichkeit und die Zufälligkeit der Opfer ist gewollt. Diese Form des Terrorkrieges aber hat mit den theoretischen Grundgedanken des Terrorismus, der „systematisch die Stützen der Gesellschaft angreift"[342], nichts mehr gemein.[343] Hier ist lediglich noch das politische Ziel, der Kampf gegen Israel, als Absicht erkennbar.

Ziel von Terrorismus ist es, „das Gewaltmonopol des Staates in Frage zu stellen, den Staat als hilflos vorzuführen. ... Über eine bewußt einkalkulierte Berichterstattung der Massenmedien wirkt die ‚Propaganda der Tat‘ in die Bevölkerung hinein. ... [Der Terrorismus zielt] nicht ‚auf den Raum‘, sondern ‚auf das Denken‘".[344]

---

[339] PFLP = Popular Front for the Liberation of Palestine (Volksfront zur Befreiung Palästinas)

[340] Baumgarten 1991, S. 224

[341] Höpp, Gerhard: Vom Nationalismus zum Sozialismus. Zur Geschichte und Ideologie der ‚Bewegung der Arabischen Nationalisten‘ (BdAN) und ihrer Nachfolgeorganisationen, 1948-1975, Berlin (DDR) 1985: Diss. (Habil.-Schrift), S. 269 (zit. aus: Baumgarten 1991, S. 225)

[342] Laqueur 1978, S. 344

[343] Meyers Enzyklopädisches Lexikon Bd. 23, 1978, S. 342 nennt dies ist eine „völkerrechtswidrige Form der Kriegführung".

[344] Brockhaus Enzyklopädie Bd. 22, 1993, S. 23

Dazu zwei Beispiele. Zum ersten einen Auszug aus dem Roman der Palästinenserin *Sahar Khalifa* „Der Feigenkaktus". Es sind Bauern, die sich in der Nacht versammeln, Lagerfeuerromantik schimmert durch, Träume von Freiheit und von der Wiedergewinnung des eigenen Landes; Usama, der Held des Romans, er wird bei dem folgenden Angriff sterben, erzählt von einem erfolgreichen Anschlag. Eine Frau, stellvertretend für die Bevölkerung, habe dabei seine Hand gesegnet. Dann folgt der Entschluß zur Tat, begleitet von dem ausdrücklichen „Schüchtert sie nur ein":

„Der Geruch von Feuer. Von verbranntem Müll. Frische nächtliche Brise, herangeweht von Pfirsichbäumen. Unter dem hohen Walnußbaum sammelten sich die Männer. Entzündeten ein Feuer. Kochten Tee aus Salbei. Lauschten dem Transistorradio und den Erklärungen des amerikanischen Kriegsministers. Phantomjäger, noch mehr Phantomjäger, Milliarden von Dollar, die sich in die israelische Kasse ergießen. Die Alten lauschten, lobten und priesen Gott und baten um Wohlergehen für das Volk Mohammeds. Die Jungen fluchten und führten lästerliche Reden ... Wir haben den Glauben verloren, Araber, wir haben den Glauben verloren!

Um ihre Wunden zu vergessen, forderten sie Usama auf, sie nochmals seine Geschichte hören zu lassen: ‚Der Dolch drang in seinen Nacken wie der Löffel in einer Schüssel Milch versinkt. Ich rannte mitten auf der Straße, ohne daß mich jemand angehalten hätte.' Dazu noch die Freude. Die Genugtuung. Ein Frau rief: ‚Gesegnet sei deine Hand, mein Held.' Ein Verbrechen zu preisen, zeugt nicht von einer menschlichen Seele, das stimmt. Doch dann! Was blieb noch in dieser Brust? Zorn. Brennender Haß...

Die Flammen züngelten vor den Gesichtern der Bauern auf und nieder. Abu al-Raad polterte: ‚Dieses Land gehört euch. Verlangt es zurück durch einen Beschluß der Vereinten Nationen. Verlangt es zurück durch Gedichte und Heimkehrerlieder. Und betet sinnlos millionenfach zu Gott. Denn Gott währt nur der Hand den Sieg, die zuzupacken versteht.'

Frische Brise. Der Geruch von Feuer und verbranntem Müll. Fern flüsterte eine Rohrflöte dem geschnittenen Weizen zu. Zärtlichkeit lag in Usamas Augen. Sein Herz ist noch immer hingeneigt zum Abwegigen, zum Verrückten. Jene Rohrflöte erinnert ihn an Hochzeitsfeste, die noch nicht gefeiert wurden. An Hände, die Schultern beim Tanze halten. Die Seele steigt in den siebenten Himmel auf. ...

Abu al-Raad donnert noch immer. ‚Sprich nicht von Menschlichkeit. Sprich nicht von Liebe. Die Liebe ist tot, Bruder. Du mußt dich mit Wolfszähnen bewaffnen. Du darfst nicht länger ein sanftes Lamm sein, das die Tyrannen schinden lassen.'

Die Flammen züngelten noch immer und tanzten vor den Gesichtern der Männer. Sie hatten ihren Salbeitee getrunken. Das Feuer fiel nach und nach zusammen. Die Alten zogen sich zurück, die Jungen blieben.

Abu al-Raad zeichnete eine grobe Skizze auf die Erde unter dem Walnußbaum. ,Bei Tagesanbruch werden wir dort unten die Busse erwarten. Die
Arbeiter. Schüchtert sie nur ein. Schießt nicht auf die vollen Busse.'"[345]
Während dieser Überfall noch durch Spontaneität und Abenteuerlust charakterisiert werden kann, unterscheidet ihn gerade das von den Bomben-
anschlägen unserer Tage. Diese sind nur durch genaue Planung und präzise technische Vorbereitung zu bewerkstelligen. Zwar kann gleichsam
jeder ein Gewehr bedienen, aber um eine spezielle Bombe zu bauen, dazu
bedarf es Spezialisten. Solche finden sich in den Lagern im Libanon, wo
Jugendliche zu Selbstmordattentätern „ausgebildet" werden.[346] Ein
„Schüchtert sie nur ein", kann es hier nicht geben, sondern es heißt: Tötet,
gleich wen, um jeden Preis, auch den des eigenen Lebens! „Der Heilige
Krieg (ist) unser Weg, der Tod im Dienste Allahs unser höchstes Ziel...",
heißt es 1989 in Art. 8 der Charta der *Hamas*.[347] Konsequent durchgeführt
können diese Anschläge, so ist zu befürchten, ihr Ziel, das Denken der
Menschen zu zerstören und somit den Friedensprozeß zu stoppen, auch
erreichen. *David Grossman* analysiert die Wirkung des Terrors[348]:

„Terror zersetzt die Gesellschaft

... Der Terror verbittert einem das Leben. Er zwingt den israelischen Bürgern
,militärische' Verhaltensmuster auf, die nach und nach in alle Lebensbereiche
einsickern und uns einen hohen Preis abverlangen. Mehr und mehr ist man von
Menschen und Systemen umgeben, die einen schützen sollen, die aber nur die
Nervosität und Unsicherheit schüren. Immer mehr Wächter werden in den Ein-
gängen von Kinos, Theatern, Einkaufszentren und auch Kindergärten postiert.
... Jeden Tag werden Dutzende von Hauptverkehrsstraßen wegen ,verdächtiger
Objekte' vorübergehend gesperrt. Wenn man eine Tasche in der Eisenbahn oder
an der Bushaltestelle vergißt, kann sie Minuten später schon von einem Bom-
benexperten der Polizei in die Luft gesprengt sein. Die Sicherheitsuntersuchun-
gen, die man an Flughäfen über sich ergehen läßt, sind fast so schlimm wie die
Aufnahmeprüfung für eine exklusive Universität. ... Diese Situation rechtfertigt
Haussuchungen und Straßensperren, das Anzapfen von Telephonen, Beschat-
tungen und Verhaftungen, die zum Teil weit mehr als nötig in die Privatsphäre
eingreifen, aber was hilft es, wenn (vielleicht schon) die Bombe tickt.
... Doch auch die Seele, die Seele jedes einzelnen von uns, verroht und ver-
härtet sich immer mehr. Und das ist das schlimme daran: In einem gewissen
Sinne ,siegt' der Terror immer, weil seine Bekämpfung und die Anpassung an
die von ihm diktierte Realität nach und nach alles entstellen, was wertvoll und

---

[345] Khalifa: Der Feigenkaktus, 1983, S. 195f.
[346] ZDF-Frontal vom 9.9.1997
[347] Schreiber 1990, S. 119f.
[348] Grossman. In: Die Zeit 2.8.1996, S. 8

menschlich ist. Bei der Terrorwelle im Februar fragten mich Freunde, deren zwei Kinder mit dem Bus nach Jerusalem fahren müssen, wie man den Kindern am besten erklärt, daß sie getrennt in *zwei* aufeinanderfolgenden Bussen fahren sollen. Und wie sollen Eltern entscheiden, welches Kind mit dem ersten und welches mit dem zweiten Bus fährt ...

Noch ein ,Preis', den wir für ein Leben im Schatten des Terrorismus zahlen, als garantierte Information eines Israelis, der diesen Preis schon viel zu lange gezahlt hat: Man lernt die Menschen blitzschnell nach ethnischen und nationalen Merkmalen zu identifizieren, zu klassifizieren und ganz automatisch nach bestimmten ,Charakteristika' zu beurteilen. Wider Willen wird man zum Rassisten, neigt zu Stereotypen, zum Fremdenhaß. ...."

Beschreibt *Grossman* mehr analysierend die möglichen Folgen von Terror, die Gefahren für das Denken der Menschen, so beobachtet die Journalistin *Anne Ponger* ein Jahr später, wie das Denken der Menschen tatsächlich bereits erreicht ist, wie es um die täglichen Gefahren kreist:

„Die schweigende Mehrheit in Israel kümmert sich längst nicht mehr detailliert um den Verlauf der Friedensverhandlungen, den Ausbau von Siedlungen, die Gesundheit von PLO-Chef Arafat oder realistische Chancen für einen Palästinenserstaat. Die meisten Israelis sind intensiv mit Überlegungen beschäftigt, ob sie ins Kino, ins Café, ins Einkaufszentrum, in den Supermarkt gehen können, ohne Leben und Gesundheit zu riskieren. Die täglichen Spannungen machen sie zu genervten, oft ruppigen, manchmal aggressiven Egoisten, wovon Autofahrer, Dienstleistungsempfänger und Psychologen ein Lied singen können."[349]

Das Ziel des Terrors, den Staat als hilflos vorzuführen, scheint erreicht. Und was zuerst wie blindwütiges Morden schien, hat somit System. Und es hat Erfolg. Nicht zuletzt wurde dies bei den letzten Parlamentswahlen von 1996 deutlich, als rechtsorientierte Autofahrer auf ihrer Heckscheibe Aufkleber anbrachten: „Das ist kein Frieden! Das ist Terror!" Damals „entschieden sich die israelischen Wähler demokratisch gegen die Friedenspolitik *Yitzhak Rabins* und *Shimon Peres*."[350]

Sahar Khalifa schildert, wie die Hand des Untergrundkämpfers Usama durch eine Frau gesegnet wurde. Hier klingt an, was auch durch andere Texte bestätigt wird, die Mütter sind stolz auf ihre Söhne, die durch ihre Tat zum Märtyrer wurden. In seiner Erzählung „Umm-Saad" schildert *Ghassan Kanafani* die Gefühle einer Mutter, die an ihren untergetauchten Sohn denkt:

„Er ließ in ihr Gefühle aufwogen, deren Natur sie sich nicht zu erklären vermochte und die sie mit einem unerschütterlichen Vertrauen in die Zukunft und mit neuen Hoffnungen erfüllten. Irgendwo – sagte sie sich –

---

[349] Ponger: ...Land. In: SZ 15./16.11.97, S. 10
[350] Zimmermann 1997, S. 38f.

steht jetzt Saad unter einem Himmel von Rauch, aufrecht, unerschütterlich wie immer, wie ein Baum, wie ein Fels und begleicht mit der Waffe in der Hand alle Schulden dieses Rauches."[351]

Wolfgang Köhler stellt in der *Frankfurter Allgemeinen Zeitung* einen solchen Attentäter vor:

„In seinem Vermächtnis an seine Angehörigen und Freunde, das er offenbar nur Stunden vor seinem selbstmörderischen Angriff auf einen Bus in Hadera schrieb und das nach seiner Tat in der Moschee seines Heimatortes Jabad gefunden und verlesen wurde, forderte Ammar Amarneh seine jungen Landsleute auf, ihm ‚auf dem Wege des Märtyriums zu folgen': ‚Seid das beste Beispiel eurer islamischen Nation, der Märtyrer'. Angehörige und Freunde aus der Nachbarschaft erinnerten sich, daß der 22 Jahre alte Mann in den Wochen vor seiner Tat aufgehört hatte, in der Hühnerfarm seiner Familie zu arbeiten; er hatte auch die Bauarbeiten an seinem Haus, das er nach seiner im Sommer geplanten Hochzeit beziehen wollte, eingestellt. Er las stundenlang im Koran, fastete an zwei Tagen in der Woche ... Er bot seinem Bruder Usama seinen Anteil an den Hühnern und sein unvollendetes Haus an und begann, über seine Brautwahl im Paradies zu sprechen. ‚Er gab alle diese irdischen Freuden auf', erinnert sich Abdal Salam [ein Verwandter].

Sein Tod als Märtyrer war eine Ehre für seine Familie, die ein traditionelles ‚Hochzeitsfest' veranstaltete, um seinen ‚Weg zu einer Hochzeit im Paradies' zu feiern. Die Mutter ... weinte zunächst ... doch dann sang sie, so berichtete sie einige Tage später. ‚Ich bin nicht traurig', bekannte sie und ermutigte jede andere Mutter in ihrer Lage, sich genauso zu verhalten. ‚Wenn ich zehn weitere Söhne hätte, würde ich sie aussenden.'"[352]

Es sind demnach die jungen Männer, welche diese Terroranschläge durchführen. Von daher wird auch die israelische Anordnung verständlich, in der die Abriegelung der Palästinensergebiete vom israelischen Kernland, die nach dem Selbstmordanschlag am 30. Juli 1997 verhängt worden war, zuerst einmal nur für verheiratete Männer über 35 Jahre gelockert wurde.[353]

Allerdings, und das sollte nicht übergangen werden, werden diese Terroranschläge nicht von allen Palästinensern unterstützt. Am 5.3.1996 berichtete die *Frankfurter Rundschau*, daß in Gaza-Stadt zehntausend Palästinenser gegen Gewalt und für die Fortsetzung des Friedensprozesses demonstrierten. Die Palästinenserin *Sumaya Farhat-Naser* wendet sich in ihrem in Deutschland viel gelesenen Buch „Thymian und Steine" deutlich gegen den Teufelskreis der Gewalt als Mittel der Politik, wie sie von den Radikalen beider Seiten ausgeübt wird:

---

[351] Kanafani: Umm-Saad, 1981, S. 51
[352] Köhler. In: FAZ 30.4.1994
[353] Vgl. SZ 2.9.1997

„Während die Friedenskräfte die Befreiung mit Vernunft und Verhandlungen erreichen möchten, existieren unter den Palästinensern derzeit
Gruppen, die der Meinung sind, dass der Friedensprozeß die Besatzung
mit legalen Mitteln verewigt. Was uns mit Gewalt genommen wird – und
diese Gewalt spüren wir alle –, könne nur mit Gewalt zurückgeholt werden. Wir befinden uns in einem Teufelskreis: Die Friedensvereinbarungen
werden fortwährend gebrochen, und niemand scheint sich darum zu
kümmern. Der Friedensprozeß zielt nicht auf Befreiung, sondern auf eine
Regelung der Kontrolle über die Palästinenser. Die Mitglieder der radikalen Gruppierung ‚Hamas' sind weiterhin von der Gewalt als Mittel zur
Befreiung überzeugt und wollen den Israelis kein Existenzrecht zugestehen. Sie führen einen erbitterten Kampf, der fern jeglicher Vernunft ist.
Schwere Verluste zu erleiden schreckt sie nicht ab. Sie haben eine Überzeugung, die derjenigen fanatischer Israelis entspricht. Beide Seiten sehen sich als die einzigen rechtmässigen Bewohner des Landes Palästina
und sprechen sich gegenseitig das Recht auf dieses Gebiet ab. Die Aktivitäten dieser fanatischen Gruppen gegen Zivilisten verstärken sich und
haben bereits viele Menschenleben gekostet. Ihre Gewaltakte wecken alte
Ängste und Traumata, und die Politik Israels gegenüber den Palästinensern als Volk wird härter und kompromissloser. Bei jedem Anschlag werden die besetzten Gebiete und die Autonomiegebiete vom israelischen Militär hermetisch abgeriegelt. Dort wächst die Verzweiflung und stärkt
wiederum die Front der Gewaltwilligen."[354]

---

[354] Farhat-Naser 1995, S. 178f.

2. Die Last der Vergangenheit – Geschichtsbewußtsein in Israel

Am 16.1.1996 hielt der israelische Staatspräsident *Ezer Weizman* im Deutschen Bundestag eine bemerkenswerte Rede, in der er sein eigenes und das Verhältnis seines Volkes zur Geschichte darstellte:

> „Das Schicksal hat es gewollt, daß ich und die Angehörigen meiner Generation in einer Zeit geboren wurden, in der Juden in ihr Land zurückkehrten und es neu aufbauen konnten. Ich bin nun nicht mehr ein Jude, der in der Welt umherwandert, der von Staat zu Staat ziehende Emigrant, der von Exil zu Exil getriebene Flüchtling. Doch jeder einzelne Jude in jeder Generation muß sich selbst so verstehen, als ob er dort gewesen wäre – dort bei den Generationen, den Stätten und den Ereignissen, die lange vor seiner Zeit liegen. Daher bin ich noch immer auf Wanderschaft, aber nicht mehr auf den abgelegenen Wegen der Welt. Jetzt wandere ich durch die Weite der Zeiten, ziehe von Generation zu Generation, laufe auf den Pfaden der Erinnerungen.
>
> Die Erinnerung verkürzt die Distanzen. Zweihundert Generationen sind seit den historischen Anfängen meines Volkes vergangen, und die erscheinen mir wie wenige Tage. Erst zweihundert Generationen sind vergangen, seit ein Mensch namens Abraham aufstand, um sein Land und seine Heimat zu verlassen und in ein Land zu ziehen, das heute mein Land ist. Erst zweihundert Generationen sind vergangen, seit Abraham die Machpelah-Höhle in der Stadt Hebron kaufte, bis zu den schweren Konflikten, die sich dort in meiner Generation abspielen. Erst hundertundfünfzig Generationen sind vergangen von der Feuersäule des Auszugs aus Ägypten bis zu den Rauchsäulen der Shoah. Und ich – geboren aus den Nachkommen Abrahams im Lande Abrahams – war überall mit dabei.
>
> Ich war ein Sklave in Ägypten und empfing die Thora am Berge Sinai, und zusammen mit Josua und Elijah überschritt ich den Jordan. Mit König David zog ich in Jerusalem ein, und mit Zedekiah wurde ich von dort ins Exil geführt. Ich habe Jerusalem an den Wassern zu Babel nicht vergessen, und als der Herr Zion heimführte, war ich unter den Träumenden,

die Jerusalems Mauern errichteten. Ich habe gegen die Römer gekämpft und bin aus Spanien vertrieben worden, ich wurde auf den Scheiterhaufen in Magenza, in Mainz, geschleppt und habe Thora im Jemen studiert. Ich habe meine Familie in Kishinev verloren und bin in Treblinka verbrannt worden. Ich habe im Warschauer Aufstand gekämpft und bin nach Eretz Israel gegangen, in mein Land, aus dem ich ins Exil geführt worden war, in dem ich geboren wurde, aus dem ich komme und in das ich zurückkehren werde. Unstet und flüchtig bin ich, wenn ich den Spuren meiner Väter folge. Und wie ich sie dort und in jenen Tagen begleite, so begleiten mich meine Väter und stehen hier und heute neben mir. ..."[355]

Es war ein geschickter rhetorischer Griff, daß *Weizman* hier nicht von Jahrtausenden, sondern von Generationen sprach. Denn sechstausend Jahre hören sich viel länger an als zweihundert Generationen. Das eine ist kaum mehr vorstellbar, das andere ist eine überschaubare Größe. Noch eindrucksvoller aber ist es und nur dann wird es in seiner Bedeutung für uns wirklich verständlich, wenn man diesen historischen Bezug nachvollzieht und auf die eigene Geschichte überträgt. Welcher deutsche Staatspräsident würde sich in dieser Weise mit der Geschichte identifizieren, daß er sagen könnte, ich war dabei als die Germanen den römischen Limes überstiegen, ich war dabei als Ötzi in den Bergen die Herden hütete oder ich war dabei als die hansischen Kaufleute auf ihren Koggen durch die Ostsee segelten? Und noch weitergehend: Wer unter uns Deutschen würde ihn verstehen? Hier genau liegt der Unterschied: *Weizman* kann so etwas sagen, weil jeder in Israel ihn versteht.

Die „ständige Ortsbestimmung der Gegenwart" mit Hilfe der Geschichte ist in Israel unmittelbar greifbar. Nur über das kollektive Geschichtsbewußtsein, über die Erinnerung an Diaspora, Verfolgung und Vernichtung kann israelisches Verhalten der Gegenwart begriffen werden.

Moshe Shamir (geb. 1921 in Galiläa) weist zu Beginn seines autobiographischen Berichtes „My Life with Ishmael" auf die Verbindung von Vergangenheit, Gegenwart und Zukunft[356] hin:

„My son is named after my brother who fell in the War of Independence. It was exactly twenty years ago, as the alond trees of 1948 were starting to blossom. I am named after my father's brother who fell in the ranks of the Red Army, at the gates of Warsaw. That was in 1920. My father is named after his father's brother who was murdered by rioting peasants in the Ukraine. That was in 1891. ...

They were attacked. Twenty years ago, fifty years ago, eighty years ago – the whole list, the complete roster of names after whom we were called, all attacked. My elder daughter is now serving in *Zahal*, the Israel De-

---

[355] Süddeutsche Zeitung 17.1.1996, S. 7
[356] Dieses Textbeispiel zeigt den Wandel Shamirs, der noch 1951 in Elik einen Helden ohne Herkunft und ohne Vergangenheit geschaffen hatte, vgl. Shamir, With his own hands, 1970

fence Force. We are still being attacked. My second daughter will be called to the army in four years' time. Will we still be under attack? Nine years from now my son will be doing his military service. Will we still be under attack? We dare not be unprepared. We must be ready for it. For apparently the answer is: Yes, we will be under attack."[357]

Die Erinnerung verbindet sich mit der jeweiligen politischen Situation und schafft Angst. Und Angst, kollektive Angst, ist eine zentrale Triebfeder israelischen Verhaltens.[358] Sie drückt sich aus in dem Satz „Nie wieder Masada!", d.h. nie wieder wehrlos den Feinden ausgeliefert zu sein. Auf dem Felsen Masada waren von 70-73 n.Chr. Juden von einem römischen Heer eingeschlossen. Nach langer Belagerung setzten die Römer zum Sturmangriff an. In der Nacht davor töteten sich die jüdischen Verteidiger, welche die Aussichtslosigkeit ihres Kampfes begriffen hatten. Der Satz „Nie wieder Masada" steht aber auch für den Belagerungszustand, in dem die Juden damals und heute leben. *Moshe Shamir* erinnerte sich in einem Interview im Jahre 1987 seiner Gedanken, als er 1967 von der Armee nach Hause zurückkehrte. Damals sah er seine Frau und seine drei Kinder einen tiefen Graben ausheben, offensichtlich in Vorbereitung auf Straßenkämpfe:

„Dies versetzte mir den Schlag meines Lebens. Außer beim Tode meines Bruders Elik im Unabhängigkeitskrieg, kann ich mich an keinen Tag erinnern, an dem ich so geschockt gewesen wäre. Neunzehn Jahre nach der Errichtung des Staates, und all das geschah jetzt, und alle meine Bücher und Spiele – und plötzlich waren wir im Warschauer Ghetto und die Nazi-Legionen umzingelten uns. Der Sinn war der, daß sich über Nacht alles umgewandelt hatte und wir in einem Belagerungszustand lebten."[359]

Aber man könnte diesen Satz „Nie wieder Masada" heute auch dahingehend interpretieren, daß die Israelis erkannt haben, daß es primär darum geht, nie wieder eingeschlossen zu sein, nie wieder in einer Situation zu sein, in der man ringsum von Feinden umgeben ist, so daß es keinen anderen Ausweg als den Selbsttod mehr gibt[360], nie wieder schwach sein. Immer wieder wird in Israel die Erinnerung an die Erfahrungen der Vergangenheit belebt. Es waren diese Erfahrungen, welche die Zionisten zu einem eigenen Staat führten. *Max Nordau* beschrieb diesen Weg in einem Vortrag des Jahres 1909:

---

[357] Shamir: ...Ishmael, 1970, S. 1 und S. 2f.

[358] „Fliegen gegen die Angst" ist ein Artikel über die israelische Armee im Merian-Heft ISRAEL 5/43 überschrieben.

[359] Ramras-Rauch 1989, S. 87 (Übers. HN)

[360] Nicht alle Israelis identifizieren sich rückhaltlos mit dem Massada-Mythos. Amos Oz: „Für mich ist nicht die Festung Massada, die bis zum Massenselbstmord gegen die römische Eroberer verteidigt wurde, das ultimative Heldendenkmal des jüdischen Volkes ... Wie sollen wir in der Nachfolge derer stehen, die sich am Schluß selbst die Kehlen durchgeschnitten haben?"(Der Spiegel 2/1996, S. 127)

„... die neue moralische Ausstoßung aus ihrem Vaterlande und der europäischen Gesittung ... führte Zehntausende junger Westjuden von hoher Bildung und idealer Gesinnung zu den geschichtlichen Überlieferungen ihres Stammes zurück, frischte ihr Gedächtnis für die jüdische Vergangenheit auf und weckte in ihnen eine Zuversicht auf eine jüdische Zukunft, die sie zu kräftigem Handeln drängte."[361]

Die Erinnerungen an die Erfahrungen der Vergangenheit schlugen sich dann unmittelbar in der Gründungsurkunde des Staates Israel nieder:

„In Erez Israel stand die Wiege des jüdischen Volkes; hier wurde sein geistiges, religiöses und politisches Antlitz geformt; hier lebte es ein Leben staatlicher Selbständigkeit; hier schuf es seine nationalen und universellen Kulturgüter und schenkte der Welt das unsterbliche 'Buch der Bücher'.

.... Die über das jüdische Volk in der letzten Zeit hereingebrochene Vernichtung,... bewies erneut und eindeutig die Notwendigkeit, die Frage des heimat- und staatenlosen jüdischen Volkes in Israel zu lösen. ... Wir ... sind daher heute, am Tag der Beendigung des britischen Mandats über Israel, zusammengetreten und proklamieren hiermit kraft unseres natürlichen und historischen Rechts und auf Grund des Beschlusses der Vollversammlung der Vereinten Nationen die Errichtung eines jüdischen Staates in Israel,..."[362]

Kontinuitätsthese und Holocaust-Syndrom: Dem Wachhalten dieser Erinnerung kommt damit vor allem eine legitimierende Funktion zu. Die Staatsgründung bestätigt damit, was die Peel-Kommission in ihrem Abschlußbericht bereits 1937 festgestellt hatte:

„Der Krieg und seine Folgen haben alle Araber mit der Hoffnung erfüllt, in einer freien und geeinten arabischen Welt die Traditionen des arabischen goldenen Zeitalters wieder zu beleben. In gleicher Weise sind die Juden von ihrer historischen Vergangenheit erfüllt. Sie wollen zeigen, was die jüdische Nation leisten kann, wenn sie wieder in das Land ihrer Väter zurückversetzt ist ..."[363]

Es ist ein erstaunliches Phänomen, daß die zeitgleiche Belletristik jener „Generation der Staatlichkeit"[364] sich diesem Rückgriff auf die Geschichte verschließt, ihn sogar ablehnt. Sie vollzieht eine regelrechte Abkehr von der Vergangenheit und lehnt alles ab, was jüdisch ist, d.h. auch und gerade die Erfahrung der Diaspora, wie S. *Yizhar* in „Die Tage von Ziklag" formulierte:

---

[361] Nordau, Max: Das Judentum im 19. und 20.Jahrhundert. Vortrag, gehalten in Hamburg am 19.12.1909. In: Nordau 1923, S. 457f.
[362] Ullmann 1964, S. 307ff.
[363] Holdheim 1964, S. 47
[364] Feinberg 1993, S. 66

„Das jüdische Volk! Welches jüdische Volk? Die Liebe zum jüdischen Volk! Wer liebt es? Wir fliehen doch wie Gebrannte alles, was jüdisch ist ..... Ihr sollt eindeutig, ein für allemal wissen: Wir verabscheuen alles, was nur danach riecht. ..."[365]

„Für diese Haltung", so *Yael S. Feldman*, „war *Moshe Shamirs* Roman *Bemo Jadav* („Mit seinen eigenen Händen", 1951) symptomatisch. *Shamir* gedenkt darin seines im Unabhängigkeitskrieg gefallen Bruders Elijahu: ‚Elik entstieg dem Meer'. Mit diesem Aphrodite-ähnlichen Bild zeichnet *Shamir* die Orientation der ihm Ebenbürtigen: keine Vergangenheit, keine Geschichte, kein Stammbaum. Die in dem literarischen Werk dieser Generation dargestellte Welt war räumlich, nicht zeitlich. Ihr Leben und ihre Erfahrung begannen ganz von vorne."[366] Der neue Jude ist ein *Sabre.*[367] Meist trägt er auch nur einen Vornamen, „denn ein Familienname oder ein Stammbaum hätte eine Verbindung zu der abgelehnten jüdischen Vergangenheit andeuten können".[368]

Besonderer Ausdruck[369] dieser Ablehnung der jüdischen Vergangenheit waren die Kanaanäer, eine Bewegung, die in Palästina am Anfang der 40er Jahre aufkam. Für sie sollte der neue Hebräer ausschließlich im Lande geboren sein, sie träumten von der Wiedererrichtung einer hebräischen Nation. Der Dichter *Yonathan Ratosh* sah im Judentum die „kranke Kultur" einer „Wanderer-Gesellschaft". Das neue hebräische Volk könne nur durch drei Komponenten gekennzeichnet sein: „ein gemeinsames Territorium (das Land Kanaan), eine nationale Sprache (Hebräisch) und ein gemeinsames historisch-politisches Schicksal."

Der Rückgriff auf die eigene lange Geschichte zur Rechtfertigung aktueller politischer Positionen, wie ihn die Peel-Kommission 1937 andeutete und wie er aus der Gründungsurkunde des Staates Israel hervorgeht, ist auch Bestandteil der arabischen Argumentationen in ihrer ablehnenden Haltung gegenüber den Vorschlägen der UNO nach dem Zweiten Weltkrieg. Im Jahre 1947 setzte die UNO eine Kommission ein, die sich mit einer Lösung des Palästinaproblemes befassen sollte. Diese empfahl im August 1947 die Beendigung des britischen Palästinamandates. Die Mehrheit der Kommission trat darüber hinaus für die Teilung des Landes in einen arabischen und einen jüdischen Staat ein. Beide Staaten sollten durch eine ökonomische Union verbunden werden. Der damalige Sekretär der *Arabischen Liga* führte dazu aus:

„Das arabische Volk ist jedem Kompromiß abgeneigt. Auf friedlichem Wege werdet ihr nichts erreichen ... Wir werden versuchen, euch zu vernich-

---

[365] Zit. aus: Feinberg 1993, S. 63
[366] Feldman 1988, S. 54
[367] Sabre nennt man die im Lande Geborenen.
[368] Feinberg 1993, S. 63
[369] Im folgenden nach Feinberg 1993, S. 64

138

ten ... Auch die Kreuzfahrer konnten wir vertreiben ... Der Nationalismus ist die große Kraft, die uns antreibt. Auf wirtschaftliche Entwicklung sind wir nicht angewiesen. Für uns gibt es nur eines – die Gewalt ... Die Frage kann nur durch die Waffen gelöst werden."[370]

Was die Peel-Kommission noch umschreibend „Tradition des arabischen goldenen Zeitalters" nannte, wird hier konkret: Es geht um die Vertreibung der Juden, so wie einst die Kreuzfahrer vertrieben wurden.

2.1 Geschichtsbewußtsein – Annäherung an einen schwierigen Begriff

Diese Beispiele zeigen, daß sowohl auf jüdischer wie auch auf arabischer Seite ein Bewußtsein von Geschichte vorhanden ist und gepflegt wird, das die Argumentationen und Handlungen der Gegenwart stützt. Heute ist die Verwendung des Begriffes Geschichtsbewußtsein[371] geradezu inflationär geworden, es ist ein „griffiges Kürzel mit Imponierprofil".[372] Es ist daher notwendig, diesen Begriff genauer zu beschreiben. *Manfred Hättich* lenkt bei der Klärung zurück auf die klassische Philosophie, dort sei es die ‚Conscientia', welche das bloße Wissen, die ‚Scientia' begleite. Bewußtsein sei also gewissermaßen das Wissen des Wissens.[373] Und an anderer Stelle führt er aus: „Geschichtliches Bewußtsein hat nicht schon derjenige, der historische Kenntnisse besitzt, sondern erst der, der sich und seinesgleichen als geschichtliche Wesen versteht".[374] Außerdem sei Geschichte nicht einfach mit Vergangenheit gleichzusetzen. Auf den Schulen würde oft nur Vergangenheit gelernt. „Von Geschichte zu sprechen wird erst dort sinnvoll, wo für mich Vergangenes bedeutungsvoll wird in Gegenwart und Zukunft."[375] Oder wie es *Jeismann* formuliert: „Der ‚Gegenstand' konstituiert sich also erst im Prozeß des Ergreifens, wird vom Bewußtsein geschaffen als eine gegenwärtige Vorstellung. Daran zu erinnern ist gerade im Hinblick auf historische Sachverhalte wichtig, die als Geschichtsbewußtsein rekonstruiert eben etwas Gegenwärtiges und nicht reales Abbild der Vergangenheit sind." Der Begriff Geschichtsbewußtsein ist demnach eine Hülse für wechselnde Inhalte, eine Bezeichnung des Verhältnisses, „das zwischen erkennendem Subjekt und zu erkennendem Gegenstand, also zwischen Mensch und Geschichte besteht...", und insofern ist er eine zen-

---

[370] Holdheim 1964, S. 52
[371] Zur Entwicklung der Geschichtsdidaktik seit 1945 vgl. Kuss 1994 und 1995
[372] Jeismann 1988, S. 2
[373] Hättich 1986, S. 28
[374] Hättich 1986, S. 35
[375] Hättich 1986, S. 29

trale Kategorie der Geschichtsdidaktik.[376] In dem Begriff Geschichtsbewußtsein liegt immer auch eine unmittelbare Beziehung zur Gegenwart. Die vergangene Zeit wird deutend im Horizont der Gegenwart erinnert „und wird auf der Stufe der Reflexivität zur ‚Geschichtsbewußtheit' dessen, der über das Zustandekommen und die Bedeutung von Geschichtsbewußtsein nachdenkt."[377] „Historisches Lernen", so *Jeismann*, „ist deshalb nichts anderes als ein Teil der ständigen 'Ortsbestimmung der Gegenwart'."[378] Und Geschichtsbewußtsein ist damit erheblich mehr als nur „die prinzipielle Differenz von Vergangenem und Gegenwärtigem wahrzunehmen", wie es *Ingrid Wilharm* formuliert.[379] Obwohl der Begriff einen solchen Aufschwung genommen hat, entzieht er sich einer genauen und vor allem allgemeinen Bestimmung durch eine gewisse scheinbare Beliebigkeit, wenn *Jeismann* ihn als festgelegt bezeichnet „durch die jeweilige Befindlichkeit des Subjekts und seines Bewußtseinsgegenstandes .... dessen konkrete Struktur und Erfülltheit immer nur empirisch in Einzelfällen beschreibbar werden."[380] Allerdings, wenn Geschichtsbewußtsein etwas zu tun hat mit der Auseinandersetzung des Subjektes mit der Vergangenheit, dann ist dies nicht unbedingt nur „seine" Vergangenheit allein, sondern eben auch die Vergangenheit anderer. Für *Hättich* ist das Bewußtsein um eine „gemeinsame Geschichte" eine notwendige Bedingung für das „Wir-Bewußtsein eines Volkes"[381], denn demokratische Legitimierung von politischer Herrschaft setze ein Wir-Bewußtsein voraus.[382] Für ihn bezieht sich Geschichtsbewußtsein auf eine Geschichte, die von vielen Subjekten als die ihre akzeptiert werden kann. „Wir kommen nie ohne eine Identität aus, die über unsere individuelle Biographie hinausreicht ... Man kommt nicht über die Tatsache hinweg, daß wir immer über bestimmte Gemeinschaftscodes sozialisiert werden, die durch emotionsbesetzte Symbole und Deutungsmuster die Erfahrungen ordnen, d.h. die Aufmerksamkeit auf Bestimmtes richten und anderes ausblenden."[383]

---

[376] Jeismann 1988, S. 9
[377] Jeismann 1988, S. 11
[378] Jeismann 1988, S. 12
[379] Wilharm 1988, S. 87
[380] Jeismann 1988, S. 10
[381] Hättich 1986, S. 30
[382] Hättich 1986, S. 34
[383] Loewenstein 1993, S. 16

2.2 Beispiele aus der israelischen Belletristik

An verschiedenartigen Themen und in unterschiedlichen Mustern bildet sich dieses Geschichtsbewußtsein in der israelischen Belletristik ab. Dort wird es aufgenommen, spiegelt sich in diesen Texten, prägt von dort aus aber auch das Bewußtsein der Menschen. Auch wenn diese Literatur unterschiedlich nahe an das historische Geschehen heranrückt, es handelt sich dabei nicht um eine Ausarbeitung der Vergangenheit. „Der Leser erfährt mehr über den Dichter und dessen Zeit als über die Epoche, in der die Dichtung spielt", charakterisierte *Lion Feuchtwanger* historische Dichtung.[384]

Motive der eigenen Geschichte sind ein zentrales Thema dieser Texte. Sie sind gleichsam Beleg für die Identitätserschütterungen und -veränderungen, aber auch für den Selbstbehauptungswillen dieses Volkes. „Man muß hebräische Literatur lesen, um zu wissen, was hier vorgeht", sagte der in Israel lebende deutschsprachige Jude *Herbert Freeden* in einer Fernsehsendung des Jahres 1996.[385] Andererseits muß deutlich sein, daß es sich um Literatur handelt. Auch wenn sich der Schriftsteller an wirklichen Menschen orientiert, bleiben die Figuren in seinem Werk doch Fiktion. In sie fließen seine eigenen Erfahrungen und seine Absichten mit ein. Mögen diese Figuren auch der Phantasie entsprungen sein, so leben und handeln sie nicht in einem imaginären Raum, sondern in der dem Leser bekannten und vertrauten Wirklichkeit. Der Leser wird damit gerade nicht „in eine andere Wirklichkeit hineingezogen" und er macht auch nicht „die Erfahrung einer neuen Gegenwart"[386], sondern lernt diese Gegenwart nur aus einer anderen Perspektive kennen. Während, wie *Schörken* herausarbeitet, „der Historiker seine Geschichte erzählt, um vergangene Wirklichkeit zu erklären, (setzt) der Schriftsteller mit seiner Erzählung Wirklichkeit,"[387] und zwar nachvollziehbare Wirklichkeit. „Handelt es sich bei literarischen Gestalten um eine, die sich einer Gruppe zuordnen läßt, so wird sie nicht nur als Individuum, sondern auch als Prototyp empfunden werden. Die literarische Figur eines Arabers wird zum Bild des Arabers und wirkt somit aus der Literatur in die Wirklichkeit zurück."[388]

Amos Oz argumentierte in einem *Spiegel*-Interview von 1996 ebenfalls in diesem Sinne „... in Israel hat das Politische in der Literatur Tradition", daher werde alles, was geschrieben wird, „als Allegorie aufgefaßt. Haben

---

[384] Feuchtwanger, Lion: Das Haus der Desdemona oder Größe und Grenzen historischer Dichtung. Aus dem Nachlaß. München/Wien 1961, S. 129ff. (zit. aus: Hey, 1992, S. 54)
[385] „Die Träume der Jeckes. Geschichten von deutschen Schriftstellern in Israel". Hessischer Rundfunk 3. Programm, 19.1.1996
[386] Schörken 1994, S. 59f.
[387] Schörken 1994, S. 62
[388] Bohmeier 1991, S. 60

in einem Roman ein Mann und eine Frau Ehestreit, so interpretiert das jeder als Sinnbild für den palästinensisch-israelischen Konflikt. Fehlt einem Jungen Taschengeld, habe ich mich in Wahrheit über den Staatsetat lustig gemacht."[389]

Wie sehr gerade die Erfahrung des Yom-Kippur-Krieges das Denken vieler Israelis veränderte, spiegelt sich in *Yael Dayan* „Three weeks in October" (1979). In diesem Krieg verlor die israelische Armee den Nimbus der Unbesiegbarkeit und durch die im Vergleich mit der Gesamtbevölkerung relativ große Zahl der Toten griff dieser Krieg mehr als die vorhergehenden in das Leben der Menschen und der Familien ein. *Yael Dayan* beschreibt diesen Krieg aus der Perspektive von Amalia und Daniel:

Sie sind miteinander verheiratet, haben zwei Kinder und leben in Tel Aviv. Als der Krieg beginnt, übernimmt Amalia eine Aushilfsstelle als Nachtwache in einem Krankenhaus und Daniel meldet sich bei seiner Einheit. Amalias Mutter, obwohl sie noch halbtags arbeitet, übernimmt die Versorgung der beiden Kinder. Daniel gerät im Zuge der Kämpfe in Bedrängnis, als er sich mit einigen anderen israelischen Soldaten in einem Haus in der ägyptischen Stadt Suez versteckt, von wo er erst gegen Abend fliehen kann. In der Wartezeit gehen ihm viele Gedanken durch den Kopf, er denkt an seine Familie, an seine verwundeten Kameraden, an die Gefahren, er hat Angst und er empfindet Erinnerung als Last:

„The burden of memory. Somehow I expected every youth to charge with the support of Moses and Abraham, Isaac and Jacob. I expected them to be inspired by King David's courage and King Solomon's wisdom, and to be motivated by years of Diaspora persecution. On these dirty Suez house walls I wanted them to read the warnings. Warnings in blood and smoke and blue and white. The pogroms in the Ukraine which sent my great-grand-parents, theirs, too, perhaps, with bundles in deep snow on roads from nowhere to another nowhere. I could see the boats, not seaworthy, flung by waves making their way to Palestine, decks crowded with praying immigrants, and they were stubborn and noble and miserable. On the floor reflected in broken glass I could see the footsteps of Jews lined up to the gas chambers and slaughterhouses, and every barbed wire I cut or crawled under in past battles was a reminder of ghettos and concentration camps. The load of memory had a sound to it, of prayers and songs, soft weeping of orphans and crude laughter of anti-Semites, songs I cherished as a teen-ager around a bonfire composed during the War of Independence, songs we sang in the Sinai in the other wars – conceited and victorious. The echoes of Kaddish said by sons over father's graves, by fathers at son's funerals. Songs of sorrow, of hope, songs of promise and dreams.

---

[389] „Eine Überdosis Geschichte" – Spiegel-Gespräch. In: Der Spiegel 2/1996, S. 130

The burden of memory that pushes the tank chains and adds fuel and speed to the flight of the fastet jets, the sights and sound and smells of thousands of years which somehow were with me in every fight, skirmish or battle. Did they all feel it? Did the redhead think or know of the ghetto in Warsaw? Did the Yemenite carry traces of anti-Semitism in San'a? Did it matter?"[390]

In diesem Ausschnitt wird die Orientierung der israelischen Gegenwart an der erfahrenen und erlittenen Geschichte greifbar. Zwar ist Krieg geprägt durch die Auseinandersetzung mit einem Feind, aber in Phasen des Abwartens gibt es Momente der Besinnung, in denen die Erinnerung an die Vergangenheit wach und als Last empfunden wird, „the burden of memory". Das individuelle Dasein wird in unmittelbarer Beziehung zur Geschichte des eigenen Volkes gesehen. Daniel ist der Israeli schlechthin, seine Erinnerung wird damit Teil einer kollektiven Erinnerung, sein Schicksal wird Teil eines kollektiven Schicksals. Gegenwart ist eingebunden in die Vergangenheit und die Erinnerung an diese Vergangenheit prägt die Entscheidungen für die Zukunft. Durch Daniel wird das Geschichtsbewußtsein seines Volkes greifbar.

Diese Hinwendung zur Vergangenheit, diese suchende Verknüpfung von Vergangenheit und Gegenwart oder auch die Ablehnung einer so sehr belastenden Vergangenheit, wird zu einem ständig wiederkehrenden Motiv der israelischen Belletristik. Die einleitenden Zeilen aus *Yitzhak Ben-Ners* „Ländlicher Sonnenuntergang" (1977) wären dreißig Jahre früher nicht denkbar gewesen:

„Wir wissen im allgemeinen sehr wenig über unsere eigene Familie... Wir kennen unseren Vater und unsere Großväter, und vielleicht hören wir auch etwas über unsere Urgroßväter. Und ich bin traurig, weil ich nichts von meinem Urgroßvater weiß, wer er war und was er in den armen russischen Dörfern tat, die zur Seite der schlammigen Pfade auf dem Wege zu den vereisten Seen gegenüber den Pappelwäldern lagen."[391]

Diese Verbindung der Zeiten findet sich auch bei anderen Autoren. *Magali Zibaso* hebt in einer Besprechung von *Yoram Kaniuk* „Adam Hundesohn" (München 1989) hervor: „Auch die Zeiten fließen ineinander über: Gegenwart ist Vergangenheit."[392] Und *Dan Laor* arbeitet heraus, wie bei *Chajim Hasas* in seiner Erzählung „Geneigter Horizont" (1958) immer wieder „Chronik und Aktualität ineinander verwoben" sind. Er betont, wie „zum Beispiel die Ankunft des Erzählers in einem der Dörfer als Eintritt in ‚eine Sphäre, in der sich Geschichte und heutige Wirklichkeit durchdrin-

[390] Dayan: Three Weeks..., 1979, S. 193f.
[391] Aus: Feldman 1988, S. 52
[392] Zibaso, Magali: Yoram Kaniuk, Adam Hundesohn. Aus dem Hebräischen von Ruth Achlama, München 1989. In: ariel 76 (1989) S. 91

gen' beschrieben" wird.[393] Weit in die Geschichte zurück greift *Shulamith Lapid* in ihrem Roman „Im fernen Land der Verheißung":

> „Im Osten zeigte sich die Morgensonne über dem Jordan. Aus den grünen Sümpfen stiegen Dämpfe auf. Fanja war schweißgebadet. Die Hitze und die Feuchtigkeit erschwerten das Atmen. Sie hatte Angst, die vergiftete Luft einzuatmen. Durch die Öffnung im Zelt konnte sie das Geschehen verfolgen. Die Tote, in eine Decke gehüllt, wurde auf ein Kamel geladen. Ein kleiner Zug von wehklagenden Männern und Frauen gaben ihr das Geleit bis vor das Zeltlager.

> ,Wir müssen doch nicht gerade hier leben, in diesen verfluchten Sümpfen', schimpfte eine der Frauen.

> ,Es ist eine heilige Pflicht. Der Stein aus der Mauer schreit auf!'

> Fanja erkannte die Stimme von Chacham Schlomo.

> ,Was für ein Stein?' fragte sie.

> ,Wir haben einen Stein mit hebräischen Buchstaben gefunden, die ein hebräischer Bauer vor zweitausend Jahren eingemeißelt hat. .... '".[394]

> „Man konnte die Vergangenheit nicht auslöschen. Ob wir es wollen oder nicht, sie verfolgt uns überall."[395]

> „Ich hatte beschlossen, nie wieder eine Familie zu gründen. Ich würde der Grabstein meiner toten Familie sein. So dachte ich. Wie lange ist das her? Sechs Jahre. Und jetzt bin ich bereit, die Scherben aufzulesen, sie zusammenzufügen und von vorn zu beginnen.'

> Sie nickte. ,Das ist es, was wir Juden immer tun. Wir beginnen von vorn. Immer wieder und immer wieder. Wir tragen die Narben auf unserem Körper, als seien sie *unser* Schandfleck. ...'".[396]

Der Stein, der vor 2000 Jahren von einem hebräischen Bauern bearbeitet wurde, schreit auf. Denn damals begann die schmerzende Geschichte des jüdischen Volkes. Dieser Stein, diese Schrift in diesem Stein, sie steht für die jüdische Vergangenheit, sie ist nicht auszulöschen. Sie verfolgt die heute Lebenden überall. Sie ist Teil ihrer Identität. Sie ist die Narbe auf dem Körper, unauslöschbar wie ein „Schandfleck". Dieser Stein ist lebendiges Material, er ist die Wurzel, aus der die heilige Pflicht, an diesem Ort zu leben, abzuleiten ist, – auch wenn diese Sümpfe mit ihrer giftigen Luft vielen Menschen den Tod bringen. Denn: Man kann „die Vergangenheit

---

[393] Laor 1992, S. 11
[394] Lapid: Im fernen Land..., 1990, S. 240
[395] Lapid: Im fernen Land..., 1990, S. 248
[396] Lapid: Im fernen Land..., 1990, S. 373f.

nicht auslöschen" oder, wie der Schriftsteller *Schlomo Zemach* an den Kritiker *Fishl Lachover* 1921 schrieb: „Es gibt kein Entrinnen, keins."[397]
Auch *Jehuda Amichai*[398] bekennt sich zu der Verbindung von Vergangenheit, Gegenwart und Zukunft. In seinem Gedicht „Deganja" offenbart er:

> „....
>
> Alle Dinge geschahen, bevor ich geboren wurde
> Treffen sich mit den Dingen, die nach meinem Tod geschehen werden
> Sie schließen mich rundherum ein
> Und lassen mich zurück
> Weit weg, vergessen und beruhigt.
> ..."[399]

Er bindet den Menschen ein in die Zeiten, ein bei ihm immer wiederkehrendes Motiv:

> Küste von Aschkalon
>
> Hier an der Küste von Aschkalon kamen wir zum Ende der Erinnerung
> Wie Flüsse, die ins Meer münden.
> Die nahe Vergangenheit versinkt in der fernen Vergangenheit
> Und die Ferne steigt herauf aus den Tiefen über das Nahe.
> Friede dem Nahen und Friede dem Fernen.
> ...[400]

Und immer wieder macht er die Vergangenheit selbst zum Motiv:

> Knospen
>
> Ich stieg auf das Dach des weißen Hauses
> Um zu sehen, was war
> Und mich zu erinnern an die, die hier starben.
> Zwischen den Eukalyptusbäumen und den Orangenhainen
> Und den gelben Dünen.
> ...[401]

In diesem Gedicht taucht zum ersten Mal das Aufstiegsmotiv auf. Hier wie auch später dient es dem Rückblick: Vom „Dach des weißen Hauses" kann man leichter zurücksehen. Rückblick, Ausblick, Übersicht hat man nur nach dem Aufstieg. Hier ist es noch der Einzelne, der aufsteigt, „um zu sehen, was war", es ist ein Einzelner, der sich erinnern will „an die, die hier starben". Es ist der Einzelne, der durch seine Erinnerung eine Verbindung zwischen Vergangenheit und Gegenwart herstellt.

---

[397] Zit. aus: Shaked 1983, S. 75
[398] Über Amichai vgl. Zehavi 1982, S. 88 und Bohmeier 1989, S. 131-154
[399] Amichai: Vaters Tode, 1994, S. 90
[400] Amichai: Auch eine Faust..., 1994, S. 17:
[401] Amichai: Auch eine Faust..., 1994, S. 16

In „Das ist ein Leben der Verheißungen" erweitert Amichai die Perspektive:

> ..... Und die Menschen in diesem Land sind solche, die hinaufsteigen
> Auf hohe Aussichtsstürme, um die Orte zu sehen
> Von denen sie kamen, und neben ihnen jene, die hinaufstiegen, zu sehen
> Die Orte, zu denen sie gehen möchten ..... [402]

Er hat damit die Ebene der Einzelperson verlassen. Es geht nun nicht mehr nur darum zu bestimmen, wie die Vergangenheit den Einzelnen prägt, sondern welche Bedeutung sie für „die Menschen in diesem Land" besitzt. Diese Menschen, das „sind solche, die hinaufsteigen auf hohe Aussichtstürme", aber er schildert keine Turmbesteigung im realen Sinne. Er meint die Aliyah, Aliyah bedeutet Aufstieg, den Aufstieg zu einem Ort, von dem aus man weit zurücksehen kann in die Vergangenheit, „um die Orte zu sehen, von denen sie kamen"; von hier sehen sie alles das, was ihnen, den Juden, Rechtfertigung ist für die Aliyah nach Israel, denn Aliyah bedeutet zugleich Einwanderung. Aber die Hinaufsteigenden sehen nicht nur zurück, es sind auch welche dabei, „die hinaufstiegen, zu sehen die Orte, zu denen sie gehen möchten", die also in der Zukunft liegen. Für ihn sind „die Menschen in diesem Land ... solche, die hinaufsteigen", das heißt, nur die Menschen, die in diesem Land sind, sind hinaufgestiegen, nur sie können zurückblicken und nach vorne sehen, nur diejenigen, die sich zur Einwanderung nach Israel bekennen und sie auch vollziehen, sind solche Menschen. Nur sie, nämlich die Zionisten, so die Schlußfolgerung, verknüpfen in ihrer Person Vergangenheit, Gegenwart und Zukunft miteinander.

Jehuda Amichai bestimmt Gewicht und Bedeutung von Vergangenheit, bei der es keine Rolle spielt, wie alt sie ist, denn „Die nahe Vergangenheit versinkt in der fernen Vergangenheit, und die Ferne steigt herauf aus den Tiefen über das Nahe". *Yoram Kaniuk* nennt es den ewigen Kreislauf zwischen Vergangenheit, Gegenwart und Zukunft: „Was längst zu Ende ist, fängt von neuem an."[403] Die nahe und die ferne Vergangenheit ist gleich gegenwärtig, beide vermischen sich zu einer einzigen Zeit. Oder wie es *Ezer Weizman* in seiner Rede 1996 formulierte: „Jetzt wandere ich durch die Weite der Zeiten, ziehe von Generation zu Generation, laufe auf den Pfaden der Erinnerung."

Es ist wichtig zu wissen, daß die hebräische Sprache unsere Unterscheidung in verschiedene Vergangenheitsformen nicht kennt, sondern daß sie nur über eine Vergangenheit verfügt. Eine Vergangenheit steht für alle Vergangenheiten. Bei Vergangenheit spielt es keine Rolle, wie

---

[402] Amichai: Auch eine Faust..., 1994, S. 122
[403] Kaniuk: Der letzte Jude, 1994, S. 95

lang sie bereits vergangen ist oder welche Vergangenheit vor der Vergangenheit geschah. Andererseits aber heißt dies auch, daß jede Vergangenheit bis an die Gegenwart heranreicht.

Dieses „Kontinuum von Raum und Zeit, von Liebe und Religion, von Lebenden und Toten – ein Kontinuum, das sich nicht zuletzt dem Erinnern verdankt"[404], erweitert *Amichai* an vielen Stellen durch „Liebe zum Land". So auch der Titel eines Gedichtes, in dem er dieses Land beschreibt:

Liebe zum Land

„Und das Land ist geteilt
in Bereiche der Erinnerung und Bezirke der Hoffnung.
Und die Einwohner vermischen sich
gleich denen, die von einer Hochzeit kommen
mit jenen, die vom Leichenbegräbnis kommen.

Und das Land ist geteilt in Kriegsgebiete und Gebiete des Friedens.
Und wer eine Grube schaufelt gegen Granaten,
wird zurückkehren und darin mit seinem Mädchen liegen,
wenn er in Frieden leben wird.

Und das Land ist schön.
...   "[405]

Welches Gewicht die israelische Politik dem Bewußtsein über Geschichte, aus dem fundamentale politische Einstellungen erwachsen können, beilegt, geht aus den Bildungsvorschriften hervor, die den in Israel lebenden Arabern auferlegt wurden:

In Israels arabischen Schulen hatten die Kinder ihre eigene arabische Kultur, Geschichte und Religion durch israelische Augen zu sehen; sie sahen sie vorsätzlich verspottet und verfälscht. Die arabische Geschichte wurde kaum mehr als eine Kette von Revolutionen, Morden, Fehden und Plünderungen, wohingegen alles in der jüdischen Geschichte geadelt und glorifiziert wurde. Sie lernten nur etwas über Araber im Niedergang, nie in ihrer Größe; die Helden der Vergangenheit, der Prophet, der Kalif Harun al-Rashid und Saladin wurden nur oberflächlich erwähnt. In den vier Jahren Sekundarstufe behandeln die arabischen Schüler 348 Perioden der jüdischen Geschichte, aber dagegen nur 32 ihrer eigenen. Das Studium des Alten Testaments ist obligatorisch, während die islamische und die christliche Religion überhaupt nicht gelehrt wird.[406]

Durch diese einseitige Verteilung aber werden nicht Kenntnisse verbreitet, sondern es wird Unkenntnis zementiert. Dies vertieft die Vorurteile

---

[404] Bohmeier 1989, S. 151
[405] Yehuda Amichai: Liebe zum Land (übers. von Y. Eren). In: Gedichte von Erez Israel. Aus: ariel Nr.71-72, S. 85
[406] Hirst 1978, S. 238 (Übers. HN)

zwischen Israelis und Arabern. So empfindet es die palästinensische Autorin *Sumayah Farhat-Naser* in ihren Gesprächen mit der israelischen Physiotherapeutin anläßlich der Betreuung behinderter Kinder in Informationen hatten – und auch ein unterschiedliches Geschichtsbild."[407]

Geschichtsbewußtsein ist daher mehr, als ihm *Jeismann* zugestehen will, wenn er schreibt:

> „Das menschliche Geschichtsbewußtsein ist ... bestimmt durch die jeweilige Befindlichkeit des Subjekts und seines Bewußtseinsgegenstandes. Will man das Geschichtsbewußtsein nicht formal festschreiben für die allgemeine Vorstellung von der Geschichtlichkeit und Zeitgebundenheit aller menschlichen Dinge, muß man es als einen Proteus bezeichnen, dessen konkrete Struktur und Erfülltheit immer nur empirisch in Einzelfällen beschreibbar werden."[408]

Aber es gibt auch Stimmen, die sich kritisch und zweifelnd mit der fortdauernden Thematisierung der Vergangenheit befassen. So beschreibt *Aryeh Sivan* in seinem Kriminalroman „Adonis" ein Gespräch über Gedichte:

> „Was würde ich darum geben, solche Gedichte schreiben zu können. Nicht meine Sorgen wie Wäsche an die Leine hängen, und die Fahne meines Elends schwenken."

In dieses Bild kann man die ganze Wendung der israelischen Belletristik in den letzten Jahren legen. Es geht nun nicht mehr darum, der Welt das jahrhundertealte Elend der Juden, ihre erlittenen Demütigungen, die Verfolgungen und Vernichtungen zu verkünden. Es ist nicht mehr das Schicksal des Volkes in seiner Vergangenheit, das nun im Mittelpunkt steht, es ist das Leben des einzelnen Menschen heute. Es geht um seine Sorgen, seine Freuden, seinen Alltag. Der Mensch lebt, aber er lebt heute und er will nicht dauernd „die Fahne seines Elends schwenken". Aber *Sivan* formuliert im gleichen Werk auch seine ganze Unsicherheit:

> „Kommt auf den Flügeln dieses duftenden Windes nicht die Muse zu Ihnen?", fragte ich den Dichter. „Wenn ich ein Dichter wäre, würde ich diese Landschaften auf Papier verewigen. Wo auf der Welt findet man noch einmal so intensive Farben und Gerüche? Dabei würde ich auch die historische Dimension nicht außer acht lassen, wo doch diese Strecke hier dieselbe ist, auf der durch Generationen, schon seit Jahrtausenden, die Menschen verschiedener Völker von der Küstenebene in die Berge gezogen sind..."[409]

Savyon Liebrecht lehnt in ihrer Erzählung „Chajutas Verlobungsfest" die Vergangenheit ab und öffnet ihr gerade dadurch die Tür in die Gegenwart:

---

[407] Farhat-Naser 1995, S. 150
[408] Jeismann 1988, S. 10
[409] Sivan: Adonis, 1994, S. 62f.

148

Die Familie hat Angst, daß der Großvater, wie vorher schon des öfteren geschehen, auch bei diesem Fest, aufstehen und eine Rede halten wird, die deutlich und drastisch das Leben in den nationalsozialistischen Konzentrationslagern schildert. Dies ist seine Erfahrung, über die er mit zunehmendem Alter nicht mehr schweigen kann. Für die Menschen um ihn, die in der Gegenwart leben und welche diese Erfahrung nicht haben, wird er zum Störenfried.

„Sie hinderten ihn nicht zu reden, doch ließen sie seine Worte nicht in ihre Ohren dringen. Wenn er aufstand und mit der Rechten sein Glas schwenkte, wußten alle: Der Augenblick war gekommen. Die Kinder gingen draußen spielen, die Gastgeberin erhob sich und räumte, um keine Zeit zu vergeuden, das Geschirr vom Tisch. Andere begannen sich leise zu unterhalten oder saßen gedankenversunken da und warteten ab wie bei einem Unwetter, das in wenigen Minuten weiterziehen würde, oder einem Flugzeug, das kreischend vorüberfliegt, um kurz darauf samt seinem Lärm zu verschwinden."

Und seine Schwiegertochter nörgelt: „Wir haben genug gelitten und genug darüber gehört. Gottseidank gibt es für den Holocaust einen Gedenktag, Gedächtnisfeiern und vieles mehr. Nichts wird vergessen. Da muß ich nicht noch bei jedem Essen daran erinnert werden!"[410]

Wenn, wie oben geschildert, *Moshe Shamir* 1970 in „My Life with Ismael" mit der Namensgebung noch auf die tiefe Verflochtenheit der jüdischen Generationen untereinander hinweist, so gibt es in der israelischen Belletristik auch Aussagen, die gerade mit der Namensgebung für die neue Generation den Bruch mit der Geschichte offenlegen. *Anat Feinberg* faßt die Kurzgeschichte „Jad va-Shem" von *Aharon Megged* aus dem Jahre 1955 zusammen[411]:

„Für den allein wohnenden Großvater Siskind ist es jedesmal ein Moment besonderer Freude, wenn seine Enkelin Rajah mit ihrem Mann Jehuda einmal im Monat zu Besuch kommt. Als Großvater Siskind dann noch erfährt, daß Rajah ihr erstes Kind erwartet, ist seine Freude doppelt groß. Er hat auch sogleich einen Namen für das Kind, und das, obwohl ihn niemand um seinen Rat gebeten hat. ‚Mendele' soll sein Urenkel heißen, nach seinem Lieblingsenkel, der noch nicht zwölfjährig im Holocaust umgekommen ist. „Was ist an den Namen ‚Mendele' so schlecht?" fragt Rajahs Mutter, die vermittelnd in den Streit um die Namengebung, der sogleich entbrennt, eingreift. „Ein jüdischer Vorname wie alle anderen", fügt sie noch hinzu. Aber Rajah und ihr Mann bleiben hartnäckig. Wenn sie einen Sohn haben würden, so soll er ‚Ehud' heißen. Den Namen ‚Mendele' finden sie abstoßend: „Ein Name aus der Diaspora – einfach häßlich, fürchterlich!", wie Rajah bemerkt, so als ob man ihr gesagt hätte,

[410] Liebrecht, Verlobungsfest (1992). In: Reimann 1998, S. 118
[411] Feinberg 1986, S. 146f.

sie würde ein Kind mit einem Buckel zur Welt bringen. Rajahs Mutter flehte das junge Paar an, man möge doch dem Großvater zuliebe nachgeben. Außerdem, so sagt sie, „sollten wir uns schon verpflichtet fühlen, die Namen der Toten weiterleben zu lassen, damit ihr Andenken nicht so schnell in Vergessenheit gerät." Aber Rajah leuchtet das nicht ein: „Es geht nicht an, daß das Andenken an die Toten uns ständig umgibt, da der arme Junge es dauernd mit sich herumträgt!" Jehuda, der angehende Vater, sucht seinerseits den Großvater zu überzeugen. Er argumentiert damit, daß ‚Mendele' kein israelischer Name sei und zu sehr an die Diaspora erinnere. Der Großvater wird wütend. Schließlich sind doch alle aus der Diaspora gekommen. Seine Eltern und deren Eltern. Aber Jehuda bleibt bei seiner Meinung. Auch wenn es stimme, was der Großvater sagt, so seien er, Rajah und das Kind schließlich „etwas anderes", da sie bereits in Israel geboren wurden, eine neue Generation sozusagen. Je länger der Streit andauert, um so tiefer wird die Kluft zwischen ihnen. Großvater vertritt die Meinung, daß Rajah und Jehuda, die junge Generation, die Arbeit der Feinde Israels vollenden. Während die Antisemiten versucht hätten, die Juden physisch zu vernichten, seien die jungen Israelis auf dem besten Wege, auch noch ihr Andenken zu zerstören.

Wie zu erwarten, nannte man das Kind ‚Ehud', nach dem Helden aus dem Buch der Richter, der mit einem listigen Schlag die Feinde Israels vernichtet hatte. Aber Großvater Siskind wollte von seinem Urenkel nichts wissen. Die Entfremdung ging so weit, daß es der jungen Mutter vorkam, als verdiene ihr Sohn im höchsten Maße Mitleid, so als ob es sich bei ihm um ein Waisenkind handele."

Diese Erzählung deutet an, daß es in Israel Tendenzen gibt, sich aus der Umklammerung der Vergangenheit zu lösen. Noch aber scheint nicht entschieden, welche der beiden Richtungen sich durchsetzen wird. Auch wenn es bei *Aharon Megged* die Jungen sind, die mit Sicherheit und Selbstbewußtsein ihre Meinung vertreten und auch durchsetzen, denn, wie Rajah sagt, „Es geht nicht an, daß das Andenken an die Toten uns ständig umgibt", so schwankt die israelische Politik zwischen diesen beiden Richtungen.

Besonders schwierig ist die Lage in Jerusalem. „Dieses Jerusalem ist total vergiftet mit einer Überdosis Geschichte", sagte *Amos Oz* in einem Interview mit dem *Spiegel*.[412] Ein Beispiel von vielen: Als im September 1996 die israelische Regierung die Zustimmung zum Tunneldurchbruch am Tempelberg in Jerusalem gab, wußte sie, daß sie damit arabische Empfindlichkeiten traf. Hatte noch das „Wunder von Oslo", wie *Dan Diner* analysiert, „eine gegenseitige Anerkennung auf der Grundlage des Hier und Jetzt zur Voraussetzung", so zeige der Durchbruch am Tempelberg einen Paradigmenwechsel an:

---

[412] Der Spiegel 2/1996, S. 127

„Die Politik schwindet, die Geschichte kehrt zurück. ... Weit zurück lie-
genden Vergangenheiten wird der Weg ans Licht der Gegenwart gewie-
sen. Das alte Gemäuer aus hasmonäischer und herodianischer Zeit kün-
det aller Welt und vornehmlich den Palästinensern von jüdischen An-
sprüchlichkeiten auf das ganze Land. ... Der Konflikt zwischen Arabern
und Juden, Israelis und Palästinensern um das Land ist ein Konflikt über
die Legitimität und ihre verdinglichten Symbole; ein nicht endenwollen-
der Krieg unterschiedlicher und gegeneinander in Stellung gebrachter
Zeiten an ein und demselben Ort".[413]

Das Problem liegt darin, daß Geschichte nicht aufgehoben werden kann.
„Ob wir es wollen oder nicht, sie verfolgt uns überall".[414] Erinnerungen an
Vergangenes, was nichts anderes bedeutet, als Erinnerung an Leiden und
Demütigungen, Erinnerungen an Verlust und Vernichtung, und das auf
beiden Seiten, kann nicht durch die Unterschrift unter einen Vertrag getilgt werden. Es waren, sagt *Volker Perthes* richtig, „allenfalls ... [die] auf-
geklärten Führer ..., nicht aber die Völker, die dort Frieden [machten]".[415]

2.3 Kollektives Geschichtsbewußtsein – eine Last für die Zukunft?

In Israel ist Geschichtsbewußtsein nicht, wie *Jeismann* ausführt „immer
nur empirisch in Einzelfällen beschreibbar". Es gibt ein kollektives Geschichtsbewußtsein, das politisches Gewicht entfaltet. Und obwohl viele
Israelis aus der Last der Vergangenheit den Wunsch nach Frieden ableiten, gibt es andere, die aus der Last dieser Vergangenheit den gegenteili-
gen Schluß ableiten. Derzeit scheint es, als ob diese Last, „the burden of
memory", sich immer wieder zwischen die israelisch-palästinensischen
Verhandlungspartner stellt. Die Israelis „tragen in sich die Angst ... erneut Opfer zu werden. ... Ihre Angst vor der Vergangenheit überwältigt
ihre Zukunftshoffnungen", schrieb *Eyad Sarraj*, ein palästinensischer
Psychiater aus Gaza.[416] Diese Angst knebelt auch die Zukunft der Kinder.
„Im Haus gegenüber wohnt der Kinderschreck" übertitelte *Inge Günther*
einen Artikel in der *Frankfurter Rundschau* zu Ostern 1997. Dort heißt es
weiter:

> „Kinder sind neugierig. So wie die vierjährige Schada. Wenn es an der
> Haustür klopft, saust sie als erste hin, um zu schauen, wer da kommt.
> Doch diese Besucher jagen ihr einen Schrecken ein. ‚Jehudim, Jehudim‘,

---

[413] Diner 1996
[414] Lapid: Im fernen Land..., 1990, S. 248
[415] Perthes 1996,S. 40
[416] Sarraj 1995

alarmiert sie mit einem Entsetzensschrei den Vater. Arbid Grain muß die Tochter erst einmal beruhigen. Nein, nicht Juden sind das, nur ausländische Journalisten. Schada lugt schüchtern hinter ihm hervor. Ihre kindlichen Ängste, denen sie einen einzigen Namen gegeben hat, sitzen tief. Wie einprogrammiert. ... Seit einer Woche ist das so. Seitdem fünf jüdische Siedlerfamilien die Häuser auf dem Nachbargrundstück bezogen haben. Dabei hat Schada nicht viel von denen gesehen. Nur daß ein Wachtposten ab und an das schwere Metalltor öffnet, um Jeeps hindurchzulassen. In denen hocken oft ganz viele Kinder auf den Rücksitzen, die ebenfalls furchtsam aus dem Fenster blicken. Nur aus umgekehrter Perspektive. ..."[417]

---

[417] Günther. In: FR 16.5.1997, S. 3

3. Die Last der Vergangenheit: Flucht und Vertreibung der arabischen Palästinenser

Das Thema „Flucht und Vertreibung" scheint zu einem besonderen Charakteristikum des 20.Jahrhunderts geworden zu sein. Der dafür in der Regel verwendete Begriff „Migration", der allerdings auch noch andere Formen, wie z.B. die Arbeitswanderung einschließt, verdeckt mit seiner Nüchternheit die menschliche Tragödie, die sich in aller Regel dahinter verbirgt. Aus diesem Grunde erscheint mir eine zweifache Vorbemerkung notwendig: Einmal macht das Thema „Flucht und Vertreibung" die Interpretationsmöglichkeiten und -abhängigkeiten von Fakten besonders deutlich. Um die Bedeutung von Interpretation für Fakten herauszustellen, benutzte *E.H.Carr* eine Figur Pirandellos, „die sagte, daß eine Tatsache einem Sack gleiche – solange man nichts hineintut, bleibt er auch nicht stehen."[418] Bei dem vorliegenden Thema gibt es sehr unterschiedliche Interpretationen, bei denen man nicht außer acht lassen darf, wie sehr gerade hier persönliches Erleben und Emotionen den Blick trüben oder schärfen können. Zum andern: Können sich Schülerinnen und Schüler in Deutschland ein Leben als Flüchtling vorstellen? Und doch scheint es mir wichtig, wenigstens den Versuch zu machen und einen Blick auf den Anfang zu werfen, denn eine wichtige Ursache für die lange Dauer des Konfliktes liegt gerade in der Zementierung des Flüchtlingsdaseins über Jahrzehnte hinweg. Außerdem: Die Flüchtlinge wurden zur Keimzelle des kommenden Palästinenserstaates. Und: In den Flüchtlingslagern des Nahen Ostens entwickelte sich eine palästinensische Identität. Ferner: Es ist diese Situation des Ausgegrenztseins, worin sich die Lage der palästinensischen Flüchtlinge heute und jene der Juden gestern ähneln.

Der Weltbevölkerungsbericht der Vereinten Nationen weist für 1993 „nur" 18 Mio. Menschen als anerkannte Flüchtlinge aus; aber etwa 100 Mio. Menschen halten sich in einem anderen als ihrem Heimatland auf.[419] Eindrucksvoll ist die Steigerung: „1970 gab es 2.5 Millionen Flüchtlinge auf der Welt. Vor 10 Jahren waren es elf Millionen. 1994 ist die Zahl ...

---

[418] Carr 1972, S. 11
[419] Zahlen aus: Auf der Flucht. Magazin zum Weltrotkreuztag, Hrsg.: Britisches Rotes Kreuz, Deutsches Rotes Kreuz u.a., Toul 1994, S. 3

auf mehr als 20 Millionen gewachsen."[420] Viele Menschen suchen Arbeit in fremden Ländern, viele fliehen vor politischer Repression und vor Verfolgung, andere fliehen vor Krieg, Verfolgung und Folter, viele werden vertrieben. Sie fliehen vor Hunger, sozialer Verelendung und vor den Auswirkungen von Umweltzerstörung. „Flucht und Vertreibung" ist ein Phänomen, das zwar in der Geschichte immer wieder nachzuweisen ist, das aber auch gerade in unser Jahrhundert gehört. Der Begriff „Ethnische Säuberung" ist in der Zwischenzeit durch die Ereignisse im ehemaligen Jugoslawien erneut ins Bewußtsein der Weltöffentlichkeit gerückt. Es gibt viele Beispiele: Hier ist an die Juden zu denken, an die Armenier, an die Kurden, an die bosnischen Moslems und die bosnischen Serben, an die nach dem Ersten Weltkrieg aus der Türkei vertriebenen Griechen, an die vielen afrikanischen Stämme und Völker und eben auch an die Palästinenser, die seit dem Krieg von 1948, den die Israelis als Befreiungskrieg feiern und der für die Palästinenser als Katastrophe endete, auf der Flucht sind. Anfänglich wurden die palästinensischen Flüchtlinge von freiwilligen Hilfsorganisationen (Internationales Rotes Kreuz, Quäker) unterstützt, seit 1950 steht ihnen die UNRWA, die Flüchtlingshilfsorganisation der UNO, bei.[421] Nach einem Bericht von *amnesty international* gibt es noch 1997 im Nahen Osten 5,6 Millionen Menschen, die auf der Flucht sind[422].

3.1 Verschiedene Perspektiven

Der israelische Schriftsteller *Moshe Shamir* geht in seinem autobiographischen Bericht von 1970 auf die Gründe der Araber ein, im Zusammenhang mit dem Krieg von 1948/49 das Land zu verlassen:

> „That those inhabitants fled, notwithstanding, is because they were certain Mishmar Ha'emek[423] would indeed do to them and their women and children what they had schemed to do to the kibbutz and its women and children. This is one popular explanation for the mass flight of the fellahin from their land and homes; another is that the Arab population in towns as well as villages fled because they were given orders to flee by their leaders who seduced them with promises of a return crowned with victory, not only to their own homes but to those of the Jews. ....

---

[420] Aus: „Die Lage der Flüchtlinge in der Welt. UNHCR-Report 1994 (Auszüge). In: Europa-Archiv 49 (1994) D 279
[421] Bopst, 1968, S. 51
[422] Frankfurter Rundschau 3.9.1997, S. 5
[423] Kibbuz in Mittelisrael, auf der Höhe von Haifa.

... The Arabs fled their homes not because it was so difficult to stay, but because it was so easy to go. This is a primary truth of life, and against it all political considerations are as insubstantial as summer clouds. It is easy to run away – when there's somewhere to run to. And when there isn't, you don't run. That the Arabs have had (and have) somewhere to run to is not just the technical, geographical, geo-political fact that they are still at home on the other side of all the Middle East borders, still on their own home ground, with their own kin, within the domain of their own language, religion, and culture – but a fact of personal awareness, of existentialist power, and this transcends all. Israel is not a *sine qua non* for the Arabs' self-awareness as a national entity, even where the Palestinian Arabs are concerned.

In contrast to this, the fact that the Jews have nowhere to run to determines not only the stubbornness of their fight, militarily and geostrategically, but also the consciously spiritual background of their stand in this country. Indeed, it is much more difficult to run away when you are defending not only your last home in the world but also the last home of justice on earth."[424]

Shamir steht für die lange Zeit herrschende Auffassung in Israel, daß es weitgehend die persönliche Entscheidung der Araber gewesen sei, zu fliehen oder nicht; daß sie Angst hatten, man würde mit ihnen so verfahren wie sie mit den Juden umgegangen waren; daß sie von den eigenen Anführern zur Flucht verführt worden seien; daß Flucht für sie ein naheliegendes und leichtes Unternehmen gewesen sei, da sie schließlich zu ihresgleichen hätten fliehen können. Im Gegensatz dazu hätten die Juden nicht nur ihr letztes Haus auf dieser Welt verteidigt, sondern vielmehr die letzte Zuflucht von Gerechtigkeit auf Erden ("...the last home of justice on earth"). An anderer Stelle nimmt er nochmals ausführlich Stellung zu dem Problem „Flucht" und/oder „Vertreibung". Und ausdrücklich hebt er hervor „that the great majority of Israel's Jews feel the same way":

„From time to time, lone voices have indeed talked about transfer, the transfer of the majority of Israel's Arab inhabitants to neighbouring Arab countries, in return for the immigration into Israel of an approximately equivalent number of Jews from Arab lands. ... We did not make the absorption of a million Jews from Arab countries conditional upon the ejection of a *single Arab* from within the borders of Israel. We proved in deed what Zionism claimed in word throughout the struggle for immigration under the British Mandate: the entry of Jews into Palestine does not mean the expulsion of Arabs living there. The hundreds of thousands of Arabs who fled from the territory of the State of Israel during the War of Independence have only themselves and their leaders to blame, and from this point of view, they did so of their own accord. ... The truth is that an

---

[424] Shamir: ...Ishmael, 1970, S. 51f.

Arab presence in Eretz Israel has always been accepted by us as a *natural element* of the uniqueness of the country, an element with which we must – and can – live amicably, ...

From the day that Jewish settlement in Eretz Israel began, the number of its inhabitants has undoubtedly increased, mainly as a result of immigration (of Jews and Arabs alike), to an extent that is unprecedented in any other country in the world at any stage of history (comparatively, that is). At the same time the standard of living has unquestionably been raised, living conditions improved, the country developed. ...

At the Fifth Congress of the *Histadrut* (the Israel Trade Union Federation) immediately after the War [2.Weltkrieg], Moshe Sharet voiced the officially accepted standpoint of the builders of Israel and the Yishuv: „We, on our part, must be prepared to demand only one thing: *aliyah*, free Jewish immigration. That's all we need. We don't need rulership. What we want to create here is a free existence for large masses of Jews. A State and rulership are tools, and it could be that there are other tools. *They are not an aim.*"

There is one supreme value and only one: the right of human beings to live side by side, in large groups or small, freely integrated and freely determining the manner of their life."

Deutlich verneint *Shamir* einen Zusammenhang zwischen der Einwanderung von Juden nach Palästina einerseits und der Vertreibung von Arabern andererseits. Wer floh, argumentiert er, tat es aus eigenem Antrieb oder durch die eigenen Anführer verleitet[425]. Die Araber seien ein natürliches Element der Einheit dieses Landes, so habe man es immer gesehen, auch wenn es einzelne andere Stimmen gegeben habe. Es sei den Juden um Einwanderung gegangen, nie um Herrschaft oder Errichtung eines Staates, dies sei nur ein Mittel zum Zweck, aber kein Ziel. Oberster Wert sei das Recht der Menschen in Freiheit Seite an Seite zu leben, in großen oder kleinen Gruppen.

Ich stelle *Shamir* eine Textstelle aus einer Erzählung des Palästinensers *Ghassan Kanafani* (1936–1972) gegenüber, die dieser 1958 in Kuwait schrieb. Er schildert dort die Flucht seiner Familie aus Akko, die er als 12–jähriger erlebt hatte:

„... in der Nacht des großen Angriffs begann alles klarer zu werden. In jener schrecklichen Nacht, in der die Männer grimmig schweigend, die Frauen betend dasaßen. Wir, du und ich und die anderen Kinder unseres Alters waren zu klein, um wirklich zu verstehen, was das alles bedeutete. Doch in jener Nacht begannen die Vorgänge klarer zu werden, und am Morgen, nachdem die angreifenden Juden sich unter Drohungen zurück-

---

[425] Noch 1995 sagt der Jerusalemer Bürgermeister Ehud Olmert, auf diesen gesamten Vorgang angesprochen, in einem Interview: „Nach 1948 gab es viele, die davonliefen. Es war ihre eigene Entscheidung." (Olmert 1996, S. 246)

gezogen hatten, stand ein großer Lastwagen vor unserer Haustür. Fieberhaft wurde von allen Seiten Bettzeug aufgeworfen ... Und bevor ich es mir noch richtig bequem gemacht hatte, fuhr das Auto los.

Nach und nach verschwand unser geliebtes Akka, während wir auf kurviger Straße in Richtung Kap Nakura fuhren. Es war etwas bewölkt und ich fröstelte ... Die Orangenfelder säumten unseren Weg, und an uns allen nagte ein Gefühl der Angst, während der Wagen über die staubige Straße ratterte und von fern Schüsse wie zum Abschied herüberhallten. Als Kap Nakura in der Ferne auftauchte ... hielt der Wagen an. Die Frauen stiegen ab und gingen zu einem Bauern, der hinter einem Korb Orangen an der Straße hockte ... Sie nahmen einige Orangen und wir hörten sie weinen ... Damals wurde mir klar, daß Orangen etwas Liebenswertes, daß diese großen blanken Kugeln etwas Teures sind...

Dein Vater stieg vom Beifahrersitz, nahm eine Orange und betrachtete sie schweigend. Dann brach er in Tränen aus wie ein verzweifeltes Kind. Bei Kap Nakura kam der Wagen in einer langen Autoschlange zum Stehen. Die Männer begannen den wartenden Polizisten ihre Waffen auszuhändigen. Als wir an die Reihe kamen, sah ich auf dem Tisch Gewehre und Munition liegen; ich sah auch die lange Schlange von Autos, die das Land der Orangen verließen und sich in den Libanon hineinschoben: Da begann auch ich bitterlich zu weinen ... Als wir dann am Nachmittag in Saida ankamen, waren wir Flüchtlinge geworden."[426]

Bezieht man die Argumention *Shamirs* auf diese Erzählung, so kommt man zu folgenden Schlüssen: Diese Familie ist entweder freiwillig geflohen oder hat sich dazu verleiten lassen. Auf jeden Fall verließ sie ihr Haus „not because it was so difficult to stay, but because it was so easy to go." Dies ist, so *Shamir* weiter, eine der Grundwahrheiten des Lebens, gegen die alle politischen Erwägungen ohne Gewicht sind, leicht wie Sommerwolken. Wie dem auch sei, diese Familie kehrte dann nicht mehr zurück, sondern blieb dort, wo sie auch zu Hause war, bei ihresgleichen. Schließlich ist sie ja freiwillig dorthin gegangen.

Ist dies, so könnte man ironisch fragen, ein Beispiel für die beschwörende Schlußformel *Shamirs*: „There is one supreme value and only one: the right of human beings to live side by side, in large groups or small, freely integrated and freely determining the manner of their life"?

---

[426] Kanafani: Der Mann..., 1994, S. 7ff.

3.2 Zur Vorgeschichte

Rabbi Benjamin[427] sprach früh von der Herausbildung einer neuen Nation
aus beiden Völkern:

> „Gebt ihnen eure Söhne und nehmt ihre Söhne für euch, und das Blut ih-
> rer Helden wird sich mit eurem mischen, und du wirst wachsen und ge-
> deihen. Und beide Arten werden zueinander finden, dabei eine neue Art
> hervorbringen."[428]

Ihm und seinen „kindlichen Träumen" antwortet *Yosef Haim Brenner* im
Jahre 1913:

> „Was, Benjamin, kann man über die Liebe unserer Nachbarn, der im
> Lande Geborenen, sagen, wenn sie unsere geschworenen Feinde sind, ja,
> Feinde? Weshalb, in der Tat, sollte man die Beziehungen zwischen einem
> Volk und dem anderen idealisieren, wenn diese nie gelingen können? Sie
> sind mächtiger als wir in jeder Hinsicht. Aber wir, die Juden, haben uns
> bereits daran gewöhnt, als Schwache unter Starken zu leben ... Haben wir
> uns nicht daran gewöhnt, umgeben von Haß, und voller Haß? So muß es
> sein. Schwache und liebende Leute sind verflucht. So haben wir gelebt,
> seitdem wir ein Volk wurden. Und vor allem muß man die Wahrheit der
> Situation begreifen. Vor allem ohne Sentimentalität und Idealismus."[429]

Schon vor dem 1.Weltkrieg hatten demnach die Literaten jene Gegensätze
formuliert, zwischen denen sich die Staatsgründer später entscheiden
mußten.

Bereits vor der Staatsgründung von 1948 gab es Überlegungen jüdischer Politiker zur Frage des Verbleibs der arabischen Bevölkerung in
Palästina. Schon die Äußerungen *Weizmans* sind zwiespältig und wider-
sprüchlich, wie eine Gegenüberstellung verschiedener Aussagen zeigt. In
einer Rede auf dem 14. Zionistischen Kongreß, d.h. in der Öffentlichkeit,
vertrat er deutlich den offiziellen Standpunkt der britischen Position und
lag damit auf der Linie der Balfour-Erklärung:

> „... friendship and cooperation with the Arabs to open the Near East for
> Jewish initiative. Palestine must be built up without violating the legiti-
> mate rights of the Arabs. Not a hair of their heads shall be touched. The
> Zionist Congress ... has to learn the truth that Palestine is not Rhodesia,
> and that 600.000 Arabs live there, who, before the sense of justice of the
> world, have exactly the same right to their homes in Palestine as we have
> to our National Home."[430]

---

[427] 1880-1957
[428] Aus: Feinberg 1993, S. 69
[429] Aus: Feinberg 1993, S. 70
[430] Zit aus: Encyclopaedia Judaica, vol. 16, Jerusalem 1941, Sp. 431

Er reiste sogar nach Palästina, um den Arabern zu versichern, daß es weder Ziel der Zionisten sei, die totale Kontrolle über Palästina zu erringen noch irgend jemanden aus seinem Besitz zu entfernen[431]. 1918 erreichte er ein Übereinkommen mit *Emir Feisal*, dem Sohne des *Scherifen Hussein* von Mekka, in dem er ihm die Versicherung gab, daß

> „the Zionists had no intention of working for the establishment of a Jewish Government in Palestine, but that all they wished to do was to help in the development of the country so far as that would be possible without damage to legitimate Arab interests."[432]

Gleichzeitig schrieb er an *Lord Balfour*:

> „The Arabs, who are superficially clever and quickwitted, worship one thing, and one thing only – power and success ... The British authorities ... knowing as they do the treacherous nature of the Arab, have to watch carefully and constantly that nothing should happen which might give the Arabs the slightest grievance or lest they should stab the Army in the back."[433]

Zwei Jahre nach der Balfour-Erklärung führte er vor einer Londoner Zuhörerschaft aus:

> „I trust to God that a Jewish state will come about; but it will come about not through political declarations, but by the sweat and blood of Jewish people. ... [The Balfour Declaration] is the golden key which unlooks the doors of Palestine and gives you the possibility to put all your efforts into the country... We said we desired to create in Palestine such conditions, political, economic and administrative, that as the country is developed, we can pour in a considerable number of immigrants, and finally establish such a society in Palestine that Palestine shall be as Jewish as England is English, or America is American ..."[434]

Die gewaltsame Vertreibung der Araber aus Palästina hatte bereits *Herzl* als Möglichkeit ins Auge gefaßt, als er 1901 versuchte, mit dem türkischen Sultan einen Vertrag zu schließen, der den Juden die Ansiedlung in Palästina erlauben sollte. In Artikel 3 dieses Vertrages sollten die Juden das Recht erhalten, die eingeborene Bevölkerung zu deportieren.[435] In seinen, erst später publizierten Tagebüchern, spricht *Herzl* unverblümt von

---

[431] Hirst 1978, S. 39

[432] Antonius, G.: The Arab Awakening, London 1938, S. 285 (zit. nach: R. Domb, 1982, S. 34)

[433] Ingrams, Doreen: Palestine Papers 1917-1922. Seeds of conflict, London 1972, S. 31 (zit. aus: Hirst 1978, S. 39f.)

[434] Chaim Weizman: Excerpts from his Historic Statements, Writings and Adresses, New York 1952, S. 48 (zit. aus: Hirst 1978, S. 40; Hirst fügt hinzu, daß diese enthüllenden Passagen – „revealing passages" – aus späteren Ausgaben des Buches entfernt worden sind.)

[435] Böhm, Adolf: Die Zionistische Bewegung, Berlin 1935, Bd.I, S.706 (zit. nach Hirst 1978, S. 18)

den Methoden einer solchen Vertreibung[436]: „Qui veut la fin, veut les moyens", ist ein Satz, den Herzl gebilligt haben soll[437].

Eine Schlüsselrolle in dem gesamten Prozeß nahm Großbritannien ein. Auch wenn man der britischen Politik zugute halten mag, daß sie weder 1917 (Balfour-Erklärung) noch 1922 (Mandat des Völkerbundes) die Konsequenzen der eigenen Politik voraussehen konnte, so hat Großbritannien dennoch durch seine öffentlichen Verlautbarungen die Ablehnung der Juden gegenüber der arabischen Bevölkerung gefördert und damit die entsprechende Schutzformulierung der Balfour-Deklaration als Leerformel entlarvt. In einem Memorandum, das *Lord Balfour* dem britischen Kabinett vorlegte, hieß es:

> Glauben wir im Falle Syrien wirklich, daß wir die Wünsche der Einheimischen grundsätzlich konsultieren werden? Wir meinen nichts in dieser Richtung ... Der Widerspruch zwischen der Völkerbunds-Akte und der alliierten Politik ist sogar noch größer im Fall der „independent nation" von Palästina wie in jenem der „independent nation" von Syrien. Denn in Palästina schlagen wir keine Konsultation mit den gegenwärtigen Bewohnern vor ... Die vier großen Mächte vertrauen auf den Zionismus. Und Zionismus, mag er richtig oder falsch sein, gut oder schlecht, wurzelt in uralten Traditionen, in gegenwärtigen Notwendigkeiten, in künftigen Hoffnungen und ist von weit gewichtigerer Bedeutung als die Wünsche und Vorurteile jener 700.000 Araber, die jetzt jenes alte Land bewohnen...[438]

Es bestand demnach mehr als ein stillschweigendes Übereinkommen, daß sich aus der Errichtung der jüdischen Heimstätte in Palästina ein Staat entwickeln könne. Zumindest innerhalb der britischen Regierung bestand von Anbeginn an Klarheit darüber, daß dies nur auf Kosten der arabischen Bevölkerung geschehen könne und man war bereit, dies in Kauf zu nehmen.

Und so ist es nicht verwunderlich, daß diese Einstellung auch die jüdischen Einwanderer prägte. Sicher hat es viele Juden gegeben, die nicht wußten, was sie in Palästina erwartete und die ehrlich glaubten, daß das Land mehr oder weniger unbewohnt sei, daß es wirklich, wie *Israel Zwangwill*, ein Zeitgenosse von *Herzl* schrieb, „ein Land ohne Volk sei, das auf ein Volk ohne Land warte".[439] Noch 1997 in „Tel Aviv. Eine Stadterzählung" schreibt *Katharina Hacker*, daß Onkel Levy erzählt hatte: „Von Palästina wußte ich nichts, nur daß da Wüste ist".[440] Auch der Palä-

---

[436] The Complete Diaries of Theodor Herzl, Herzl Press and Thomas Yoseloff, New York 1960, vol I, S. 88 (zit. nach Hirst 1978, S. 18)

[437] Herzl, Besammelte Zioniste Schriften, Jüdischer Verlag Berlin, 1934-35, vol. III, S. 77 (nach Hirst 1978, S. 18f.)

[438] Nach: Hirst 1978, S. 41f. (Übers. HN)

[439] Hirst 1978, S. 19

[440] Hacker: Tel Aviv, 1997, S. 130

stinenser *Ghassan Kanafani* nimmt diese Unkenntnis der einwandernden Juden in seiner Erzählung „Rückkehr nach Haifa" auf, wenn er über die Naivität des Juden Efrat Koschen, der in Italien auf seine Einschiffung nach Palästina wartet, schreibt:

> „Während seines Aufenthaltes in der italienischen Hafenstadt hatte er nämlich Arthur Koestlers *Thieves at Night* gelesen, das ihm ein Engländer geliehen hatte, der die Einwanderung mitüberwachte. Dieser hatte selbst eine Zeitlang zwischen jenen Hügeln gelebt, die Schauplatz von Koestlers Roman waren. In Wirklichkeit wußte Efrat eigentlich gar nichts über Palästina. Für ihn war es nur der geeignete Schauplatz für einen alten Mythos, der noch denselben Dekor bewahrte, wie er ihn immer in den frommen christlichen Bilderbüchern gesehen hatte, die man in Europa den Kindern zu lesen gibt. Selbstverständlich hatte er nicht ganz geglaubt, dass jenes Land völlige Wüste sei, die von der Jewish Agency nach zweitausend Jahren wiederentdeckt wurde."[441]

Was uns heute eher Ausdruck von Naivität scheint, beschreibt *Agnon* als den tiefen Glauben vieler Einwanderer:

> „We have received this small country from the hand of the Blessed one. Not in order to seize sovereignty have we come, nor to rule over it have we come; but to plough, to sow and to plant, so that we shall be able to keep His laws and guard His teachings."[442]

Mit Unverständnis reagierten die jüdischen Siedler auf die ablehnende Einstellung der arabischen Nachbarn, konnten die doch nur profitieren von ihrem Kommen. Sie halfen schließlich, das wüste Land wieder zu rekultivieren und nutzbar zu machen. Man sei gekommen, um zu pflügen, zu säen und zu pflanzen, und nicht um zu herrschen, wie es *Moshe Shamir* formulierte. Gegen diese friedlichen Absichten aber steht die grundsätzliche Bereitschaft auf jüdischer Seite, die dort seit Jahrhunderten wohnende arabische Bevölkerung zu entfernen. *Arthur Ruppin*, der Leiter der *Palestine Land Development Company* kam 1936 zu dem Schluß:

> „Überall wo wir Land kaufen und Leute ansiedeln, werden die gegenwärtigen Bebauer unweigerlich entfernt. Die Araber stimmen unserem Unternehmen nicht zu. Wenn wir unsere Arbeit in Eretz Israel gegen ihre Wünsche fortsetzen wollen, gibt es keine Alternative zum Verlust von Menschenleben. Es ist unser Schicksal, mit den Arabern in einem ständigen Kriegszustand zu sein, aber so ist die Wirklichkeit."[443]

Auf diesem Hintergrund ist es nicht mehr verwunderlich, daß sich 1937 auf dem Weltkongreß der *Poale Zion* in Zürich eine Diskussion darüber

[441] Kanafani: Rückkehr..., 1992, S. 49
[442] Agnon, Y.: Under the Tree (in: These and Those), 1941, S. 461 (zit. nach: R. Domb 1989, S. 36f.)
[443] Israca Nr.5, London 1973, S. 73 (zit. aus: Bunzl 1982, S. 39)

entwickelte, ob es möglich sei, daß in Palästina zwei Völker siedeln könnten. Im folgenden einige Äußerungen aus der Diskussion[444]:

Ben Gurion: „Der jüdische Staat, den die Kommission [Peel-Kommission, 1937]uns vorschlägt ..., deckt sich nicht mit den Zielen des Zionismus, weil die jüdische Frage nicht in einem solchen Territorium gelöst werden kann. ... In den Vorschlägen der Kommission besteht die Möglichkeit, die arabische Bevölkerung mit oder ohne ihre Zustimmung zu transferieren und so die jüdische Kolonisation zu erweitern... Bis jetzt haben wir uns nicht ansiedeln können, ohne Bevölkerung zu transferieren... Es gibt nur wenige Gegenden, die wir kolonisieren konnten, ohne gezwungen zu sein, die Bewohner zu transferieren."

Berl Katznelson: „Niemals habe ich gedacht, daß der Transfer vom Boden Israels lediglich den einfachen Transfer in die Umgebung von Nablus bedeuten würde. Ich glaubte und glaube weiterhin, daß es sich darum handelt, sie nach Syrien und Irak zu transferieren."

Joseph Weitz, Direktor des jüdischen Nationalfonds: „Unter uns muß klar sein, daß es in diesem Land keinen Platz für zwei Völker gibt ... Gemeinsam mit den Arabern werden wir nicht zu unserem Ziel gelangen, ein selbständiges Volk in diesem kleinen Land zu werden. Die einzige Lösung ist Palästina, zumindest Westpalästina ohne Araber ... Und es gibt keinen anderen Weg, als die Araber von hier in die Nachbarländer zu überführen; alle zu überführen; es darf kein Dorf, kein Stamm zurückbleiben...und nur durch diese Überführung wird dieses Land Millionen unserer Brüder aufnehmen können".

Diese Äußerungen sind zwar keine Anweisungen zur Vertreibung von arabischen Palästinensern aus Palästina, aber schon das Nachdenken darüber, mußte Bereitschaft bewirken, in dieser Richtung aktiv zu werden, wenn sich eine Gelegenheit dazu bot: „Diese Haltung zur Frage der Landlosigkeit in Palästina führte direkt zum Projekt des Bevölkerungstransfers, des vielleicht explosivsten Zusatzes zum jüdisch-arabischen Konflikt, statt zu konkreten Vorschlägen für eine Verbesserung der ökonomischen Bedingungen der großen Mehrheit der Araber."[445]

John Bunzl weist daraufhin, daß ein „Unrechtsbewußtsein" in dieser Frage dem zionistischen Denken fast vollkommen abgehe. *Ben Gurion* hatte 1938 in seiner Rede vor dem politischen Komitee der MAPAI die Maßstäbe gesetzt:

„Der Wert Eretz Israels für die Araber und seine Wichtigkeit für das jüdische Volk kann nicht verglichen werden."[446]

---

[444] Alle Zitate aus: Bunzl 1982, S. 43-46
[445] Flapan 1979, S.223 (zit. aus: Bunzl 1982, S. 39)
[446] Zit. aus: Bunzl 1982, S. 21

Damit war die Gewichtung klargestellt. Es gibt gute Gründe gegen eine solche machtpolitische Auffassung, aber es gibt auch – auf dem Hintergrund der jüdischen Geschichte – gute Gründe für eine solche Politik. Ob sich auf anderem Wege ein Staat Israel hätte errichten lassen, scheint zweifelhaft. Ob diese Politik allerdings langfristig, d.h. über ein paar Jahrzehnte hinausgedacht, ihren Erfolg bewahren kann, scheint ebenfalls fraglich.

Ben Gurion ging es um die "Homogenität" des Landes. Denn der jüdische Staat hätte nach dem Teilungsplan von 1947 eine arabische Bevölkerung von 46% gehabt. Durch die hohen Geburtenraten der Araber hätte dies nach wenigen Jahren bedeutet, daß die Juden im eigenen Staat in der Minderheit gewesen wären. Von einer Bereitschaft aber, den arabischen Bevölkerungsteil zu akzeptieren, ja sogar seine „human rights" gleichberechtigt neben die der Juden zu stellen, wie *Shamir* dies 1970 zu suggerieren sucht, kann mit Sicherheit keine Rede sein.

3.3 Flucht und Vertreibung 1948/49

Von 1948-51 flohen aus den arabischen Staaten ca. 580.000 Juden nach Israel[447]: Eine Entschädigung für das zurückgelassene Vermögen erhielten sie nicht. Diese Flüchtlinge wurden schnell in die israelische Gesellschaft eingegliedert. Nicht so die Araber, die aufgrund des Krieges 1948/49 geflohen waren oder vertrieben wurden. Etwa 700.000 Araber, d.h. rund 80% der im jüdisch besetzten Teil Palästinas lebenden arabischen Bevölkerung, hatten ihr Land verlassen.[448] Sie hofften, nach einem arabischen Sieg wieder heimkehren zu können und nahmen daher nur wenig Hab und Gut mit. Auch sie erhielten keine Entschädigung.

Der Zeitablauf der arabischen Fluchtbewegung zeigt, daß diese nicht gleichmäßig erfolgte. „Rund die Hälfte verließ ihre Heimat in der Zeit vom 1.Dezember 1947 bis zum 1.Juni 1948; grob gesagt also zwischen der Abstimmung in der UNO und dem Beginn des ersten israelisch–arabischen Krieges."[449] Der größte Teil der Flüchtlinge, etwa 300.000, floh in der Zeit von April bis Juni 1948 auf Grund von jüdischen Angriffen oder aus Furcht vor solchen.[450] Auch wenn viele dieser Menschen, durch gezielte Terrorakte jüdischer Untergrundorganisationen erschreckt, das Land

---

[447] Ansprenger 1978, S. 92
[448] Bopst 1968, S. 37; die UNO gibt 750.000 Flüchtlinge an, israelische Quellen nennen 5-600.000 (Schreiber/Wolfsohn 1987, S. 152); auf die unterschiedlichen Zahlenangaben und die damit verbundenen Absichten geht zuletzt Benny Morris 1987, S.297f.: „The number of Palestinian refugees" ein.
[449] Schreiber/Wolfsohn 1987, S. 152; diesen Termin bestätigt auch Flapan 1988, S. 121
[450] Morris 1994, S. 21

verließen, um ihr Leben zu retten, so gab es in dieser Phase mehr Menschen, die flohen, weil sie an die Versprechungen der arabischen Führer glaubten, daß sie bald wieder als Sieger in ihre Heimat zurückkehrten.

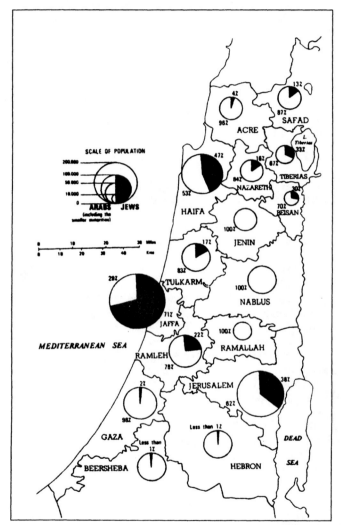

Palästina. Verteilung der Bevölkerung nach Sub-Distrikten. Schätzung 1946[451])

---

[451] Bunzl 1982, S. 58

Behauptungen, daß arabische Aufrufe die Fluchtwellen auslösten, wurden durch eine Auswertung britischer und amerikanischer Radio-Dienste allerdings widerlegt.[452] Richtig ist das Gegenteil: Die arabischen Radiostationen forderten die Palästinenser in wiederholten Aufrufen dazu auf, zu bleiben oder wieder in ihre Häuser zurückzukehren. Der Widerhall derartiger Aufrufe erscheint wiederholt in Dokumenten der *Haganah*, der *Mapam* und der britischen Mandatsmacht. Es seien lediglich örtliche arabische Kommandeure oder Politiker gewesen, welche eine Evakuierung aus Kriegszonen angeordnet hätten.[453]

Nach Kriegsbeginn allerdings lassen sich verschiedene Aktionen nachweisen, mit denen die Israelis selbst die Fluchtbewegung verstärkten. Vor allem sind jüdische Rundfunksendungen in arabischer Sprache wie auch das Massaker an der arabischen Bevölkerung von Deir Jassin zu nennen[454]. Maßnahmen der israelischen Armee taten das Übrige, um die Araber einzuschüchtern. Die Israelis zerstörten z.B. arabische Dörfer, um die geographische Geschlossenheit und Verteidigungsfähigkeit jüdischer Siedlungsgebiete zu verbessern. *Yousif Ammar* läßt in „Nachruf im Morgengrauen" eine alte Frau ihrem Neffen erzählen:

> „Es war ein Tag nach der Besatzung", sagte sie. „Wir liefen in der Ebene vor dem Shanna-Berg Richtung Dalia, einem drusischen Dorf, wo wir Zuflucht bei Bekannten suchten. Es waren siebzehn Leute. Die Kleinen auf Eseln, die Großen zu Fuß, dein Großvater auf der braunen Stute ritt voran. Vor ihnen lagen sechs Kilometer bis Dalia. Hinter ihnen, wie ein eben noch gesehener aber schon fast vergessener Traum, verschwand in einer unendlichen Entfernung das Dorf. ... Die Lage war sehr schwierig damals. ... Als die israelischen Truppen vor Igsim lagerten, waren alle großen Städte bereits gefallen. Die Dörfer um uns: Jaba, Ain-Hod, Ain-Ghazal, Tantura wurden fast völlig zerstört – außer den Kirchen und Moscheen, die die Israelis so weit wie möglich schonten, vermutlich um Gott nicht allzusehr zu beleidigen. Die Bewohner wurden ausnahmslos vertrieben. Unsere mächtigen Brüder im Osten wollten den Kampf und verloren dabei ihre Würde. Das Volk aber verlor sein Hab und Gut, und die Heimat."[455]

Verstärkend kam hinzu, daß die arabischen Palästinenser über keinerlei politische Führung verfügten, die in der Lage gewesen wäre, dem jüdischen Selbstbehauptungswillen etwas Gleichartiges entgegenzusetzen:

> „Den Palästinensern fehlte eine der Jewish Agency vergleichbare Organisation, welche die zum Kauf und Transport von Waffen erforderlichen Gelder und Einrichtungen zentral verwaltete. Es mangelte auch an einer

---

[452] Schreiber/Wolfsohn 1987, S. 154; Bunzl 1982, S. 55; Morris 1994, S. 17f.

[453] Morris 1994, S. 18 und S. 92

[454] Mehr Informationen zu Deir Jassin bei Schreiber/Wolfsohn 1987, S. 156f.

[455] Ammar, in: Hamdan/Wiebus 1989, S. 62

politischen und militärischen Führung, die den Widerstand hätte organisieren können."[456]

Ausdrücklich hebt *David Th. Schiller* das Versagen der politischen Führungsschicht der arabisch-palästinensischen Gesellschaft hervor:

> „So gingen Zehntausende noch vor dem Mandatsende, in der zweiten Fluchtwelle von April bis Mai 1948 verließen ‚fast 250.000 Araber der oberen, der mittleren, aber auch der unteren Schichten ihre Heimat‘. Diese erste Migration hatte ganz offensichtlich Signalwirkung für die Nachfolgenden, in Ortschaften, in denen die Notabeln und lokalen Führer blieben und die Bevölkerung zum Bleiben aufforderten, setzte keine Massenflucht ein – als Beispiel dient hier besonders Nazareth, das monatelang das Hauptquartier der Befreiungsarmee war, am 16.Juli von jüdischen Kräften erobert wurde, ohne daß es zu Ausschreitungen israelischerseits oder zur Panik unter den Anwohnern kam. Haifa könnte als Gegenbeispiel angeführt werden: .... In Haifa wurde die Bevölkerung von den verbliebenen Notabeln zum Verlassen der Stadt aufgefordert..."[457]

Damit hatten sich gerade jene gesellschaftlichen Kräfte abgesetzt, die den Zusammenhalt der Einwohner gewährleisten und gegenüber den Israelis einen kompromißbereiten politischen Kurs hätten durchsetzen können, der die arabischen Siedlungen und ihre Menschen vor einer sinnlosen Konfrontation hätte bewahren können. So aber waren die Menschen, die an das Vorhandensein einer politischen Führungsschicht gewöhnt waren, den irrealen Wunschvorstellungen der arabischen Militärführer ausgeliefert. *Benny Morris* beschreibt ihre Situation: „Their leaders were going or had gone; the British were packing. They had been left ‚alone‘ to face the Zionist enemy"[458]. Zusammenfassend analysiert er die Schwäche der arabisch-palästinensischen Gesellschaft:

> Es war die grundlegende strukturelle Schwäche der palästinensischen Gesellschaft, die zu ihrer Auflösung führte, als die Herausforderung des Krieges kam. Das Fehlen von Selbstverwaltungsorganen, aber auch schwache Führer, unzureichende oder nicht existierende militärische Organisationsformen außerhalb des Niveaus der einzelnen Dörfer, mangelhafte oder nicht existente Steuermechanismen, all dies verursachte den Fall der Städte im Zeitraum April bis Mai, als sich die Briten zurückzogen und die Haganah angriff. Der Fall der Städte und die Flucht aus ihnen war die Ursache für Ängste und Verzagtheit im ländlichen Hinterland. Traditionell sahen die Dörfer, auch wenn sie wirtschaftlich autark waren, in Erwartung politischer Führerschaft auf die Städte. Die Räumung durch die städtische Mittelklasse und ihre Führer (die oft Besitz auf dem Land

---

[456] Salah Chalaf alias Abu Ijad, Heimat oder Tod, Düsseldorf 1979 (zit. aus: Schreiber/Wolfsohn 1987, S. 153)

[457] Schiller 1982, S. 214

[458] Morris 1987, S. 287

hatten und von ländlichem Ursprung waren), wie auch der Fall der Städte, lieferte den palästinensischen Dorfbewohnern das Beispiel, das sie nachahmten. Der Fall von Safad und die Flucht am 10. und 11.Mai beispielsweise löste den sofortigen Exodus der umgebenden arabischen Dörfer aus; so wie es früher in Haifa und beim jüdischen Angriff auf Jaffa der Fall gewesen war.[459]

Es gibt eine, jüngst erst in den Archiven des Kibbuz Givat Haviva entdeckte, erstaunliche Quelle für diese Vorgänge. Es handelt sich um eine Analyse der Fluchtbewegung, die der Geheimdienst der Israelischen Verteidigungsstreitkräfte[460] im Juni 1948 erstellte. In dem Bericht wird festgestellt, daß es nicht die jüdischen Angriffe waren, die zählten, es waren „mainly the psychological factors which affected the rate of emigration... The evacuation of a certain village because of an attack by us prompted in its wake many neighbouring villages [to flee]." Diesem Bericht nach gingen etwa 70% der arabischen Fluchtbewegung auf jüdische Militäroperationen zurück, Aufrufe des Arabischen Hohen Kommisariats und der Regierung von Transjordanien aber waren nur für eine Größenordnung von etwa 5% verantwortlich.[461]

Es muß aber darauf hingewiesen werden, daß bei aller grundsätzlicher Zustimmung, mit der die Führer des Yishuv den Exodus der arabischen Palästinenser gesehen haben, es keinen Plan zur Vertreibung dieser Menschen gegeben hat. *Benny Morris:*

„... the Yishuv did not enter the 1948 war with a master plan for expelling the Arabs, nor did its political and military leaders ever adopt such a master plan. There were Haganah/IDF[462] expulsions of Arab communities, some of them at the initiative or with the post facto approval of the cabinet or the defence minister, and most with General Staff sanction ... But there was no grand design, no blanket policy of expulsion...."[463]

Allerdings ist diese grundsätzliche Aussage auch wieder zu differenzieren:

„In some ‚military operations', such as Haganah conquest of the Arab parts of Haifa, the Jewish troops by and large had no clear intention of provoking an Arab exodus and their military strategy was not calculated to produce such an outcome. In other military operations, such as the IZL[464] attack on Jaffa, and probably the Haganah offensive in Western Galilee in May 1948, the flight of the Arab inhabitants was clearly desired and deliberately provoked by the attacking troops. The IZL/LHI[465] attack

---

[459] Morris 1994, S. 21 (Übers. HN)
[460] Israel Defence Forces Intelligence Service Analysis
[461] Morris 1994, S. 89f.
[462] Israel Defence Forces
[463] Morris 1994, S. 17
[464] IZL = Irgun Zva'i Leumi (National Military Organisation) or the Irgun (Morris 1994, S. XIII)
[465] LHI = Lohamei Herut Yisrael (Freedom Fighters of Israel) or Stern Gang (Morris 1994, S. XIV)

on Deir Yassin near Jerusalem on 9 April ended not only in a massacre but also in the expulsion by the conquering unit of the surviving Arab villagers. (The Intelligence Service report catagorizes the flight of the Deir Yassin inhabitants as a result of a dissident operation....)."[466]

Insgesamt, so faßt *Morris* seine Auswertung zusammen, widerlegt der Bericht die offizielle israelische Erklärung einer arabischen Massenflucht, die von den arabischen Führern aus politisch-strategischen Gründen angeordnet worden sei. Nach diesem Bericht gibt es solche Anweisungen nur aus lokalen strategischen Überlegungen und sie betreffen kaum mehr als etwa 10% der arabischen Palästina-Flüchtlinge. Der Bericht hebt sogar hervor, daß dieser Exodus den politisch-strategischen Wünschen des Arabischen Hochkommissariats und der Regierungen der arabischen Nachbarstaaten zuwiderlief. Diese stemmten sich sogar – wenn auch vergeblich – gegen den Exodus.[467]

W.D. Bopst veröffentlichte 1968 Untersuchungen über die Fluchtbewegungen der arabischen Palästinenser. Er hatte zu diesem Zweck zwei Flüchtlingslager im Westjordanland untersucht. Wegen der Ähnlichkeit der Ergebnisse genügt hier eine Darstellung des Lagers „Aida", das zwischen Hebron und Jerusalem im Westjordanland liegt: Grundsätzlich gilt, „die Faktoren Entfernung und Sicherheit bestimmten die Wahl des ersten Zufluchtsraumes der Flüchtlinge. Gemäß diesen Prinzipien kann der erste Fluchtort als ein außerhalb des jüdisch besetzten Gebietes Palästinas liegender Ort, der ... die geringste Entfernung zum Heimatort aufwies, charakterisiert werden."[468] So hatte die Bevölkerung Nordpalästinas eine andere Fluchtrichtung als jene um Beersheba, die überwiegend in den Gaza-Streifen floh. Es ist offensichtlich, daß der Fluchtort mitbestimmt war von der Hoffnung und Erwartung auf baldige Rückkehr.

Ein Charakteristikum dieser Flucht[469] war außerdem, daß sie als soziale Einheit erfolgte, so daß sich in den Flüchtlingslagern die Großfamilien und Dorfgemeinschaften als Flüchtlingsgemeinschaften wiederfanden. Damit blieben die internen Loyalitätsstrukturen der Familien erhalten, in denen sich besonders leicht und intensiv die Erinnerung an die verlorene Heimat wachhalten ließ, was sich zu einem gemeinsamen Identifizierungsmuster entwickelte.

---

[466] Morris 1994, S. 98
[467] Morris 1994, S. 100f.
[468] Bopst 1968, S. 39
[469] Im folgenden nach Schiller 1982, S. 215

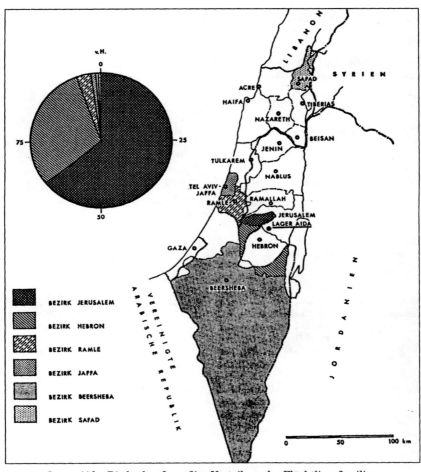

Lager Aida. Die herkunftsmäßige Verteilung der Flüchtlingsfamilien
in v.H. (Stand 1965)[470]

---

[470] Bopst 1968, S. 40

3.4 Die Integration der Flüchtlinge

Die regionale Verteilung der Flüchtlinge auf die Nachbarstaaten Israels war nach Angaben der UNRWA höchst unterschiedlich:

Aufnahmegebiet	Zahl der Flüchtlinge	Anteil %
Libanon	160	12.5
Syrien	136	10.6
Jordanien	688	53.7
Gaza-Streifen	297	23.2
Gesamter Aufnahmeraum	1.281	100.0

Die regionale Verteilung der Palästinaflüchtlinge am 30.6.1965
(1000 Personen)[471]

Aufgrund der unterschiedlich großen Fläche der Aufnahmeländer und der Bevölkerungszahl klaffte der Anteil der Flüchtlinge an der Gesamtbevölkerung und ihre Verteilung in dem vorhandenen Raum krass auseinander:

Aufnahmegebiet	Bevölkerung einschl. Flüchtlinge 1000 Pers.)	Fläche km²	Flüchtlinge (1000 Pers.)	Flücht- lingsanteil in %	Flüchtlings- dichte pro km²
Libanon	2 200	10 400	160	7.3	15.4
Syrien	5 600	185 000	136	2.3	0.7
Jordanien	1 900	98 000	688	36.2	7.0
Gaza-Streifen	400	350	297	74.3	848.6

Flüchtlingsdichte und Anteil der Flüchtlinge an der Gesamtbevölkerung
der Aufnahmegebiete im Jahre 1965 [472]

Diese Zahlen machen einsichtig, daß die absolute Zahl der Flüchtlinge in einem Land noch wenig aussagt über deren tatsächliche Lage und daß andere Indikatoren zur Präzisierung unumgänglich sind.

---

[471] Bopst 1968, S. 52
[472] Bopst 1968, S. 53 Tab. 8 (Zahlen der UNRWA, des libanesischen Planungsministeriums und des Statistischen Bundesamtes)

In sehr unterschiedlicher Weise wurden die Flüchtlinge im Aufnahmeland integriert. Viele von ihnen blieben in Lagern und somit ein Aktivposten im politischen Schacher. Denn die palästinensischen Familien in den Lagern machten der Welt deutlich, daß das grundsätzliche Problem der Existenz Israels noch immer nicht gelöst war. Radio Kairo am 19. Juli 1957:

> „Die Flüchtlinge sind der Schlüsselstein des arabischen Kampfes gegen Israel. Die Flüchtlinge sind die Waffen der Araber und des arabischen Nationalismus."[473]

Obwohl sie Araber waren und sich auch als Araber und nicht als Palästinenser fühlten, wurden sie in den arabischen Staaten nicht eingegliedert. Eine Ausnahme bildete hier lediglich Jordanien[474] und Libanon[475]. Hier konnte sich die urbane und feudale Elite in Mittelstand und Oberschicht integrieren. An der Außenseiterstellung der Mehrzahl der Flüchtlinge hat sich bis heute allerdings nichts grundsätzlich geändert. Ein Araber beschreibt seine Situation:

> „... Wir werden bis heute als Flüchtlinge, als Menschen ohne Dach überm Kopf angesehen. Die Leute von Rama haben sich mit den unseren nicht verheiratet, sie wollten ihre Töchter keinen Flüchtlingen geben. Bis heute – dreiundvierzig Jahre lang! – sind wir dort Fremde geblieben. Sie verfluchen uns. Sie demütigen uns. Das Dorf Rama hat eine sehr geschlossene Gesellschaft. Ich habe keine Chance, in unserem lokalen Rat mitzumischen..."[476]

3.5 Ein Leben auf der Flucht: Die palästinensische Perspektive

Ivesa Lübben berichtet 1989 von Gesprächen mit der etwa 40-jährigen Palästinenserin Umm Merwan. Ihre Familie kommt aus Deir Tarif, einem Dorf, das jetzt in Israel liegt. Während des Krieges von 1948 floh sie in die Westbank. Umm Merwan erinnert sich:

> „Wir hatten von dem Massaker in Deir Yassin gehört. Dort hatten sie schwangeren Frauen die Bäuche aufgeschlitzt. Als die Juden in Deir Tarif einmarschierten, liefen die Leute weg – nur mit den Kleidern, die sie am Leibe trugen. Sie hatten Angst. Dann nahmen die Juden ihnen die Häuser und das Land weg. Wir schliefen die erste Zeit auf der Erde unter Oli-

---

[473] Zit. aus: Schreiber/Wolfsohn 1987, S. 161
[474] Vgl. Schreiber/Wolfsohn 1987, S. 159
[475] Schiller 1982, S. 215
[476] Grossman: ...Israeli, 1992, S. 207

venbäumen. Wir hatten nichts zu essen. Wir gingen zu den Leuten und
bettelten uns etwas Mehl zusammen. Wir brachen Äste von den Bäumen.
Mit dem Holz machten wir Feuer und backten Brot darauf."[477]

Mag für Schülerinnen und Schüler diese Schilderung sich noch wie ein
Abenteuer lesen (unter Bäumen schlafen, Feuer machen, Brot backen),
weil das eigentliche Elend noch nicht sichtbar ist, so wird sich ihre Wahrnehmung erst mit Kenntnis der weiteren Lebensumstände schärfen. Inzwischen hatte die UNRWA Zelte für die Flüchtlinge gestiftet. Umm
Merwan:

„Wir lebten mit sechs Personen in einem Zelt. Wir hatten nichts, nur ein
paar Decken. Im Winter lief das Wasser unter den Zeltwänden durch.
Meine Mutter legte ein paar Holzscheite auf den Boden und darauf eine
Wolldecke. Das war unser Bett. Wir hatten keinen Ofen. In der Mitte des
Zeltes machten wir ein kleines Feuer. Daran wärmten wir uns. Von der
UNRWA bekamen wir etwas Milchpulver, Reis und Mehl. Wenn wir
hungrig waren, durften wir uns nicht einfach selber bedienen. Meine Mutter verteilte das Brot. Jeder bekam einen halben Fladen, etwas Yoghurt
und etwas Öl. Das war alles. ...."

Du kannst Dir nicht vorstellen, was die Palästinenser schon alles durchgemacht haben, vor allem die Flüchtlinge. Weißt Du, was es bedeutet,
Flüchtling zu sein? Flüchtling zu sein, das bedeutet nichts zu haben, gar
nichts, kein Haus, kein Land, keinen Garten. Zu arbeiten, nur um zu
überleben. Wir haben gelernt, wie weh es tut, auf alles zu verzichten.
Wenn wir als Kinder Süßigkeiten gesehen haben, sind wir manchmal zu
unserer Mutter gegangen und haben gesagt: Gib uns einen Qirsch (kleine
Münze), wir möchten etwas kaufen. Aber es ging nicht, woher hätte sie
das Geld nehmen sollen. Wir hatten nicht einmal Schuhe. Meine Mutter
schickte uns barfuß in die Berge zum Holz sammeln. Es war heiß, Dornen
stachen uns in die Füße, und wir wußten kaum, wie wir das Holz schleppen sollten."[478]

Umm Merwan berichtet, daß sie nie die Schule besuchen konnte. Die Eltern hatten kein Geld für Hefte und Bleistifte. Im Alter von zwölf Jahren
fand sie eine Stelle als Hausangestellte bei einem Arzt, wo sie putzen, waschen und die Gäste bewirten mußte. Außerdem hütete sie die Kinder der
Familie. Schließlich fand ihr Vater eine Arbeit im Steinbruch. Ein neues
Leben, das stattfand unter der Last der Erinnerung an das alte:

„In Deir Tarif ging es uns gut. Wir hatten Land, Schafe, Orangen, ein
Haus. Die Bauern kamen aus den Bergen und tauschten Weizen und Ger-
ste gegen Orangen und Zitronen. Es war wie im Paradies. Dann kamen

---

[477] Lübben 1989, S. 34
[478] Lübben, 1989, S. 34ff.

die Israelis und warfen uns aus unserem Haus. Wir verloren alles. Warum? Es gibt keinen Grund."[479]

Der arabische Exodus aus Haifa fand seinen literarischen Niederschlag in dem Roman des Palästinensers *Ghassan Kanafani* „Rückkehr nach Haifa".[480] *Kanafani* beschreibt ein junges arabisches Paar, das in den Kämpfen um die Stadt sein Kind in der Wohnung zurücklassen mußte. Alle Versuche, es mitzunehmen, scheitern. Alle Versuche der folgenden Jahre, nach Haifa zurückzukehren, um sich Gewißheit zu verschaffen, scheitern ebenfalls. Erst nach 20 Jahren ist dies möglich. In ihrer alten Wohnung treffen die Eltern ihren Sohn. Er wurde nach der Eroberung von einem kinderlosen jüdischen Ehepaar adoptiert, trägt nun die Uniform der israelischen Armee und fühlt ganz als Israeli. In diese Situation, in der die arabischen Eltern auf ihren nun zum Juden gewordenen Sohn treffen, verpackt *Kanafani* die ganze tragische Problematik, wenn er den Vater zum Sohn sagen läßt:

„Sie brauchen mir Ihr Gefühl später nicht mehr zu beschreiben. Vielleicht treffen Sie ja in Ihrem ersten Kampf auf einen der Fedajin namens Chaled. Chaled ist mein Sohn. Ich hoffe, sie haben bemerkt, dass ich nicht gesagt habe, er sei Ihr Bruder. Es geht ja, wie Sie sagten, um den Menschen. In der vergangenen Woche hat Chaled sich den Fedajin angeschlossen ... Wissen Sie übrigens, warum wir ihn Chaled und nicht Chaldun[481] genannt haben? Weil wir an sich damit gerechnet haben, Sie zu finden, und sei es auch erst nach zwanzig Jahren. Doch nun ist es anders gekommen. Wir haben Sie nicht gefunden, und ich glaube nicht, dass wir Sie je finden werden."[482]

3.6 Der Sechs-Tage-Krieg (1967)

Während des Sechs-Tage-Krieges wiederholte sich für die meisten Flüchtlinge diese Tragödie. Israelische Truppen besetzten die Westbank „und ein neuer Strom von 200.000 Flüchtlingen ergoß sich in die umliegenden arabischen Staaten"[483], v.a. nach Jordanien. Sie mußten alles zurücklassen, was sie besaßen.

Zugleich förderten die Israelis den palästinensischen Exodus aus dem Gaza-Streifen. In einer Dokumentation der *Frankfurter Rundschau* wird dieser Vorgang beschrieben:

[479] Lübben, 1989, S. 36
[480] Vgl. auch die Erzählung von Kanafani, Ghassan: Das Land der traurigen Orangen, Basel 1994
[481] Chaldun war der arabische Name jenes Sohn, dem er jetzt gegenübersteht.
[482] Kanafani: Rückkehr..., 1992, S. 87
[483] Hottinger 1995, S. 212

Der pünktliche, effiziente Auftrag kam aus höchsten Militärkreisen: eine ‚Mini-Umsiedlung' im Gaza-Streifen. Goren[484]: „Generalmajor Gavish ordnete an, so viele Palästinenser wie möglich in Busse nach Ägypten zu stecken." Oberstleutnant Mudai, der diese Order mit Enthusiasmus ausführte, erinnerte sich an die Auswahl der Palästinenser durch die Schabak[485]: „Jeden Tag verließ ein großer Konvoi den Gaza in Richtung Suezkanal. Junge Leute, manchmal ältere mit Familie, Frauen und Kinder. Dort verfrachteten wir sie auf kleine Boote. Es kam vor, daß die Ägypter das Feuer auf sie eröffneten, dann feuerten wir zurück. Wir versorgten sie mit Verpflegung für einen Tag, dann verschwanden sie in der Wüste. Was aus ihnen geworden ist, weiß ich nicht. Ich rede von Zehntausenden von Menschen (Anm. der FR: Es waren zwischen 30.000 und 40.000 Menschen). Von mir aus hätten wir der gesamten Gaza-Streifen leerräumen können, aber das war unmöglich, und so einen Befehl hat es auch nie gegeben."[486]

Nach Beendigung des Sechs-Tage-Krieges 1967 führte Israel in den besetzten Gebieten eine Volkszählung durch. Es wurde festgelegt,

„dass nur die an diesem Tag Anwesenden die Bestätigung ihrer Gebietszugehörigkeit bekommen sollten. Alle anderen, die zur Zeit des Krieges studien- oder besuchshalber im Ausland waren, oder im Krankenhaus in Amman, konnten nicht registriert werden. Als ‚Abwesende' verloren sie das Recht auf Heimkehr. Die Volkszählung gehörte zu den Strategien, mit denen die Besatzungsmacht gleich zu Beginn der Besatzung die Zahl der Wohnsitzberechtigten senken wollte. Sie führte ein eigenes Registriersystem ein. Zuvor waren wir Palästinenser in Jordanien registriert gewesen; Personalausweise oder Identitätskarten hatten wir keine.

Die Leute, die nie zuvor von Volkszählungen gehört hatten und die Richtlinien nicht verstanden, reagierten verwirrt und verängstigt. Manche verheimlichten ihre Söhne. Probleme gab es bereits mit den Namen: Die Leute gaben denjenigen Namen an, der ihnen persönlich richtig schien, weil sie nicht wussten, wie wichtig genaue Angaben waren; die Analphabeten unter ihnen konnten ausserdem nicht überprüfen, ob der Namen richtig eingetragen wurde. Jede Person gab ihren Namen mündlich an, und ein Beamter schrieb ihn nieder. Ein Chaos entstand. Unter ‚Familienname' verstehen die Palästinenserinnen und Palästinenser Unterschiedliches: sei es den Namen der Frau, der Sippe, des Stammes oder – sehr häufig – einen Übernamen. Meine Großmutter z.B. heisst offiziell und laut Heiratsurkunde Mirjam. Im Dorf wurde sie Masuude – die Glückliche – genannt, weil sie immer fröhlich war. Bei der Volkszählung gab sie ihren Übernamen Masuude an. Ihre Tochter, meine Mutter also,

---

[484] Moshe Goren, Generalmajor der Reserve, wurde zum Gouverneur von Gaza ernannt (Rosenthal 1997)

[485] Israelischer Geheimdienst

[486] Rosenthal 1997

gab den Taufnamen ihrer Mutter – Mirjam – an. Weil die beiden Papiere nicht übereinstimmten, verlor Mutter ihre Erbberechtigung.

In einem anderen Fall gab ein Mann aus dem Dorf als Familiennamen den Vornamen seiner Frau an. Danach trug er als einziger in der Familie diesen Namen, und es dauert zwölf Jahre, bis er ihn korrigieren konnte und als Mitglied seiner Familie anerkannt wurde.

Die Mitglieder meiner eigenen Familie haben vier verschiedene Namen. Offiziell gelten wir noch heute nicht als Geschwister. Wer zufällig den Namen des Vaters bekam, war erbberechtigt, die anderen nicht. ..."[487]

3.7 Die neue Interpretation

In der französischen Tageszeitung *Le Monde* erschien am 26.1.1996 ein Interview mit *Benny Morris*, einem der Vertreter einer neuen Geschichtsbewegung in Israel. Er äußerte dort folgende Meinung[488]:

So wurde ich mehr und mehr davon überzeugt, daß es offensichtlich eine Absicht gab, die Araber zu vertreiben[489] und ich achte aufmerksamer als vorher auf den Einfluß jener 50 Jahre, die dem Krieg von 1948 vorausgingen. Es sind die arabischen Kritiker an meinem Buch, welche meine Aufmerksamkeit für diesen Punkt geschärft haben, auch wenn, nocheinmal, ich die These von der Vorsätzlichkeit, die sie verteidigen, nicht akzeptiere.

Und weiter:

Man kann nicht aufrechterhalten, daß es ein freiwilliges Weggehen gegeben habe. Die meisten der palästinensischen Dorfbewohner, die geflohen sind, haben es gemacht, weil sie eine jüdische Offensive fürchteten.... und die Dorfbewohner entfernten sich nur wenige Kilometer.

Arnold Hottinger stützt sich u.a. auf diese Arbeiten von *Morris*, wenn er folgert:

„Erst durch diese Vertreibung konnte ein jüdischer Staat in Palästina überhaupt geschaffen werden. Die zu diesem Zweck angewandten Methoden reichen vom Massaker bis zur Verbreitung von Panik, was von israelischen Historikern aufgrund neu zugänglicher Dokumente belegt wird, die damit dem alten Propagandamythos von der „freiwilligen" Flucht der Palästinenser korrigieren.

---

[487] Farhat-Naser 1995, S.69 f.
[488] Le Monde 26.1.1996, p. VII (Übersetzung HN)
[489] Dazu Morris 1987, S. 292: „Ben-Gurion clearly wanted as few Arabs as possible to remain in the Jewish State. He hoped to see them flee. ... But no expulsion policy was ever enunciated and Ben-Gurion always refrained from issuing clear or written expulsion orders; he preferred that his generals ‚understand' what he wanted to done."

Der nicht mehr zu leugnende Umstand, daß die Palästinensersinnen und Palästinenser mit Gewalt aus ihrer Heimat vertrieben wurden, liegt allen weiteren Entwicklungen zugrunde."[490]

Für *Simcha Flapan* ist die bis dahin geltende offizielle Bewertung dieser „Flucht" einer der Mythen des modernen Israel. „Die Behauptung, der Exodus (der Araber) sei auf ‚Befehl von oben' geschehen, also von der arabischen Führung gesteuert worden, erwies sich ... viele Jahre lang als propagandistisch wirksam."[491] Das Gegenteil ist richtig:

> „In Tausenden von Dokumenten, die das Zionistische Zentral- und das Israelische Staatsarchiv in jüngster Zeit veröffentlicht haben, findet sich ebensowenig ein Beleg für die Richtigkeit der israelischen Behauptungen wie in den Kriegstagebüchern Ben Gurions. Diese jetzt freigegebenen Dokumente beweisen, daß die „Befehl-von-oben"-Theorie falsch ist, und zeugen im Gegenteil von erheblichen Anstrengungen des AHC [Arab Higher Committee] und der arabischen Staaten, die Fluchtbewegung einzudämmen."[492]

Allerdings betont auch er, daß es keinen ausdrücklichen Befehl gegeben habe, die Araber zu vertreiben. Durch die Äußerungen vieler führender Politiker, allen voran *Ben Gurion*, war es aber jedem klar, „worum es ‚realpolitisch' ging". Auch wenn offiziell der arabischen Bevölkerung eine faire Behandlung versprochen wurde, auch wenn „*Ben Gurion* angesichts der nicht seltenen Fälle, in denen arabische Dörfer brutal zerstört und ihre Bewohner fortgejagt wurden (nicht zögerte), die Ausschreitungen, Plünderungen, Vergewaltigungen und Morde, die dabei begangen wurden, öffentlich zu verurteilen"[493], äußerte er sich intern in gegenteiliger Weise. So forderte er am 19. Dezember 1947:

> „Wir [müssen] das System der aggressiven Verteidigung anwenden; auf jeden arabischen Angriff müssen wir mit einem entscheidenden Schlag antworten: den Ort zerstören oder die Bewohner vertreiben und den Ort für uns in Besitz nehmen."[494]

Und weiter:

> „Wenn wir in den Kampf gehen, (...) müssen wir stark und grausam sein und dürfen uns durch nichts aufhalten lassen."[495]

Im Diensttagebuch dieses Krieges beschreibt *Jitzhak Rabin* ein Gespräch zwischen *Allon*, dem *Palmach*-Befehlshaber, und *Ben Gurion*:

---

[490] Hottinger 1995, S. 211
[491] Flapan 1988, S. 123
[492] Flapan 1988, S. 123f.
[493] Flapan 1988, S. 131
[494] Ben Gurion, Kriegstagebücher. 19.Dezember 1947, S. 37f. (zit. aus: Flapan 1988, S. 131)
[495] Bar Zohar: Ben Gurion, S. 680 (zit. aus: Flapan 1988, S. 131)

„Yigael Allon fragte Ben Gurion, was mit der Zivilbevölkerung geschehen solle. Ben Gurion machte eine Handbewegung, die man nur als ‚Fortjagen‘ deuten konnte. ‚Fortjagen‘ ist ein Ausdruck, der einen harten Klang hat. Psychologisch war das eine der schwierigsten Maßnahmen, die wir ergriffen. Die Bewohner von Lydda gingen nicht freiwillig. Es gab keinen anderen Weg, als Gewalt und Warnschüsse einzusetzen, um die Bewohner dazu zu bringen, daß sie die 20 oder 25 Kilometer bis zu der Stelle marschierten, wo sie auf die Arabische Legion trafen." [496]

Und weiter:

„In große psychische Not wurden die Männer gestürzt, die an der Vertreibungsaktion teilnahmen. ... Die Vertreibungsaktion verstieß gegen alle Normen ... Es gab einige, die sich weigerten, mitzumachen. (...) Es bedurfte nach der Aktion langwieriger Propagandabemühungen, (...) um ihnen zu erklären, weshalb wir gezwungen waren, zu so harten und grausamen Maßnahmen zu greifen." [497]

Gezielt wurden auch psychologische Aspekte der Kriegführung eingesetzt. Fünf Tage vor der Staatsgründung fragte *Allon*:

„Wir suchten nach Mitteln und Wegen, die Zehntausenden von Arabern, die in Galiläa geblieben waren, ohne Anwendung von Gewalt zur Flucht zu veranlassen, denn im Falle einer arabischen Invasion wären sie uns in den Rücken gefallen." [498]

Am 15.Mai 1948 „zitierte die libanesische Zeitung *Al-Hayat* ein Flugblatt, das aus der Luft abgeworfen worden war und die Unterschrift des *Hagana*-Kommandos für Galiläa trug" [499]:

„Wir wollen nicht gegen einfache Menschen kämpfen, die in Frieden leben möchten, sondern nur gegen die Armeen und Truppen, die zum Einmarsch nach Palästina bereitstehen. Daher (...) müssen alle Menschen, die diesen Krieg nicht wollen, zusammen mit ihren Frauen und Kindern fortgehen und sich in Sicherheit bringen. Dies wird ein grausamer Krieg sein, ohne Gnade oder Mitleid. Es gibt keinen Grund, weshalb sie sich selbst in Gefahr bringen sollten." [500]

Es ist schwer, sich heute, 50 Jahre nach diesen Ereignissen, in die Lage der Menschen beider Seiten zu versetzen. Die Zwänge, unter denen sie standen und kämpfen mußten, sind nur in Ansätzen nachvollziehbar. So

---

[496] Rabin, Jitzhak: Diensttagebuch, zit. nach David Shippler: New York Times. 22.Oktober 1979 (zit. aus: Flapan 1988, S. 119; Flapan weist darauf hin, daß diese Darstellung Rabins in der hebräischen Ausgabe von der Zensur gestrichen wurde und nur in dem Artikel in der New York Times nachzulesen ist.)

[497] Rabin, Jitzhak: Diensttagebuch (zit. aus: Flapan 1988, S. 148f.)

[498] Von Khalidi nach einer hebräischen Quelle zitiert, siehe Khalidi, Why did the Palestinians leave?, S. 42 (zit. aus: Flapan 1988, S. 141

[499] Flapan 1988, S. 136

[500] Khalidi: Why did the Palestinians leave?, S. 3 (zit. aus: Flapan 1988, S. 136f.)

bleibt jeder Versuch einer Annäherung eben nur ein Versuch. *Benny Morris* abschließend zu den Gründen der arabischen Massenflucht:

„I have tried to show ...that causation was multi-layered: a Haifa merchant did not leave only because of the weeks or months of sniping and bombing; or because business was getting bad; or because of intimidation and extortion by irregulars; or because he feared the collapse of law and order when the British left; or because he feared for his prospects and livelihood under Jewish rule. He left because of the accumulation of all these factors."

The situation was somewhat more clearcut in the countryside. But there, too, multiple causation often applied. Take Qaluniya, near Jerusalem. There were months of hostilities in the area, intermittent shortages of supplies, severance of communications with Jerusalem, lack of leadership or clear instruction about what to do or expect, rumours of impending Jewish attack, Jewish attacks on neighbouring villages and reports of Jewish atrocities, and, finally, a Jewish attack on Qaluniya itself (after most of the inhabitants had left). Again, evacuation was the endproduct of a cumulative process...

What happened in Palestine/Israel over 1947-49 was so complex and varied, the situation radically changing from date to date and place to place, that a single-cause explanation of the exodus from most sites is untenable. ... In general, in most cases the final and decisive precipitant to flight was ... attack or the inhabitants' fear of such attack."[501]

3.8 50 Jahre danach

Heute, 50 Jahre nach dem Krieg von 1948/49, nach Jahrzehnten des Lebens im Lager, der Nichtanerkennung, des Elends, des Ringens um eine Identität, scheint es müßig, darüber nachzudenken, ob der Terminus „Flucht" oder „Vertreibung" der richtige ist.

„Für die heutige Diskussion", schreibt David Th. Schiller 1982, „ist es unergiebig, inwieweit die Flucht mehr durch Freiwilligkeit, Resignation, kopflose Panik, Furcht vor Vergeltung und Massakern, durch britische, arabische oder zionistische Propaganda bedingt war – alle diese Faktoren stellen Beweggründe dar. Wesentlich für die heutige Situation der Nationalbewegung ist nur die Perzeption der Katastrophe, die mit ihren Einzelerinnerungen und Überlieferungen das Weltbild, die Selbst- und Feindsicht der palästinensischen Flüchtlinge geprägt hat und weiter prägen wird. Diese Perzeption ... wird als Legitimation herangezogen für die Fortführung des bewaffneten Kampfes ..., sie ... problematisiert die Bezie-

---

[501] Morris 1987, S. 293f.

hungen zwischen der älteren palästinensischen Flüchtlingsgeneration, der ‚Generation des Unglücks' im Lager, und den Jüngeren, den Fedayin, der ‚Generation der Rache'."[502]

Das aber kann nicht heißen, daß damit das Thema selbst ad acta gelegt werden kann. Wenn man das Recht der Juden auf ein Land anerkennt, gibt es keinen Grund, den Palästinensern das Recht auf ein eigenes Land zu verweigern. Auch wenn „Vertreibung" nachträglich nicht völkerrechtlich gerechtfertigt werden kann, so kann doch eine gewisse Beruhigung um die Streitfrage „Flucht" oder „Vertreibung" eintreten, wenn den Palästinensern nicht nur das Recht auf ein eigenes Land, sondern auch das Land selbst zugebilligt würde.

Inwieweit kann eine Bewertung dieser Vorgänge, die Einstellung zum Zionismus beeinflussen? Anfang der siebziger Jahre formulierte die Zeitung *Yedi'ot Achronot* diese Alternative so:

„Es ist die Pflicht der politischen Führung, die Öffentlichkeit offen und mutig an Wahrheiten zu erinnern, die im Laufe der Zeit übertüncht und verwischt wurden. Eine davon ist, daß es keinen Zionismus und keine Ansiedlung und keinen jüdischen Staat ohne die Evakuierung der Araber und die Enteignung von Land gibt. Wenn die Öffentlichkeit will, wird sie den Zionismus akzeptieren wie er ist, mit allen seinen Implikationen und ‚Verfehlungen', wenn nicht, wird sie den Zionismus ablehnen, vom Anbeginn bis zum heutigen Tage."[503]

---

[502] Schiller 1982, S. 213f.
[503] Zit. aus: Schölch 1983, S. 21f.

4. Das Land – Element jüdischer Identität

Warum nur Element? „Oft genug ist hervorgehoben worden, daß das Judentum sich sowohl als Volk als auch als Religion definiert"[504], hebt *Hanno Loewy* hervor. Die Definition über die Religion aber würde kaum deutlich machen, inwiefern die Frage der Identität von Bedeutung für das Verständnis des Nahostkonfliktes ist, da die Anerkennung der Juden als Glaubensgemeinschaft arabischen Vorstellungen entgegenkäme. Denn: Eine Glaubensgemeinschaft braucht einen Lebensraum, aber sie braucht kein Territorium, keinen Staat. Der Konflikt konnte erst entstehen, als die Juden sich nicht nur als Glaubensgemeinschaft, sondern auch als Volk verstanden und begannen, diese Vorstellung in politische Realität umzusetzen.

Yaacov Ben-Chanan eröffnete seinen Vortrag auf einer Tagung der Evangelischen Akademie Hofgeismar über jüdische Identität mit dem Eingeständnis: „Ich kann Ihnen nicht sagen, was jüdische Identität heute ist."[505] Er weist im folgenden auf den engen Zusammenhang zwischen jüdischer Identität und jüdischer Geschichte hin und daß es zu den Besonderheiten jüdischer Geschichte gehöre, „daß das Jüdische an ihr fast allen Epochen zum Problem wurde; daß also Jüdisch-Sein nicht wie Französisch-Sein oder Russisch-Sein einfach gelebt werden konnte, sondern ständig definiert, behauptet und wieder bestritten wurde."[506] Dieses ständige Bemühen um Definition entstand, weil die ursprüngliche Basis dieser Identität, nämlich die „Dreiheit von Land, Kult und Tora"[507], seit der Vertreibung durch die Römer aufgehoben worden war. In der langen Zeit bis heute habe sich die Tora als das einzige identitätsstiftende Mittel erhalten.[508] Es sei daher bedeutungsvoll zu sehen, daß das Ringen um das Land in Verbindung gesehen werde mit einer Veränderung jüdischer Identität, d.h. einer Abkehr vom Tora lesenden Juden.

Man muß sich immer wieder klar machen, daß das jüdische Exil nicht erst im Jahre 70 n. Chr. mit der Vertreibung durch die Römer begann.

---

[504] Loewy. In: SZ 29./30.11.1997
[505] Ben-Chanan 1989, S. 7
[506] Ben-Chanan 1989, S. 9l
[507] Ben-Chanan 1989, S. 10
[508] Ben-Chanan 1989, S. 11

Schon 586 v.Chr. hatten die Heere *Nebukadnezars* Jerusalem erobert, die Stadt geplündert, den Tempel und die Paläste niedergebrannt. Der größte Teil der überlebenden Bevölkerung wurde in die babylonische Gefangenschaft geführt. Aber das war nicht das Ende des Volkes Israel, denn

„Zur Zeit des babylonischen Exils waren die grundlegenden Elemente des jüdischen Glaubens und des jüdischen Gesetzes bereits fest gegründet. Nun galt es, die Praxis und die Einrichtungen des Judentums den radikal veränderten Umständen des jüdischen Volkes anzupassen. Wie konnte eine Religion ... den Verlust ihres heiligen Tempels ... überstehen, wie auf die Stadt Davids verzichten, die nicht allein die politische Hauptstadt des Königsreichs Juda, sondern das geistige Zentrum des Judentums war?"[509]

Den Juden gelang es, ihre Traditionen und ihren Glauben zu bewahren und es gelang ihnen, die Erinnerung an Jerusalem wachzuhalten:

„An den Wassern zu Babylon saßen wir und weinten, wenn wir an Zion gedachten.
Unsere Harfen hängen wir an die Weiden dort im Lande.
Denn die uns gefangen hielten, hießen uns dort singen und in unserem Heulen fröhlich sein: ‚Singet uns ein Lied von Zion!'
Wie könnten wir des Herrn Lied singen in fremdem Lande?
Vergesse ich dich, Jerusalem, so verdorre meine Rechte.
Meine Zunge soll an meinem Gaumen kleben, wenn ich deiner nicht gedenke, wenn ich nicht lasse Jerusalem meine höchste Freude sein." (137. Psalm 1–6)[510]

Erst 537 v.Chr. konnten die Juden wieder nach Palästina zurückkehren. Im Jahre 515 v.Chr. war der Tempel wieder aufgebaut; dies war dann jener zweite Tempel, der 70 n.Chr. von den Römern zerstört wurde und dessen erhaltene Westmauer heute von den Juden als „Klagemauer" verehrt wird. Für die Römer war es ein Krieg unter vielen und ein Sieg unter vielen, für die Juden war dieses Ereignis epochemachend. Mit dem Staat hatten sie ihre Heimat verloren. Das Gebet half ihnen, die Erinnerung an sie zu bewahren. Überall immer nur in der Minderheit, standen sie unter dem dauernden Zwiespalt von Assimilation oder Absonderung. Sie litten unter Verfolgungen, der Vernichtung ihres Vermögens, dem Verlust ihrer Existenz und oft auch ihres Lebens. Für viele unter ihnen brachte die Diaspora eine Veränderung ihrer Identität. Aus dem wehrhaften Juden, der erbittert gegen die römische Herrschaft kämpfte, war ein frommer und wehrloser Jude geworden, der geprägt war von Ergebenheit in das von Gott auferlegte Schicksal. Aber Veränderung der Identität war nicht gleichbedeutend mit Aufgabe der Identität. Viele Juden fühlten sich wei-

---

[509] Eban 1986, S. 76f.
[510] Eban 1986, S. 77

terhin als Juden und sie bewahrten die Erinnerung an Palästina. „Nächstes Jahr in Jerusalem", riefen sie sich beim Abschied und an Pessach zu. Seit hundert Jahren hat sich nun ein erstaunlicher Prozeß vollzogen. Nach fast 2000 Jahren Minderheitenexistenz in Palästina[511] haben die Juden zum einen ihre staatliche Existenz zu einer Realität gemacht und zum andern die Entwicklung zu einer modernen Gesellschaft vollzogen. Diese Gesellschaft mußte nach den ersten Einwanderungen in einer Ökonomie der „ersten Welle" die klassischen Produktionsfaktoren Boden und Handarbeit erringen. In einer Ökonomie der „zweiten Welle" massierte sich dann die Arbeitskraft um Maschinen und Industrie.[512] Beides, Landwirtschaft und Industriearbeit, bedeutet eine grundlegende Abkehr von jenem Bild des Juden, wie es sich weithin in der Diaspora herausgebildet hatte.

4.1 Die Eroberung der Arbeit

Diese Veränderung der jüdischen Identität[513] war eine der Herausforderungen, die sich der Zionismus gestellt hatte: Man wollte einen jüdischen Menschen, der sowohl das Land bearbeiten, der sich aber auch wehren konnte. Man wollte die körperliche Ertüchtigung des Juden oder, mit den Worten von *Max Nordau*, man wollte aus den „Luftmenschen", die „keinen Fußbreit eigenen Bodens" unter sich haben und „vollständig in der Luft" hängen, die „von Wundern und fabelhaften Zufällen, nicht von einem regelrechten, sichern Erwerb" leben[514], aus diesen Juden wollte man den „Muskeljuden" schaffen, der in den Turnverein geht und seinen Leib pflegt. Denn, so *Nordau*,

---

[511] Immer wieder stößt man auf den hartnäckigen Nachweis, daß die Juden – auch wenn sie vor 2000 Jahren aus Palästina vertrieben wurden – doch immer auch tatsächlich und nicht nur in Gedanken anwesend waren. Eindrucksvoll hierzu vgl. Bahat, Dan (Hrsg.): Zweitausend Jahre jüdisches Leben im Heiligen Land. Die vergessenen Generationen, Jerusalem 1977. Gliederungsprinzip des Buches sind die einzelnen Jahrhunderte nach Christi Geburt. Für jedes Jahrhundert wird jüdische Anwesenheit in Palästina durch Bild und Text belegt.

[512] Nach: Cyberspace und der amerikanische Traum. In: FAZ 26.8.95, S. 30

[513] Hier gilt, was Dietrich Hoffmann (1997, S. 37f.) über Identität feststellt: „Nach Identität wird gemeinhin nicht aus *systematischen*, sondern aus *historischen* bzw. *politischen*, nicht aus *formalen*, sondern aus *materialen* bzw. *inhaltlichen* Gründen gesucht. Es gibt Interessen, die auf Hervorbringung *bestimmter* Identitäten gerichtet sind, durch die die erwähnte Balancierung in eindeutige, erwünschte Richtungen und zu haltgebenden, erstrebten Zuständen gelenkt werden sollen, die die *Orientierung* zu verbessern und die *Sicherheit* zu verstärken versprechen."

[514] Kongressrede, Basel 27.12.1901. In: Nordau 1923, S. 117f.

„Bei keinem Volksstamme hat das Turnen eine so wichtige erzieherische Aufgabe wie bei uns Juden. Es soll uns körperlich und im Charakter aufrichten. Es soll uns Selbstbewußtsein geben."[515]

Die Zionisten wußten, daß diese Veränderung eine notwendige Voraussetzung für eine neue Existenz war. Und sie wußten, daß diese Umerziehung ihre Zeit brauchte. Dazu *Nordau* 1898:

„Moses hat zur Erziehung seines Volkes vierzig Jahre für nötig gehalten. Die heutigen Verhältnisse gestatten ... eine Verkürzung dieser Frist. ... Also gehe jeder einzelne Jude ans Werk. Er sage sich, daß er sein Heil nicht von außen, von oben, sondern nur von sich selbst, von seiner eigenen Anstrengung zu erwarten hat. Das Ziel wird ihm nicht geschenkt werden, sondern er muß es nach seinem vollen Werte mit der Kraft seiner Arme, mit dem Schweiße seiner Stirne, mit dem Ernst seiner Seele erkaufen und bezahlen."

Aba Eban hat in seiner Geschichte der Juden unter dem Titel „My people" (Dies ist mein Volk) die Leistung der Biluim[516] gewürdigt: „Mit ungeheurer Willensanstrengung und Hingabe zeigten diese Menschen einer skeptischen Welt, was ein neuer jüdischer Typus zu leisten vermochte; sie weckten im Judentum der Diaspora den Traum der Unabhängigkeit und von einer sinnvollen, erdverbundenen Existenz."[517]

Um diese Veränderung des jüdischen Selbstverständnisses wird unter den Juden bis heute gestritten. *Amos Oz* nimmt die Argumente gegen den neuen Juden auf, indem er den deutschen Juden Sacharia Siegfried Berger, der zu Besuch in Israel weilt, sagen läßt:

„Ohne Unterwerfung gibt es kein Judentum, sage ich. Alles, was Gott tut, tut Er um des Guten willen. Haben wir Gutes empfangen und wollen das Böse nicht auch hinnehmen? Das ist das ganze Judentum... Juden, die ihr Schicksal in ihre Hände nehmen wie Kinohelden, sind keine Juden mehr. Ein Jude sollte sein Leben mit Waffen verteidigen? Das wäre eine Sünde, eine schreckliche Sünde, Überheblichkeit, entsetzliche Ketzerei. ... Ein Jude, der eine Waffe in die Hand nimmt, ist kein Jude. Er, das soll heißen, ihr versucht, das Ende der Tage herbeizuzwingen.[518] Sie verdienen Hölle und Verderbnis. Ein Jude soll auf den Messias warten, ohne Spaten und Schwert, wie der Dichter sagt, und wenn der Feind kommt, sie einzu-

---

[515] „Muskeljudentum". Jüdische Turnzeitung, Juni 1900. In: Nordau 1923, S. 425

[516] Biluim ist eine kleine Gruppe jüdischer Studenten, die als Arbeitspioniere die erste landwirtschaftliche Kolonie in Palästina aufbauten.

[517] Aus: Israel verstehen. Sympathie Magazin Nr. 22, hrsg. vom Studienkreis f. Tourismus, Starnberg 1991, S. 6

[518] Oz: Keiner..., 1976, S. 339 Anm. 4: „Das Ende der Tage ist nach jüdischer Vorstellung mit dem Erscheinen des Messias und der Erlösung des Volkes verbunden. Zur Erlösung gehört, daß die in der Diaspora Zerstreuten sich sammeln und ins Gelobte Land zurückkehren. Das Frevelhafte nach Sacharias Meinung liegt darin, daß die Menschen selbst die Verwirklichung der Erlösung in die Hand genommen haben, die allein Gott zusteht."

sammeln, wie der Dichter sagt und sie aus aller Diaspora zusammenholt, um sie zu vernichten, dann sollen sie aufstehen und ihre Kehle dem guten Schlachtmesser darbieten. Denn was ist dieses Schlachtmesser? Die Rute Seines Zorns und die Geißel Seines Grolls. Sie sollen sterben. Alle bis auf den Letzten sollen sie sterben. In Ruhe sterben, um ihre Sünden und die Sünden ihrer Väter zu sühnen, das ist das ganze Judentum. Und ihr seid Lügner. Die wahren Juden sind die toten Juden."[519]

Und an anderer Stelle offenbart er in der Frageform eines Gedichtes seine Zweifel und seine Unsicherheit darüber, ob der neue Mensch es schaffen wird?

„Trüb ist der Fluß zum Gestern und winzig der Mann,
Schwachschultrig; ist er so fest, daß er mit bloßer Hand
Feuer herab von der Sonne sich rauben kann
Und lächeln, obwohl seine Finger verbrannt?

Findet im Herzen er Kraft, an den Bau der Dämme zu gehen,
Den Stromlauf zu brechen, Gesetz den Flüssen zu geben?
Kehrt er zurück aus Exil und Bedrückung, aufzuerstehen,
Weiter zu leben und grün zu bemalen sein Leben?"[520]

Es gibt viele Belege dafür, daß die Zionisten frühzeitig erkannten, daß die Inbesitznahme von Palästina nur möglich war, wenn man dort den Boden bearbeitete. Dies aber bedingte, daß die Juden Bauern wurden. Als im Frühjahr 1884 in Berlin ein Verein *Esra* gegründet wurde, hieß es im dortigen Gründungsaufruf:

„Es hätte ... diese Sehnsucht nach Palästina vielleicht ganz Israel zum Heil gereichen können, wären die zahllosen Emigranten nur im Stande gewesen, am Ziele ihrer Sehnsucht angelangt, sich, wie einst ihre aus dem Babylonischen Exil zurückgekehrten Väter, im heiligen Lande mit Ackerbau zu beschäftigen; leider aber hat Israel dadurch, daß es fünfzehn Jahrhunderte hindurch auf den Ackerbau hatte unfreiwillig verzichten müssen, dieses einstige Handwerk seiner Väter nach und nach ganz verlernt,..."[521]

Und das „Basler Programm" von 1897 formulierte, um die Schaffung der angestrebten „öffentlich-rechtlich gesicherten Heimstätte in Palästina" zu erreichen, sei „die zweckdienliche Förderung der Besiedlung Palästinas mit jüdischen Ackerbauern, Handwerkern und Gewerbetreibenden"[522] notwendig.

---

[519] Oz: Keiner..., 1976, S. 339
[520] Oz: Keiner..., 1976, S. 21
[521] Reinharz 1981, S. 8
[522] Aus: Im Anfang der zionistischen Bewegung. Eine Dokumentation auf der Grundlage des Briefwechsels zwischen Theodor Herzl und Max Bodenheimer von 1896 bis 1905, bearb. von H. H. Bodenheimer, Frankfurt 1965, S. 52

Theodor Herzl verbindet in seiner programmatischen Schrift „Der Judenstaat" den Gedanken der Arbeit sogar mit der Fahne des kommenden Staates:

> „Ich denke mir eine weiße Fahne mit sieben goldenen Sternen. Das weiße Feld bedeutet das neue, reine Leben; die Sterne sind die sieben goldenen Stunden unseres Arbeitstages. Denn im Zeichen der Arbeit gehen die Juden in das neue Land."[523]

Zu jenen Juden, die sich zu Anfang des Jahrhunderts dieses Gedankengut zu eigen machten und versuchten, es in die Tat umzusetzen, gehörte auch der junge *Ben Gurion*. Im Jahre 1906 wanderte er nach Palästina ein, wo er unter körperlichen Qualen in der Landwirtschaft arbeitete. Im September 1914 äußert er sich zur Notwendigkeit dieser körperlichen Arbeit:

> „Es gibt viele Möglichkeiten, ein Land zu erobern. Man kann es durch Waffengewalt bezwingen; man kann es durch politische Schachzüge oder auf diplomatischem Wege einnehmen; man kann es sogar mit Geld kaufen ... Alle diese Methoden verfolgen nur das eine Ziel, die bodenständige Bevölkerung zu versklaven und auszubeuten. Wir aber wollten etwas ganz anderes, wir wollen eine Heimat. Eine Heimat wird nicht verschenkt oder als Geschenk empfangen; sie ist weder für Geld zu bekommen noch mit der Faust zu erobern; sie muß im Schweiße unseres Angesichts aufgebaut werden. Wir wollen unser Land von keiner Friedenskonferenz geschenkt bekommen ..., sondern von den jüdischen Arbeitern, die in dieses Land kommen und mit ihm verwurzeln, die es zu neuem Leben erwecken und hier wohnen. Das Land Israel wird unser sein, wenn die Mehrheit seiner Arbeiter und Soldaten aus unserem Volke kommt."[524]

Geradezu beschwörend formulierte *Aharon David Gordon* 1911:

> „In unserem Innersten ist es mit Blut und Tränen eingegraben: ‚Erlösung des Landes', und nicht nur des ganzen Landes mit einem Schlag, sondern jedes einzelnen Stücks Boden, jedes einzelnen Dunams[525] in ihm. Der Dunam ist unser Trachten, bei Tag und bei Nacht. Zu dieser Handvoll Erde gehört aber noch etwas: daß sie durch unsere Arme bearbeitet, durch den Schweiß unseres Antlitzes, durch unser Blut und unsere Tränen getränkt werde. Der Dunam an sich, ohne diese Zugabe, beengt, bei all seiner großen Bedeutung, unseren Atem und verbittert uns das Leben..."

> „Alles, was wir in Palästina wünschen, besteht darin, daß wir mit unseren eigenen Händen tun, was das Leben ausmacht; daß wir eigenhändig alle Arbeiten, Werke und Taten vollbringen, angefangen von den gelehrtesten, feinsten und leichtesten, bis zu den gröbsten, verächtlichsten und schwersten; daß wir alles fühlen, denken und erleben, was der diese Arbeiten

---

[523] Herzl 1918, S. 81
[524] Bar-Zohar 1988, S. 57
[525] Flächenmaß in der Größe eines Hektars

185

verrichtende Arbeiter fühlt, denkt und erlebt; dann werden wir eine Kultur haben, denn dann werden wir Leben haben."[526]

Dieses Motiv des Juden, der zum Bauer werden soll, vom Menschen, der das Land bearbeitet, ist nicht nur Teil der politischen Argumentation, sondern wird auch in der Belletristik aufgenommen. Die Literatur hilft mit, diese Vorstellungen in der Judenheit zu verankern und wirkt damit wieder zurück in die Politik. Die Werte jener Einwanderer, die in der Zeit nach der Balfour-Deklaration in Palästina ankamen – vorwiegend Osteuropäer, die vor allem den Kibbuz-Gedanken verbreiteten – spiegeln sich in den Worten von *Uri Zwi Grinberg:*

> „Generationen versinken im Schmerz von Fleisch und Blut in den Ländern der Erde
> Und befehlen dem Enkel:
> Erhebe dich – gebt uns Ausdruck, lebendige Menschen,
> Singt nicht vom Glanze des Himmels; sprecht vom lebendigen Menschen der Erde."[527]

Avraham Schlonsky:

> „Kleide mich, gute Mutter, kleide mich in einen vielfarbigen
> großartigen Mantel/
> und bringe mich im Morgengrauen zur Arbeit./
> Licht liegt wie ein Gebetmantel auf meinem Land,/
> wie Gebetskästchen stehen Häuser auf ihm,/
> wie Gebetsriemen laufen die Palmenstraßen auf ihm entlang./
> Im Morgengrauen betet die schöne Stadt ihren Schöpfer an/
> und einer ihrer Gestalter,/
> Dein Sohn Avraham,/
> Diener und Bauer in Israel."[528]

Das Wort von der „Eroberung der Arbeit" allerdings hatte auch die Aufgabe, die Eroberung des Bodens vorzubereiten und zu legitimieren. Von daher machte es Sinn, daß bei „Eroberung der Arbeit" vor allem an landwirtschaftliche Arbeit gedacht wurde. *Moshe Smilansky*, 1953:

> Die Landwirtschaft muß die Basis der Ansiedlung in diesem Land sein, und zwar nicht nur die ökonomische Basis, sondern gleichermaßen die geistige und kulturelle. Nur auf das Brot, welches durch die Menschen selbst erschaffen wurde, kann die Gründung wirtschaftlicher und eventuell politischer Unabhängigkeit gegründet werden. Die Rückkehr nach Zion soll die Menschen nicht nur von den Fesseln des Exils befreien, sondern auch von der elenden Ernährung, die sie im Exil hatten, und sie soll

---

[526] Zit. aus: Informationen zur politischen Bildung, Nr. 140, 1981, S. 43
[527] Zit. aus: Arnson 1975, S. 105
[528] Zit. aus: Arnson 1975, S. 108

eine radikale Umkehr bewirken. Dies kann nur durch die Rückkehr der Menschen zum Ackerbau bewirkt werden.[529]

Die Eroberung der Arbeit durch Juden mußte gleichzeitig eine Verdrängung der arabischen Arbeiter bedeuten, die bis dahin fast ausschließlich im landwirtschaftlichen Bereich tätig waren. Hirst berichtet, daß zionistische Historiker mit Stolz darüber sprechen, was 1908 in Ben Shemen geschah. In Erinnerung an *Theodor Herzl* hatte man dort einen Wald gepflanzt. Aber als man erfuhr, daß die Setzlinge von Arabern gepflanzt worden waren, kamen jüdische Arbeiter und pflanzten sie noch einmal. Erst dann war man zufrieden. Zu welchem Radikalismus die gewünschte Abgrenzung zu den Arabern führen konnte, geht aus einer Äußerung von *David Hacohen*, einem Führer der Arbeiterpartei, hervor:

„Ich mußte mit meinen Freunden viel über den jüdischen Sozialismus streiten; mußte die Tatsache verteidigen, daß ich keine Araber in meiner Gewerkschaft akzeptierte; daß wir Hausfrauen predigten, nicht in arabischen Geschäften zu kaufen; daß wir an Obstplantagen Wache hielten, um arabische Arbeiter daran zu hindern, dort Arbeit zu finden; daß wir Benzin auf arabische Tomaten schütteten; daß wir jüdische Frauen attakkierten und die arabischen Eier, die sie gekauft hatten, vernichteten; daß wir den Jüdischen Nationalfonds hochpriesen, der Hankin nach Beirut schickte, um Land von abwesenden Großgrundbesitzern zu kaufen und die arabischen Fellachen vertrieb; daß es erlaubt ist, tausende Dunams [Flächenmaß] von Arabern zu kaufen, aber verboten ist, einen einzigen jüdischen Dunam an einen Araber zu verkaufen ... All das zu erklären war nicht leicht."[530]

Solcher Purismus war nicht immer praktikabel. *Ruppin*, der erste Vorsitzende des Zionistischen Büros in Palästina, berichtet in seinen Memoiren, daß er versuchte, Tel Aviv nur mit „hebräischer Arbeit" zu errichten. Bald aber mußte er sich den Arabern, ihrer Erfahrung (und ihren niedrigen Löhnen) zuwenden: das erste von jüdischen Arbeitern errichtete Haus brach zusammen.[531]

Die Härte gegen sich selbst, die notwendig war, um diese schwere Arbeit zu leisten, konnte dennoch den Menschen nicht die Sehnsucht nach den kleinen, luxuriösen Freuden des Lebens nehmen. *Shulamith Lapid* beschreibt in ihrem Roman „Im fernen Land der Verheißung" (1982) die Ansiedlung von Juden in Palästina, deren Ziel es ist, den Boden zu bearbeiten und als Bauern zu leben. Sie führten ein hartes Leben voller Entbehrungen und vieler Rückschläge, die immer wieder die Sehnsucht nach einem anderen Leben aufkommen ließen:

---

[529] Smilansky, Moshe: Rebuilding and Devastation, Tel Aviv 1953, S. 27 (Übers. HN nach R. Domb, 1982, S. 21)
[530] Ha'aretz, Tel Aviv, 15.11.1968 (zit. aus: Bunzl 1982, S. 33)
[531] Hirst, 1977, S. 25ff.

187

„Ich fürchte mich nicht vor schwerer Arbeit, Riva. Aber wenn ich die Wahl hätte, würden wir weniger arbeiten, alle beide. Damit wir ganz einfach mehr Zeit und Kraft für andere Dinge hätten. Dinge, die für meine Begriffe nicht weniger wichtig sind als das Essen. Wir würden Bücher lesen, Freunde zu uns einladen oder besuchen und gute Gespräche führen. Ich würde wieder Klavier spielen, und wer weiß, eines Tages würden wir uns hübsch anziehen und kurze Spazierfahrten in einer Kutsche machen. ...“[532]

Das Glück liegt nicht nur in „schwerer Arbeit“. Es liegt auch im „Bücher lesen“, „Freunde ... einladen“, „Gespräche führen“, „Klavier spielen“, „hübsch anziehen“, „Spazierfahrten... machen“ – Wünsche die man sich erfülllen würde, wenn man die Wahl hätte. Aber diese Wahl gibt es nicht.

4.2 „Unter Wölfen sei ein Wolf“ – Der „neue“ Jude

Die Literatur ist, wie es *Anat Feinberg* formulierte, ein zuverlässiger Gradmesser der eingetretenen Identitätsveränderungen und -schwankungen: „Die Figur des ‚neuen‘ Juden ... kennzeichnet den Übergang von einer Gnadenexistenz zu einem freien Leben im Vaterland, von Passivität, Schwäche und Leben in Furcht unter Nicht-Juden (*Gojim*) zu einem aktiven Dasein, voller Vitalität und Stärke im eigenen Land.“[533]

„Der Typus des ‚Israeli‘ sollte eine Antwort sein auf die Geschichte, die für die Juden meistenteils Verfolgung, Demütigung und Abhängigkeit vom Willen anderer bedeutete. In den trockengelegten Sümpfen und der fruchtbar gemachten Wüste war kein Platz mehr für den Juden der Diaspora, so wie ihn nicht nur die antisemitische Propaganda zeichnete: hager, schwach, unsicher, Seitenlocken tragend, bärtig, dunkel gekleidet und auf dem Kopf eine *Kippa*. In dem sozusagen aus dem Nichts geborenen Staat stellte der ‚neue‘ Jude die erste Generation der ‚Erlösten‘ dar, und der *Sabra*, der im Lande geborene Israeli, war der erste eines neuen Stammes, eines Geschlechts voller Gesundheit, Kraft und Arbeitswillen.“[534] Der Schriftsteller *Chajim Hasas* forderte z.B. in einem Vortrag 1957, daß die jungen Autoren mit den Neueinwanderern zusammenleben sollten, denn

„Von nahem beobachten und sehen sollen sie, wie der neue Israeli seine alte Haut abwirft und in eine andere schlüpft, wie seine Gestalt sich aufrichtet.“[535]

---

[532] Lapid: Im fernen Land... 1990, S. 248
[533] Feinberg 1986, S. 147
[534] Feinberg 1986, S. 148
[535] Laor 1992, S. 5f.

Die neue Kraft, das Selbstbewußtsein, das aus der Stärke und aus der inneren Sicherheit kommt, gewinnt der neue Jude aus dem Land. Denn

„Um die Briten zu verjagen und die arabischen Armeen zurückzustoßen, brauchte man einen anderen Zorn, einen wilden, der nichts mit Worten zu tun hatte, einen besonderen Zorn, der in unserem Haus und in unserem Stadtteil nicht zu finden war. Vielleicht nur in Galiläa, in den Tälern, den Kibbuzim am Ende des Negev, in den Bergschluchten, in denen Nacht für Nacht die Kämpfer des echten Untergrundes trainierten, dort braute sich womöglich mehr und mehr der richtige Zorn zusammen. Von dem wir nicht wußten, wie er war, aber von dem wir ahnten, daß wir ohne ihn alle verloren sein würden. Dort, in den Wüsten, in der Arava, in den Ausläufern des Karmel-Gebirges, in dem glühenden Bet-Schean-Tal, wuchsen neue Juden heran, nicht bleich und kurzsichtig wie bei uns, sondern braungebrannt und kräftig, Pioniere, quellend vor Wut von der tatsächlich vernichtenden Sorte."[536]

„Ganz bewußt versuchte der ‚neue' Jude, die Ehre des jüdischen Volkes wiederherzustellen, indem er nicht an die Vergangenheit anknüpfte, sondern ein neues Blatt im Buch der Geschichte aufschlug. Die sechs Millionen, die umkamen, nicht zu reden von den zahlreichen Opfern früherer Pogrome, waren eine Gewissenslast, die es abzuschütteln galt. Wieso leisteten sie keinen Widerstand? Dementsprechend galten Passivität und Servilität als Kennzeichen der Juden in der Diaspora. „Ich geniere mich, darüber [über den Holocaust, A.F.] zu reden", bekennt der Israeli Zvi in dem Roman ‚Die Leute von Sodom' von *Ehud Bezer* (1968), dem Deutschen Karl, der, von Schuldgefühlen geplagt, nach Israel gekommen ist, um die Schuld, die das deutsche Volk auf sich geladen hat, zu sühnen. Zvi, ein typischer Repräsentant des neuen Judentums, gibt offen zu:

„Und meines Wissens, wir alle hier, die Jungen schämen sich, darüber zu reden und in der Vergangenheit rumzustochern: Warum haßten sie uns, ermordeten unsere Familien vor ihren Augen? Warum lehnten sie sich nicht auf? Bauten nicht eine Armee auf wie wir? ... Ich bin nicht fähig, diese Schwäche zu begreifen ... Warum liefen sie wie Schafe zur Schlachtbank? ... Ich will nicht mit dem Andenken an die Toten, an die Opfer, handeln. Mir fehlt jede Beziehung."[537]

Und eine der Figuren aus *S. Yizhars* „Die Tage von Ziklag" formuliert die Abscheu vor der jüdischen Vergangenheit:

„Das jüdische Volk? Die Liebe zum jüdischen Volk! Wer liebt es? Wir fliehen doch wie Gebrannte alles, was jüdisch ist, und dies ist unsere Ehre und unsere aufrechte Haltung. Ihr sollt eindeutig, ein für allemal wissen: Wir verabscheuen alles, was nur danach riecht. Angefangen mit dem Un-

---

[536] Oz: Panther..., 1997, S. 97
[537] Feinberg 1986, S. 148

terricht der jüdischen Geschichte, mit allen Nöten und Elend, endend mit dem Schlachtmesser und dem jüdischen Seufzer, alles was Diaspora-akzent ist, Diasporagewohnheiten und Jiddisch darunter ... wir distanzieren uns ausdrücklich von jeder Zugehörigkeit, nicht nur von dem, was nach Religion oder Tradition riecht, sondern auch von allem, was man ‚jüdisches Gefühl‘ nennt, darunter die Kantorgesänge, die Fischgerichte und die Beerdigungszeremonien."[538]

Es ist erstaunlich, wie tief diese Sehnsucht nach einem neuen Juden verschiedene Lebensbereiche durchdrang. Erst jüngst bezog sich *Shmuel Atzmon*, Theaterleiter des Jiddischen Theaters in Israel, in einem Interview wieder darauf:

„Die Überlebenden wollten den Holocaust vergessen, eine neue Kultur stiften, eine neue Identität. Losgelöst von der Vergangenheit, von Schtetlmentalität und Ghetto. Die verbindliche Sprache im neuen Staat Israel war Hebräisch und das Jiddische gar nicht gern gesehen. Sogar jiddische Literatur wurde ins Hebräische übersetzt. Und wer jiddisches Theater machte, mußte noch 1965 höhere Taxen zahlen."[539]

In seinem Roman „Mein Michael" beschreibt *Amos Oz* die aus der Abkehr von der Vergangenheit neu gewonnene Lebenseinstellung:

„Von nun an wird der Staat Israel sich verändern. Diesmal gehört die Hand, die die Axt schwingt, in Bialeks Worten, uns. Jetzt ist die heidnische Welt an der Reihe, loszuheulen und zu fragen, ob es Gerechtigkeit gibt auf der Welt, und wenn ja, wann sie sich zeigen wird. Israel ist kein ‚verlorenes Schaf‘ mehr; wir sind kein Mutterschaf mehr unter 70 Wölfen und kein Lamm, das zur Schlachtbank geführt wird. Wir haben genug durchgemacht. ‚Unter Wölfen sei ein Wolf‘..."[540]

Die bewußte Abkehr von der Opferrolle wurde zu einem Axiom israelischer Politik. Nach einem Terroranschlag palästinensischer Freischärler auf eine Hochzeitsgesellschaft im Moshav Pattish im Jahre 1955, wurde *Ben Gurion* gefragt, warum er eine Politik der Vergeltung betreibe. *Ben Gurion* antwortete, daß es um die Abschreckung gehe, aber es gebe noch einen weiteren Grund

„einen erzieherischen und moralischen. Sehen Sie sich diese Juden an. Sie sind aus dem Irak, aus Kurdistan, aus Nordafrika gekommen. Sie stammen aus Ländern, wo ihr vergossenes Blut nicht gerächt wurde, wo sie mißhandelt, gefoltert, geschlagen wurden. ... Sie hatten sich daran gewöhnt..., hilflose Opfer zu sein. Hier müssen wir ihnen zeigen, daß ... das jüdische Volk einen Staat besitzt und eine Armee, die nicht länger tatenlos zusehen, wenn sie geschmäht und mißhandelt werden ... An uns liegt

---

[538] Zit. aus: Feinberg 1993, S. 63
[539] Die Welt 15.11.1997, S. 6
[540] Oz: Mein Michael, 1997, S. 198

es, sie wieder aufzurichten ... und ihnen zu zeigen, daß ihre Angreifer nicht ungeschoren davonkommen; daß sie Bürger eines souveränen Staates sind, der für ihr Leben und ihre Sicherheit die Verantwortung trägt."[541]

Daß die Umwandlung in einen neuen Juden gelingen kann, einen Juden, der alles das kann, was tüchtige Menschen im Leben können müssen, schildert in farbigen Bildern *André Kaminski* in seinem Roman „Nächstes Jahr in Jerusalem". Die *Kaminski*-Brüder werden von Osteuropa in die Vereinigten Staaten verschlagen, wo sie sich auch eine Zeitlang höchst erfolgreich als Fußball-Mannschaft versuchen. *Kaminski* stellt sie mit Charakteristika vor, die sich von denen des traditionellen Judentums gründlich abheben:

„Trotz alledem rasten die Kaminskiboys von einem Sieg zum anderen. Sie verdankten das nicht ihrem Benjamin, sondern dem stets angriffslustigen Mordechai, der weniger mit dem Kopf und mehr mit den Füßen in den Kampf zog. Man begann die Mannschaft zu beachten, dann zu fürchten, und schließlich verbreitete sich bleicher Schrecken, wenn nur ihr Name genannt wurde. Red Flag wurde zum Inbegriff jüdischer Beharrlichkeit und sozialistischer Angriffslust. Was die elf Brüder bewerkstelligten, war kein Aufstieg, sondern ein Senkrechtstart zu den Sternen.

Am April jenes Jahres spielte Red Flag gegen den FC Chicago. Das jüdische Team siegt mit 1:0 und gelangte ins Viertelfinale der amerikanischen Fußballmeisterschaften. Ende Mai gewannen sie spielend gegen den berühmten FC Columbia. Die zweitletzte Hürde war genommen, Red Flag hatte sich fürs Halbfinale qualifiziert. Die Presse tobte. Bis hinüber zur Westküste war [die] Mannschaft zur Schlagzeile geworden. Die San Francisco Post schrieb von einem Erdbeben besonderer Art, von einem beispiellosen Siegeszug und nannte Mordechai den Goliath des amerikanischen Fußballs. Die Saint Louis News sprachen von einem menschlichen Panzerkreuzer, der höchstwahrscheinlich über einen Geheimtrick verfügte. Aus allen Himmelsrichtungen kamen Offerten, wurde mit Geld und Ehre gewunken. Ber bekam sogar das Angebot, eine Professur für Sportwissenschaften an der Universität von Durban zu übernehmen. Auch Heiratsangebote schneiten ins Haus. Die Enkelin eines Zeitungskönigs lud Herschele ein, sie auf ihrem Landsitz in New Hampshire zu besuchen und bei gegenseitiger Sympathie ihr Mann zu werden. Der weltbekannte Filmpionier Edwin Porter drehte einen abendfüllenden Reißer über die elf ‚Dreamboys from Russia', der in sämtlichen Kinopalästen Amerikas Triumphe feierte. Die Kaminskiboys zerschmetterten sämtliche Vorurteile, die bisher über Juden und Sozialisten herumgereicht wurden. Man hatte immer behauptet, die Kinder Israels seien kränklich und eng-

---

[541] Bar-Zohar 1988, S. 314

brüstig, doch die Kaminskiboys erfreuten sich einer beispiellosen Gesundheit."[542]

Was hier im Roman verklärt dargestellt wird, haben viele Juden in ihrem Leben umgesetzt:

„Also fuhr ich im Juni 1933 mit dem Nachtzug nach Hamburg, und damit nahm mein Leben eine Wende. Ich tat das, was damals Tausende von jungen Juden taten, nämlich umdenken: Nicht Doktor werden und nicht Rechtsanwalt, keinen literarischen Beruf ergreifen und auch nicht als Kameramann zum Film gehen oder gar eine Karriere als Schauspieler anstreben, sondern ganz einfach ein Handwerk erlernen und sich auf das Leben in Palästina vorbereiten."[543]

Anat Feinberg weist daraufhin, daß dieser neue „Israelismus" auch „ein Produkt der geographischen und klimatischen Gegebenheiten des Mittelmeerraumes im allgemeinen und des Nahen Ostens im besonderen" sei.[544] Sie zitiert den israelischen Schriftsteller *Uri Zwi Greenberg*, der diesen Einfluß des Klimas auf Mensch und Landschaft 1928 in die Worte faßte:

„Sonne, Strand. Hebräische Mütter
brachten ihre Kinder in die Sonne, ans Meer,
sie zu bräunen, ihr Blut zu röten, das blaß geworden
in sämtlichen Ghettos in der Welt der Gojim."[545]

Die Identifizierung mit dem Land, das ist es, was viele Diaspora-Juden oder auch die Generation der Staatsgründer suchten. In seiner Erzählung „Under the sun" läßt *Moshe Shamir* seinen Helden Aharon zu der neunzehnjährigen Balfouria sagen:

„Ich kenne Dich noch nicht Balfouria. Ich will Dich kennenlernen wie viele andere Dinge auch. Ich kenne diese meine Region, ich kenne sie besser als jeder ungewaschene Araber, der hier geboren ist, mit seinen Ahnen seit Jahrhunderten, denn ich bin hier geboren, zusammen mit meinen Ahnen vor 3000 Jahren. Männer wie diese stellen sich nicht viele Fragen. Die Welt gehört absolut nur Männern wie ich es bin, sie nehmen es, und das ist alles.

Nimm dieses Stück Erde und lege es in Deine Hand. Ich werde meine Augen schließen. Mit der Berührung meiner Finger, werde ich Dir jeden kleinen Punkt, jede Falte im Land, jede Schlucht und jede Hütte zeigen... Es gibt niemanden, der dieses Land so liebt wie ich, seit ich meinen Fuß in es setzte."[546]

---

[542] Kaminski: ...Jerusalem, 1988, S. 164f.
[543] Granach 1997, S. 62
[544] Feinberg 1986, S. 148
[545] Feinberg 1986, S. 149
[546] Ramras-Rauch 1989, S. 93 (Übers. HN)

Immer wieder wird das 70 n.Chr. einst verlorene Land beschworen. *Amos Oz* läßt die Männer seines fiktiven Kibbuz in einem Zwiegespräch sagen:

[Zwi] „Auf Land darf man nicht verzichten. Land ist das wichtigste auf der Welt."

[Rami] „So dachte ich auch einmal. Jetzt denke ich, daß es wichtigere Dinge auf der Welt gibt als Land."

[Re'uwen] „Richtig, du hast recht, es gibt auf der Welt Dinge, die wichtiger sind als Land. Aber ohne Land gäbe es auch sie nicht."

Für die Identifizierung mit dem Volk, dem Land und der Geschichte dieses Volkes in diesem Land steht als Symbol die Festung Masada. Dieser Ort und das wofür er steht, wurde 1927 von *Isaac Lamdan* in einem Blankversepos besungen.

„Massadah ist von einem Kritiker ‚der vollkommenste dichterische Ausdruck des physischen und geistigen Kampfes der Pionierbewegung jener Zeit' genannt worden. Es enthält sechs Gesänge, die in 35 Gedichte unterteilt sind. Massadah steht symbolisch für Eretz Israel, das ähnlich wie diese letzte Bastion der gegen die römischen Legionen kämpfenden Juden ein letzter Zufluchtsort der Juden vor der feindlichen Umwelt Osteuropas geworden ist."[547]

Bis in die achtziger Jahre wurden hier in einer nächtlichen Zeremonie die israelischen Rekruten vereidigt. „Nie wieder Masada" sollte ihnen eingeimpft werden. Nach der Annäherung an die Palästinenser scheint es so, als solle der Masada-Mythos wieder abgebaut werden, weil man in einer Friedenszeit mit den Nachbarstaaten den kriegerischen Juden nicht mehr braucht.[548] Wie oft, so ist da zu fragen, kann ein Volk die Identität wechseln? Oder man könnte auch fragen, wie stark hat es diese Identität internalisiert, wenn es sie so schnell wechseln kann?[549]

---

[547] Arnson 1975, S. 109

[548] Gisela Dachs, Abschied von der Jugend, in: Die Zeit 9.12.1994; für Jörg Bremer (FAZ 5.7.1997) ist Israels Sieg im Sechs-Tage-Krieg von 1967 der Grund dafür, daß man den Mythos der jüdischen Niederlage auf Masada endgültig verdrängen konnte.

[549] Nicht alle Israelis identifizieren sich rückhaltlos mit dem Massada-Mythos. Amos Oz: „Für mich ist nicht die Festung Massada, die bis zum Massenselbstmord gegen die römischen Eroberer verteidigt wurde, das ultimative Heldendenkmal des jüdischen Volkes ... Wie sollen wir in der Nachfolge derer stehen, die sich am Schluß selbst die Kehlen durchgeschnitten haben?" (Der Spiegel 2/1996, S. 127)

4.3 Heute – die „wunde Identität"

Die Lage hat sich verändert. Es ist ein Paradox, daß die zionistische Ideologie mit ihrem zunehmenden Erfolg und dem Erreichen ihrer Ziele einerseits, ihre ursprünglichen Ziele immer mehr aufgeben mußte. Heute reicht es nicht mehr aus, das Land zu bearbeiten und sich den Lebensunterhalt mit seiner Hände Arbeit im Schweiße seines Angesichtes zu verdienen. Die Gewinnung von Land und seine Umwandlung in Territorium brachte zunehmend Herrschaft über die dort lebenden Araber. Diese wurden entweder gezwungen, das Land zu verlassen oder sie verließen es freiwillig; viele wurden aber auch als billige Arbeitskräfte in den israelischen Wirtschaftsprozeß eingegliedert, was zu einer völligen Veränderung der Stellung der Juden im Arbeitsprozeß führte. Die Frau eines Landwirts beschreibt diese neue Situation aus ihrer Sicht:

„Bis zum Sechs-Tage-Krieg [1967] lebten wir in Frieden, wir arbeiteten hart, aber wir waren relativ wohlhabend. Aber ab diesem Zeitpunkt hat sich die Lage verändert. Mein Ehemann, der ein sehr fähiger Mann ist, wurde ein Unternehmer für landwirtschaftliche Arbeiten. Wir hatten die Vorteile von billigen Arbeitskräften und einen großen Markt. Heute haben wir fünf arabische Arbeiter und eine Situation, wo wir auf unserem Hof nichts selbst tun. Mein ältester Sohn weigert sich, das Gras zu mähen und sagt: ‚Laß es doch Mohammed tun!' Und natürlich ist es nicht gut, von harter Arbeit überhaupt zu reden. Alle Kinder im Moschaw, meine eigenen inbegriffen, verändern sich vor unseren Augen in eine Art ‚Kinder reicher Eltern', denen alles durch ihre Angestellten gemacht wird. Niemand weiß wie man den Traktor fährt, der im Hof steht und niemand interessiert sich für Landwirtschaft ... Die Araber leben meist in schmutzigen Häusern in einiger Entfernung von den besseren Villen der jüdischen Farmer, die den Lebensstil eines Effendi angenommen haben. Und noch was: die Einstellung gegenüber unseren Arbeitern und die Bedingungen, unter denen sie leben, sind schlimmer als für Fatah-Gefangene im Gefängnis."[550]

Noch ist diese Entwicklung nicht offizielle Politik, noch sträubt man sich diese Fakten offiziell anzuerkennen. So sagte der israelische Landwirtschaftsminister 1974:

„Die Beherrschung der jüdischen Landwirtschaft durch arabische Arbeiter ist wie ein Krebsgeschwür in unserem Körper."[551]

---

[550] Middle East International, London Dezember 1972, S. 22 (aus: Hirst 1977, S.244f. – Übers. HN)
[551] Ha'aretz, 13.12.1974 (aus: Hirst 1977, S. 245 – Übers. HN)

Ben Aharon, der ehemalige Sekretär der *Histadrut*, beschrieb die Veränderung, die sich im jüdischen Wirtschaftsleben vollzogen hatte, mit den Worten:

„Wir schufen eine neue Klasse von Effendis. Die jüdischen Arbeiter flüchten vor handwerklicher Arbeit und überlassen sie den Arabern."[552]

Und die ehemalige israelische Ministerpräsidenten Golda Me'ir warnte:

„Die arabische Arbeit ist die größte Gefahr, die uns begegnet ... Ich will nicht, daß der jüdische Charakter des Staates verschwindet. Falls dies geschieht, dann gäbe es nichts mehr, was die Juden zu einer Immigration in diesen Staat motivieren würde."[553]

Diese Situation hat sich weiter verschärft. Heute sind die Israelis stolz auf ihre zunehmende Industrialisierung und auf die hohen Wachstumsraten in der High-Tech-Industrie. Das Wasserproblem zwingt sie außerdem, sich mehr und mehr von der Landwirtschaft zu entfernen und in Verdienstzweige umzusteigen, die einmal weniger Wasser verbrauchen und zum anderen mehr Gewinn einbringen. Während die Landwirtschaft von 1950-80 um 250% gewachsen ist, stagniert sie seit 1980.[554] Denn es ist gerade die Landwirtschaft, in der den israelischen Bauern von den Palästinensern Konkurrenz gemacht wird, da die Palästinenser kaum über andere Verdienstmöglichkeiten verfügen. Trotz der Stagnation der Landwirtschaft verzeichnet Israel ein Wirtschaftswachstum von ca. 10% im Jahr[555], das sich ausschließlich im industriellen Sektor vollzieht.

Somit bewegt sich heute die israelische Gesellschaft wieder weg von jenem Juden, der, nach Meinung der Zionisten, erst die Eroberung des Landes möglich machte. Die Wirtschaftszahlen zeigen eindrucksvoll den Trend hin zu einer Industrie- und Dienstleistungsgesellschaft. „Aus dem Volk der notgedrungen selbständig tätigen Diasporajuden ist eine Nation der Angestellten und Beamten geworden", schlußfolgert *Wolffsohn*.[556] Heute steht Israel, wie andere hochentwickelte Staaten auch, an der Schwelle zu einer Ökonomie der „dritten Welle", in der das abrufbare Wissen die zentrale Resource darstellt.[557] Der rasante Aufbau der israelischen High-Tech-Industrie wird gleichzeitig von den arabischen Nachbarstaaten mit großem Mißtrauen gesehen.

---

[552] Ha'aretz, 23.5.1972 (zit. aus: Sharaf 1983, S. 111)
[553] Ha'aretz, 14.3.1969 (zit. aus: Sharaf 1983, S. 112)
[554] Vortrag von Avi Gottlieb am 26.10.1995 in Tel Aviv
[555] Gottlieb am 26.10.1995
[556] Wolffsohn 1991, S. 381
[557] Nach: Cyberspace und der amerikanische Traum. In: FAZ 26.8.95, S. 30

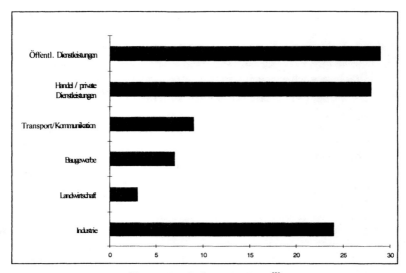

Hauptwirtschaftszweige in % [558]

Noch deutlicher fällt der Unterschied zwischen Industrie und Landwirtschaft auf, wenn man einen Blick auf die Exportleistungen wirft. Bei einem Bruttosozialprodukt von $ 72,8 Mrd., bezogen auf 1993, entfallen $
14.826 Millionen auf den Warenexport, davon $ 14.279 Mill. auf Indu-
strieprodukte und nur $ 547 Mill. auf Agrarprodukte. [559]
Was aber bedeutet auf diesem Hintergrund jenes Bild, das *Abraham B.
Jehoschua* in seinem Roman „Späte Scheidung" (1982) seinem Helden wie
einen Stempel aufdrückt, wenn er die „geschürfte offene Haut deiner
wunden Identität"[560] beschreibt? Sein Held ist der Linguistik-Professor
Jehudi Kaminka, der vor Jahren seine Familie in Israel verlassen hat und
nach den USA ausgewandert ist. Nun kehrt er zurück, um sich scheiden
zu lassen. Es sind in der israelischen Belletristik immer wieder Passagen
zu finden, die, manchmal wie nebenbei eingeworfen, auf eine zunehmende
Entfremdung mit diesem Land hinweisen. Der Optimismus der Gründer-
jahre ist verschwunden. Vorbei ist die Zeit, als man in den offiziellen Statistiken Israels nur die erwünschte Einwanderung erfaßte, die nicht erwünschte Auswanderung aber verschwieg. Und die Zahlen zeigen, daß
immer mehr Israelis dem Land den Rücken kehren. Jehudi Kaminka, der
in Israel in seiner Familie einen Teil seiner Identität wiederfindet und der

---

[558] Quelle: Jahresbericht Bank of Israel 1993; Israelisches Informationszentrum, 1995
[559] Bank of Israel, Jahresbericht 1993 (Veröffentlichung des Israelischen Informationszentrums, 1995)
[560] Jehoschua: Späte Scheidung, 1988, S. 379

dennoch wieder in die Vereinigten Staaten zurückkehrt, fragt sich: „Heimat, warum konntest du keine Heimat sein?"[561] Und an anderer Stelle: „Es darf nicht gesagt werden nicht einmal gesagt aber der Staat Israel ist nur eine Episode."[562] Auf diesem Hintergrund bekommt das Bild einer „wunden Identität", die einer „geschürften offenen Haut" gleicht, einen tieferen und für den Juden Jehudi Kaminka auch schmerzlichen Sinn. Wobei er sicherlich nicht zufällig gerade zwischen jenen beiden Ländern, in denen die Mehrzahl der Juden leben, hin- und hergerissen wird.

Die Identifizierung mit diesem Land hat aber auch bei jenen Brüche erzeugt, die sich zu ihm bekennen. In gleichsam abwehrender Nüchternheit äußert sich *Gad Granach:*

> „Hier sucht doch jeder seine Identität – ich weiß gar nicht, warum Menschen immer ihre Identität suchen müssen. Mir haben sie gesagt, wie ich heiße, das hat mir vollkommen gereicht."[563]

Vielleicht auch charakterisiert die von *Jehoschua* so benannte „wunde Identität" jenen Unterschied zwischen jüdischer und israelischer Identität. *Rachel Freudenthal-Livné* kehrt nach einem Studium in Deutschland wieder nach Israel zurück, in ihr Land:

> „Ich bin Jüdin, und ich bin mit der allgemeinen jüdischen Erinnerung groß geworden. Für mich war der Holocaust das Ereignis meines Lebens. Nicht, dass ich damals gelebt hätte. Aber man hat so viel davon gesprochen, dass das ein Element unserer Identität geworden ist, ein stets präsentes. Nicht der Holocaust allein, sondern das Bewusstsein: Wir sind die Opfer der Geschichte, die Opfer der anderen Völker. Das war ein Teil meiner Identität. Ich bin Jüdin, ich bin eben keine Palästinenserin.
>
> Das andere Element ist meine israelische Identität. Ich bin Israelin. Wir haben einen grossartigen Staat aufgebaut,... (Aber) wir haben es nicht geschafft, diesen Übergang von Opfern zu Tätern zu vollziehen. Wir sind Opfer geblieben. Wir sind die Angegriffenen. Das hat Begin sehr deutlich gemacht. Als er Beirut bombardieren ließ, er war der Aggressor – aber Arafat war Hitler.
>
> Auch unsere Siedler sagen, sie seien Angegriffene. Sie könnten nicht ruhig in ihrem Land leben. Im ‚eigenen Land' würden sie mit Steinen beworfen. Sie sind wiederum Opfer. Die Tatsache, dass wir jetzt die Täter sind, verschwimmt in der allgemeinen jüdischen Erinnerung des Opfer-Seins. Da ist wiederum dieses Element des Jude-Seins, und dann das andere Element in unserer Biographie: das Israeli-Sein."[564]

---

[561] Jehoschua: Späte Scheidung, 1988, S. 434
[562] Jehoschua: Späte Scheidung, 1988, S. 404 (Die fehlende Interpunktion ist ein Stilmittel des Vf., HN)
[563] Granach 1997, S. 179
[564] Freudenthal-Livné 1995, S. 239f.

In diesem Sinne kann das Bild der „wunden Identität" auch so verstanden werden, wie es *Ayin Hillel* in den wenigen Zeilen eines Gedichtes ausdrückte:

> „EREZ ISRAEL
> Ich betrachte diese harte Erde
> blicke auf die strengen Felsenberge
> erkenn den endlosen Himmel des Lichts
> all die Gesichter und Menschen alle
> sehe der Schönheit zehntausend Jahre
>
> und den Schrei."[565]

Die „Dreiheit von Land, Kult und Tora", die früher jüdische Identität beschrieb, muß heute erweitert werden durch „den Schrei", durch die Erfahrung von Verfolgung und Vernichtung, durch die Erfahrung des Holocaust.

---

[565] Ayin Hillel: Erez Israel (übers. von M.Winkler). In: Gedichte von Erez Israel. ariel 1988, Nr. 71–72, S. 92

5. Das Land – Element palästinensischer Identität

„Ich bin ein Araber, ich bin ein Jude,
ich bin kein Araber und kein Jude,
sagt mir, wer ich bin,
morgens wache ich auf und weiß nicht, wer ich bin,
an einem Morgen wache ich auf als Araber,
an einem anderen Morgen wache ich auf als Jude,
sagt mir, wer ich bin ...."[566]

Khaled Abu Ali, Palästinenser aus dem Dorf Sachnin und einziger arabischer Schauspieler im Theaterzentrum Akko, schrieb und inszenierte ein Theaterstück mit dem Titel „Khaled Abu Ali – lebend oder tot". Es ist die Geschichte seiner Schwester, die als Vierzehnjährige von einer Mine zerrissen wurde. In diesem Stück stellt er die Frage „Sagt mir, wer ich bin?" und gibt selbst die Antwort:

„Ich höre jeden Tag die Schreie meiner Schwester. Ich höre, daß sie mich ruft. Sie sagt mir, bleib hier, geh nicht weg. In Sachnin besitze ich acht Hektar Land mit Olivenbäumen. Wenn ich mir diese acht Hektar Land und die Olivenbäume anschaue, dann fühle ich mich als König. Manchmal frage ich mich, wer hat mir das gegeben? Das war mein Vater. Und wer hat es meinem Vater gegeben? Mein Großvater. Und wer hat es meinem Großvater gegeben? Mein Urgroßvater. Das ist unsere Kultur, das sind wir."[567]

Auf der Suche nach seiner Identität entdeckt er zwei Wurzeln: die Familie und das Land. In dem Land, das er vom Vater, vom Großvater, vom Urgroßvater erhalten hat, findet er seine Geschichte, seine Kultur und seine Stärke. „Wenn ich mir diese acht Hektar Land und die Olivenbäume anschaue, dann fühle ich mich als König", sagt Khaled Abu Ali.

Die Unsicherheit, die sich in der Frage Khaled Abu Ali's zeigt, wird deutlicher, wenn man sich frühe Definitionen dessen, was denn ein Palästinenser sei, ansieht. *Shamil Sharaf* erinnert sich an eine Formulierung aus seiner Schulzeit im damals noch jordanischen Jerusalem:

---

[566] Die Zeit 16.12.1994, S. 46
[567] Die Zeit 16.12.1994, S. 46

„Palästinenser waren Menschen, die ihr Land freiwillig an den Feind (die Juden) abtraten oder verkauften. Solche Menschen sind zu unehrenhaften Taten fähig und besitzen keinen Stolz".[568]

Noch 1970, während der Zeit der Auseinandersetzungen mit den Palästinensern in Jordanien, erfindet die jordanische Presse neue Beschreibungen für Palästinenser[569]:

> „Die Palästinenser sind Eindringlinge und sind Jordanien gegenüber illoyal."

> „Sie sind die Ursache für alle Katastrophen und Zerstörungen."

> „Die Palästinenser sind ein Volk von Verschwörern. Sie sind Kinder der Dunkelheit und scheuen das Tageslicht."

Wir wissen heute, daß es ein palästinensisches Volk gibt, und seit einigen Jahren erleben wir den Weg dieses Volkes zu einem eigenen Staat mit. Daß Palästinenser ein eigenes Volk sind, mußten nicht nur Europäer, sondern auch die Israelis als die unmittelbaren Nachbarn und sogar die Palästinenser selbst allmählich lernen. Im folgenden stelle ich einige Aspekte aus diesem Prozeß der Identitätsfindung vor.

5.1 „Sie existierten einfach nicht" – Palästinenser in jüdisch/israelischer Perspektive

Die vor 1948 nach Palästina einwandernden Juden stellten sich die Frage, ob sie den dort lebenden Menschen den Lebensraum nehmen würden, in aller Regel nicht. Da es aber offensichtlich war, daß dort bereits Menschen lebten, beantworteten sie das Problem des Zusammenlebens auf zweierlei Weise: Entweder machten sie geltend, daß die Juden den Arabern zivilisatorische Errungenschaften brächten, die diese bald schätzen und annehmen würden oder sie negierten die Existenz eines palästinensischen Volkes grundsätzlich.

Zum ersten: Der Gedanke, daß es die Juden sind, welche die Zivilisation nach Palästina brachten, tauchte schon sehr früh auf. Bereits bei *Herzl* ist er schon deutlich formuliert und wird in den folgenden Jahren immer wieder aufgegriffen. Als *Weizmann* unmittelbar nach der Balfour-Deklaration Palästina bereiste, traf er dabei auch mit *Emir Feisal*, der später König des Irak wurde, zusammen. *Weizmann* nahm die Balfour-Deklaration auch in jenem Punkte ernst, in dem es hieß, daß nichts getan werden solle, was die Rechte bestehender nichtjüdischer Gemeinschaften

---

[568] Sharaf 1983, S. 72
[569] Zitate aus Al Aksa 12.10.1970, zit. nach: Sharaf 1983, S. 128

in Palästina beeinträchtigen könnte. Er erkannte, wie wichtig die Herstellung freundschaftlicher Beziehungen zu den Arabern war. *Feisal* übernahm diesen Gedanken in einem Brief an den amerikanischen Zionisten *Frankfurter* im März 1919:

„Wir Araber ... blicken mit tiefster Sympathie auf die zionistische Bewegung. Wir wollen den Juden unser herzlichstes Willkommen bei ihrer Rückkehr in die Heimat zurufen. Wir arbeiten zusammen für einen neugestalteten und wiederauflebenden Orient, und unsere beiden Bewegungen ergänzen einander. ... „[570]

Auf dem Zionistenkongreß von 1921 wurde eine Resolution *Martin Bubers* angenommen, die den Willen bekundete

„mit dem arabischen Volke in einem Verhältnis der Eintracht und der gegenseitigen Achtung zu leben und im Bunde mit ihm die gemeinsame Wohnstätte zu einem blühenden Gemeinwesen zu machen, das jedem seiner Völker eine ungestörte nationale Entwicklung sichert."[571]

Zum zweiten: Der Gedanke der völligen Negation eines palästinensisch-arabischen Volkes, zieht sich durch Äußerungen israelischer Politiker in der Zeit vor und nach der Staatsgründung.[572] Auch wenn es richtig ist, daß Palästina in der Vergangenheit immer Teil irgendeines größeren Reiches gewesen war und keine eigene Staatlichkeit ausgebildet hatte, so entwickelte diese Äußerung im Laufe der Zeit doch eine solche Schärfe, die auch so verstanden werden sollte, als ob man die Existenz von Menschen, die sich Palästinenser nennen, grundsätzlich verneine. In aller Schärfe formulierte dies *David Ben Gurion:*

„Jeder sieht eine Schwierigkeit in der Frage der Beziehungen zwischen Arabern und Juden. Aber nicht jeder sieht, daß es keine Lösung für diese Frage gibt. Keine Lösung! Es gibt eine Kluft und nichts kann diese Kluft überbrücken. Man kann den Konflikt zwischen Juden und Arabern nur durch Sophisterei lösen. Ich weiß nicht, welcher Araber damit einverstanden ist, daß Palästina den Juden gehören soll – selbst wenn die Juden arabisch lernen."[573]

Und wieder *Ben Gurion*, 1936:

„Ich würde nicht von zwei Nationen sprechen. Ich habe gesagt, daß die jüdische Nation nicht im Lande ist und ich anerkenne die Araber (Palästinas) nicht als Nation."[574]

[570] Nach: Holdheim 1964, S. 35
[571] Holdheim 1964, S. 40
[572] Raimonda Tawil, selbst Palästinenserin, die 1957 von Israel nach Jordanien zog, berichtet in einem Interview, daß in der Enzyklopädie, die sie 1966 in Jordanien gekauft habe, auf Anweisung der Regierung der gesamte Israel betreffende Artikel entfernt worden sei. Vgl. Halter, 1974, S. 65
[573] Zit. aus: Bunzl 1982, S. 26
[574] Zit. aus: Bunzl 1982, S. 63

Golda Meir, Ministerpräsidentin, 1969:

> „Es war nicht so, daß es da ein palästinensisches Volk gab, das sich selbst als palästinensisches Volk betrachtete und daß wir dann kamen, sie hinauswarfen und ihnen ihr Land wegnahmen. Sie existierten einfach nicht."[575]

Bei einem Vortrag, den der ehemalige israelische Ministerpräsident *Menachem Begin*[576] im Kibbuz Ein Hakkoresch hielt, antwortete er auf eine Frage aus dem Publikum nach Anerkennung der Existenz des palästinensischen Volkes:

> „Passen Sie auf, mein Freund: Wenn Sie Palästina anerkennen, zerstören Sie ihr Recht, in Ein Hakkoresch zu leben. Wenn hier Palästina ist und nicht Erez Israel, dann sind sie Eroberer und nicht Bebauer des Landes. Sie sind Eindringlinge. Wenn hier Palästina ist, dann gehört das Land dem Volk, das hier lebte, bevor Sie gekommen sind. Nur wenn hier Erez Israel ist, haben Sie das Recht in Ein Hakkoresch und Degania zu leben. Wenn es nicht Ihr Land ist, das Land Ihrer Vorfahren und Ihrer Söhne – was machen Sie dann hier? Sie sind in das Land eines anderen Volkes gekommen, wie sie [die Palästinenser] es ja auch behaupten. Sie haben es vertrieben und ihm sein Land genommen."[577]

Es ist nicht verwunderlich, daß diese Negation der arabisch-palästinensischen Bevölkerungsminderheit sich auch in der Wahrnehmung der israelischen Bevölkerung niederschlug. So enthüllte eine Befragung von israelischen Juden, die Anfang 1970 durchgeführt wurde, „daß ungefähr zwei Drittel der Befragten entweder glaubten, es gebe in Wirklichkeit kein palästinensisches Volk, oder nicht sicher waren, ob es existiere oder nicht. Anders gesagt, der arabisch-palästinensische Teil der Bevölkerung unter der israelischen Herrschaft – ungefähr 1.300 000 Menschen – fand sich von einer Mehrheit dominiert, von der zwei Drittel nicht glaubten oder nicht sicher waren, daß er existiert."[578]

Doch gab es unter den Israelis auch andere Einstellungen. Sie dokumentieren sich beispielsweise in verschiedenen veröffentlichten Texten. Sie belegen, wie die Einstellung zu den Arabern, die von offizieller israelischer Seite aus bekundet wurde, sich auch im palästinensischen Denken niedergeschlagen hat. In der Dokumentation dieses Niederschlags liegt die Kritik. Sehr genau beschreibt *Jehoschua* 1977 in seinem Roman „Der Liebhaber", daß die Juden die Araber zwar nicht hassen, daß sie aber mit ihnen umgehen, als wären sie als Menschen gar nicht existent. Den jun-

---

[575] Zit. aus: Bunzl 1982, S. 49 (Übersetzung H.N.)
[576] Ministerpräsident 1977-1983
[577] Diner 1981, S. 175f.
[578] Nakhleh 1983, S. 154

gen Na'im, einen Araber, der in einer israelischen Autowerkstatt arbeitet, läßt er sagen:

„Immer wissen, wo die Grenze ist – das ist die Hauptsache. Wer das nicht will, bleibt lieber im Dorf und lacht allein auf den Feldern oder flucht im Weinberg auf die Juden, wenn er Lust hat. Wir andern leben beinah den ganzen Tag mit ihnen und müssen vorsichtig sein. Sie hassen uns nicht, wer denkt, daß sie uns hassen, ist ganz schön falsch gewickelt. Sie können uns gar nicht hassen, für die sind wir nämlich nichts als Schatten. Nimm mal, hol mal, faß mit an, mach mal sauber, heb mal hoch, feg hier auf, montier das ab, rück das mal zur Seite – so denken sie über uns."[579]

Wenige Jahre nachdem *Jehoschua* seinen Roman geschrieben hatte, schilderte *Amos Oz* in „Im Lande Israel" die Gespräche und Beobachtungen auf einer Reise, die er 1982 durch Israel gemacht hatte. Aus dem Material entstand eine Artikelfolge in der Beilage der Tageszeitung *Davar* im November/Dezember 1982 und Januar 1983. Über den Besuch in seiner alten Schule, die eine biblische Lehranstalt geworden war, schrieb *Oz:*

„Die Gebäude sind uralt, aus der Türkenzeit, große und dicke Fenster, dicke Steinmauern. Auf dem Dach hantieren die arabischen Arbeiter ... um die Dachpfannen vor Einbruch des Winters zu reparieren. Hinter den Gebäuden, halb vertrocknet, überlebten noch einige der Pinien, die wir im Hof... 1947 gepflanzt hatten.

Von einem der Lehrer erfahre ich, daß die Erziehung... nicht zionistisch oder anti-zionistisch ist, sondern judaistisch; doch genießt die Einrichtung die Anerkennung und Unterstützung des Ministeriums für Erziehung und Kultur. ...

Was lernt man hier?

Die fünf Bücher Moses. ... Die Unterrichtssprache ist Hebräisch, ..."

Und weltlicher Unterricht?

„Gewiß: Rechnen, Erdkunde und auch Schönschrift."

Und die Naturwissenschaften?

„Das gibt es nicht bei uns. Schon unsere Gelehrten sagten: hast du vieles begriffen – hast du nichts begriffen."

Unterrichtet man hier denn Werken?

Der Erzieher zeigt auf die Araber, die das Dach ... reparieren, und antwortet mit einer Frage: „Und wofür wurden diese erschaffen? ... Dem Gerechten erledigt ein anderer das Tagwerk."[580]

---

[579] Jehoschua, Der Liebhaber, 1994, S. 155
[580] Oz: Im Lande Israel, 1984, S. 16f.

Dieses, uns sehr überheblich und anmaßend erscheinende, Herabsehen auf die Araber hat viele Gründe, wovon die Negation eines palästinensischen Volkes nur einer ist. Genauso bedeutsam ist andererseits aber auch der zivilisatorisch-technische Vorsprung, den die Juden mit ins Land brachten, bzw. den sie sich dort erarbeiteten. So blieben den arabischen Palästinensern oft nur noch die untergeordneten Tätigkeiten. Die totale Abhängigkeit der palästinensischen Wirtschaft in den besetzten Gebieten von Israel verstärkte diesen Trend.[581] Die Palästinenser selbst waren anfänglich kaum in der Lage, dem nennenswerten Widerstand entgegenzusetzen. Sie verfügten über keine eigene Identität, sie fühlten sich selbst nicht als Palästinenser, sondern als in Palästina lebende Araber. Nach der Gründung des Staates Israel waren sie von den umliegenden arabischen Völkern abgeschnitten, waren verunsichert und mußten eine eigene Identität erst entwickeln. Es war die „Konfrontation mit dem Zionismus, [wodurch] diese Bevölkerung Züge einer eigenen nationalen Identität angenommen" hat.[582]

5.2 Zum Begriff der Identität

Identität ist hier nicht nur ein individuelles System. *Khalil Nakhleh* versteht darunter, in Anlehnung an den Anthropologen *Edward Spicer*, ein kollektives Identitätssystem, abgekürzt KIS. Es sei „Ergebnis eines dynamischen Zusammenwirkens ,zwischen menschlichen Individuen und ausgewählten Kulturelementen – den Symbolen'."[583] Für die Bewahrung des KIS seien drei Bereiche wichtig:

1. Die Kommunikation,
2. gemeinsame moralische Werte und
3. die politische Organisation.

Der Verlust der territorialen Komponente führe nach *Spicer* nicht zum Zusammenbruch der Gruppenidentität, sondern habe die umgekehrte Wirkung. „Das Land steht dann nicht mehr bloß für Grundlage der Ernährung; es wird Symbol für Autonomie, Stabilität und Rückkehr."[584] Die Araber Palästinas wurden so zu den ,Flüchtlingen Palästinas'. Der neue Zustand schuf damit neue kollektive Erfahrung.

Auf dem Hintergrund dieser Bedeutung des Landes als Symbol für „Autonomie, Stabilität und Rückkehr" wird verständlich, daß jeder Ver-

---

[581] Zur wirtschaftlichen Abhängigkeit der besetzten Gebiete nach 1967 vgl. Sharaf 1983, S. 105-115
[582] Oz: Im Lande Israel, 1984, S. 125
[583] Nakhleh 1983, S. 146
[584] Nakhleh 1983, S. 148

lust von Land zu einem Verlust politischer Identität werden kann. Nur von daher ist die Schärfe und Brutalität in der Auseinandersetzung um den Besitz des Landes verständlich, wie er aus aktuellen Meldungen dieser Tage hervorgeht. Danach hat der Justizminister der palästinensischen Autonomiebehörde bekräftigt:

> „Jeder Palästinenser, der direkt oder indirekt an Israelis Land verkauft, wird wegen Hochverrats vor Gericht gestellt. Das bedeutet die Todesstrafe."[585]

Wie ernst solche Äußerungen, daß der Prozeß selbst schon die Todesstrafe „bedeutet", zu nehmen sind, geht aus einem Artikel der *Frankfurter Rundschau* hervor, der wenige Tage später, am 16.5.1997, unter dem Titel: „Chronik einer angekündigten Exekution" erschien. Dort wird der dringende Verdacht geäußert, daß ein Ost-Jerusalemer Makler, der Land an Juden verkauft hatte, das erste Opfer der angekündigten Todesstrafe geworden war.[586]

Ein Blick auf die Fluchtbewegungen im Krieg von 1948/49 bestätigt die mangelnde palästinensische Identität. Es war die Dorf- und Familiengemeinschaft, die zusammen auf die Flucht ging und die gemeinsam in einem Lager möglichst in erreichbarer Nähe zu ihrem Dorf blieb.[587] Ein Bewußtsein palästinensischer Identität, das jene Menschen im Süden Palästinas mit jenen im Norden verband, schien nicht zu existieren. *Salah Khalaf*, Stellvertreter *Arafats*, sprach in diesem Zusammenhang von einem „kleinlichen Regionalismus"[588]. Erst der Verlust des Landes verband diese Menschen und machte klar, daß sie damit etwas Gemeinsames hatten. „Dementsprechend wurde die ‚Flüchtlinge Palästinas' zu den ‚Palästinensern Palästinas'"[589]. Noch im ersten Stadium von 1948-1967 waren die Symbole des KIS „auf die ganz allgemeinen Züge der arabischen Kultur beschränkt. Außer Kleidung und Sprache hatten sie keine spezifischen kulturellen Eigenheiten gemein"[590]. Dies wird durch eine Umfrage der Hebräischen Universität von 1966 erhärtet.[591] Eine Auswahl arabischer Interviewpartner definierte sich selbst in der Reihenfolge: 1. Israeli, 2. Israelischer Araber, 3. Araber, 4. Palästinenser. Über die zukünftigen Ziele der arabischen Minderheit befragt, äußerten dieselben Interviewpartner:

[585] Berliner Morgenpost 6.5.1997, S. 1
[586] Günther 16.5.1997, S. 3; vgl. dazu auch die Berichte in: Berliner Morgenpost 6.5.1997, S.1 und in: Frankfurter Allgemeine Zeitung 3.6.1997
[587] Vgl. Bopst 1968, S. 40 und Schiller 1982, S. 215
[588] Khalaf 1979, S. 204
[589] Nakhleh, 1983, S. 150
[590] Nakhleh, 1983, S. 150f.
[591] Nakhleh, 1983, S. 152

Ziel	Prozent
Pluralistisch	81
Assimilationistisch	6
Sezessionistisch	13
Kämpferisch	–

Die überwiegende Mehrheit der in Israel lebenden Araber identifizierte sich damit mit dem Staat Israel und sah auch ihre Zukunft in diesem Staat. Diese Zustimmung kippte ab 1967 um. Als in diesem Jahr die soziologische Studie wiederholt wurde, ergaben sich folgende Werte[592]:

Ziel	Prozent
Pluralistisch	53
Assimilationistisch	–
Sezessionistisch	17
Kämpferisch	19

Jene, die bereit waren, sich mit den Israelis zu assimilieren, waren völlig verschwunden; die ein pluralistisches Zusammenleben mit den Israelis wünschten, waren erheblich zurückgegangen und jene, die eine kämpferische Haltung einnahmen, hatten zugenommen. *Nakhleh* sieht die Ursache für diesen Wandel darin, daß die arabische Minderheit in Israel sich nun auf palästinensische Symbole und auf einen neuen Kampfgeist beziehen konnte.

Diese Entwicklung setzte sich fort. *Sharaf* zitiert eine Untersuchung aus den Jahren 1974/75, wonach sich 63% der Araber in Israel mit der Bezeichnung „Palästinenser" sehr gut charakterisiert fühlten, hingegen nur 14% mit dem Begriff „Israeli".[593]

In einem dritten Stadium ab 1979 sieht *Nakhleh* das KIS „mit der bestätigten Präsenz der PLO um den Bereich der politischen Organisation und um ein mehr oder weniger klar faßbares Ziel" bereichert.[594] Dieses Ziel beschreibt *Salah Khalaf* in Worten, die jenen gleichen, welche die Zionisten in der ersten Hälfte des 20.Jahrhunderts für ihren Staat in Palästina ebenfalls ins Feld geführt hatten:

„Ein Volk ohne eigenen Staat ist ein Volk ohne Zuflucht, ohne Schutz. Ist es da verwunderlich, wenn wir unsere Identität, ja sogar unsere Existenz-

---

[592] Nakhleh, 1983, S. 153f.
[593] Sharaf 1983, S. 144
[594] Nakhleh 1983, S. 155f.

berechtigung in Symbolen wie einem Paß oder einer Fahne zu finden hoffen?"[595]

Seit 1993 ist dieses Ziel deutlich erkennbar: der eigene Staat. Aus diesem Ziel schöpfen die Palästinenser Kraft und Identität.

5.3 Die palästinensische Perspektive

Die Suche nach einer palästinensischen Identität entwickelt und reibt sich immer wieder an den Israelis. Dabei sind die Anklagen sehr heftig. *David Grossman* überliefert die Aussage von A. N., 30 Jahre alt, der im Flüchtlingslager Balata lebt:

„Und dann sagt ihr noch, unter den Jordaniern war es schlimm für uns. Kann schon sein. Aber die Jordanier haben uns nur unsere nationale Identität genommen, und ihr habt uns alles genommen. Die nationale Identität und die Identität jedes einzelnen von uns, der euch fürchtet und der von euch abhängig ist. Ihr habt uns alles genommen. Ihr habt uns zu lebenden Toten gemacht."[596]

In einem Gespräch in einer 12. Klasse eines arabischen Gymnasiums über den Holocaust, äußerte ein Schüler:

„Das ist genau das gleiche, dort und hier! Der Staat will die Araber genauso loswerden, will uns vernichten!."

„Vernichten?"

Er überlegte einen Augenblick: „Gut, wenn auch nicht körperlich, dann aber unseren Geist! Er will unsere Geschichte und Literatur vernichten. Hindert uns daran, etwas über unsere nationalen Dichter zu lernen! Löscht uns aus, moralisch betrachtet!" Während er sprach, wurde er zunehmend aufgeregter: „Sie wollen, daß wir uns in der Gesellschaft assimilieren, daß wir Israelis werden, daß wir von den arabischen Völkern abgeschnitten werden, daß wir vergessen, was das ist, ein Palästinenser! Ist das in deinen Augen vielleicht keine Vernichtung?"[597]

Wie sehr man sich auch offiziell dieser fehlenden Identität bewußt war, belegt Art. 11 der palästinensischen Nationalcharta von 1964, wo die Palästinenser selbst davon sprechen, daß es darum geht, eine eigene Identität zu „entwickeln":

„Das palästinensische Volk glaubt an die arabische Einheit. Um seinen Teil zur Erreichung dieses Zieles beizutragen, muß es jedoch im gegen-

---

[595] Khalaf 1979, S. 67
[596] Grossman: ...Wind, 1990, S. 16
[597] Grossman: ...Israeli, 1994, S. 155

wärtigen Stadium des Kampfes seine palästinensische Identität entwikkeln, sowie jeden Plan ablehnen, der diese Identität aufheben oder gefährden könnte."[598]

Heute wird nicht mehr bestritten, daß es eine palästinensische Identität gibt. Ein wichtiger Meilenstein in der Entstehung dieser Identität waren die ersten militärischen Aktionen der *Al-Fatah*, wie eine Äußerung *Jassir Arafats* bestätigt: „Von Anfang an sagte ich, daß wir Palästinenser unsere Identität nur durch Kämpfen wiedergewinnen und festigen können."[599] Daß *Arafat* die Lage richtig einschätzte, zeigt beispielsweise die Äußerung eines jungen Palästinensers, der *Fatah* gerade wegen der Guerillatätigkeit beitrat:

> „Sie erweckten die palästinensische nationale Identität wieder zum Leben. Und mir ist der Wert dieser Tatsache bewußt. Als Schüler wurde ich von einem jordanischen Offizier mit folgenden Worten beschimpft: ‚Du bist ein Insekt, kein Mensch, Du palästinensischer Flüchtling.'
>
> Heute kann ich stolz sagen, daß es ein palästinensisches Volk gibt. Und das ist eminent wichtig für mich. Unser Volk war mit Gewalt zerstört worden, gezwungen worden, selbst seinen Namen zu vergessen. Da trat Fatah mit dem Anspruch auf, die palästinensische Identität wiederherstellen zu wollen."[600]

Dadurch entwickelte sich „so etwas wie eine Partikularisierung des palästinensischen Bewußtseins weg vom panarabischen zu einem palästinozentrischen (Bewußtsein). Das heißt, die Palästinenser kommen in immer stärkerem Maße zu sich selbst als partikulare Einheit innerhalb der arabischen Welt und begreifen sich immer weniger, was ein langer Prozeß ist, als integraler und unauflöslicher Bestandteil der Araber und damit des arabischen Nationalismus".[601] Vor 1948 verstanden sich die meisten Palästinenser als Araber oder sie identifizierten sich gemäß ihrer lokalen oder regionalen Herkunft. Dies ist das Ergebnis einer Studie, die *Rosemary Sayigh* in den siebziger Jahren in Flüchtlingslagern des Libanon durchführte. Und der palästinensische Soziologe Aziz Haidar schrieb, daß die Palästinenser 1948 keine eigene und erkennbare Gruppe bildeten, sondern daß sie „ein untrennbarer Teil der arabischen Bevölkerung des Mittleren Ostens" gewesen seien.[602] Auf der Grundlage dieses Zugehörigkeitsgefühls glaubten die arabischen Palästinenser an die Versprechungen der arabischen Staaten, sie würden den zionistischen Staat zerschla-

---

[598] Sharaf 1983, S. 96; im Artikel 18 dieser Charta wird zugleich den Juden ihre Identität als Volk abgesprochen: „Die Juden sind nicht ein einzelnes Volk mit eigener unabhängiger Identität, sondern sind Bürger der Staaten, denen sie angehören." (Sharaf 1983, S. 98)

[599] Zit. aus: Baumgarten 1991, S. 205

[600] Zit. aus: Baumgarten 1991, S. 206

[601] Diner 1991, S. 17

[602] Nach: Litvak 1994, S. 108

gen. „Allerdings wurde daraus sehr schnell ein Topos, der in der Innenpolitik und in der regionalen Machtpolitik dieser Länder eher eine legitimatorische Funktion hatte, als daß er gegen Israel gerichtet gewesen wäre."[603] Diese Erfahrung der „Zurückweisung durch die benachbarten arabischen Gesellschaften" habe dem Bewußtsein einer eigenen palästinensischen Identität zum Durchbruch verholfen.[604] Es war also ihre „besondere historische Erfahrung", durch welche sich die Palästinenser von anderen Arabern zu unterscheiden lernten.[605] Auf Grund dieser Erfahrung begannen die Palästinenser „ein eigenes Kollektivgedächtnis und eine eigene Geschichte zu schaffen oder zu rekonstruieren".[606] Obwohl der Krieg von 1948 für die Palästinenser das große Trauma darstellt, das auch zum Schlüsselereignis in den individuellen Lebensgeschichten wurde, erfolgte erst nach der Niederlage von 1967 ein Wechsel in der Strategie. Diese verheerende Niederlage versetzte dem arabischen Nationalismus den Todesstoß.[607] Jetzt erst war den Palästinensern deutlich geworden, daß die Rückgewinnung ihres Landes nicht über die arabische Einheit, nicht durch die ‚arabischen Brudervölker‘, sondern nur aus eigener Kraft und aus eigenem Anspruch heraus zu bewerkstelligen ist. „Es scheint, daß ... die identitätsstiftende Kraft des bewaffneten Kampfes für die palästinensische Gesellschaft ... nicht unterschätzt werden darf."[608] Militärisch hatten sie der arabischen Welt und vor allem den überall verstreuten Palästinensern bereits mit der ‚Schlacht von Karameh‘ bewiesen, daß mit ihnen in Zukunft zu rechnen sein wird. In den Flüchtlingslagern überall in der arabischen Welt wurde nach dieser Schlacht die Auferstehung des arabischen Volkes gefeiert.[609] Bereits in den sechziger Jahren hatten die Palästinenser begonnen, auf vielen Ebenen eine eigene kulturelle Identität zu entwickeln. 1968 wurde die Kulturabteilung der PLO gegründet, um Forschungen auf diesem Feld voranzutreiben und sie innerhalb der palästinensischen Gemeinschaft wie auch in der westlichen Welt zu verbreiten.[610] „Die Bedeutung der Revitalisierung der palästinensischen Kul-

---

[603] Baumgarten 1991, S. 177
[604] Litvak 1994, S. 109
[605] Koszinowski 1988, S. 48 markiert die Zeit des 1.Weltkrieges als entscheidenden Wendepunkt: „Während bis zum Ersten Weltkrieg von einem palästinensischen Nationalbewußtsein kaum die Rede sein konnte, entwickelten die Palästinenser nach dem Krieg in der Auseinandersetzung mit den jüdischen Einwanderern eine eigene politische und nationale Identität."
[606] Litvak 1994, S. 110
[607] Baumgarten 1991, S. 210
[608] Baumgarten 1991, S. 248
[609] Le Monde, 23 March 1968 – zit. aus: Hirst 1978, S. 285; auch Koszinowski 1988, S. 51 betont die Bedeutung der Schlacht von Karameh; Sharaf 1983, S. 148 nennt sie gar „das entscheidende Symbol der palästinensischen nationalen ‚Wiedergeburt‘".
[610] Litvak 1994, S. 111 und 114f.

tur für die Bildung des nationalen Bewußtseins ... kann nicht deutlich genug hervorgehoben werden".[611]

Jörg Bremer analysiert den Sechs-Tage-Krieg als entscheidenden Wendepunkt zu einer palästinensischen Identität. Er stellt allerdings nicht palästinensische militärische Aktionen oder die Differenz mit den arabischen Brudervölkern als Ursache heraus, sondern sieht den Grund primär in der israelischen Besatzung:

> „Die Palästinenser, die nach dem israelischen Unabhängigkeitskrieg 1948 noch nicht eine Nation waren, wurden nicht zuletzt durch die Besatzung von 1967 zum Staatsvolk."[612]

Dieser Wechsel der Identität wird in der Person von *Albert Aghazarian* nachvollziehbar. Er ist armenischer Palästinenser und wurde 1950 in der Altstadt von Jerusalem geboren. In einem Interview sagte er:

> „1967 war ich 17 Jahre alt und gehörte wahrscheinlich zur ersten Generation, die sich selbst als jordanisch betrachtete. Die palästinensische Identität sollte verschwinden, und vermutlich hätte dies bei uns funktioniert, wäre nicht der Krieg von 1967 dazwischengekommen. Dadurch gewann das Thema erneut Aktualität, und das gesamte Identitätsverständnis änderte sich."

Und auf die Frage: „Fühlten Sie sich vor 1967 als Jordanier?" antwortete er:

> „Ja, denn ich wurde so geboren, war vom jordanischen Schulsystem geprägt. Die erste Melodie, die man spielte, wenn man ein Musikinstrument erlernte, war der königliche Marsch von Jordanien. Ich erinnere mich noch genau daran, daß ich nie Probleme damit hatte – man hörte zwar ständig von Palästina, aber die jordanische Identität, das Nationalbewußtsein sorgten dafür, daß wir wahrscheinlich die erste Generation waren, die Palästina vergaß. Ich glaube, das Jahr 1967 markiert insofern einen Wendepunkt, als es die gesamte Richtung der Identitätsfrage völlig veränderte."[613]

Aus dieser kurzen Beschreibung von *Albert Aghazarian* läßt sich die ganze Identitätsproblematik ableiten. Er wurde 1950 geboren, seine Eltern sahen sich vermutlich noch als in Palästina lebende Araber an. Er selbst aber lebt im Westjordanland, das von 1948 bis 1967 zu Jordanien gehörte. So sieht er sich als Jordanier. Erst nachdem Israel 1967 dieses Gebiet erobert hatte, beginnt er sich als Palästinenser zu begreifen.

Die Beziehung zum Land wird nun zum zentralen Kriterium. Es gibt Berichte von Palästinensern und Israelis, in denen beschrieben wird, wie

---

[611] Sharaf 1983, S. 149
[612] Bremer. In: Frankfurter Allgemeine Zeitung 5.7.1997
[613] Aghazarian 1996, S. 120f.

Palästinenser nach Jahren wieder zu dem Haus zurückkamen, das sie 1948 verlassen mußten. Aus ihnen wird besonders deutlich, wie sehr ihre Identität mit einem bestimmten Ort verbunden ist. In einem bewegenden Brief, der 1988 in der *Frankfurter Rundschau* veröffentlicht wurde, schildert eine Israelin, wie ein Palästinenser und sein 1948/49 aus dem Haus vertriebener Vater noch einmal in dieses Haus, das sie jetzt bewohnt, zurückkehren:

> „Lieber Baschir, wir lernten uns vor 20 Jahren unter ... ungewöhnlichen Umständen kennen.... Nach dem Sechs-Tage-Krieg kamst Du ..., um das Haus zu sehen, in dem Du geboren wurdest. Dies war meine erste Begegnung mit Palästinensern. Ich hatte mit meiner Familie seit 1948 dort gelebt, kurz nachdem Deine Familie zum Weggehen gezwungen worden war. Du warst damals sechs, ich gerade ein Jahr alt.... [Meine Familie war] mit weiteren 50.000 bulgarischen Juden in den neuen Staat Israel gekommen, und Euer Haus wurde als "verlassener Besitz" bezeichnet.

> ... Im Laufe unserer stundenlangen Gespräche entwickelte sich zwischen uns ein warmer persönlicher Kontakt. Doch wurde klar, daß unsere politischen Ansichten weit auseinander lagen. Jeder von uns blickte durch die Brille, die durch das Leiden seines Volkes geschaffen worden war. Doch ein gewisser Gesinnungswandel begann sich in mir zu vollziehen. An einem mir unvergeßlichen Tag kam Dein Vater ... zu unserem Haus. Dein Vater war damals alt und blind. Er berührte die rauhen Steine des Hauses. Dann fragte er, ob der Zitronenbaum im Hinterhof noch stehe. Er wurde zu dem reichlich tragenden Baum geführt, den er viele Jahre zuvor gepflanzt hatte. Er streichelte ihn und stand still da. Tränen liefen über sein Gesicht.

> Seit ich Dir begegnet war, wuchs in mir das Gefühl, daß daheim nicht nur mein Daheim ist. ... Das Haus ... verband sich jetzt mit Gesichtern. [Damals] hatte man uns alle zu glauben veranlaßt, daß die arabische Bevölkerung von Ramle und Lod 1948 vor der vorrückenden israelischen Armee davongerannt sei und in einer überstürzten und feigen Flucht alles zurückgelassen hätte. Dieser Glaube beruhigte uns. Er sollte Schuld und Gewissensbisse vermindern. Ich höre jetzt, daß Du ausgewiesen werden sollst. Deportation ist eine Verletzung der Menschenrechte und deshalb falsch. Du, Baschir, hast bereits als Kind eine Vertreibung aus Ramle erlebt. Nun erlebst Du 40 Jahre später wieder eine Vertreibung ... Du wirst wahrscheinlich von Deiner Frau, Deinen Kindern, von Deiner alten Mutter und vom Rest Deiner Familie getrennt werden. Wie können Deine Kinder diejenigen nicht hassen, die sie um ihren Vater gebracht? Wird das Erbe der Schmerzen wachsen und sich die Verbitterung noch verstärken, wenn dies von Generation zu Generation weitergegeben wird?

> Es scheint mir so, Baschir, daß Du jetzt eine neue Möglichkeit hast, eine Führungsrolle zu übernehmen. ... Ich appelliere an Dich, in dieser Führungsposition gewaltlose Kampfmethoden für Eure Rechte anzuwenden

und für eine Führung einzutreten, deren Ziel die Erziehung zur Anerkennung Eures Feindes und dessen relativem Recht ist.

Unsere Kindheitserinnerungen ... sind in tragischer Weise miteinander verwoben. Wenn es uns nicht gelingt, diese Tragödie in einen gemeinsamen Segen zu verwandeln, so wird unser Festhalten an der Vergangenheit unsere Zukunft zerstören.

Dalia" [614]

Diese individuelle Rückkehr der Palästinenser auf ihr ehemaliges Land, die für die Suche nach ihrer Identität steht, in ihre nun von Juden bewohnten Häuser, wird auch in der Belletristik thematisiert. *Mendel Mann* (1916-1975), der 1948 nach Palästina kam, beschreibt in seiner Novelle „Das Haus in den Dornen" ein jüdisches Ehepaar, das ins Land gekommen war, „weil beide das Gestern vergessen wollten".[615] Sie wohnten in einem ehemaligen arabischen Dorf,

„nicht weit von der Stadt, im ganzen eine halbe Autostunde. Die Stadt verwirrte und erschreckte sie beide. ... Während der ersten Tage hatte sie [Santa] sich im einsamen Haus wohl gefühlt, aber bald begann sie sich zu fürchten. Erst war es das Geheul der Schakale, und dann weckten sie nachts die Schreie der Vögel. Sie fürchtete sich vor den Fledermäusen und den nächtlichen Schatten im alten arabischen Dorf. ... Die Angst ihrer vergangenen Jahre verbarg sich in den Büschen und drohte in der unheimlichen Nacht. ...

,Man hört Schritte im Garten! Woher kommen sie? Wohin gehen sie? Irgendwoher müssen sie doch kommen! Vor welcher Schwelle werden sie stehenbleiben? Was bringen sie wohl? Ruhe oder Aufruhr?'"[616]

Eines Tages stehen dann ganz plötzlich eine alte, schwarzgekleidete Frau und ein Mann mit einem roten Fez vor der Türe. Sie sprachen in einer fremden Sprache. Die Frau klopfte an der Haustür. Santa öffnete:

„Die beiden Frauen starrten einander mit hartnäckigem, forschendem Blick an. Dann begann die Alte zu flüstern und berührte Santa mit ihren runzligen, zitternden Pergamenthänden. Das Zittern der Alten übertrug sich auf Santa. Ein leichter Schauer durchfuhr sie. ...

Die Fremde in Schwarz mit den faltigen Ärmeln und dem Schleier um den Kopf atmete schwer. ... Santa merkte, daß die Alte weinte. Es war das Weinen einer Greisin, deren Tränen schon versiegt sind. So weinen die alten, knorrigen, einsamen Ölbäume, wenn sich von ihrem Stamm die Rinde löst. ...

Santa brachte einen Stuhl auf die Terrasse und ließ die Alte ausruhen. Sie rief den Fremden herein, der immer noch vor dem Gartentor stand.

---

[614] FR 11.3.1988
[615] Mann: Das Haus..., In: Rottenberg 1981, S. 53
[616] Mann: Das Haus..., In: Rottenberg 1981, S. 53f.

Plötzlich breitete sich ein mildes Strahlen über sein Gesicht. Er verbeugte sich vor Santa und sprach in einem Gemisch von Arabisch und Hebräisch auf sie ein. ... Jetzt entdeckte Santa zum ersten Mal die Ähnlichkeit des fremdartigen Wortklanges mit dem Rascheln der dürren Zweige, dem Rauschen des Grases und dem Knirschen der Schritte auf dem Sand. Und die Hände der Alten waren das traurige Braun der Lehmmauern. ...

Santa sah Tränen in den Augen der Araberin. Das war also die frühere Bewohnerin dieses Hauses. Santa fühlte es. Sie hatte es gemerkt an der Art, wie sie die Schwelle überschritt, und auch die Katze, die ein ganzes Jahr lang das Haus gemieden hatte und nur im Dorngestrüpp herumgestrichen war, war ein Zeichen dafür. ... Die Alte streichelte die Katze mit ihren knochigen Fingern und flüsterte ihr beruhigende Worte zu. ...

Santa überkam ein wohliges Gefühl in dieser eigenartigen Mittagsstille. Müde Greise vor ihrer Schwelle, die dösende Katze, der stumme Mann mit den grauen Schläfen ... Santa war so glücklich. ...

‚Meine gute Alte', sagte Santa mit gebrochener Stimme, ‚das war dein Haus, nicht wahr? Du hast da gewohnt. Ich erkenne es an deinen Augen und an den Augen der Katze. Du bist von deiner Straße und deinem Heim geflohen. Jetzt bist du zurückgekommen, und ich wohne in deinem Haus. Oh, Gott! Ich habe dich nicht vertrieben, niemand vertrieb dich von hier. Warum bist du in einer dunklen Nacht plötzlich verschwunden? Ich traf hier nichts als Wüste. Schakale hausten in den öden Räumen. Auch ich habe mein Heim verlassen ... man vertrieb mich. Und als ich zurückkehrte, fand ich nur Ruinen. Oh, Gott, du verstehst mich ja gar nicht, und ich spreche zu dir. Schau meine Hände an! Sie können nur Gutes tun. Fürchte dich nicht vor dem kalten Trunk. Deine Lippen brennen. Hab keine Angst! Es ist kein vergiftetes Brunnenwasser. Schau, ich trinke auch davon. Wie es den brennenden Gaumen kühlt!'

Santa neigte den Krug und trank daraus. Dann reichte sie ihn der Alten. Der Fremde trat zur Schwelle und sagte: ‚Seien Sie nicht bös, Frau. Wir kamen nur, um zu schauen ... wir wohnen in Jaffa ... ihr Sohn hat hier gelebt ...'.

Nach dem Besuch der beiden alten Leute wurde Santa ruhiger. Das Quietschen des Gartentores und die nächtlichen Geräusche erschreckten sie nicht mehr. Die kahlen Wände des kleinen Hauses waren ihr vertrauter. ..."[617]

---

[617] Mann: Das Haus..., In: Rottenberg 1981, S. 66-70

5.4 Die Positionen verändern sich

Palästinensische Autoren weisen gerne auf die frühe Konzessionsbereitschaft der PLO hin, die von Israel total ignoriert worden sei.[618] Doch auch wenn es im palästinensischen Lager immer wieder Stimmen gab, die einen Kompromiß mit Israel befürworteten, so machten es die vielen Terroranschläge der israelischen Regierung unmöglich, auf solche Vorschläge einzugehen. Nach dem Krieg von 1967 „fanden die Argumente der palästinensischen politischen Kräfte, die für den ‚Volkskrieg' gegen Israel eintraten, mehr Zustimmung, insbesondere bei der palästinensischen Bevölkerung".[619] Nachdem sich im Krieg von 1967 die Schwäche der arabischen Staaten offenbart hatte, vermittelte gerade der eigene Kampf den Palästinensern ein neues Selbstwertgefühl. „Durch den Kampf ... gelang es den Palästinensern ... ihre innere Einheit zu finden".[620]

> „Der wesentliche Effekt des bewaffneten Kampfes ist es, eine entwurzelte und atomisierte Gesellschaft wieder zu strukturieren. In diesem Sinne schafft der Widerstand durch seine Aktion von neuem eine Identität und weckt das nationale palästinensische Bewußtsein."[621]

Eine Äußerung, die sehr stark jener von *Ben Gurion* aus dem Jahre 1955 ähnelt, als er nach den Gründen für die harten israelischen Reaktionen gefragt wurde.[622] Dieser Kampf, der, wenn er denn sein mußte, auch nichts anderes sein konnte, als ein Kampf aus dem Untergrund heraus, war in den Augen der Israelis und der Welt nur Terror. Im gleichen Maße, wie der Kampf den Palästinensern auf dem Weg zur Identitätsfindung half, versperrte er ihnen alle Chancen auf diplomatischen Wegen zur Erfüllung ihrer Ziele zu gelangen. Erst im Laufe der Jahre entwickelte sich allmählich eine Parallelität von Terror und Diplomatie, in der sich letztere durchsetzen konnte.

Auch auf israelischer Seite findet sich eine solche Parallelität. Hier steht auf der einen Seite Ablehnung, Negierung und totale Feindschaft gegenüber den Palästinensern und auf der anderen Seite die Forderung nach Akzeptanz. *Amos Oz* schildert eine Ansprache, die er 1982 in Ofra gehalten hat. Ofra ist ein Ort, der von der Siedlungsbewegung *Gush Emunim* gegründet wurde. *Oz* beschreibt sie als „Politisch-religiöse Bewegung, die die Besiedlung der besetzten Gebiete propagiert".[623] Er hatte es

---

[618] Sharaf 1983, S. 178

[619] Sharaf 1983, S. 148

[620] Sharaf 1983, S. 149

[621] Chaliand, G.: Kann Israel besiegt werden?, München 1971, S. 152 (zit. aus: Sharaf 1983, S. 149)

[622] Vgl. oben S. 190 f.

[623] Oz: Im Lande Israel, 1984, S. 62

demnach mit einer Zuhörerschaft zu tun, welche die Rechte der Araber auf dieses Land, deren Existenz und Identität leugneten. Ihnen sagte er:

„Es hat keinen Sinn, axiomatischen Glaubensprinzipien mit rationalen Einwänden zu begegnen. Die Behauptung, die ich hier gehört habe, nach der ‚es nicht möglich ist, uns als *Eroberer* auf dem Lande unserer Väter zu bezeichnen‘, besitzt keinen einzigen religiösen Aspekt. So leid es mir tut: in dieser Angelegenheit entscheiden die Gefühle der Araber, nicht eure. Wenn sie der Ansicht sind, einer Eroberung unterworfen worden zu sein, dann gibt es hier eine Eroberung. Man kann behaupten, daß es eine gerechtfertigte, notwendige, lebenswichtige Eroberung sei, man kann aber einem Araber nicht sagen: du fühlst eigentlich nicht das, was du fühlst, sondern ich werde für dich definieren, was du fühlst. ... Wer im Namen der Palästinenser entscheidet, sie seien keine Gruppe mit eigenständiger, nationaler Identität, sondern ein Zweig der ‚großen Pan-Arabischen Nation‘, unterscheidet sich nicht von Arafat, der sich anmaßt festzustellen, daß die Juden kein Volk seien, sondern nur eine religiöse Gemeinschaft, weswegen ihnen keine nationale Selbstbestimmung gebühre. So wie ich das religiöse Gesetzesurteil von Rabbi Jassir Arafat in der Frage ‚Wer ist Jude‘ mit Abscheu ablehne, ebenso streite ich jedem, außer den Palästinensern selbst, das Recht ab, für sie zu entscheiden, ‚wer Araber ist‘ oder ‚wer Palästinenser ist‘.“[624]

Durch den Vertrag von 1993 zwischen der israelischen Regierung und der PLO, hat Israel die Existenz und die Identität eines palästinensischen Volkes anerkannt. Es scheint so, als ob auch auf israelischer Seite die Einsicht an Boden gewinnt, daß ein dauerhafter Frieden nur auf der Basis von Akzeptanz möglich sein wird. Allerdings herrscht noch keine Einigung darüber, welche Rolle die Palästinenser im staatlichen Leben des Nahen Ostens spielen sollen. Und es gibt auf israelischer Seite starke Kräfte, die, sei es mit Gewalt, sei es mit den Mitteln der Diplomatie, die Verständigung mit den Palästinensern zu torpedieren suchen.

---

[624] Oz: Im Lande Israel, 1984, S. 124

IV. STOLPERSTEINE DER ZUKUNFT

Der erste Schritt[620]

Diese Karikatur von *Luis Murschetz* aus der Wochenzeitung *Die Zeit* zeigt treffend Vergangenheit, Gegenwart und Zukunft des Friedensprozesses im Nahen Osten. Sie setzt in Bild um, welche Schwierigkeiten hinter den streitenden Parteien liegen, aber auch welche noch vor ihnen liegen. Einige der „Stolpersteine" sind bereits benannt, wie *Habash, Hamas* oder Siedler, andere wären noch zu kennzeichnen, z.B. mit „Jerusalem", „Fundamentalisten" oder „Wasser", um nur einige anzuführen. Der Weg führt durch eine Wüstenlandschaft.

---

[620] Die Zeit 17.9.1993, S. 3

Hinter den beiden Konfliktparteien liegt Kriegsschrott, auch einige To-
tenköpfe sind erkennbar, vor ihnen dehnt sich eine lange Strecke neuer
„Stolpersteine", die in der Mehrzahl noch nicht beschriftet sind. Weit in
der Ferne ist das Ziel sichtbar: eine Oase. Obwohl dieses Bild so viele
Schwierigkeiten auftürmt, daß es fast hoff-nungslos scheint, als könne das
Ziel je erreicht werden, so signalisiert der Autor durch den Titel, den er
seiner Karikatur gab, doch einen Anflug von Hoffnung. Im folgenden seien
zwei dieser Stolpersteine ausführlicher vorgestellt, nämlich die Siedlungs-
und die Wasserproblematik.

1. Siedlungspolitik

In seiner Erzählung „Der Mann, der nicht starb" (arab. 1958) schildert der palästinensische Autor *Ghassan Kanafani* den Landverkauf der arabischen Großgrundbesitzer an die Juden:

Der reiche Herr Ali will sein Land deswegen an einen Juden verkaufen, weil er damit fünfzig Prozent mehr herausholen kann. Von dem Gewinn könne er dann, so rechtfertigt er sich, jedem seiner arabischen Arbeiter etwas Geld geben, für den Fall, daß der neue jüdische Landbesitzer diesen von seinem Land vertreibe. Er wird gewarnt, man werde ihn töten, falls er das Land an einen Juden verkaufe. Er verkauft dennoch; das Attentat überlebt er mit einer Wunde, die von der Schläfe bis zum Hals reicht. Danach kehrt er nochmals auf sein Land zurück. Dort trifft er Frau Seinab, eine Pächterin, von der er einst gehofft hatte, von ihr eines Tages für seinen Sohn die Hand ihrer Tochter erbitten zu können. Er geht auf sie zu:

„Ich bin gekommen, euch einen bescheidenen Geldbetrag zu geben, von dem du leben kannst, wenn euch der neue Grundbesitzer fortschickt."

Frau Seinab blickte nicht auf von ihrer Arbeit. Herr Ali spürte, dass er unerwünscht war. Er legte ein Bündel Geldscheine auf den alten Stuhl und versuchte, Frau Seinab ins Gesicht zu schauen. Doch sie rührte sich nicht. Ein plötzlicher Windstoss liess die Geldscheine umherflattern. Der Diener las sie eilends zusammen. Frau Seinab blickte nicht einmal von ihrer Arbeit auf. Ihr Gesicht war verschlossen, hart. Es schien Herrn Ali, als sei sie drauf und dran, in Tränen auszubrechen ... Doch er rührte sich nicht von der Stelle, fand es sonderbar, dass Land einen solchen Wert haben sollte, dass eines Menschen Gesicht von Schmerz und Kummer gezeichnet sein sollte, wenn er es verlassen muss ... Jedenfalls schmerzte es ihn, dass das Verhältnis zwischen ihm und Frau Seinab so gespannt geworden war. ...

Es stimmte, der Verkauf der Ländereien war einer der Gründe für das Unglück jener Menschen. Doch er konnte sich nicht vorstellen, dass dies alles geschehen sollte, nur weil er ein vorteilhaftes Geschäft mit einem Juden gemacht hatte ... Nein, es wäre in jedem Fall passiert.[621]

---

[621] Kanafani: Der Mann..., 1994, S. 41-43

1.1 Vor der Staatsgründung

Schon zu Beginn des Jahrhunderts machte man sich in den verantwortlichen jüdischen Kreisen Gedanken darüber, wo die Einwanderer in Palästina siedeln und wie sie leben sollten. Wenn die Juden dort als Bauern leben sollten, dann mußte dazu Land erworben werden. Da zu dieser Zeit Palästina noch zum Osmanischen Reich gehörte und der Sultan nicht bereit war, den Juden Land abzutreten, planten die Zionisten den Landerwerb durch Kauf. Diese Landkäufe wurden von der *Jewish Agency* systematisch geplant und durchgeführt. Auf dem 6. Jüdischen Weltkongreß von 1902 beschrieb *Franz Oppenheimer* die jüdischen Siedlungspläne und legte zugleich, für die Zeitgenossen verklausuliert, mit der Kenntnis der israelischen Siedlungspolitik dieser Tage in deutlichen Worten, die Methode des Vorgehens offen:

"...wir sollten ein Netz von Bauern-Kolonien über das Land spannen, das wir erwerben wollen. Wenn man ein Netz spannt, so schlägt man erst an den Stellen Haken ein, zwischen denen das Netz entstehen soll. Dann spannt man zwischen diese Haken starke Stricke, dann knüpft man zwischen den Stricken starke Fäden und stellt derart ein großes Maschenwerk her, das man dann nach Bedarf durch das Dazwischenwirken feinerer Maschen ausgestaltet. Genauso... haben wir vorzugehen."[622]

Im Jahre 1920 faßte die *Zionistische Organisation* bei ihrer Jahrestagung in London dazu grundsätzliche Beschlüsse:

„1. Das Grundprinzip der zionistischen Bodenpolitik ist es, den Boden, auf dem die jüdische Kolonisation erfolgt, in das Gemeineigentum des jüdischen Volkes zu überführen. Die Exekutive wird aufgefordert, alles aufzubieten, um diesen Grundsatz zur vollen Durchführung zu bringen.

2. Der Träger der jüdischen Bodenpolitik in Stadt und Land ist der Jüdische Nationalfonds, seine Ziele sind: Durch Verwendung freiwilliger Volksspenden den Boden Palästinas in jüdischen Gemeinbesitz zu überführen; den Boden ausschließlich in Erbpacht und Erbbaurecht zu vergeben; die Ansiedlung mittelloser, jüdischer, selbstarbeitender Elemente zu ermöglichen; die jüdische Arbeit zu sichern; die Nutzung des Bodens zu überwachen und der Spekulation entgegenzuwirken..."[623]

---

[622] Zit. nach: Geographie heute 4, 1983, H.15, S. 55
[623] Pollak, Adolf: Nationale Bodenpolitik. In: Palästina. Zs. für den Aufbau Palästinas 18 (1935) H.8/9, S. 393ff. (zit. aus: Informationen zur Politischen Bildung Nr.140, Bonn 1981, S. 43)

Menachem Usschiskin, Direktor des jüdischen Nationalfonds (KKL), erläuterte in einer Presseerklärung des Jahres 1933, daß es drei Möglichkeiten der Aneignung des Bodens gebe:

> „1. Durch Gewalt, also kriegerische Eroberung – mit anderen Worten: durch Beraubung der Bodenbesitzer;
>
> 2. durch erzwungenen Kauf, d.h. der Beschlagnahme des Eigentums unter Zuhilfenahme von Staatsgewalt;
>
> 3. sowie durch Kauf mit Einverständnis der Besitzer.
>
> Welche dieser drei Möglichkeiten steht uns offen? Der erste Weg ist nicht gangbar. Hierfür haben wir nicht die nötigen Machtmittel. Dies bedeutet, daß wir den zweiten und den dritten Weg gehen müssen."[624]

Ben Gurion berichtet über ein Gespräch im Jahre 1934 mit *Auni Abdul Hadi*, dem Führer der panarabischen *Istiklal*-Partei, bei dem es um die Bodenfrage ging:

> „Es war meine erste Begegnung mit Auni ... Er eröffnete das Gespräch ... in gebrochenem Englisch und begann mit der Bodenfrage. Die Juden bringen die Araber um ihren Besitz und erwerben die besten Böden. Alle Ebenen seien in ihren Händen: Die Küstenebene, die Jesreelebene, das Hulegebiet. ... Die jüdische Ansiedlung untergräbt die Existenz der Araber. Sie bringt uns keinerlei Nutzen. ..."[625]

Aus dieser Stellungnahme zu schließen, die Bereitschaft der Araber, den Juden Land zu verkaufen, sei begrenzt gewesen, ist falsch, auch wenn dies von arabischer Seite gerne so dargestellt wurde:

> „Wir haben es mit einer ständigen Weigerung des größten Teiles der arabischen Bevölkerung zu tun, ihr Land zu verkaufen. Bis 1948 hatten die Zionisten nicht mehr als 1.734.000 Dunam[626] in Palästina erworben, das sind lediglich 6.6% des Landes."[627]

Auch wenn es aus heutiger Sicht erstaunlich sein mag, daß es Araber gab, die den einwandernden Juden Boden verkauften, es gab diese Landverkäufe. Über die arabischen Verkäufer gibt *W. Lehn* zwei unterschiedliche Informationen[628]:

> 1. Die Statistische Abteilung der Jewish Agency lieferte detaillierte Informationen über die früheren Besitzer des 1936 in jüdischen Händen befindlichen Landes. 52% sei von abwesenden großen Landeigentümern gekauft worden, 24% von anwesenden großen Landeigentümern

---

[624] Diner 198o, S. 24 Anm. 28

[625] Ben Gurion 1968, S. 39

[626] 1000 Dunam = 1 km^2; das Mandatsgebiet Palästina umfaßte 26.323.000 Dunam – ohne Transjordanien

[627] Jiryis 1973, S. 82f. (Übersetzung HN)

[628] Lehn 1974, S. 74-96

und 13% komme aus verschiedenen Quellen, wie Regierung, Kirchen, ausländische Gesellschaften. Nur 9% von kleinen palästinensischen Bauern.

2. Granott, The Land System in Palestine, London 1952, S. 278 habe berechnet, daß vom gesamten jüdischen Landbesitz des Jahres 1947 57% von großen arabischen Landeigentümern gekauft worden sei, 16% von Regierungen, Kirchen und ausländischen Gesellschaften und 27% von kleinen Bauern.

Doch bleibt auch diese Auskunft noch unbefriedigend, beschreibt sie doch lediglich, wer sein Land verkaufte, gibt aber keine Gründe an, warum dies geschah. Der Vorgang insgesamt wird verständlicher, wenn man einen Blick auf die Siedlungsgeschichte dieser Ländereien wirft:

„Noch bis zur Mitte des 19. Jahrhunderts waren weite Strecken der Küsten- und Inlandsebenen aufgrund häufiger Beduineneinfälle nicht permanent besiedelt; das Land wurde von den Bewohnern der Dörfer am Rande des zentralen Berglandes, von Semi-Nomaden und von den Küstenstädten aus oft nicht besonders intensiv bewirtschaftet. Als mit dem Zurückdrängen der Beduinen und mit der Durchsetzung einer zentralen Kontrolle Palästinas durch die osmanischen Behörden in den sechziger Jahren neue Rahmenbedingungen gesetzt wurden und als die osmanische Regierung im Kontext der allgemeinen Verwaltungsreform die Ausgabe von Besitztiteln für Land aller Kategorien in Angriff nahm, gelang es den dominierenden Familien des Berglandes, vor allem aber der aufsteigenden, überwiegend nicht-muslimischen und europäisch protegierten Handels- und Finanzbourgeosie der Küstenstädte (Jaffa, Haifa, Akka, Beirut), sich die Besitztitel für große Teile dieses fruchtbaren Landes der Ebenen zu verschaffen. ... Im Rahmen dieser Entwicklung kehrte die Fellachenbevölkerung seit den siebziger Jahren des 19.Jahrhunderts als Pächter, als Landarbeiter, aber auch als Kleinbauern in die Ebenen zurück, aus denen sie sich einst zurückgezogen hatte.

Von den meist abwesenden Großgrundbesitzern, für die ihr Besitz nach dem Ersten Weltkrieg zu einem Spekulationsobjekt geworden war, wurde im ersten Jahrzehnt des Mandats der Großteil des Landes erworben. Dabei kam den zionistischen Landkäufern der völlige Wirrwarr der osmanischen Landregistrierung ebenso zugute wie die Tatsache, daß die Türken bei ihrem Rückzug die Landregister teilweise vernichteten und teilweise mitnahmen. In diesem dokumentarischen Vakuum und unter Ausnutzung traditioneller Methoden des Hintergehens der Behörden kamen die großen Landtransfers in der ersten Hälfte der zwanziger Jahre zustande. Alle bis dato getätigten Transaktionen wurden festgeschrieben in der Correction of Land Registers Ordinance von 1926, die maßgeblich von der zionistischen Exekutive in Palästina ausgearbeitet worden war und in der die [britische] Mandatsregierung bona fide alle zionistischen Angaben zum jüdischen Landbesitz und Landerwerb akzeptierte und ins Landregister übernahm.

Das Hauptproblem bei diesen Transfers waren die Pächter und Landarbeiter ... [Sie mußten] nun das von ihnen bearbeitete Land verlassen ..., weil die Prinzipien des ‚jüdischen Bodens' und der ‚jüdischen Arbeit' verwirklicht werden sollten."[629]

Aber nicht nur der Landerwerb als solcher muß beachtet werden, sondern auch die Qualität der erworbenen Böden. Ein Blick auf die folgenden Karten verdeutlicht die Systematik der Jüdischen Landerwerbspolitik[630]:

Jewish Holdings, 1945

---

[629] Schölch 1983, S. 15f.
[630] Aus: Fawzi Asadi 1976, S. 83,89

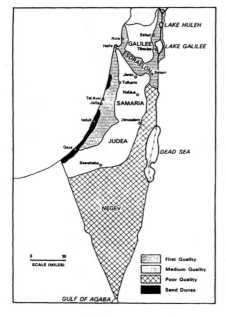 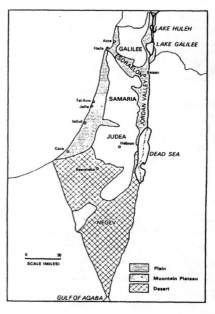

Classifikation of Land Productivity   Physical Regions
by British Government

Eine zusammenfassende Deutung des jüdischen Bodenerwerbs gibt *Dan Diner:*

> „Die Frage stellte sich für die Juden, wie sich Terra in Territorium verwandeln läßt; wie aus dem kaufförmig erworbenen Boden als Privateigentum sich jüdische Gebietshoheit hat herstellen lassen;... Die Umwandlung von Boden als Ware in Boden als Territorium bedurfte solcher Maßnahmen, die ihm seine Eigenschaft als Ware entzogen. Vor allem galt es, den Zirkulationsprozeß, über den der Boden als Ware angeeignet worden war, wieder zu unterbrechen.“

> „Es war vorgekommen, daß jüdische Böden wieder an Nichtjuden verkauft worden waren. Darin bestand eine große Gefahr für die Kolonisation, die ja einen ungewöhnlichen Weg ging. Nicht mit Waffen und Mehrheiten zu erobern, sondern mit Minderheiten und bürgerlichem Rechtsdenken zu kommen, zu kaufen, dann aber zu territorialisieren. Die Böden mußten jüdisch bleiben, sollten sie Erez Israel vorbereiten. Um das zu erreichen wurde das jüdische Privateigentum am Boden in Gemeineigentum überführt. Dieses Prinzip des Gemeineigentums am Grund und Boden,..., war bereits im ersten, von Hermann Schapira im Jahre 1897 ausgearbeiteten

223

Vorschlag zur Gründung des Fonds[631] enthalten. „Das erworbene Territorium darf niemals veräußert, auch nicht an einzelne Juden verkauft werden, sondern es kann nur verpachtet werden...‴.[632]

Auch wenn es vor der Staatsgründung in Palästina schon heftige Widerstände gegen die jüdische Einwanderung gab[633], so kann man sagen, daß die Siedlungspolitik jener Zeit unter einem anderen Vorzeichen stand als heute. Siedlungspolitik bedeutete damals den ‚Kauf von Boden‘, Siedlungspolitik der letzten zwei Jahrzehnte dagegen bedeutet ‚Enteignung von Boden‘.[634]

1.2   Nach der Staatsgründung

Mit der Gründung des Staates Israel, dem folgenden Krieg und seinen Eroberungen hatte sich die Situation grundlegend geändert. Israel hatte sich militärisch in Besitz von beinahe 20.500.000 Dunam gebracht. Zwar hatte die UNO-Resolution Nr.194 vom 11.12.1948 festgelegt:

"Vertriebene, die in ihre Heimat zurückkehren und in Frieden mit ihren Nachbarn leben wollen, sollen baldmöglichst dazu die Erlaubnis erhalten. Jenen, die nicht zurückkehren wollen, soll für ihr Eigentum ... eine Entschädigung gezahlt werden,"[635]

aber der israelische Staat machte durch eine Notstandsverordnung für das Eigentum Abwesender vom 12.12.1948 deutlich, daß nur er über sein neues Territorium zu bestimmen habe:

„Jedes Eigentumsrecht geht automatisch auf den ‚Verwalter des Eigentums Abwesender‘ über."

„Abwesende sind Personen ... die die Stadt oder das Dorf, in denen sie üblicherweise in Eretz Israel (d.h. Palästina) wohnten, verlassen haben."[636]

Alexander Schölch beschreibt, was das tatsächlich bedeutete:

„Das Problematische daran war die Definition der Abwesenheit und der Gebrauch, den der Treuhänder [er hatte die Kontrolle über den Besitz

---

[631] Jewish National Fond (JNF), 1897 gegründet, seit 1922 mit Sitz in Jerusalem. Er kaufte Land auf und gab es nur an Juden weiter. 1948 hielt der JNF 54% allen Landes, das in jüdischem Besitz war, in seinen Händen. Der JNF war Teil der Jewish Agency und ihrer Kontrolle unterworfen (Lehn 1974).

[632] Diner 1980, S. 38f.

[633] Bethell 1979, S. 32

[634] Jerusalem Post (International Edition) 23.-29.3.1980: Der Boden in den Satellitenstädten mußte von arabischen Besitzern, die nicht verkaufen „wollten", enteignet werden.

[635] Schreiber/Wolffsohn 1988, S. 158

[636] Schreiber/Wolffsohn 1988, S. 159

Abwesender] von dem ihm anvertrauten Land machte. Als Abwesende wurden ... definiert ... nicht nur die tatsächlichen Flüchtlinge und Vertriebenen, die nun außerhalb der Waffenstillstandsgrenze von 1949 lebten, sondern auch alle jene Araber in Israel, die zwischen dem Teilungsbeschluß der Vereinten Nationen (29.11.1947) und dem 1.9.1948 ihren Wohnort verlassen und sich auch nur kurzfristig auf ‚feindlichem‘, das heißt nicht von der Hagana[637] kontrolliertem Gebiet, befunden hatten, zum Beispiel zu einem Verwandtenbesuch in der Altstadt von Akka oder in Bethlehem. Auf diese Weise schuf man 15.000 ‚anwesende abwesende‘ Eigentümer, deren Vermögen konfisziert wurde. Heute umfaßt diese Kategorie mit ihren Familien und Nachkommen etwa 100.000 arabische Staatsbürger in Israel.

Aufgrund des Development Authority (Transfer of Property) Law von 1950 übertrug der Treuhänder zudem das von ihm kontrollierte Land Abwesender an eine Entwicklungsbehörde, die es wiederum weitgehend an den Jüdischen Nationalfonds verkaufte. Damit war es für immer in unveräußerlichen jüdischen Besitz übergegangen. Allein in den beiden Jahren 1949 und 1950 erwarb der Nationalfonds 2.4 Millionen Dunam Land ‚abwesender‘ arabischer Besitzer.“[638]

Damit war eine neue gesetzliche Situation geschaffen, in denen die Kriterien der Vorkriegsjahre wie Kauf und bürgerliches Rechtsgeschäft keine Rolle mehr spielten. Von den drei Möglichkeiten der Aneignung des Bodens, wie sie *Menachem Usschiskin* 1933 benannt hatte, war nun gerade jene in den Vordergrund gerückt, die er als „nicht gangbar" bezeichnet hatte.

Der 1948 gegründete Staat Israel war von Anbeginn an vor allem um seine Sicherheit besorgt. *Ben Gurion* ging dabei von einem sehr weitgehenden Sicherheitskonzept aus, das er 1955 so definierte:

„Sicherheit ist ohne Einwanderung nicht möglich ... Sicherheit bedeutet Siedlung ... die Eroberung des Meeres und der Luft. Sicherheit ist ökonomische Unabhängigkeit, bedeutet die Förderung von Forschung und wissenschaftlicher Leistungsfähigkeit ... sowie die freiwillige Bereitschaft der Bevölkerung, sich für schwierige und gefährliche Missionen einzusetzen.“[639]

Um Sicherheit zu gewährleisten schuf man die *Nahal*, eine kämpfende Pionierjugend. Es waren Spezialeinheiten, die Kampfaufträge mit Siedlung und Landwirtschaft verbanden. „In Form von *Nahal* wurden ‚Siedlung‘ und ‚Militär‘ zu siamesischen Zwillingen, die niemals getrennt werden sollten.“[640]

---

[637] Jüdische Untergrundarmee
[638] Schölch 1983, S. 18
[639] Knesseth-Protokoll, 7.11.1955 (zit. nach: Ben Eliezer 1994, S. 97)
[640] Ben-Eliezer 1994, S. 97

Die großen Gebietsgewinne, die Israel vor allem im Sechs-Tage-Krieg von 1967 erzielte, eröffneten dann neue Siedlungsmöglichkeiten:

„Schon 1967 übernahm Israel den Besitz jener Personen, die bei der Volkszählung am Ende des Sechs-Tage-Krieges abwesend waren, und verpachtete große Strecken an jüdische Siedler. So verfügt die Familie Nasr in Halhul (bei Hebron) nur noch über ein Sechstel ihrer Olivengärten, weil fünf der sechs Brüder damals außerhalb des Landes waren. Unter den verschiedensten Titeln und Methoden wurde und wird Land erworben und beschlagnahmt. Daud Ayesh, zugleich im Dienst der israelischen und jordanischen Regierung (die weiterhin die Verwaltungskosten bezahlt), kaufte 1975 mit einigen Freunden Grund auf einer Anhöhe bei El Bireh. 1977 wollten sie anfangen, ihre Häuser zu bauen. Daud wird zum Militärgouverneur gerufen, der ihm mitteilt, das Gebiet sei zur Grünen Zone erklärt worden, daher Bauverbot. Sie legen beim Gericht in Jerusalem Einspruch ein. 48 Stunden später planieren Bulldozer das Land und Lastwagen laden Fertighausteile ab. Heute entsteht dort eine schöne, moderne jüdische Siedlung."[641]

Ein britischer Journalist beschreibt 1978 eine solche „Landnahme" im Westjordanland:

„Im Februar 1978 zäunte die israelische Armee auf einem Hügel neben dem Dorf 500 ha Land ein, das Bauern aus Haris gehörte. Die Dorfbewohner sind im Besitz von Dokumenten...die ihren Anspruch belegen. Der Boden war teilweise mit Getreide und Oliven bepflanzt. Die Olivenbäume wurden später von der Armee gefällt... Nach der Einzäunung des Landes teilte der Militärgouverneur des Distriktes dem Muchtar (=lokales Dorfoberhaupt) mit, das Land sei für den Bau eines Armeestützpunktes vorgesehen....

Den Dorfbewohnern wurde aus ‚Sicherheitsgründen' untersagt, ihre Felder und Olivenhaine zu bearbeiten und diesen Boden zu betreten. .. Heute befindet sich auf dem Land der Bauern von Haris die israelische Siedlung *Ariel*. Eine Entschädigung für die Enteignung wurde den Bauern nicht geboten, sie hätten sie auch nicht akzeptiert."[642]

Gegen diese „Landnahmen" institutionalisierte sich seit dem 30.März 1976 der palästinensische Protest. An diesem Datum fand zum ersten Mal der „Tag des Bodens" statt, eine Protestkundgebung der arabischen Bevölkerung Israels gegen Bodenbeschlagnahmungen. Dieser Protest wird seither jährlich durchgeführt.[643]

Die Palästinenserin *Sahar Khalifa* gibt in ihrem Roman „Die Sonnenblume" eine anschauliche Schilderung einer solchen „Landnahme":

---

[641] Aus: FAZ 26.3.1983
[642] Nach: Paul Quiring, Israeli Settlements and Palestinian Rights. In: Middle East International,Sept./Okt.1978
[643] Khalifa: Das Tor, 1996, S. 198

„Es ist das zweite Jahr, daß die Bauern, trotz allem, gesät haben. Im Jahr zuvor flogen Flugzeuge über die Felder hinweg und warfen Giftstoffe ab, die die Saat abtöteten und die auch das Leben in den Herzen der Menschen abtöteten. Als dann der Winterregen die Erde und die Herzen wusch, da fanden die Menschen ihre Liebe zum Leben wieder, und sie bebauten die Erde aufs neue. Doch kurz vor der Erntezeit krochen von Westen Maschinen heran, gruben ihre Zähne tief in den Boden und wühlten die Erde um. Militärautos verteilten sich wie Heuschrecken über das ganze Gebiet, und auf Befehl des Militärgouverneurs wurden Tausende von Dunum Land enteignet. Die Autos der Siedler strebten zur neuen Siedlung im gelobten Land, während die Bauern Besitzurkunden schwenkten, die der Gouverneur zur Prüfung ihrer Echtheit an sich nahm. Bislang hat er die noch nicht geprüft.

Baracken wurden ganz oben auf der Höhe aufgestellt, in denen friedfertige Bürger einzogen, welche für die Geister und die Opfer Nebuchadnezars beteten. Sie stellten sich in Reihen auf, wiegten hin und her zur Melodie ihrer Gebete, in denen sie Gott lobten für die Wiederherstellung des Ruhmes der Kinder Israels auf den Trümmern fremder Eindringlinge im Mittleren Osten. Die Kinder der Bauern warfen Steine; einer davon traf einen von ihnen an der Mütze. Der holte sein Gewehr hervor und erschoß einen Jungen. Dann betete er demütig und friedfertig weiter."[644]

Auf diesem Hintergrund und bei diesen Methoden ist es kaum verwunderlich, daß sich die Siedler, unabhängig von allen religiösen Gründen, die in ihren Augen für einen Erhalt von „Judäa und Samaria" für Israel sprechen, vor einer Übergabe des Westjordanlandes in palästinensische Autonomie fürchten:

„Hier im Jordangraben bearbeiten wir Tausende von Dunum,..... die – warum sagt man nicht die Wahrheit? – arabisches Land sind. Was für Araber? Vor allem Abwesende, Einwohner von Nablus und Tubas, die im Sechs-Tage-Krieg aufs Ostufer flohen. Diese Leute können nicht nach Judäa und Samaria zurückkehren, weil eine Liste mit ihren Namen an den Brücken liegt ... Nun wird es Autonomie geben ... Was passiert, wenn diese Abwesenden zurückkehren? ... Sie werden in einer Prozession zu den Gerichten ziehen!"[645]

War es vor 1948 noch darum gegangen, Land zu erwerben, das als Lebensgrundlage dienen sollte, so wurde nach dem Sechs-Tage-Krieg 1967 immer mehr in den Vordergrund gestellt, daß es um alte jüdische Siedlungsgebiete ging, nämlich um „Judäa" und „Samaria". Eine Woche nach Beendigung des Krieges veröffentlichte die Zeitung *Maariv* einen Artikel mit dem Titel „Alles!". Darin hieß es:

---

[644] Khalifa: Die Sonnenblume, 1990, S. 398f.
[645] Aus: A.Flores, Intifada, 1988 und 1989, S. 39

„Diese Stimme soll aus jedem Winkel ertönen: Alles! Judäa und Samaria, die Golanhöhen und der Sinai!"[646]

M. Drobless, Leiter der Siedlungsabteilung der *Jewish Agency*, begründet die Siedlungspolitik im Oktober 1981 gleichsam offiziell:

> „Es darf nicht den Hauch eines Zweifels geben, daß wir in Judäa und Samaria bleiben. Die Gebiete zwischen den Konzentrationen der Minderheitsbevölkerung und die Gebiete um sie herum müssen besiedelt werden, um die Gefahr der Errichtung eines anderen arabischen Staates in der Region zu minimisieren."

> „Aufgrund ihrer Isolierung durch jüdische Siedlungen dürfte es der einheimischen Bevölkerung schwerfallen, eine territoriale und politische Zusammengehörigkeit aufrechtzuerhalten."[647]

Radikale Gruppen, wie z.B. der *Gush Emunim* [Block der Getreuen], drängten immer stärker in diese Gebiete. Dazu äußerte der *Gush*-Führer *Elyakim Haetzni*:

> „Ich bin Jude, und das ist Judäa. Ich bin Zionist, und das ist Zion. Unser Volk will zurück nach Zion. Es will dort leben, wo es herkommt, und wir kommen auch von hier. Das hier ist Zion. Sehr einfach!"[648]

Waren es 1994 „120.000 Israelis, die in 140 Siedlungen in den besetzten Gebieten leben"[649], so nannte die *Likud*-Regierung und die Siedlungsabteilung der Zionistischen Weltorganisation eine Zahl von 350.000 Juden im Westjordanland[650] als Planziel für das Jahr 2010. Es war vor allem die politische Rückendeckung durch die Regierung, welche die Siedler ermutigte. Aber das Hebron-Massaker vom 25.Februar 1994, als *Baruch Goldstein*, ein jüdischer Fundamentalist der Siedlerbewegung *Kach*, mehr als vierzig betende Muslime in der Moschee von Hebron mit einem Maschinengewehr erschoß, machte weltweit darauf aufmerksam, daß von den Siedlern auch Terror ausging.[651] Über ein Erlebnis mit Siedlern aus Kirjat Arba bei Hebron heißt es in einer eidesstattlichen Erklärung von *Fatima Jaabari*:

> „Wir saßen zu Hause und sahen fern, als wir plötzlich das Geräusch von Schüssen im Haus hörten. Geschosse drangen durch die Wände, Fenster und Türen, und die Splitter flogen durchs ganze Zimmer, wo die Mitglieder meiner Familie (14 Personen) saßen. Aber die Kugeln trafen niemanden außer meiner fünfjährigen Tochter Alia,... Ich sah, daß sie am Bein

[646] Rosenthal. In: FR 6.6.1997
[647] Schreiber 1990, S. 127
[648] Aus: Israel verstehen. Sympathie Magazin Nr. 22, hrsg. vom Studienkreis für Tourismus, Starnberg 1991, S. 31 (ebd.S. 29 über den Gush Emunim)
[649] Tibi 1994, S. 359
[650] Aus: Wolffsohn, Israel, 1987, S. 20
[651] Tibi 1994, S. 357f.

verletzt wurde, das Bewußtsein verlor und auf den Boden fiel. Ich lief von einem Zimmer zum anderen, um zu sehen, wer das gemacht hatte. Ich sah acht bewaffnete Leute, die auf der Straße gingen und laut auf Englisch und Hebräisch grölten. Ich ließ meine Kinder übersetzen, was sie sagten. Es war ‚Verlaßt dieses Land, dies ist das Land Israel! Wir werden euch abschlachten!'"[652]

Wegen des gewalttätigen Verhaltens der Siedler setzte die israelische Generalstaatsanwaltschaft eine Kommission ein, die die Durchsetzung des Rechts in den besetzten Gebieten untersuchen sollte. In dem Abschlußbericht dieser Kommission heißt es zu einem Fall, in dem ein Jugendlicher von Siedlern erschossen wurde:

„In dem Fall von Bani Naim begann die Befragung des Verdächtigen (eines jüdischen Siedlers) erst sechs Tage nach dem Zwischenfall. In der Zwischenzeit war eine Delegation von israelischen lokalen Einwohnern bei der Polizei vorstellig geworden und hatte ausdrücklich erklärt, die Einwohner würden nicht mit der Polizei zusammenarbeiten und nur den Weisungen der Militärregierung und des Ministers folgen (der Mann, der der Erschießung verdächtigt wird, gehörte offenbar der Delegation an)."[653]

Im Zusammenhang mit diesen tödlichen Schüssen wurde nie jemand angeklagt. 1979 ordnete das israelische Bundesgericht die Räumung der *Gusch-Emunim*-Kolonie Elon Moreh an, und zwar gegen den Willen der Regierung. Damit schuf das Gericht eine neue Gesetzesgrundlage, indem es auf altes osmanisches Recht zurückgriff:

„Unerschlossenes Land, wie Berge, Geröllhalden, steinige Felder und Matten, für das niemand schriftliche Besitzurkunden vorweisen kann ... oder das so weit von Dörfern und Städten entfernt liegt, daß ein Ruf aus dem nächsten bewohnten Gebäude nicht mehr zu hören ist, ... gehört dem Sultan."[654]

(Heute wird der Sultan durch den israelischen Staat ersetzt.)

Besonders problematisch ist die Inbesitznahme der Siedler an Orten, die nicht nur für die Juden sondern auch für die Araber von symbolischer Bedeutung sind. „Seit Anfang der achtziger Jahre pflanzten sich die neuen jüdischen Siedler ins Zentrum von Hebron, auch dorthin, wo einst das Hadassah-Krankenhaus stand. Wieder ist Geschichte in der Gegenwart wirksame Vergangenheit. Sie ist durch Symbole wirksam, und das Hadassah-Krankenhaus ist für Juden und Araber ein Symbol. Für die Araber Symbol einstiger Überlegenheit, für die Juden ein Symbol einstiger Greu-

---

[652] Aus: A. Flores, Intifada, 1988 und 1989, S. 41

[653] The Karp Report. An Israeli Government inquiry into settler violence against Palestinians on the Westbank, Washington 1984, S. 33 (zit. nach: A. Flores, Intifada, 1988 und 1989, S. 42)

[654] Aus: Daniel Wiener, Satellitenstädte gegen den Frieden. Die zweite Besetzung des Westjordanlandes, in: ders. (Hrsg.), Shalom. Israels Friedensbewegung, Reinbek 1984, S. 106

el und Unterlegenheit."[655] Gerade wegen der symbolischen Bedeutung dieses Ortes für beide Seiten, war es besonders schwierig, hier zu einem Übereinkommen zu finden. Aber auch deshalb, weil in Hebron Juden und Araber eng beieinander wohnen, weil die Mehrheitsverhältnisse so ungleich sind und weil die dort wohnenden Siedler als besonders radikal gelten.

„Wir haben zu lange auf die Befreiung warten müssen und wissen nicht recht, ob die Koexistenz mit den Juden funktionieren wird. Ich lebe zwischen den Siedlern und kenne ihren Fanatismus. Das sind Extremisten, die das Abkommen nicht würdigen."[656]

Wie tief der Graben zwischen Arabern einerseits und Siedlern andererseits bereits ist, verzeichnet *David Grossman* in seinen Gesprächsberichten:

„Ich frage ihn, was er von den Siedlern hält. Da verliert Schehadeh zum ersten Mal seinen Humor und wird lauter:

‚In meinen Augen sind das Kriminelle. Kriminelle und Verrückte. Manchmal habe ich mit ihnen zu tun. Es sind Rassisten. also – es ist sehr schwer, Rassismus genau zu bestimmen. Vieles sieht wie Rassismus aus, ist es aber nicht. Wirklicher Rassismus – das bedeutet, in seinem Gegenüber keinen Menschen mehr zu sehen. Die Siedler fragen zum Beispiel aus tiefster Überzeugung heraus: Warum sind die Araber nicht einverstanden mit dem, was wir hier machen? Die Siedler verstehen überhaupt nicht, daß die Araber als Menschen genau dieselben Wünsche haben wie alle anderen Menschen auch. Sie wollen es einfach nicht verstehen!'"[657]

Allerdings verfolgte die offizielle Siedlungspolitik nicht das Ziel, dieses Land, weder den Gaza-Streifen noch das Westjordanland, zu israelischem Staatsgebiet zu machen. Eine vollständige Integration würde die Mehrheitsverhältnisse in Israel grundlegend verändern, da sich vor allem die Zahl der Araber in Israel sprunghaft vermehren würde. „Die Bemühungen, das Westjordanland zu ‚judaisieren', müssen paradoxerweise zur ‚Entjudaisierung' des jüdischen Staates führen, dessen jüdische Substanz verwässern oder gar auflösen."[658]

[655] Schreiber/Wolffsohn 1988, S. 273
[656] Ponger: ...Hebron, 1997
[657] Grossman: ...Wind, 1990, S. 157f.
[658] Schreiber/Wolffsohn 1987, S. 276

1.3 Drei Phasen der israelischen Siedlungspolitik[659]

Die Siedlungspolitik erfolgte in mehreren Phasen, welche das Westjordanland immer mehr zu einem israelischen Siedlungsgebiet machten. Man folgte zuerst dem „Allon-Plan", dessen Maßgabe lautete: so viel militärische Sicherung wie möglich und so wenig Araber wie möglich.

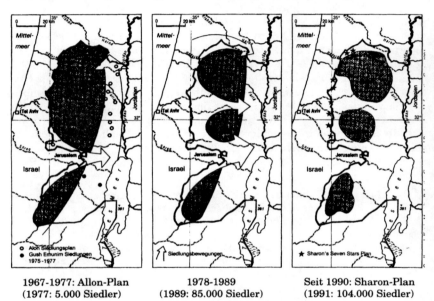

| 1967-1977: Allon-Plan (1977: 5.000 Siedler) | 1978-1989 (1989: 85.000 Siedler) | Seit 1990: Sharon-Plan (1991: 104.000 Siedler) |

Stand somit anfänglich der Sicherheitsgedanke noch im Vordergrund, so änderte sich die Zielsetzung grundsätzlich mit der Idee von Groß-Israel unter der Regierung *Begin*. Nun wurde die Besiedlung von ganz Judäa und Samaria vorangetrieben und jüdische Dörfer mitten in den arabischen Siedlungsgebieten errichtet. Viele der dort wohnenden Israelis zogen aus religiösen Gründen in diese Wohnungen, andere weil die Wohnanlagen und die gesamte Infrastruktur mit extrem günstigen staatlichen Krediten gefördert wurde.

In einer dritten Phase (seit 1990) wurde die Immigration durch jüdische Siedler weiter gefördert. „Das erklärte Ziel ist die Judaisierung des Gebietes ..., bis ... im Jahre 2005 ... das Verhältnis von 71,5% Arabern zu 28,5% Juden in 36% Araber zu 64% Juden umgewandelt ist."

[659] Aus: Paech 1994, S. 27f.

231

1.4 Das Problem heute

Die israelische Siedlungspolitik ist in der Tat eines der Hemmnisse für einen Frieden, *Norman Paech* nennt die Siedlungspolitik den „zentralen Hebel" der Auseinandersetzung.[660] Die Siedler treten vehement der Vorstellung entgegen, sie sollten eines Tages Bürger in einem Palästinenserstaat sein. Ein Rückzug aus den Siedlungen aber ist politisch in Israel nur schwer durchzusetzen, zumindest so lange die Regierung auf die Stimmen der rechten und der religiösen Parteien, die vor allem den Ausbau dieser Siedlungen fordern, angewiesen ist. „Keine israelische Regierung", so Generalmajor *Schlomo Gazit*, „wird jemals Druck ausüben auf die 150.000 Siedler, die israelisch-kontrollierten Gebiete zu verlassen"[661]. Wobei Umfragen ergaben, daß es in Israel eine breite grundsätzliche Zustimmung zur Siedlungspolitik gibt: 33 Prozent der Israelis unterstützten 1995 die Besiedlung des gesamten Westjordanlandes; weitere 42 Prozent sprachen sich für Siedlungen in denjenigen Gebieten aus, die für die israelische Sicherheit notwendig seien. Und nur 25 Prozent waren generell gegen die Siedlungspolitik.[662] Heftig bezieht *Gad Granach* Stellung gegen die Siedler:

> „Kürzlich ist doch tatsächlich einer dieser frommen jüdischen Siedler auf die Idee gekommen, daß man vielleicht doch besser mit den arabischen Nachbarn reden sollte, anstatt sie zu bekämpfen. Abgesehen davon, daß ich nicht weiß, warum diese Irren ausgerechnet auf der Westbank leben müssen, mitten unter Arabern, die sie verständlicherweise nicht haben wollen, finde ich die Idee, miteinander zu sprechen, phantastisch, aber sie sind damit ein paar Jahre zu spät dran. Das hätten sie mal 1967 machen sollen. Ich bin sowieso der Meinung, man sollte diese sogenannten ‚Siedler' austrocknen lassen, einfach ignorieren, sie weder unterstützen noch beschützen. Sollen sie doch mit ihren lächerlichen Waffen, die sie immer mit sich herumtragen, gegen die Araber kämpfen. Ich habe ja auch eine Waffe zu Hause, aber ich bin doch nicht verrückt geworden und laufe damit herum. ...
>
> Ich werde oft gefragt, wie ich unter der ständigen Bedrohung hier leben kann und dabei empfinde ich das gar nicht so. Wenn man in New York lebt, gibt es auch gewisse Straßen, in die man einfach nicht geht, weil sie lebensgefährlich sind. Kein Weißer kann in Harlem leben, muß er auch nicht. Und hier ist es genauso. Unsere Siedler sagen: ‚Wieso soll ich nicht nach Nablus können? Das ist doch auch Israel.' Nein, man kann eben

[660] Paech 1994, S. 26

[661] Die Zeit 7.3.1997, S. 11 (Schlomo Gazit, nach dem Sechs-Tage-Krieg 1967 verantwortlich für den Aufbau der Militärverwaltung in den besetzten Gebieten und später Sonderberater von Schimon Peres bei den Verhandlungen mit Jassir Arafat).

[662] Lehmann 1996, S. 167

nicht nach Nablus! Man kann nicht überall hin. Auf der ganzen Welt ist das so. Die Bosnier können nicht dahin, wo die Serben sind und umgekehrt. Daran muß man sich gewöhnen. Und kein Mensch muß ausgerechnet dorthin gehen, wo man ihn nicht haben will." [663]

Dabei muß man sich andererseits vor einer zu schnellen und oberflächlichen Verdammung der Siedler hüten. Es ist sicherlich richtig, daß sie den Friedensprozeß stören. Aber warum? Ein Frieden würde sie eventuell zwingen das aufzugeben, was sie sich im Vertrauen auf die Versprechungen der Regierung aufgebaut haben. Und diese Regierung führte unter *Rabin* zunehmend eine Politik, die sie zu Störenfrieden machte. Die Regierung hätte sie am liebsten gezwungen, dieses Land wieder zu verlassen. Ist da Zorn nicht verständlich? Widerstand nicht verstehbar? Man stelle sich vor: 25 Jahre oder noch länger das Feld bestellt, ein Haus errichtet, die Kinder in die Schule geschickt, das gesellschaftliche Leben in der Siedlung, die Auseinandersetzung mit einer feindlichen Natur und mit den feindlichen Nachbarn, da war Zähigkeit und gegenseitige Hilfe gefragt, Wehrhaftigkeit und Entschlossenheit gefordert. Aber notwendig war auch die Überzeugung, daß es nicht nur nützlich, sondern in einem höheren Sinne auch Recht sei, hier zu siedeln. Gefordert war eine Besiedlung aus religiöser Überzeugung und die brachten die Siedler mit, sie wurde von der Regierung gestützt, darum hat diese finanziell den Siedlern großzügig unter die Arme gegriffen – und nun soll das alles nicht mehr gültig sein? Nun sollen die Abkommen der Menschen über dem Willen Gottes stehen? Jenes Gottes, der dem Volk Israel einst dieses Land zugewiesen hatte? Ist auf diesem Hintergrund die Verzweiflung und die Wut nicht verständlich?

Viele dieser Menschen fühlen sich heute durch die Friedensbemühungen der Regierung, gleich welcher Richtung, verraten. In einem Bericht über die jüdische Siedlung Ariel heißt es: „Was aus diesen Siedlungen werden soll, wenn die Region autonom ist, wollen sich die Juden nicht ausdenken. Sie befürchten, daß sie nach Israel zurück müssen und drohen für diesen Fall die Zerstörung der gesamten Stadt an. Einige wollen dann sogar das Land verlassen. Eine Koexistenz in einem palästinensischen Staat ist für die meisten undenkbar." [664] Auch wenn man davon ausgehen kann, daß vieles von dem, was jetzt gesagt wird, am Ende dann doch nicht so ausgeführt werden wird, so ist die Verzweiflung der dort lebenden Menschen ernst zu nehmen.

Auf einen weiteren Aspekt, der gegen die Rückgabe der besetzten Gebiete und damit gegen die Aufgabe der durch Siedler eingenommenen Ländereien spricht, weist *Walter Gagel* hin. Die Wähler des *Likud*-Blok-

---

[663] Granach 1997, S. 146f.
[664] Schnieders/Schramm 1995, S. 93

kes, d.h. vor allem die orientalisch-sefardischen Israelis, sind mehrheitlich entschieden gegen eine Aufgabe der Siedlungen. Eine entsprechende Meinung zitiert *Amos Oz* aus Gesprächen mit sefardischen Israelis:

> „Heute bin ich Vorarbeiter. Und er ist Unternehmer, selbständig. Und der da hat ein Fuhrunternehmen. Auch selbständig. Ein kleiner Selbständiger, der von den Krümeln lebt, die Solel-Boneh [gewerkschaftlicher Baukonzern] übrigläßt. Aber was soll's? Wenn man die Gebiete zurückgibt, werden die Araber nicht mehr zur Arbeit kommen, auf der Stelle macht ihr uns wieder zu Dreckarbeitern, wie einst. Schon deswegen werden wir euch hindern, die Gebiete zurückzugeben. Und das zusätzlich zu den Rechten, die wir aus der Tora haben, und zu den Sicherheitserwägungen. Schau mal: meine Tochter, heute arbeitet sie bei der Bank, und jeden Abend kommt ein Araber, um die Filiale sauber zu machen. Ihr wollt nur, daß sie aus der Bank herausgeworfen wird, um an einer Textilmaschine zu arbeiten, oder anstelle des Araber den Fußboden zu waschen. Wie meine Mutter, die Putzfrau bei euch war. Deswegen haßt man euch hier. Solange Begin an der Macht ist, ist meine Tochter sicher bei der Bank. Solltet ihr zurückkommen, landet sie wieder ganz unten.“[665]

In diesem Dilemma aus Zusagen und Taten der Vergangenheit, Möglichkeiten und Perspektiven von Gegenwart und Zukunft bleibt nichts als ein Taktieren von Tag zu Tag und die Hoffnung, irgendwann werde irgendwie von irgendwem schon eine irgendeine Lösung kommen. Jede neue Siedlung, jeder Siedlungsausbau, wie im März 1997 bei der Auseinandersetzung um Har Homa in Jerusalem zu sehen, ruft den erbitterten Widerstand der Palästinenser hervor und schürt das Mißtrauen in der arabischen Welt gegen Israel. Als Spiel mit dem Feuer „Auf dem Pulverfaß" sieht es der Zeichner:

---

[665] Oz: Im Lande Israel, 1984, S. 35f.

Auf dem Pulverfaß[666] (© Luff.97)

In einem Artikel der *Frankfurter Rundschau* entschlüsselt *Juan Goytisolo* den Zusammenhang der radikalen Siedlerbewegungen mit jenen Zionisten, die aus den Vereinigten Staaten einwanderten und die ihrerseits wiederum geprägt sind von den Traditionen der amerikanischen Gesellschaft:

> „Baruch Goldsteins Verbrechen war nicht das Werk eines ‚Wirrkopfs‘", wie ein Gericht schlußfolgerte, als es das Massaker untersuchte. Es ist das Ergebnis einer ideologischen Strömung des radikalen Zionismus, wie er aus Nordamerika herüberkommt, durchdrungen zugleich vom Messianismus der Nachfahren der Pilgrim Fathers und vom Klima der Gewalt in der ‚gettoisierten‘ Gesellschaft der großen nordamerikanischen Städte von heute.

> In einem luziden Essay zu diesem Thema (*Ein Moses aus dritter Hand*) untersuchte Rafael Sanchez Ferlosio die via Amerika verlaufenen Umschmelzungen der Kolonisierungsmystik der protestantischen Gemeinschaft – für die die Indianer ‚besten-falls vollkommen überflüssige Leute, schlimmstenfalls ungelegene und eigensinnige Gespenster waren, die man verscheuchen, vertreiben und zerstreuen mußte‘ –, einer Ideologie, die sich schließlich auch bei den nordamerikanischen Siedlern wiederfindet, welche sich im Westjordanland niederlassen.

---

[666] Göttinger Tageblatt 5.3.1997, S. 2

Extremistische Gruppen wie die des berühmten Rabbiners Kahane bestimmen in zahlreichen Siedlungen die Regeln; sie sind durchdrungen von
der Vorstellung, die göttliche Verheißung, der Lauf der Geschichte und
die derzeitigen Kräfteverhältnisse würden Israel begünstigen. Daß die
Palästinenser eingesperrt leben, befremdet oder schockiert sie keineswegs, die Nachbarschaft von Gettos und die Konfrontation mit ihren Bewohnern kennen sie aus weiten Gegenden in Washington, Chicago und
New York. Ihre theokratischen Überzeugungen weisen eine erstaunliche
Symmetrie auf, vergleicht man sie mit jenen der Hamas-Mitglieder oder
der Kampfgenossen des Islamischen Dschihad. Das Foto des ‚Helden' Baruch Goldstein hängt im besetzten Gebiet in vielen Siedlungen, genau wie
das Porträt des *shadid* (Märtyrers) Ayman Rahdi in den Flüchtlingslagern von Gaza. Ein dauerhafter und gerechter Frieden wird niemals möglich sein, es sei denn wider die tödliche Verbindung dieser beiden entge-
gengesetzten Extremisten."[667]

Der Versuch, die Haltung der Siedler zu verstehen, heißt nicht, sie zu billigen. Wenn *Elyakim Haetzni*, Chef-Theoretiker der Siedler, wie ihn *Josef
Joffe* in der *Süddeutschen Zeitung* nennt, die Devise ausgibt: „Genauso
wie die Franzosen immer an Elsaß und Lothringen dachten, dürfen wir
nicht vergessen, was *Netanjahu* an die Palästinenser abgetreten hat", so
macht er damit deutlich, daß es keine Konzessionen, keine Kompromisse
geben darf. Unnachgiebigkeit und Unversöhnlichkeit aber sind schlechte
Ratgeber, wenn es um den Frieden als oberstes Ziel gehen soll. Wenn.

---

[667] Goytisolo. In: FR 27.2.95, S. 9

2. Wassernot im Nahen Osten[668]

2.1 Das Problem

Es ist dann besonders schwer, die Lebensumstände von Menschen einer fremden Region zu begreifen, wenn sie mit den eigenen Lebensumständen und den eigenen Selbstverständlichkeiten nicht übereinstimmen. Dies gilt ganz besonders für den Gebrauch von Wasser. Programmatische Sätze, wie „Wasser ist Leben", wie das Motto des Welternährungstages 1994 lautete, können in ihrem wesentlichen Gehalt kaum wirklich begriffen werden, wenn sie nicht der eigenen Lebenserfahrung entspringen. Denn „Wasser ist Leben" bedeutet im Umkehrschluß auch: „Kein Wasser ist Tod". Es muß demnach zuerst einmal darum gehen, die unterschiedliche Verfügbarkeit von Wasser und die unterschiedliche Selbstverständlichkeit im Umgang mit dem Wasser hier wie dort zu verdeutlichen.

2.2 Der internationale Vergleich

Das Diagramm macht auf einen Blick deutlich, in welch unterschiedlicher Menge in den genannten Ländern den Menschen Wasser zur Verfügung steht. Obwohl es nicht gesagt wird, ist anzunehmen, daß diese Zahlen sowohl das individuell wie auch das industriell verbrauchte Wasser umfassen. Grundlage der Berechnung war offensichtlich nicht die insgesamt verfügbare Frischwassermenge. Die amerikanische Zeitschrift „National Geographic" gibt für 1990 das „freshwater potential" einzelner Staaten, pro Jahr und pro Einwohner, wie folgt an: USA 10.000, Irak 5.500, Türkei 4.000, Syrien 2.800, Ägypten 1.100, Israel 460 und Jordanien 260 Kubikmeter.[669] Bei einem Verbrauch von 1861 m^3 pro Jahr würden in den Vereinigten Staaten die verfügbare Frischwassermenge nur zu ca. 18% genutzt. Zum Vergleich: Bereits 1976 verbrauchte man in Israel zwischen 95 und

---

[668] Eine leicht gekürzte Fassung dieses Abschnitts findet sich in: Gegenwartskunde 45 (1996) S. 497–506

[669] National Geographic 183 (1993) S. 48

98% der nachgewiesenen Wasservorräte. Einige Quellen weisen darauf hin, daß der Verbrauch bereits 1979 an die 100% erreicht habe[670]

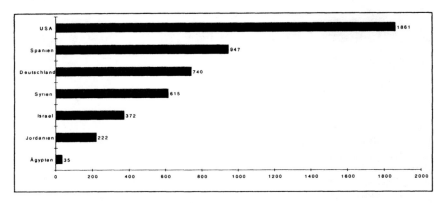

Wasserverbrauch pro Einwohner und Jahr in m³ [671]

Aus den unterschiedlichen Wasserresourcen ergibt sich verständlicherweise ein jeweils anderer Umgang mit dem Wasser. Für Deutschland (alte Bundesländer 1992) wird ein privater Wasserverbrauch je Einwohner und Tag von 138 Liter angegeben. Er schlüsselt sich im einzelnen folgendermaßen auf: 35 % Baden und Duschen, 25% Toilettenspülung, 25% Wäsche, 10% Geschirr abwaschen, 5% Kochen und Trinken.[672]

2.3 Die Wasserquellen Israels

Israels Wasser kommt aus verschiedenen Quellen, die sich alle aus den jährlichen Niederschlägen speisen, von denen allerdings nur ein Drittel nutzbar ist. „Nahezu 60 Prozent verdunsten, zirka fünf Prozent fließen ungenutzt ins Meer. ... Die verbleibenden 35 Prozent versickern im Erdboden und sammeln sich in den natürlichen wasserführenden Schichten."[673] Aus dem See Genezareth bezieht das Land 40% seines Wassers. Dieser See wird aus dem Jordan gespeist, der seinerseits wiederum meh-

[670] Schmida 1985, S. 25
[671] Zahlen: FAO 1990, aus: Göttinger Tageblatt 15.10.1994 und: Der Spiegel 33/1994, S. 122
[672] Fischer Weltalmanach 1996, Sp. 1040; eine anschauliche Vergleichsgrafik für den durchschnittlichen Wasserverbrauch eines Europäers mit dem eines Inders findet sich bei Penno, Günter: Wasser als Kriegs- und Friedensfrage. Krisenregion Naher Osten. In: Geschichte lernen Heft 47 (1995) S. 63 M 1
[673] Wisser 1997, S. 1

rere Quellflüsse hat, die unterschiedliche Mengen von Wasser bringen, je nach Niederschlagsmenge. Wegen der hohen Verdunstung des Sees, jährlich ca. 250 Mio. m³ einerseits[674] und wegen der hohen Wasserentnahme für die Nationale Wasserleitung Israels andererseits, muß der Wasserstand permanent beobachtet werden. Ein Austrocknen käme einer ökologischen Katastrophe gleich. Im November 1990 beispielsweise mußte das Auspumpen des Sees Genezareth eingestellt werden, weil auf Grund fehlender Niederschläge der Wasserspiegel nur noch 7 cm oberhalb der roten Linie stand.[675]

Eine weitere Quelle bilden die Grundwasserreservoirs an der Küste und unter der Westbank. Gerade die beiden Reservoirs unter der Westbank liefern beinahe das gesamte Grundwasser für Nord- und Mittelisrael. Man kann sagen, daß Israels Siedlungsexpansion und das Anwachsen der landwirtschaftlichen Produktion seit den 60er Jahren überwiegend von jenem Wasser abhing, das aus der Westbank und dem Oberlauf des Jordan entnommen wurde. Über 70% des Wassers der Westbank wird augenblicklich von den Israelis genutzt, den Arabern bleiben weniger als 30%.[676] Diese unterirdischen Wasservorkommen, die besonders empfindlich gegen Übernutzung sind, werden vor allem durch tiefbohrende Brunnen erschlossen. Dabei sollten diese Wasserreserven nur in dem Fall benutzt werden, wenn das Oberflächenwasser in einem Notjahr einmal nicht mehr ausreicht. Dennoch wird seit Jahren mehr Wasser entnommen, als nachfließt. Da dies zu einer Veränderung der unterirdischen Druckverhältnisse geführt hat, ist Salzwasser nachgeflossen und hat das noch vorhandene Grundwasser zunehmend ungenießbar gemacht. Eine Entwicklung, die vor allem im Gaza-Streifen zu beobachten ist. Dort ist bereits rund die Hälfte aller Brunnen salzhaltig geworden, ihr Wasser kann nicht mehr für Trinkwasser verwendet werden. „Die Wasserknappheit im Gaza-Streifen geht im wesentlichen auf den erhöhten Verbrauch, primär zu Bewässerungszwecken, der dort ansässigen Siedler zurück."[677] Nach *Young* werden diese nicht erneuerbaren Wasserreserven der Region in etwa 5 Jahren aufgebraucht sein.[678] *Nabulsi* schätzt, daß die Israelis und die Jordanier diese Wasservorkommen zu 15-20% jährlich übernutzen[679] und *Savage* beschwört bereits das Ende der Wasservorkommen auf der arabischen Halbinsel: „Ground water reserves in most countries are now nearly exhausted."[680]

[674] Anderson 1991, S. 12
[675] Young 1991, S. 11
[676] Schmida 1985, S. 28
[677] Hottinger 1992, S. 162
[678] Young 1991, S. 10
[679] Nabulsi 1991, S. 9
[680] Savage 1991, S. 4

Die Entsalzung von Wasser aus dem Mittelmeer bildet ebenfalls eine Möglichkeit, den Wasserbedarf zu befriedigen. In Ashdod verfügen die Israelis über eine Wasserentsalzungsanlage. Die Gewinnung von Trinkwasser aus Meerwasser erfordert aber einen derart hohen Energieverbrauch, daß im Augenblick diese Methode der Wassergewinnung noch zu teuer ist Die Entsalzungsanlage liefert ca. 10 Mio m^3 jährlich – bei einem durchschnittlichen Wasserverbrauch von 1.9 bis 2 Mrd. m^3 pro Jahr eine sehr geringe Menge. Dazu kommt, daß die gesamte israelische Wasserwirtschaft, vor allem das Pumpsystem der Nationalen Wasserleitung vom See Genezareth in den Negev, etwa ein Viertel der gesamten Elektrizitätsproduktion des Staates Israel verbraucht.[681] Es gibt daher Überlegungen, die notwendige Energie dadurch zu gewinnen, daß man das Gefälle vom Meeresspiegel zum Toten Meer ausnutzt.[682] Einmal könnte man Wasser aus dem Mittelmeer ins Tote Meer führen. Dieses Vorhaben ließe sich innerhalb der israelischen Grenzen vor 1967 bewerkstelligen. Zum andern könnte eine Pipeline das Wasser vom Roten zum Toten Meer führen. Durch das Gefälle ließe sich elektrische Energie herstellen und es könnte zugleich das weitere Absinken des Wasserspiegels im Toten Meer aufgehalten werden. Beide Vorhaben sind bisher auch an den hohen Kosten gescheitert – und sie bergen Gefahren, die bisher noch nicht zu übersehen sind:

„Durch den Höhenunterschied von über 400 Metern zwischen den beiden Meeren könnte genug Strom erzeugt werden, um jedes Jahr 800 Millionen Kubikmeter Meerwasser zu entsalzen, das als Trinkwasser und zur Bewässerung zu nutzen wäre. Innerhalb eines Jahrzehnts könnte das Tote Meer außerdem wieder seinen ursprünglichen Pegel erreicht haben. ... Nach Berechnungen der Weltbank würde der Kanal vom Roten zum Toten Meer drei bis vier Mrd. Dollar kosten, halb soviel wie der Tunnel unter dem Ärmelkanal. ... Er könnte aber auch die Grundwasserreservoire entlang der Strecke zerstören, dem Tourismus und der Heilsalzerzeugung am Toten Meer die Grundlage entziehen: Niemand weiß genau, was passiert, wenn sich Wasser aus den beiden Meeren vermischt."[683]

---

[681] Davis 1985, S. 22
[682] Schiffler 1995, S. 17
[683] Lechner 1996, S. 19

2.4 Der Wasserverbrauch in Israel

Wie das Vorhandensein von Wasser zu einem unreflektierten Gebrauch führen kann, geht aus einem Bericht von Angelika Vetter hervor:

„Bethlehem: Das tägliche Duschbad am Ende einer Woche ist nicht möglich, da kein Wasser mehr im Tank auf dem Hausdach ist. Hat die palästinensische Familie wieder nicht haushalten können mit dem Wasser? Von israelischer Seite wird festgeschrieben, wieviel Wasser eine palästinensische Familie verbrauchen darf. Sparsam ist die Familie mit dem ohnehin knappen Wasser umgegangen. Das gebrauchte Wasser vom Spülen und Waschen wurde in Eimern und Schüsseln gesammelt, um es wiederzuverwenden für die Toilettenspülung und das Begießen des kleinen Tomaten- und Kräuterbeetes im Garten. Anfang jeder Woche wird neues Wasser in den Tank eingeleitet, mit Erleichterung hört man es blubbern. Jeden Tag in der Westbank zu duschen, ist ein undenkbarer Luxus. Das lernt auch eine Europäerin schnell.

Am Strand von Tel Aviv: Badevergnügen im Mittelmeer. Die Strandduschen spenden kostbares Wasser in Hülle und Fülle. Manche stellen sich nicht mehr automatisch ab, das kostbare Naß versickert im Sand. ....

Besuch bei einer jüdischen Bekannten in Tel Aviv: Sie duscht, wann immer ihr danach ist. Sie ist schockiert, als ich ihr von dem rationierten Lebenselixier in den besetzten Gebieten erzähle. Sie will ab sofort bewußter Wasser verbrauchen. ...

Elat am Roten Meer: Kein Luxushotel. Das mehrmalige Duschen der Touristen in den Nachbarzimmern wird unerträglich. ...“[684]

---

[684] Vetter 1991, S. 14

Die größte Wassermenge wird aber nicht im privaten, sondern auf dem landwirtschaftlichen Sektor verbraucht. Hier liegen für Israel aus dem Jahre 1977 Vergleichszahlen vor:

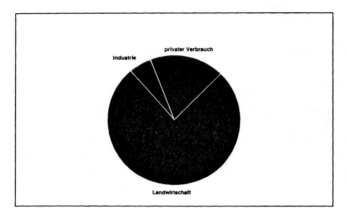

Wasserverbrauch in Israel 1977[685]

Diese Angaben wurden für das Jahr 1980 bestätigt: Die Landwirtschaft verbrauchte 80%, die Industrie 6% und der private Verbrauch lag bei 14% des verfügbaren Wassers.[686] Dabei trägt der Agrarsektor in Israel nur ca. 5% zum Bruttosozialprodukt Israels bei.[687] Lediglich in der Reduzierung des Anteils der Landwirtschaft am nationalen Wasserhaushalt scheint daher in der Zukunft ein bedeutendes Einsparpotential zu liegen. Da die Interessenvertreter der israelischen Landwirtschaft den wichtigsten Gremien, die sich mit Wasserverteilung, Wasserersparnis und Wasserpreis befassen, vorsitzen oder sie dominieren, ist eine Abkehr von der landwirtschaftlich orientierten Wasserpolitik Israels besonders schwierig durchzusetzen.[688] Der Wasserverbrauch in Jordanien verteilt sich analog: 70% auf die Landwirtschaft, 5% auf die Industrie und 25% auf die privaten Haushalte.[689]

Aus der Differenz zwischen dem verfügbaren Wasservorkommen und dem Wasserverbrauch ergibt sich zwingend die Notwendigkeit einer energischen Wasserersparnis und Wasserbewirtschaftung in Israel.

---

[685] Kahhalech 1981, S. 34
[686] Davis 1985, S. 17; Wolff 1992, S. 21
[687] Süddeutsche Zeitung 6.6.1991
[688] Wolff 1992, S. 11 Anm. 11
[689] Schiffler 1995, S. 14

2.5 ˙Wasserersparnis

Besondere Bedeutung kommt allen Versuchen zur Wasserersparnis zu. Gerade hier haben die Israelis in den vergangenen Jahren große Fortschritte gemacht. So finden sich bei *Uri Davis* Zahlen[690], die einen charakteristischen Trend andeuten:

Water Consumption .... in Israel, 1949-1980 (million m^3)						
	1949	per cent	1975	per cent	1980 (estimate)	per cent
Agriculture	260	74.3	1325	77.0	1260	69.6
Industry	15	4.3	95	5.5	150	8.3
Domestic	75	21.4	300	17.5	400	22.1
Total	350	100.0	1720	100.0	1810	100.0

Während der Wasserverbrauch in absoluten Zahlen zwischen 1949 und 1975 stark angestiegen ist und von 1975 bis 1980 nocheinmal zugelegt hat, so hat sich zwischen 1975 und 1980 doch an der Wasserverteilung etwas geändert: Die absolute Menge des für die Landwirtschaft verbrauchten Wasser hat leicht und die relative Menge hat um 7.4% abgenommen. Dies hat besondere Bedeutung auf dem Hintergrund einer weiter gestiegenen Bevölkerungszahl und eines Anstiegs der landwirtschaftlich genutzten Fläche zwischen 1975 und 1980 um 10%. „Und während 1949 noch durchschnittlich 8.530 Kubikmeter (Wasser) pro ha und Jahr verbraucht wurden, waren dies 1989 nur noch 5.780 Kubikmeter".[691] Ursachen sind ausgeklügelte Methoden der Wasserersparnis. So kehrt sich die Landwirtschaft zunehmend von der verbrauchsintensiven Sprinklerbewässerung ab, weil dadurch zuviel Wasser verdunstet. Die bereits weit verbreitete Tröpfchenbewässerung durch ausgelegte Schläuche wird seit einigen Jahren zusätzlich computergesteuert. Viele Pflanzen werden außerdem unter Foliendächern gehalten, um die Verdunstung weiter zu verringern; ferner werden Pflanzen entwickelt, die über besonders große und tief reichende Wurzelballen verfügen, um dadurch die Umgebungsfeuchtigkeit des Bodens vollständig aufnehmen zu können.[692] Besondere Aufmerksamkeit wendet man dem Auffangen der jährlichen Niederschläge zu. Die Zahl der bereits vorhandenen Speicherseen soll erhöht werden, um den Oberflächenabfluß zu sammeln. Neue Methoden der Bodenbearbei-

---

[690] Davis 1985, S. 16
[691] Wolff 1992, S. 21
[692] Neuland 1995, S. 11

tung sollen außerdem verhindern, daß das Regenwasser ungenutzt abfließt:

> „Kleine Kuhlen zwischen Getreidepflanzen oder ein System von Gräben und Dämmen neben den Kartoffelreihen fangen Niederschlag auf und sorgen dafür, daß er in den Boden einsickert. Zehn Kuhlen pro m^2 Feld mit je 1 l Fassungsvermögen führen dazu, daß dort bei einem Regenguß pro Hektar 100.000 l Wasser weniger als früher abfließen. Die Eintiefungen werden beim Bestellen des Feldes mit speziellen Walzen eingedrückt."[693]

Große Aufforstungsprogramme helfen, die Feuchtigkeit im Boden zu halten und die Erosion zu verhindern. Wasser wird außerdem in immer größerem Umfang wiederverwendet. Und die jahrelangen Versuche, Pflanzen und vor allem Lebensmittel durch das Wässern mit Salzwasser zu erhalten, scheinen jetzt erfolgreich zu sein.[694] Israel verfügt hier über ein Know-How, das für das Überleben aller Menschen in der Region lebenswichtig werden kann.

2.6 Wasser für die Palästinenser

Ich beginne mit einer Geschichte aus dem Dorf al-Auscha, elf Kilometer nödlich von Jericho:

> „Die Staude trägt Bananen ... und der Bauer Saleh Ata Romani ist stolz auf die grünen Früchte. 350 Dunum besitzt Salehs Familie, rund 35 Hektar. Auf einem Teil davon baut sie Bananen an. So wie Salehs Vater, sein Großvater und viele Generationen davor. Bananen sind keine Wüstenpflanzen, sie brauchen viel Wasser. Pro Hektar mehr als siebzehn Kubikmeter in der Woche. ...

> Für Salehs Vater war Wasser noch kein Thema: Aus den judäischen Bergen oberhalb des Dorfes floß der al-Auscha, im Winter ein reißender Wildbach und selbst im Sommer noch ergiebig. Die Clans, denen das Land um al-Auscha gehörte, teilten sich sein Wasser: Sieben Stunden lang pro Woche durfte Salehs Familie ihre Bassins füllen. Und die Bananen verkauften sich gut auf den Märkten von Jericho, Amman und Ostjerusalem.

> Im Juni 1967 eroberte Israel das Westjordanland, damit war das Dorf vom Markt in Amman und dem übrigen Jordanien angeschnitten. Bald darauf begann die Katastrophe für Saleh und die anderen Palästinenser: Die Besatzer bohrten drei tiefe Brunnen, bauten eine Pumpstation am Bach und zweigten einen großen Teil des Wassers für die neuen jüdischen

---

[693] Focht/Neininger 1993
[694] Göttinger Tageblatt 31.1.1995

Siedlungen im Jordantal ab. Seitdem fließt im besten Fall nur noch die Hälfte ins Bewässerungssystem von al-Auscha, im Sommer versiegt es manchmal ganz. Zweimal, 1986 und 1990, verdorrten jeweils 3800 Tonnen Bananen. ‚Die Israelis haben sie getötet', klagt Saleh.

Wenn er jetzt mehr Wasser braucht, als ihm der Bach bringt, muß er es von der israelischen Staatsgesellschaft Mekorot kaufen. Zwei Schekel, etwa eine Mark, für den Kubikmeter. Sechseinhalb Kubikmeter braucht er, um ein Kilo Bananen zu erzeugen, für das er auf dem Markt nicht mehr als 75 Pfennig bekommt. Die Menschen in al-Auscha werden immer ärmer.

Auch Jacob Choen, der acht Kilometer vom Dorf al-Auscha entfernt wohnt, kauft sich sein Wasser von Mekorot. Aber er zahlt lediglich etwas mehr als die Hälfte für den Kubikmeter: Er ist kein Palästinenser. Jacob Choen ist Chef des Kibbuz Gilgal. ... Seit einer Stunde sind wir unterwegs, waren bei den Dattelpalmen, die zweieinhalb Kubikmeter pro Kilo Datteln, bei den Mangobäumen und Weinstöcken, die einen Kubikmeter Wasser pro Kilo Trauben verbrauchen. ... Zum Schluß zeigt mir Jacob den jüngsten Erwerbszweig des Kibbuz: die Zierfischzucht..."[695]

Den durchschnittlichen Wasserverbrauch pro Kopf und Tag in den Industrieländern gibt *Nabulsi* mit 200-250 l an; die von ihr genannten 280 l für israelische Siedler liegen sogar noch darüber, während Palästinenser nur mehr 70 l verbrauchen können.[696] Diese enorme Differenz wird von anderen palästinensischen Autorinnen und Autoren bestätigt. *Khalil Nakhleh* nennt für den Wasserverbrauch pro Kopf und Jahr für die Siedler auf der Westbank 965 m^3, für Israelis 537 m^3 und für Palästinenser 115-142 m^3.[697] Andere Autoren bestätigen diese Relationen, wobei sie unterschiedliche Quellen angeben. Der Pro-Kopf-Wasserverbrauch der Siedler in den besetzten Gebieten sei neunmal höher als jener der Palästinenser.[698] *Sumaya Farhat-Naser*, Dozentin an der Birseit-Universität, lieferte in einem Gespräch mit dem Autor am 19.10.1995 folgende Zahlen: Sie selbst erhalte pro Tag 36 l Wasser, ein Israeli 220 l, und ein Siedler 320 l. *Anderson* gibt an, daß „Israelis viermal mehr Wasser verbrauchen als die Palästinenser".[699] Wenn diese letzte Aussage auch vom Trend her verständlich ist, so ist sie in ihrer Ungenauigkeit doch symptomatisch. So wird nicht gesagt, um welche Israelis es sich handelt. Sind die Siedler auf der Westbank und im Gaza-Streifen eingeschlossen oder sind nur die Israelis in den Grenzen vor 1967 gemeint? Ist damit die absolute Wassermenge gemeint, die bei der höheren Bevölkerungszahl der Israelis auch höher sein darf, oder

---

[695] Lechner 1996, S. 14 und 17
[696] Nabulsi 1991, S. 9
[697] Nakhleh 1991, S. 19
[698] Young 1991, S. 11; Hottinger 1992, S. 154
[699] Anderson 1991, S. 16

handelt es sich um die relative Menge bezogen auf die unterschiedlichen Bevölkerungszahlen? Das Letzte ist zwar zu vermuten, aber gesagt wird es nicht. Besonders die Siedler werden bei der Wasserverteilung großzügig bedacht. „Während jeder jüdische Siedler rund 330 Liter Wasser am Tag verbraucht, bleibt den Palästinensern in den Dörfern nebenan nur ein Zehntel".[700]

Für jene Palästinenser, die fast ausschließlich von der Landwirtschaft leben – und das sind die meisten –, stellt sich das Wasserproblem noch gravierender. Zwar ist der See Genezareth ein riesiges Wasserreservoir und Israel entnimmt durch die 1964 fertiggestellte Wasserpipeline etwa 40% seines gesamten Wasserbedarfs von dort, dieses Wasser steht aber den palästinensischen Bauern nicht zur Verfügung:

„Galiläa: Ein Kanal, der Wasser aus dem See Genezareth bis tief in den Negev transportiert, durchschneidet die palästinensischen Felder. Doch die Bauern und die kleinen palästinensischen Dörfer sind durch einen hohen Zaun von dem so lebenswichtigen Wasser abgeschnitten. Sie sind auf fahrbare Wassertanks angewiesen, die in einem bestimmten Rhythmus in die Dörfer kommen."[701]

Das Wasser für die Tanks wird von der israelischen Wassergesellschaft Mekorot geliefert und muß bezahlt werden. Mehrere Autoren berichten davon, daß die Palästinenser einen höheren Preis bezahlen müssen als die Israelis oder als die Siedler. Die Angaben sind unterschiedlich, sind aber in der Aussage einheitlich. *Nakhleh* berichtet, daß Palästinenser für ihr Wasser zweimal so viel bezahlen müßten wie die Israelis; in der Westbank und in Gaza bezahlten sie sogar das Vierfache des israelischen Preises[702].

So bleibt den Palästinensern nur die traditionelle Wasserversorgung durch Brunnen oder Zisternen. Beides wird durch die Israelis massiv behindert. So ist das Bohren neuer Brunnen wie auch die Instandsetzung der alten illegal. Selbst für die Errichtung von Auffangbehältern für Regenwasser ist eine Bauerlaubnis der Militärbehörde notwendig.[703] Dazu kommt, daß die Israelis selbst im Gaza-Streifen 50 und in der Westbank 24 artesische Brunnen gebohrt haben, die besonders tief reichen und welche die traditionellen Brunnen austrocknen: Diese 24 israelischen Brunnen auf der Westbank fördern etwa 45% der Wassermenge, welche von 314 palästinensischen Brunnen gefördert wird. Insgesamt erbringen die artesischen Brunnen 440% mehr Wasser als alle palästinensischen Brunnen zusammen.[704] Ein palästinensischer Brunnen reicht durchschnittlich 200 m tief, ein israelischer aber 1500 m. Hottinger berichtet, daß in eini-

---

[700] Lechner 1996, S. 17
[701] Vetter 1991, S. 14
[702] Nakhleh 1991, S. 20
[703] Nakhleh 1991, S. 20
[704] Young 1991, S. 10

gen Fällen palästinensische Brunnen austrockneten, so daß das umliegende Land nicht mehr bewässert werden konnte. Dieses Land wurde dann von den israelischen Militärbehörden, weil es nicht mehr bewirtschaftet wurde, enteignet.[705] Noch 1967 funktionierten auf der Westbank 700 Brunnen, davon sind nur 314 übrig geblieben. Nur 20 davon geben Trinkwasser, die anderen liefern Wasser, das nur für die Bewässerung verwendet werden kann.[706] Wobei die Brunnen im Gaza-Streifen nur noch eine geringe Förderleistung bringen und ihr Wasser schmutzig und salzhaltig ist. So berichtete Nazmi Al-Ju'beh in einem Vortrag an der Birseit-Universität am 19.10.1995, daß er sich für seine Besuche im Gaza-Streifen das Trinkwasser mitnehmen müsse, weil das dortige Wasser zu salzig sei.[707]

Der Wassermangel führte zu einem Rückgang und zu einer Verkrüppelung der palästinensischen Landwirtschaft. Daher ist der Anteil der bewässerten Agrarfläche auf der Westbank in den letzten Jahren ständig gesunken. Die bewässerten Anbauflächen der Araber auf der Westbank sind seit der Besetzung von 27% der Gesamtanbaufläche auf 4% zurückgegangen.[708]

2.7 Die historische Dimension

Schon früh hatten die jüdischen Einwanderer die künftige Bedeutung des Wassers erkannt[709]. Bereits 1905 erhob die zionistische Bewegung die Forderung, den Litani nach Süden über den Hasbani in den Jordan umzuleiten[710]. Im Dezember 1919 richtete *Chaim Weizmann* ein Schreiben an den britischen Premierminister *Lloyd George*, in dem er ausführte:

„The whole economic future of Palestine is dependent upon its water supply for irrigation and for electric power, and the water supply must mainly be derived from the slopes of Mount Hermon, from the headwaters of the Jordan and from the Litani river. ... For these reasons, we consider it essential that the Northern frontier of Palestine should include the Valley of the Litany, for a distance of about 25 miles above the bend, and the Western and Southern slopes of Mount Hermon, in order to ensure

---

[705] Hottinger 1992, S. 154 Anm. 5
[706] Nakhleh 1991, S. 19
[707] Neifeind 1996, S. 17
[708] Hottinger 1992, S. 154
[709] Ausführlich über den historischen Aspekt vgl. Vallianatos-Grapengeter 1996
[710] Wolff 1992, S. 14

control of the headwaters of the Jordan, and to permit of re-afforesting this region."[711]

Man wollte damals von zionistischer Seite aus erreichen, daß diese Gebiete unter englische Oberherrschaft kämen, da man auf Grund der Balfour-Deklaration von England mehr Entgegenkommen für das zionistische Siedlungsvorhaben in Palästina erwarten konnte als von den Franzosen. Wenn man sich auf einer Karte ansieht, wo diese Gebiete genau liegen und sich klar macht, wann sie unter israelischen Einfluß gerieten, erhält man einen Einblick in die Beweggründe israelischer Politik nach der Staatsgründung 1948. Als Jordanien 1961 Wasser aus dem Jarmuk durch den East-Ghor-Kanal parallel zum Jordan auf ihre Felder leitete, antwortete Israel 1964 mit dem Bau der Nationalen Wasserleitung, um damit Wasser aus dem See Genezareth im weiten Bogen um das Westjordanland herum in die Ballungsgebiete bei Tel Aviv und bis in die Wüste Negev zu führen. Darauf beschloß die Arabische Gipfelkonferenz noch im gleichen Jahr, die Quellflüsse des Jordan, den Hasbani und den Banias, die in Syrien und im Libanon entspringen, umzuleiten. „Doch Israel bombardierte die Baustellen, besetzte im Sechs-Tage-Krieg von 1967 schließlich die Golanhöhen, gewann dadurch die Kontrolle über den Banias, zerstörte die Fundamente eines Staudamms am Jarmuk, bombardierte 1969 Teile des East-Ghor-Kanals und verhinderte mit Waffengewalt bis weit in die siebziger Jahre alle jordanischen Wartungsarbeiten am Einlaß des Kanals."[712] Indem Israel 1982 den Südlibanon zur Schutzzone gegen die palästinensischen Terrorangriffe erklärte, brachte es den im südlichen Libanon gelegenen wasserreichen Litani unter seine Gewalt. Allerdings hat Israel aus diesem Fluß bis heute keine größeren Mengen Wasser abgepumpt.[713]

Besonders die Menschen in Jordanien hatten unter den Folgen dieser israelischen Wasserpolitik zu leiden:

„Jordanien mußte im Jahr 1991 seine bewässerte Anbaufläche im Jordan-Tal (auf der Ostseite des Flusses) um zwei Drittel reduzieren, weil Bewässerungswasser fehlte. Der Ghor-Kanal, der dem Jarmuk-Fluß Wasser entnimmt und es parallel zum Jordan die östlichen Hügel entlang führt, hatte zu wenig Wasser. Dies ging auf einige Jahre geringer Regenfälle zurück. Doch für eine solche Kalamität hatten die Erbauer des Kanals einen Staudamm vorgesehen, der den Jarmuk kurz vor seiner Einmündung in den Jordan aufgestaut hätte. Syrien und Jordanien hatten mit dem Bau dieses Dammes begonnen, als Israel in den letzten Stunden des Sechs-Tage-Krieges Soldaten auf die Baustelle sandte, die die begonnenen Arbeiten zerstörten.

---

[711] Kahhaleh 1981, S. 47f.
[712] Lechner 1996, S. 17
[713] Hottinger 1992, S. 156

Seither hat Israel seinerseits dem Unterlauf des Jarmuk Wasser entnommen. Es pumpt dies zurück in den Tiberias-See und verwendet es auf diesem Wege zur Speisung seiner zentralen Wasserleitung."[714]

2.8 Die aktuelle und die künftige Dimension

Auf dem Hintergrund einer dramatischen demographischen Entwicklung stellt sich der heutige Wassermangel als das gravierendste Problem für die künftige Entwicklung des Nahen Ostens dar. Die Bevölkerung der Nahost-Region (einschließlich Türkei, Maghreb-Staaten, Tschad) wird von jetzt 300 Mio. auf 900 Mio. Menschen im Jahr 2100 anwachsen.[715] Auf der Konferenz der *UN Economic & Social Commission for West Asia* im Jahre 1989 in Damaskus wurde das jährliche Wasserdefizit für diesen Raum am Ende des 20.Jahrhunderts auf 100 Billionen Kubikmeter geschätzt. Heute schon gibt es Gebiete, wo der Straßenpreis für Trinkwasser höher liegt als der für Benzin.[716] In Zukunft wird Wasser für die Region wichtiger werden als das Öl. Der ehemalige libysche König Idris hat dies zum Ausdruck gebracht, als in Libyen Öl gefunden wurde. Damals soll er gesagt haben: „I wish it could have been water. Oil makes men idle, whereas water makes them work."[717]

„Die Wasserkrise ist", schlußfolgert *Manuel Schiffler* „wirtschaftlich und technisch lösbar". Aber aufgrund politischer Interessen „und nicht in erster Linie aufgrund von Wasserknappheit, ist eine Lösung der Wasserprobleme im Nahen Osten so schwierig."[718] Gerade ein Blick auf die Wasserpolitik der Türkei macht diese politischen Interessen deutlich. Die hier entspringenden Ströme Euphrat und Tigris bringen seit Jahrtausenden das lebensnotwendige Wasser ins sog. Zweistromland. Von ihrem Wasser sind die heutigen Staaten Syrien und Irak abhängig. „Syrien ist fast völlig vom Wasser des Euphrats abhängig, die Turbinen des Kraftwerks am Assad-Stausee liefern ein Drittel des Strombedarfs. Wenn der Fluß zu wenig Wasser führt, geht in Damaskus und Aleppo das Licht aus".[719] Seitdem die Türkei die Wasser des Euphrat im Atatürk-Staudamm auffängt, ist für Syrien und Irak die Abhängigkeit von der Türkei greifbar geworden. „Bereits 1974, als die Türkei den Keban-Stausee am Oberlauf des Flusses aufzufüllen begann, kam es zu Konflikten mit Damaskus. Die drohende

---

[714] Hottinger 1992, S. 155f.
[715] Süddeutsche Zeitung 22.2.1990
[716] Savage 1991, S. 5
[717] Savage 1991, S. 8
[718] Schiffler 1995, S. 21
[719] Avenarius 1996

Gefahr einer militärischen Konfrontation konnte seinerzeit durch die Vermittlung Saudi-Arabiens gebannt werden".[720] Trotz der Gegnerschaft dieser beiden Staaten im Golfkrieg gibt es bereits gemeinsam formulierte Warnungen an westliche Firmen, die der Türkei beim Bau des Staudammes technische Hilfe leisten: Sie hätten mit keinen Aufträgen aus Syrien oder dem Irak mehr zu rechnen. Die Türkei allerdings zeigt sich – bisher – unbeeindruckt von solchen Warnungen. Sie will mit der gigantischen Wasserbewirtschaftung ihren armen Osten nicht nur wirtschaftlich, sondern auch politisch verändern. Und sie wird sich zur „Wassergroßmacht des Nahen Ostens" entwickeln. Auch der politische Druck durch die westlichen Verbündeten, die Türkei solle ihr Wasser teilen und den Nachbarstaaten bestimmte Kontingente zusprechen und vertraglich garantieren, konnte die Haltung der Türken nicht ändern. Der verstorbene Staatschef *Turgut Özal* brachte das Problem auf einen einfachen Nenner: „Dieses Wasser ist unser Wasser. Wie das Öl demjenigen gehört, der Öl in seinem Land hat, gehört das Wasser dem, der Wasser hat".[721] Der Kampf um die Wasserverteilung zwischen den Staaten der Region hat demnach gerade erst begonnen. Und die Türkei hat, den politischen und wirtschaftlichen Druck der arabischen Staaten auf die technischen Kooperationspartner im Westen fürchtend, inzwischen Kontakte zu Israel geknüpft: Die damalige türkische Ministerpräsidentin *Ciller* führte bei ihrem Besuch in Jerusalem im Oktober 1994 Gespräche über die Lieferung von 180 Millionen Kubikmeter türkischen Wassers zu einem Preis von 0.45 $ pro Kubikmeter an Israel. Die Israelis erklärten sich im Gegenzug bereit, ihr Know-How in Bewässerungsfragen zur Verfügung zu stellen.[722] In Syrien fürchtet man inzwischen, daß das 1996 zwischen Israel und der Türkei geschlossene militärische Kooperationsabkommen, die Machtverhältnisse im Nahen Osten verschieben könnte.[723]

Offensichtlich hat man dies auch in der Region erkannt. Bereits im „Abkommen zwischen Israel und der Palästinensischen Befreiungsorganisation..." vom 13.9.1993 wird in einem Anhang III festgelegt:

„Die beiden Seiten stimmen überein, einen ständigen israelisch–palästinensischen Ausschuß für Wirtschaftliche Zusammenarbeit einzurichten, der sich unter anderem im wesentlichen mit folgendem befaßt:

1. Zusammenarbeit im Bereich Wasser, einschließlich eines von Fachleuten beider Seiten auszuarbeitenden wasserwirtschaftlichen Entwicklungsprogramms, in dem die Art und Weise der Zusammenarbeit in der wasserwirtschaftlichen Planung im Westjordanland und Gaza-Streifen festgelegt wird und das Vorschläge für Studien über und Pläne für die

---

[720] Frankfurter Rundschau 29.4.1996
[721] Avenarius 1996
[722] Handelsblatt 16.2.1995
[723] Der Spiegel 6.5.96, S. 154f.

Wasserrechte jeder Partei enthält sowie Pläne für die gerechte Nutzung gemeinsamer Wasservorräte, die während der und über die Übergangsperiode hinaus Geltung haben."[724]

Mag dies auch noch sehr unverbindlich formuliert sein – es bleibt z.B. völlig offen, was unter „gerechter Nutzung" zu verstehen ist –, so werden doch Wege beschrieben, auf denen die Parteien eine Lösung der Wasserfrage suchen wollen. Auch im Friedensvertrag zwischen Jordanien und Israel vom 27.10.1994 ist die Wasserfrage ausdrücklich angesprochen. Die Vertragspartner einigten sich darauf, daß Israel den Jordaniern mehr Wasser als bisher zur Verfügung stellen wird und daß es sich am Bau von zwei international finanzierten Staudämmen am Jordan und am Jarmuk sowie an der Errichtung einer Entsalzungsanlage in der Nähe des Sees Genezareth beteiligen wird.[725] Allerdings bleibt völlig unklar, woher Israel dieses Wasser, das es den Jordaniern zusagte, nehmen soll, da sein eigener Wasserbedarf Jahr für Jahr steigt und es jetzt bereits zu wenig hat. Vor allem: „Gegenwärtig kontrolliert Israel noch den größten Teil der Gebiete, aus denen es sein Wasser bezieht. Dies wird sich nach einem vollständigen Abzug aus der Westbank und von den Golanhöhen drastisch ändern. Dann werden etwa 45 % des gegenwärtigen israelischen Wasserverbrauchs aus Quellen stammen, die außerhalb der Grenzen Israels liegen"[726]

In fünf multilateralen Arbeitsgruppen, die auf der Moskauer Konferenz von 1992 eingesetzt wurden, befassen sich die Delegationen der verschiedenen Staaten mit zentralen regionalen Problemen. Eine Arbeitsgruppe unter dem Vorsitz der USA beschäftigt sich dabei mit der Wasserfrage[727]. Es scheint aber schwer, zu einer Einigung zu kommen[728]. Dennoch gibt es keinen anderen Weg als den einer multinationalen Vereinbarung. *Schiffler* stellt einleitend die bestehende internationale hydrologische Konstellation einleuchtend dar: Kein Staat hat einen der Flüsse ganz für sich allein. Jeder ist sowohl „Oberlieger" als auch „Unterlieger".

– „Israel – ohne die besetzten Gebiete – wird am oberen Jordan und am Yarmuk der Unterlieger gegenüber dem Libanon, Syrien und Jordanien sein. In der Küstenebene würde Israel außerdem Unterlieger gegenüber einem palästinensischen Staat in der Westbank sein. Nur am unteren Jordan ist Israel Oberlieger gegenüber Jordanien und den palästinensischen Gebieten im Jordantal.

---

[724] Abkommen 1993
[725] Süddeutsche Zeitung 18.10.1994: S. 1
[726] Schiffler 1995, S. 13
[727] Botschaft 1995, S. 18
[728] Schiffler 1995, S. 14 Anm. 6

- Ein palästinensischer Staat wird im Jordantal gegenüber Israel Unterlieger, aber in der Westbank gegenüber der israelischen Küstenebene Oberlieger sein.

- Jordanien ist gegenüber Syrien am Yarmuk und gegenüber Israel am unteren Jordan Unterlieger, aber am Yarmuk gegenüber Israel Oberlieger."[729]

Die Staatenkarte des Nahen Ostens bestätigt diese Aussage. Blickt man auf die großen Flüsse des Nahen und Mittleren Ostens, Nil, Euphrat und Tigris, so wird deutlich, daß auch diese Flüsse immer mehrere Staaten durchfließen. Die Überlegungen gehen daher auch in die Richtung einer großen internationalen Lösung wie es beispielsweise der Bau einer „Friedenspipeline" von der wasserreichen Türkei in den Nahen Osten darstellen würde. „Gäbe es keine nationalistischen und psychologischen Hürden, so würde sich die Lösung von selbst einstellen", befand Jordaniens Kronprinz *Hassan Ibn Talal*. „Türkische Wasserpipelines könnten nicht nur Syrien und den Irak, sondern sogar Israel und Saudi-Arabien auf Jahre hinaus mit Wasser versorgen"[730]

Israel versucht daneben aber auch in direktem Kontakt mit wasserreichen Staaten an das lebensnotwendige Naß zu kommen. So wird der Transport von Wasser in riesigen Containern über See von der Türkei nach Israel oder in den Gaza-Streifen ebenso erwogen wie eine Pipelinelösung, die Nilwasser über den Sinai nach Israel bringt.

Wie egoistisch der Staat Israel dabei sein Eigeninteresse verficht, analysiert *Helga Baumgarten*[731]. Nach der Prinzipienerklärung zwischen Israel und der PLO vom 13.9.1993 vereinbarten die Vertragspartner am 4.5.1994 im Kairoer Abkommen weitere Ausführungsbestimmungen. Dort wurde in einem ersten Schritt zwar alle Verfügungsgewalt über Wasser an die Palästinensische Autorität übergeben, in einem zweiten Schritt durch die Bestimmung, daß das Wasserversorgungssystem für israelische Siedlungen und Militärgebiete nach wie vor unter israelischer Kontrolle stehe und durch die israelische Wassergesellschaft Mekorot betrieben werde, aber sofort wieder eingeschränkt. Die bestehenden Proportionen im Wasserverbrauch zwischen palästinensischer Bevölkerungsmehrheit einerseits und israelischen Siedlern und dem Militär andererseits wurden damit beibehalten:

„All pumping from water resources in the settlements and the Military Installation Area, shall be in accordance with existing quantities of drinking water and agricultural water ... the Palestinian Authority shall not adversely affect these quantities",

---

[729] Schiffler 1995, S. 13
[730] Der Spiegel 6.5.1996, S. 156
[731] Baumgarten 1995, S. 6

heißt es im Annex II des Kairoer Abkommens. Damit ist der Status quo aufrechterhalten und anerkannt. Eine wirkliche Bereitschaft, den Palästinensern mehr als die bisher von ihnen verbrauchten 15-20% des in der Westbank jährlich verfügbaren Wassers zuzugestehen, ist nicht erkennbar. *Hottinger* beurteilte 1992 die Frage der Wasserverteilung im Nahen Osten noch so, „daß gegenwärtig keineswegs rechtliche Regelungen in Form von Verträgen die Wasserverteilung bestimmen, sondern das Recht des Stärkeren".[732] Verträge gibt es inzwischen, aber über die Wasserverteilung sagen sie noch nichts aus. Ist man also noch nicht weiter gekommen? Andererseits:

> „Ein paar Kilometer weiter nördlich (der Mündung des Jarmuk in den Jordan) haben die Israelis den Jordaniern einen fruchtbaren Streifen Land zurückgegeben. Zwar sind es weiterhin israelische Bauern, die ihn bewirtschaften, aber sie zahlen jetzt Pacht dafür. Südlich von der Jarmuk-Mündung werden Israelis und Jordanier gemeinsam Wasserreservoire bauen, und Israel hat im Friedensvertrag (von 1994) endlich auch dem Bau des Jarmuk-Staudamms zugestimmt, den es einst mit Waffengewalt verhindert hat."[733]

Es verändert sich also doch etwas. Es geht nur sehr langsam. Und eine Wasserregelung zwischen Israel und Jordanien ist noch keine Regelung mit den Palästinensern. Die Beteiligten beider Seiten müssen gerade hier erst noch lernen, daß „historisch bedingte jüdische oder palästinensische Ansprüche ... mehr und mehr in den Hintergrund" treten müssen[734]. Fraglich bleibt, ob die diplomatische Geschwindigkeit mit dem Tempo Schritt hält, das die Wassernot diktiert.

---

[732] Hottinger 1992, S. 161
[733] Lechner 1996, S. 22
[734] Neustadt 1994, S. 429

VI. AUSBLICK

Ein Ausblick ist keine Zusammenfassung. Aber er gibt auf dem Hintergrund der Geschichte und auf dem Hintergrund der dargestellten Faktoren eine Einschätzung für die Zukunft. Jeder Ausblick muß die Osloer Abkommen mit einbeziehen und sich der Frage nach ihrer Verwirklichung stellen. Diese Einschätzung aber ist, trotz aller Hoffnung für den sog. Friedensprozeß, trotz aller Wünsche für die Menschen beider Seiten, eher düster: Es ist schwer zu erkennen, wie die Menschen dieser Region in naher Zukunft zu einem Frieden kommen können. Ich möchte dies an einigen Beispielen erläutern, wobei ich das Problem Jerusalem ausklammere. Aber neben den Barrieren gibt es auch Zeichen für einen Brückenbau.

1. Barrieren

Beispiel 1: Territoriale Veränderungen

Legt man diese Karten nebeneinander und analysiert die Grenzveränderungen der vergangenen 50 Jahre, so lassen sich verschiedene Phasen erkennen:

254

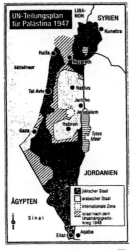

UN-Teilungsplan für Palästina 1947

LIBANON · SYRIEN · Kuneitra · Haifa · Mittelmeer · Nazareth · Tel Aviv · Nablus · Jericho · Jerusalem · Hebron · Gaza · Totes Meer · JORDANIEN · ÄGYPTEN · Sinai · Eilat · Aqaba

jüdischer Staat · arabischer Staat · internationale Zone · Israel nach dem Unabhängigkeitskrieg 1948

ISRAEL 1948-67

LIBANON · SYRIEN · Haifa · Mittelmeer · CISJORDANIEN an Jordanien angegliedert · Tel Aviv · JERUSALEM geteilt · Gaza ägypt. verw. · Totes Meer · JORDANIEN · ÄGYPTEN · 50 km

Staat Israel nach dem Waffenstillstand von 1948

ISRAEL seit 1967

LIBANON · GOLAN · SYRIEN · Haifa · Mittelmeer · WEST-JORDAN-LAND · Tel Aviv · Nablus · Jordan · JERUSALEM · Gaza · Hebron · Totes Meer · JORDANIEN · ÄGYPTEN · SINAI 1967 israel. besetzt, Rückgabe an Ägypten 1974-82

Seit 1967 von Israel besetzte Gebiete. Gründung israelischer Siedlungen. Jerusalem ganz unter israelischer Verwaltung

UN–Teilungsplan 1947[735]   Israel 1967[736]   Palästina 1995[737]

1. Es begann mit der Arrondierung der israelischen Grenzen (Erweiterung der von der UNO 1947 gezogenen Grenzlinie) im sog. Unabhängigkeitskrieg 1948/49.

2. Dieser Arrondierung folgte im Sechs-Tage-Krieg von 1967 eine Sicherung des Vorfeldes (Gaza, Westjordanland, Golan). In den folgenden Jahren wurden diese Gebiete durch eine agressive israelische Siedlungspolitik, die vor allem von religiösen Gruppierungen getragen wurde, zunehmend „judaisiert".

3. Diese Vorfeldsicherung wurde 1982 mit der Besetzung einer Sicherheitszone im südlichen Libanon ausgeweitet (hier ohne Karte).

4. Die vierte Karte dokumentiert die territorialen Konsequenzen des 1993 eingeleiteten sog. Friedensprozesses.

5. Inzwischen ist deutlich geworden, daß der israelische Staat nicht bereit ist – und er war es auch nicht unter der Regierung Rabin/Peres[738] – die Siedler zum Rückzug zu zwingen oder ihnen eine Integration in einen palästinensischen Staat aufzuerlegen.

---

[735] Die Zeit, 8.4.1998, S. 11
[736] Wehling 1996, S. 5
[737] Wehling 1996, S. 5
[738] Said, Edward W.: Zwischen Vorherrschaft und Unterordnung. Jassir Arafat und Benjamin Netanjahu: Woran der Frieden im Nahen Osten bisher gescheitert ist. In: FR 1.10.1997, S. 17

255

Das Oslo-II-Abkommen wurde am 28.9.1995 in Washington unterzeichnet. Es enthält neben dem Vertragstext acht Landkarten, die den Gaza-Streifen definieren und die West Bank in drei Zonen unterteilen. Sie ergeben einen Flickenteppich selbstverwalteter Gebiete.

Die Zone A umfaßt die Städte Dschenin, Nablus, Tulkarem, Kalkilja, Ramallah, Bethlehem, auch Hebron und Jericho.

Die Zone B umfaßt fast alle palästinensischen Dörfer. In diesen beiden Zonen, die ein Drittel des Territoriums ausmachen, leben 90 Prozent der palästinensischen Bevölkerung der West Bank.

Die Zone C bleibt uneingeschränkt unter israelischer Kontrolle.

Zone A
Autonome Gebiete der Palästinenser

Zone B
Gebiete unter gemeinsamer Kontrolle

Zone C
Gebiete unter israelischer Aufsicht

Zufahrtstraßen zu den israelischen Siedlungen (eingeschränkte Nutzung durch palästinensische Fahrzeuge)

Palästinensische Straßen
(uneingeschränkte Nutzung)

Die palästinensischen Autonomiegebiete[739]

Die Teile des Westjordanlandes, welche die israelische Regierung einer palästinensischen Regierung unterstellen will, reduzieren sich von Monat zu Monat. Der israelische Ministerpräsident *Netanjahu* gebe, so im September 1997 *Shimon Peres* bei seinem Besuch in Bonn, 50% des Landes an die Palästinenser ab.[740] Im Januar 1998 zitiert die Zeitung *Die Welt* israelische Presseberichte, wonach nur noch „zwölf Prozent des seit 1967 kontrollierten Gebietes an die Palästinenser abgetreten werden."[741] Inzwischen kam der von den Vereinigten Staaten gewünschte Nahost-Gipfel in Washington nicht zustande, da *Netanjahu* nicht bereit war, mehr als 9% der besetzten Gebiete zu räumen.[742] Die Karte zeigt, wie weit man sich bereits von den Erwartungen des Vertrages von 1993 entfernt hat.

---

[739] Die Welt 16.1.1998, S. 6
[740] SZ 19.9.1997, S. 7
[741] Die Welt 16.1.1998, S. 6
[742] FR 11.5.1998, S. 1

Diese Entwicklung legt den Schluß nahe, daß Israel offensichtlich keinen palästinensischen Staat in seinem Vorfeld will. *„Benjamin Netanjahu"*, so *Gisela Dachs* am 8. April 1998 in der ZEIT, „war von Anfang an gegen das Osloer Vertragswerk gewesen und sucht heute nur nach Gründen, um den Friedensprozeß endgültig zu stoppen." Und sie folgert weiter: „Kommt es bis zum Stichtag am 4. Mai 1999 zu keiner neuen Einigung, will die PLO einen eigenen Staat in den bis dahin existierenden Autonomiegebieten ausrufen. ... Die Palästinenser würden somit – ohne Frieden – ihren Traum von Unabhängigkeit in einem winzigen Staat verwirklichen, ohne zusammenhängendes Territorium und ohne wirtschaftliche Überlebensfähigkeit."

Beispiel 2: Der Wertewandel der israelischen Gesellschaft

Am 10.6.1997 erschien in der *Süddeutschen Zeitung* ein Artikel, der folgendermaßen begann:

„Das Photo sorgte für Empörung: eine ultra-orthodoxe Großfamilie am Passahfest[743] in Jerusalem beim Barbecue auf dem Mahnmal für die im Sechs-Tage-Krieg gefallenen Soldaten. Das hat es noch nie gegeben. ‚Der häßliche Israeli' schrieb das Massenblatt *Maariv* prompt und berichtete, Passanten hätten versucht, die Frommen zurechtzuweisen. Doch die hätten sich beim Grillen nicht stören lassen. Nur wenig später, am Holocaust-Tag, demonstrierten im ultra-orthodoxen Tel Aviver Vorort Bnei Brak Aktivisten der Schas-Partei[744] für deren Führer Ari Deri mit dem Ruf: ‚Schade, daß nicht alle Aschkenasim[745] im Holocaust liquidiert wurden!' Polizisten wurden als Nazis beschimpft, ...

Am Gedenktag für gefallene Soldaten setzten ein paar Ultra-Orthodoxe im frommen Jerusalemer Viertel Mea Shearim noch eins drauf: Sie führten Freudentänze auf, bewarfen Polizisten mit Müll und riefen: ‚Nächstes Jahr wird man auch um euch trauern!' Der Polizeiminister nannte sie ‚verachtenswerte, niederträchtige Schurken'. Präsident Ezer Weizman kommentierte: ‚Deren Glück ist, daß ich kein junger Polizist bin, ich hätte durchgedreht.' Und der religiöse Jerusalemer Schriftsteller Joschafat Alpert warnte: ‚Das sind Beispiele mißbrauchter Religion, wie in Iran und Algerien. Wehret den Anfängen!'"

Die Auseinandersetzung mit den Ultra-Orthodoxen, die immer mehr politischen Einfluß gewinnen, läßt viele Israelis verzweifeln und resignieren. „Wir können nicht mehr miteinander leben ... Macht euren Staat in Judäa auf. Wir werden unseren weltlichen Staat an der Mittelmeerküste haben",

---

[743] Im Passahfest feiern die Juden die Errettung und den Auszug aus Ägypten
[744] Politische Partei des religiösen Lagers
[745] Europäische Juden

so äußerte sich der israelische Schriftsteller *Yoram Kaniuk*.[746] Und in der *Süddeutschen Zeitung* untertitelte *Anne Ponger* einen Artikel mit: „Das liberale Israel ächzt im Würgegriff der Ultra-Orthodoxen"[747].

Der wachsende Einfluß der Religiösen erfaßt nicht nur die Stadt Jerusalem, sondern dehnt sich auf die gesamte israelische Gesellschaft aus und beeinflußt von dort aus die Politik. „Der Gebetsmantel der Orthodoxie ist zur Nationalfahne geworden," formulierte pointiert der ehemalige *Histadrut*-Gewerkschafter *Grischa Alroi-Arloser* bei einem Vortrag am 29.4.1998 in Jerusalem. Dies läßt sich an verschiedenen Faktoren zeigen:

1. Ein wichtiges Datum in diesem Zusammenhang ist der Sechs-Tage-Krieg von 1967[748]. Der fundamentale Sieg der israelischen Streitkräfte führte zur Eroberung jener Teile Palästinas, die biblische Assoziationen weckten. Das Israel in den Grenzen von 1949 „umfaßte demgegenüber die weniger traditionsreichen Regionen des Landes. Die urbanen Zentren Israels zwischen 1948 und 1967 waren neue jüdische Städte wie Tel Aviv (1909 gegründet), Haifa (in der Bibel nicht erwähnt) und West-Jerusalem (ohne den eigentlichen Kern, die Altstadt, in Ost-Jerusalem)." Nach 1967 zogen national-religiöse Siedler in die besetzten Gebiete, die ihren Siedlungen biblische Namen gaben. Von nun an nannte man die besetzten Gebiete nicht mehr Westbank oder Westjordanland, sondern altbiblisch „Judäa und Samaria".

2. Die Parlamentswahlen von 1996 setzten ein deutliches Zeichen: „Mehr als 22% der jüdischen Wähler – mehr als jemals zuvor – wählten direkt eine religiöse Partei, während sich 30% der jüdischen Wähler für nationalistische Parteien entschieden, die ebenfalls für das Prinzip eines ‚jüdischen Staates' eintreten. Dies ergibt eine klare Mehrheit für einen jüdischen Staat unter der jüdischen Bevölkerung."[749] Die politische Stoßkraft dieser Umorientierung verdeutlicht die kurz nach den Wahlen von den religiösen Partnern der Regierungskoalition erhobene Forderung, „die neue ... Regierung Israels solle künftig wichtige ‚jüdische' Entscheidungen allein aufgrund der Abstimmung von jüdischen Parlamentsabgeordneten treffen."[750] Wenn man weiß, daß die Regierung *Rabin* auf die Abstimmungshilfe der fünf Abgeordneten der beiden arabischen Parteien im Parlament angewiesen war, dann bedeutet eine solche Forderung eine gezielte Aushebelung der politischen Rechte dieser Bevölkerungsgruppe auf dem Weg zu einem rein jüdischen Staat.

---

[746] Zit. nach: Ponger: Ein Wildschwein..., In: SZ 10.6.97, S. 3

[747] Ponger: Ein Wildschwein..., In: SZ 10.6.97; auch Joseph Croitoru in der FAZ 4.7.1997, S. 35 verwendet diesen Begriff („Im Würgegriff. Israel mobilisiert die Tradition gegen die Ultraorthodoxen")

[748] Zimmermann 1997, S. 28

[749] Zimmermann 1997, S. 16

[750] Zimmermann 1997, S. 17

Neben dem Konflikt zwischen Israelis und Palästinensern, gibt es zugleich einen innerisraelischen Konflikt zwischen weltlichen und den Staat Israel bejahenden Juden einerseits und den streng religiösen Juden andererseits. Heute bezeichnen sich 40% der Israelis als religiös. Die Radikalsten unter ihnen verstehen sich als Anti-Zionisten, d.h. sie lehnen den Staat Israel ab, da die Gründung des jüdischen Staates vor der Ankunft des Messias für sie eine Gotteslästerung darstellt. Sie sprechen Jiddisch und nicht Hebräisch, denn Hebräisch ist die Sprache der Bibel und daher heilig. „Zehntausende von Jugendlichen werden in Religionsseminare gesteckt, drücken sich vor dem Wehrdienst, meiden Arbeit und Studien, lernen aber alles zu hassen, was der Zionismus geschaffen hat," schrieb ein israelischer Journalist.[751]

So sind nicht nur Israelis und Palästinenser durch eine unsichtbare Mauer getrennt[752], sondern auch die weltlichen von den strenggläubigen Juden. Diese streng religiösen Gruppierungen wachsen durch ihre hohe Geburtenzahl von Jahr zu Jahr und sie werden politisch immer bedeutsamer. Jede Regierung ist auf Grund des israelischen Wahlrechts auf ihre Unterstützung angewiesen. Dadurch ist ihre kompromißlose Weigerung, den Palästinensern biblisches Land zurückzugeben, politisch äußerst wirkungsvoll.

Beispiel 3: Die Flüchtlinge

Die Flüchtlinge der Anfangsjahre, die nun seit mehreren Generationen Flüchtlinge sind, haben sich inzwischen auf über zwei Millionen Menschen vermehrt. Die Regelung ihrer Ansprüche und eventuellen Rückkehrrechtes ist eine der schwierigsten Fragen, welche die Verhandlungsführer beider Seiten seit 1993 vor sich haben. So ist es nicht verwunderlich, daß hierbei keine Lösung gefunden werden konnte. In seiner Regierungserklärung vor der Knesset am 11. Mai 1994 nahm der israelische Ministerpräsident *Rabin* zu diesem Punkt Stellung:

> „Hier ist die Wahrheit, die ganze Wahrheit die Rückkehr der ‚Displaced Persons' betreffend: Das Gaza-Jericho-Abkommen legt fest, daß ein Verbindungsausschuß unter Beteiligung Israels, der palästinensischen Selbstverwaltungsbehörde, Jordaniens und Ägyptens eingerichtet werden wird, der Themen von gemeinsamem Interesse behandeln und über vereinbarte Grundsätze für die Einreise von Personen beschließen wird, die Judäa und Samaria 1967 verließen. Bitte beachten Sie: Es geht hier nicht um die Flüchtlinge von 1948, nur um die ‚Displaced Persons' von 1967. ....
> [Es] wird festgelegt, daß alle Beschlüsse in diesem Bereich von allen Mit-

---

[751] Zit. nach: Ponger: Ein Wildschwein..., In: SZ 10.6.97, S. 3
[752] Von diesen unsichtbaren Mauern sprechen Ashrawi, In: Avnery/Bishara 1996, S. 75; Aghazarian, in: ebd., S. 124

Mitgliedern des Ausschusses einstimmig gefaßt werden müssen. Mit anderen Worten: Der Ausschuß kann ohne Zustimmung Israels nicht festlegen, wie viele Menschen einreisen und in welchen Phasen."[753]

Die Flüchtlinge **und** ihre Nachkommen sind demnach aus den Vereinbarungen ausgenommen. Für den Staat Israel sind sie ausgeklammert, weil sie nicht seine Staatsbürger sind und weil sie – nach israelischer Lesart – das Land einst auf eigenen Entschluß hin verlassen haben und weil sie kein Rückkehrrecht besitzen. Der Staat Israel sieht sich für sie nicht in der Verantwortung. Die Nachbarstaaten Israels, auf deren Territorium diese Menschen heute leben, sehen sich ebenfalls nicht in der Verantwortung, weil es sich um Araber aus Palästina handelt. Für sie sind die dortigen Autoritäten, d.h. die Israelis, verantwortlich. Für Israel aber würde die Rückkehr von einigen Millionen arabischen Palästinensern eine völlige demographische Verschiebung mit sich bringen. Davon abgesehen, existieren die meisten arabischen Dörfer inzwischen nicht mehr oder in den ehemaligen Wohnungen und Häuser leben jetzt Israelis.

2. Brücken

Verbreitet demnach die ‚große' Politik nur Mißtrauen und Pessimismus, was einen möglichen Frieden angeht, so gibt es auf der Ebene des Alltags, im Bereich der unmittelbaren Begegnungen, immer mehr ‚kleine' Initiativen, die hoffen lassen. Auch hierzu einige Beispiele:

Beispiel 4: Der Kibbuz „Givat Haviva"

Der Kibbuz „Givat Haviva" liegt nahe an der Grenze zum Westjordanland. In einem Faltblatt in deutscher Sprache aus dem Jahr 1995, verteilt vom Unterstützungsverein „Givat Haviva Deutschland"[754] heißt es unter dem Motto „Frieden braucht Verständigung":

> „Givat Haviva ist die größte und älteste Institution in Israel, die sich für jüdisch-arabische Verständigung einsetzt. Die Begegnungs- und Bildungsstätte fördert kulturellen und religiösen Pluralismus, gleichberechtigt verwaltet von Juden und Arabern. Erziehung zu Demokratie und Frieden: Givat Haviva ist eine Oase inmitten des Krisenherdes Nah-Ost."

Und an anderer Stelle unter dem Motto „Kennen heißt Verstehen":

---

[753] Das Gaza-Jericho-Abkommen 1994, S. 19f.
[754] Verein Givat Haviva Deutschland, Klarastr.23, 55116 Mainz

„In Israel werden Juden und Araber in getrennten Schulen unterrichtet. Givat Haviva führt sie zusammen. ‚Kinder lehren Kinder' heißt das erfolgreiche Konzept. Je zwei Schulklassen praktizieren den Austausch. Lehrkräfte – jüdische und arabische – werden vorbereitet, den schwierigen Dialog zu moderieren. Aus dem Kennenlernen wächst das Verstehen. Mittlerweile sind in ganz Israel über 30 Schulklassen jährlich in das Programm einbezogen. ‚Von Angesicht zu Angesicht' heißt die entsprechende Maßnahme für Heranwachsende. Zwei Jugendliche – jüdisch und arabisch – werden zusammengebracht und bei ihrem gemeinsamen Lernprozeß pädagogisch begleitet. Durch Givat Haviva haben mittlerweile tausende junger Menschen gelernt, mit ihren Nachbarn zu leben, Konflikte friedlich zu lösen."

Beispiel 5: Die Sesamstraße

Ein Bericht der *Süddeutschen Zeitung*[755]:

„Knäuel Dafi besucht Handpuppe Hanin

Israelis und Palästinenser sehen gemeinsame ‚Sesamstraße'

Was Falafel und Houmous sind, weiß jedes Kind in Jerusalem, Gaza und Tel Aviv. Nun lernen die angehenden Israelis und Palästinenser auch, daß ihre gleichaltrigen Nachbarn dieselbe Lieblingsspeise haben wie sie – der Sesamstraße sei Dank. Seit Anfang April läuft im israelischen und palästinensischen Kinderfernsehen eine gemeinsame Version des Exportschlagers aus Amerika, mit Szenen in Hebräisch und Arabisch, eigens erfundenen Muppets und viel Völkerverständigung für Anfänger. ...

Beide Seiten haben ihre eigene ‚Straße': Von der israelischen *Rehov Sumsum* öffnet sich der Blick aufs Meer; die *Scharaa Simsim* der Palästinenser wirkt geschlossener. Der Musiklehrer Adel dolmetscht dort, wenn das violette Knäuel Dafi aus der *Rehov Sumsum* die orangefarbene Handpuppe Hanin besucht und beide erstaunt feststellen, daß sie die Vorliebe für frittierte Falafel-Bällchen mit Kichererbsen-Paste (Houmous) teilen."

---

3. Die unsichere Zukunft

Diese Beispiele, seien es die Barrieren, seien es die Brücken, sind Mosaiksteine in einem komplizierteren Konfliktszenario, das mit der gegenseitigen Anerkennung des Staates Israel und der PLO am 13.September

---

[755] SZ 8.4.1998, S. 24

1993 eine neue Qualität erhielt. Allerdings, so führen *Kriener / Sterzing* aus, ist damit weder „das Gewaltpotential beseitigt, noch sind vorher bestehende Interessengegensätze aus der Welt geschafft worden – etwa der zwischen dem Sicherheitsbedürfnis Israels und dem Selbstbestimmungsrecht der Palästinenser. ... Charakteristisch für den 1993 eingeleiteten Prozeß sind zwei Faktoren: Die Unbestimmtheit seines Endpunkts und sein Prozeßcharakter."[756] Und weiter:

> „Die in einem beinahe hundertjährigen Konflikt aufgehäuften Ängste, der Haß und das Mißtrauen sind durch einen Federstrich und einen Händedruck nicht einfach wegzuwischen. Insofern muß damit gerechnet werden, daß auf absehbare Zeit die Rückschläge weit eher die Schlagzeilen beherrschen werden, als die oft kaum wahrnehmbaren Modelle und Ergebnisse einer neuen Zusammenarbeit. Anlaß zu Friedenseuphorie besteht also nicht; angesichts dessen, daß noch vor wenigen Jahren auch das bisher Erreichte für völlig undenkbar gehalten wurde, ist die Erwartung weiterer Fortschritte aber keinesfalls als illusorisch abzutun."[757]

So erscheint es heute, fünf Jahre nach dem Durchbruch in Oslo, höchst zweifelhaft, ob die durch innere Konflikte zerrissene israelische Gesellschaft einerseits oder die palästinensische andererseits, deren wirtschaftlicher Niedergang mit Oslo begann[758], in der Lage sind, Frieden mit einem Gegner zu schließen, dem sie nicht vertrauen. Niemand vermag auf diesem Hintergrund eine verläßliche Prognose für die Zukunft geben. *Martin Beck* urteilt am Ende seiner klaren Analyse „Über die Misere der palästinensischen Autonomiegebiete" ähnlich schwankend:

> „Wahrscheinlicher ist ein Zusammenbruch des Friedensprozesses; am plausibelsten aber erscheint die Prognose, daß die bestehenden Strukturen fortgeschrieben werden. Alle an der Herrschaft über die palästinensischen Autonomiegebiete beteiligten Akteure sind daran interessiert, einen Kollaps des Friedensprozesses zu verhindern. In Opposition dazu stehen freilich radikale Segmente der israelischen und palästinensischen Gesellschaft. ... Hauptleidtragende der bisherigen Entwicklung sind - neben den Toten, die der Friedensprozeß auf beiden Seiten bereits gefordert hat - die Bewohner der palästinensischen Gebiete."[759]

Der Israeli *Yoram Kaniuk* faßte die Barrieren und die Hoffnungen in seinem Gedenken an den arabisch-palästinensischen Schriftsteller *Emil Habibi* so zusammen:

---

[756] Kriener/Sterzing 1997, S. 58
[757] Kriener/Sterzing 1997, S. 60
[758] „Das Pro-Kopf-Einkommen der Palästinenser ist seit 1993 um 50 Prozent gesunken." Edward W.Said, in: SZ 16./17.5.1998, S. 18
[759] Beck 1998, S. 89

„In seinem tiefsten Innern wußte er, was ich erst bei seinem Begräbnis begriffen habe: daß keine wirkliche Aussicht besteht, den Graben zuzuschütten, daß man aber so tun muß, als sei es möglich."[760]

---

[760] Kaniuk: Epilog (1997). In: Reimann 1998, S. 223

LITERATURVERZEICHNIS

1. Abkürzungen/Schreibweisen

FAZ   Frankfurter Allgemeine Zeitung
FR   Frankfurter Rundschau
GWU   Geschichte in Wissenschaft und Unterricht
SoWi   Sozialwissenschaftliche Informationen
SZ   Süddeutsche Zeitung

Die jeweiligen hebräischen oder arabischen Namen innerhalb der Zitate sind nicht verändert. Dies erklärt unterschiedliche Schreibweisen, wie z.B. Hagana, Haggana, Haganah oder Moschaw, Moshav.

Da einige Autoren, v.a. Journalisten, oft in einem Jahr im gleichen Publikationsorgan mehrfach publiziert haben, wird in diesen Fällen ein Orientierungsbegriff des Titels angeführt. Zitate aus der Belletristik werden der leichteren Wiedererkennung wegen grundsätzlich auf diese Weise gekennzeichnet.

2. Quellen und Darstellungen

„Abkommen zwischen Israel und der Palästinensischen Befreiungsorganisation über befristete Selbstverwaltung, unterzeichnet in Washington am 13. Septemer 1993", In: Europa-Archiv 48 (1993) D 526-535

ABURISH, SAID K.: Schrei, Palästina! Alltag auf der Westbank, München 1992 (engl. Original, London 1981)

AGHAZARIAN, ALBERT: Jerusalem könnte zu einem Symbol der Versöhnung und Hoffnung werden. In: Avnery, Uri/Bishara, Azmi (Hrsg.): Die Jerusalemfrage, Heidelberg 1996, S. 119-155

AMMAR, YASMEEN/WIEBUS, HANS-OTTO: Aufstand der Frauen. In: Yasmeen Hamdan/Hans-Otto Wiebus (Hrsg.): Palästina. Berlin 1989, S. 63-68

AMMAR, YOUSIF: „Nachruf im Morgengrauen. Die Geschichte eines verschwundenen Dorfes". In: Hamdan, Y./Wiebus, H.O. (Hrsg.): Palästina, Berlin 1989: 60-62

ANDERSON, EWAN: Ein Konglomerat von Komplikationen - Wasserprobleme im Jordanbecken. In: Palästina 4 (1991) S. 12-16

ANSPRENGER, FRANZ: Juden und Araber in Einem Land. Die politischen Beziehungen der beiden Völker im Mandatsgebiet Palästina und im Staat Israel, Mainz/München 1978 (Entwicklung und Frieden: Wissenschaftliche Reihe, 15)

ARAZI, DORON: Itzhak Rabin - Held von Krieg und Frieden. Biographie. Herder: Freiburg i.B. 1996 (Bespr. in: Das Parlament 1.3.96, S. 16)

ARNSON, CURTIS: Arbeit und Verzweiflung: Die Dichtung der Dritten Aliyah. In: ariel (Jerusalem) 23, 1975, S. 105-110

ASADI, FAWZI: Some Geographic Elements in the Arabi-Israeli Conflict. In: Journal of Palestine Studies 6 (1976) S. 79-91

ASHRAWI, HANAN: Ich bin in Palästina geboren, Berlin 1995 (engl. Original 1995)

ASHRAWI, HANAN: Es gibt keinen Frieden ohne Jerusalem. In: Avnery, Uri/Bishara, Azmi (Hrsg.): Die Jerusalemfrage, Heidelberg 1996, S. 61-84

AVNERY, URI/BISHARA, AZMI (Hrsg.): Die Jerusalemfrage: Israelis und Palästinenser im Gespräch, Heidelberg 1996

BADE, ROLF: Die Neuregelungen zur gymnasialen Oberstufe und zum Fachgymnasium sowie zu den Abschlüssen in der gymnasialen Oberstufe, im Fachgymnasium, im Abendgymnasium und im Kolleg. In: Schulverwaltungsblatt Niedersachsen 6/1997, S. 256

BAUMGARTEN HELGA: Palästina: Befreiung in den Staat. Die palästinensische Nationalbewegung seit 1948, Frankfurt a. M. 1991

BAUMGARTEN, HELGA: Das „Gaza-Jericho-Abkommen". Eine Zwischenbilanz des Friedensprozesses im Nahen Osten. In: Aus Politik und Zeitgeschichte. Beilage zur Wochenzeitung Das Parlament B 11/1995, 10.3.1995, S. 3-12

BAR-ZOHAR, MICHAEL: David Ben Gurion. 40 Jahre Israel. Die Biographie des Staatsgründers, Bergisch Gladbach 1988 (engl. Orig. 1977)

BECK, MARTIN: Über die Misere der palästinensischen Autonomiegebiete. Herrschaft und Entwicklung in der Westbank und um Gazastreifen. In: Leviathan 26 (1998) S. 77-91

BEN-CHANAN, YAACOV: „Bring Deine eigenen Tafeln!". Jüdische Identität heute. In: Jüdische Identität im Spiegel der Literatur vor und nach Auschwitz, hrsg. von Eveline Valtink, Hofgeismar 1989, S. 7-19 (Hofgeismarer Protokolle Nr. 265)

BEN-CHORIN, SCHALOM: Ich lebe in Jerusalem. Ein Bekenntnis zu Geschichte und Gegenwart, 3.Aufl. München 1998

BEN-ELIEZER, URI: Eine Nation in Waffen: Staat, Nation und Militär in den ersten Jahren des Staates Israel. In: SoWi - Sozialwissenschaftliche Informationen 23 (1994) H.2, S. 90-104

BENEDICT, HANS: Kirschen aus Sidon. Der Nahost-Konflikt in der Darstellung eines Augenzeugen, München 2.Aufl 1991

BEN GURION, DAVID: Wir und die Nachbarn, Tübingen 1968

BETHELL, N.: Das Palästina-Dreieck, Frankfurt/Berlin/Wien 1979

BODENHEIMER, H.H. (Bearb.): Im Anfang der zionistischen Bewegung. Eine Dokumentation auf der Grundlage des Briefwechsels zwischen Theodor Herzl und Max Bodenheimer von 1896 bis 1905, Frankfurt 1965

BÖGE, WOLFGANG: Das Thema Israel im Unterricht. In: GWU 46 (1995) S. 762-764

BOHMEIER, UTE: Die Literatur Israels. In: Kritisches Lexikon zur fremdsprachigen Gegenwartsliteratur, hrsg. von H.L Arnold, Bd.7, München 1983, S. 1-26

BOHMEIER, UTE: Trauer und Trauma. Jehuda Amichai und Aharon Appelfeld. In: Jüdische Identität im Spiegel der Literatur vor und nach Auschwitz, hrsg. von Eveline Valtink, Hofgeismar 1989, S. 131-154 (Hofgeismarer Protokolle Nr.265)

BOHMEIER, UTE: „Das Bild des Arabers in der israelischen Gegenwartsliteratur". In: Literatur im jüdisch-arabischen Konflikt, Hofgeismar 1991, S. 60-83 (Hofgeismarer Protokolle, 290)

BOPST, W.D.: Die arabischen Palästinaflüchtlinge, Kallmünz-Regensburg 1968 (Münchner Studien zur Sozial- und Wirtschaftsgeographie, Bd.3)

BORRIES, BODO von: Geschichtliches Bewußtsein und politische Orientierung von Jugendlichen in Ost- und Westdeutschland 1992. In: Neue Sammlung 34 (1994) S. 363-382

BOTSCHAFT DES STAATES ISRAEL (Hrsg.): Der Friedensprozeß im Nahen Osten, o.O., 2.überarb. Aufl. 1995

BRANDT, AHASVER von: Werkzeug des Historikers. Eine Einführung in die Historischen Hilfswissenschaften, 7.veränderte und erweiterte Auflage Stuttgart 1973

BROCKHAUS ENZYKLOPÄDIE, Bd.22, Mannheim 19.Aufl. 1993

BUNDESZENTRALE FÜR POLITISCHE BILDUNG (Hrsg.): Informationen zur politischen Bildung, Nr. 140: „Geschichte des jüdischen Volkes", Bonn 3. veränderte Aufl. 1981

BUNDESZENTRALE FÜR POLITISCHE BILDUNG (Hrsg.): Informationen zur politischen Bildung, Nr. 141: „Das jüdische Volk in der Weltgeschichte,2 ", Bonn 1970

BUNZL, JOHN: Israel und die Palästinenser, Wien 1982

CARR, EDWARD HALLETT: Was ist Geschichte?, Stuttgart/Berlin/Köln/Mainz 3.Aufl. 1972 (Urban-TB 67)

CARTA-ATLAS ZUR GESCHICHTE ISRAELS. Vergangenheit und Gegenwart im Überblick, Jerusalem 1977

COBBAN, HELENA: The PLO and the Intifada. In: The Middle East Journal 44 (1990) 207-233

DAS „GAZA-JERICHO-ABKOMMEN", Hrsg.: Botschaft des Staates Israel, o.O. 1994

DAVIS, URI: Arab Water Resources and Israeli Water Policies. In: A.M.Farid/H.Sirriyeh (Hrsg.): Israel and Arab Water. An international symposium 1984, London 1985, S. 16-24

DIE PALÄSTINENSISCHE FRIEDENSINITIATIVE. Dokumente, Bonn 1989 (Palästina Dokumentation Nr.12)

DINER, DAN: Israel in Palästina. Über Tausch und Gewalt im Vorderen Orient, Königstein 1980

DINER, DAN: Israel: Nationalstaatsproblem und Nahostkonflikt, in: Weltprobleme zwischen den Machtblöcken. Das 20.Jahrhundert, III, hrsg. v. W. Benz u. H. Graml, Frankfurt 1981, S. 165-212 (Fischer Weltgeschichte, Bd. 36)

DINER, DAN: „Der Palästinakonflikt in Bewußtsein und Wirklichkeit. Über historische Verschränkungen bei Juden und Arabern". In: Literatur im jüdisch-arabischen Konflikt. Dokumentation, Hrsg.: Evangelische Akademie Hofgeismar 1991, S. 7-25 (Hofgeismarer Protokolle Nr.290),

DOMB, RISA: The Arab in Hebrew Prose 1911-1948, London 1982

DUBNOV, S. M.: Die neueste Geschichte des jüdischen Volkes 1789-1914, Bd.3, Berlin 1923

DUNCKER, L.: „Die Kraft der Imagination. Zur Bedeutung der Phantasie für das Lernen." In: Neue Sammlung 34 (1994) S. 459-474

EBAN, ABBA: Das Erbe. Die Geschichte des Judentums, Frankfurt/Berlin 1986 (New York 1984)

EDINGER, MICHAEL: Zehn Jahre danach: die Intifada und die Folgen. In: Gegenwartskunde 46 (1997) S. 467-473

EHLERS, ECKART: Wirtschaftsraum Mittlerer Osten, in: Praxis Geographie 13 (1983) S. 4-8

ELIAS, ADEL S.: Wer wirft den letzten Stein? Der lange Weg zum Frieden im Nahen Osten, Düsseldorf/Wien/New York/Moskau 1993

ETTINGER, SHMUEL: Der Weg zum Staat Israel. In: Die Juden. Ein historisches Lesebuch, hrsg. von Günter Stemberger, München 1995, S. 323-337

FAHN, HANS JÜRGEN: Zur Einführung: Warum Themenheft Orient? In: Geographie im Unterricht 7 (1982) S. 419

FARHAT-NASER, SUMAYA: Thymian und Steine, hrsg. von Rosemarie Kurz und Chudi Bürgi, 2.Aufl. Basel 1995

FARHAT-NASER, SUMAYA: Die Vorkommnisse vom 10.Dezember 1990 – und danach. In: dies. ,Thymian und Steine, hrsg. von R. Kurz u. Ch. Bürgi, 2.Aufl. Basel 1995, S. 244-249

FEINBERG, ANAT: „Zeitgeschichte und nationale Identität: Der Mythos vom „neuen" Juden in der politischen Kultur Israels". In: Hey, B. und Steinbach, P. (Hrsg.), Zeitgeschichte und Politisches Bewußtsein, Köln 1986, S. 146-159

FEINBERG, ANAT: Exil und Heimatlosigkeit. Jüdische Identität und Zugehörigkeit bei jüdischen und israelischen Autoren. In: Jüdische Identität im Spiegel der Literatur vor und nach Auschwitz, hrsg. von Eveline Valtink, Hofgeismar 1989, S. 155-167 (Hofgeismarer Protokolle Nr.265)

FEINBERG, ANAT: Hebräische Literatur: Zwischen Tradition und Moderne. In: dies. (Hrsg.), Kultur in Israel. Eine Einführung, Gerlingen 1993

FELDMAN, YAEL S.: Auf den Spuren der Vergangenheit in der israelischen Literatur. In: ariel (Jerusalem) 71/72, 1988, S. 52-62

FISCHER WELTALMANACH 1996, hrsg. von Mario Baratta, Frankfurt a. M. 1995

FLAPAN, SIMCHA: Die Geburt IsraelS. Mythos und Wirklichkeit. Aus dem Amerikanischen von Karl Heinz Siber. München: Knesebeck und Schuler, 1988

FLORES, ALEXANDER/SCHÖLCH, ALEXANDER (Hrsg.): Palästinenser in Israel, Frankfurt 1983

FLORES, ALEXANDER: Intifada. Aufstand der Palästinenser. Überarbeitete Neuauflage, Berlin 1989

FREI, BRUNO: Israel zwischen den Fronten, Wien/Frankfurt/Zürich 1965

FREUDENTHAL-LIVNÉ, RACHEL: Leben in getrennten Welten. In: Sumaya Farhat-Naser, Thymian und Steine, 2.Aufl. Basel 1995, S. 237-243

FROMKIN, DAVID: A Peace to end all Peace. Creating the Modern Middle East 1914-1922, London 1989

GAGEL, WALTER (Hrsg.): Der Nahost-Konflikt. Genese – Positionen – Lösungsperspektiven, Stuttgart 1988. Politische Bildung Jg.21, H.1 (Besprechung von Hans Nicklas in: Internationale Schulbuch-Forschung 11, 1989, S. 308-310)

GEISS, IMANUEL: Historische Voraussetzungen zeitgenössischer Konflikte. In: Wolfgang Benz und Hermann Graml (Hrsg.): Weltprobleme zwischen den Machtblöcken. Das Zwanzigste Jahrhundert III, Frankfurt 1981, S. 29-100 (Fischer Weltgeschichte, Bd.36)

GIES, HORST: Emotionalität versus Rationalität?, in: Mütter, Bernd/Uffelmann, Uwe (Hrsg.): Emotionen und historisches Lernen. Forschung – Vermittlung – Rezeption, Frankfurt a. M. 1992, S. 27-40 (Studien zur internationalen Schulbuchforschung, Bd.76)

GOTTSTEIN, PETER: Israel und die Palästinenser-Frage. Probleme und Perspektiven. In: Aus Politik und Zeitgeschichte. Beilage zur Wochenzeitung Das Parlament. B 15/1990 vom 6.4.1990, S. 25-37

GRANACH, GAD: Heimat los! Aus dem Leben eines jüdischen Emigranten. Aufgezeichnet von Hilde Recher, Augsburg 1997

GROSSMAN, DAVID: Der gelbe Wind. München: Droemersche Verlagsanstalt 1990

GROSSMAN, DAVID: Der geteilte Israeli. Über den Zwang, den Nachbarn nicht zu verstehen. München: Droemersche Verlagsanstalt 1994

HALTER, CLARA: Les Palestiniens du Silence, Paris 1974

HÄTTICH, MANFRED: „Geschichtsbewußtsein in der Demokratie". In: Bernd Hey/Peter Steinbach (Hrsg.), Zeitgeschichte und politisches Bewußtsein, Köln 1986, S. 27-35

HAMDAN, Y./WIEBUS, H.O. (Hrsg.): Palästina, Berlin 1969

HEENEN-WOLFF, SUSANN: Erez Palästina. Juden und Palästinenser im Konflikt um ein Land, Frankfurt 1990

HELLER, ERDMUTE: Die arabisch-islamische Welt im Aufbruch. In: Wolfgang Benz und Hermann Graml (Hrsg.): Weltprobleme zwischen den Machtblöcken. Das Zwanzigste Jahrhundert III, Frankfurt 1981, S. 101-164 (Fischer Weltgeschichte, Bd.36)

HERZL, THEODOR: Zionistisches Tagebuch 1895-1899, bearb. von Johannes Wachten/Chaya Harel, hrsg. von Alex Bein, Bd.2, Berlin 1893

HERZL. THEODOR: Der Judenstaat, neue Auflage Berlin 1918

HEY, BERND u.a. (Hrsg.): Umgang mit Geschichte. Historisch-politische Weltkunde. Kursmaterialien Geschichte. Sekundarstufe II/Kollegstufe, Stuttgart/Düsseldorf/Berlin/Leipzig 1992

HIRST, DAVID: The gun and the olive branch, London 1977 (Reprint 1978)

HOFFMANN, DIETRICH: ‚Identität' als Ideologie. Zur Kritik des Begriffs und seiner pädagogischen Bedeutungen. In: Hoffmann, Dietrich/Neuner, Gerhard (Hrsg.): Auf der Suche nach Identität. Pädagogische und politische Erörterungen eines gegenwärtigen Problems, Weinheim 1997, S. 29-50

HOLDHEIM, G.: Der politische Zionismus, Hannover 1964 (Schriftenreihe der niedersächsischen Landeszentrale für politische Bildung. Probleme des Judentums, 4)

HOROWITZ, DAVID: Die Schmerzen des Anfangs. In: ariel (Jerusalem) 23, 1975, S. 111-118 (Auszüge des Buches „Mein Gestern" , hebräisch, 1970)

HOTTINGER, ARNOLD: Wasser als Konfliktstoff. Eine Existenzfrage für Staaten des Nahen Ostens. In: Europa-Archiv 47 (1992) S. 153-163

HOTTINGER, ARNOLD: Der Leidensweg des palästinensischen Volkes. In: S. Farhat-Naser, Thymian und Steine, 2.Aufl. Basel 1995, S. 207-222

HUREWITZ, J.C.: Diplomacy in the Near and Middle East, vol.II, Princeton/New Jersey 1956

ISRAEL VERSTEHEN. Sympathie Magazin Nr. 22, hrsg. vom Studienkreis für Tourismus, Starnberg 1991

JEISMANN, KARL-ERNST: „Geschichtsbewußtsein als zentrale Kategorie der Geschichtsdidaktik", in: G. Schneider (Hrsg.), Geschichtsbewußtsein und historisch-politisches Lernen, Pfaffenweiler 1988, S. 1-24

JENDGES, HANS/VOGT, ERNST (Hrsg.): Der israelisch-arabische Konflikt, 2. aktualisierte Aufl. Bonn 1985 (Kontrovers, hrsg. von der Bundeszentale für politische Bildung)

JIRYIS, SABRI: The Legal Structure for the Expropriation and Absorption of arab lands in Israel, in: Journal of Palestine Studies, vol. II, Nr.4, 1973, S. 82-104

KAHHALEH, SUBHI: The Water Problem in Israel and its Repercussions on the Arab-Israeli-Conflict. Hrsg.: Institut for Palestine Studies, Beirut 1981 (IPS Papers, 9)

KAMPMANN, WANDA: Israel – Staat und Gesellschaft, Stuttgart 1974 (Quellen- und Arbeitshefte zur Geschichte und Politik)

KHALAF, SALAH (Deckname: Abu Ijad): Heimat oder Tod, Düsseldorf/Wien 1979

KLAFKI, WOLFGANG: Neue Studien zur Bildungstheorie und Didaktik, 2.Aufl Weinheim/Basel 1991

KLAFKI, WOLFGANG: Schlüsselprobleme und fachbezogener Unterricht. Kommentare aus bildungstheoretischer und didaktischer Sicht. In: Wolfgang Münzinger/Wolfgang Klafki (Hrsg.): Schlüsselprobleme im Unterricht. Thematische Dimensionen einer zukunftsorientierten Allgemeinbildung. In: Die Deutsche Schule. 3.Beiheft 1995, S. 32-46

KOSELLECK, REINHARD: Darstellung, Ereignis und Struktur. In: ders. , Vergangene Zukunft. Zur Semantik geschichtlicher Zeiten, Frankfurt a. M. 1979, S. 144-157

KOSZINOWSKI, THOMAS: Zwischen Zionismus und arabischem Nationalismus: Die Palästinenser auf der Suche nach ihrer Identität. In: Walter Gagel (Hrsg.), Der Nahost-Konflikt. Genese – Positionen – Lösungsperspektiven, Stuttgart 1988. Politische Bildung Jg.21, H.1, S. 47-60

KRIENER, TOBIAS/STERZING, CHRISTIAN: Kleine Geschichte des israelisch-palästinensischen Konfliktes, Schwalbach/TS. 1997 (Schriftenreihe des Deutsch-Israelischen Arbeitskreises für Frieden im Nahen Osten, Bd.29)

KUSKE, SILVIA: Von Tausendundeiner Nacht zu Tausendundeiner Angst: der Islam in den Medien. In: Feindbilder in der deutschen Geschichte: Studien zur Vorurteilsgeschichte im 19. und 20.Jahrhundert. Hrsg.: Christoph Jahr, Berlin 1994, S. 251-279 (Reihe Dokumente, Texte, Materialien/Zentrum für Antisemitismusforschung der Technischen Universität Berlin, Bd.10)

KUSS, HORST: Werteerziehung im Geschichtsunterricht. In: Süssmuth, Hans (Hrsg.), Geschichtsunterricht im vereinten Deutschland. Auf der Suche nach Neuorientierung. Teil I, Baden-Baden 1991, S. 145-152

KUSS, HORST: Historisches Lernen im Wandel. Geschichtsdidaktik und Geschichtsunterricht in der alten und neuen Bundesrepublik, in: Aus Politik und Zeitgeschichte B 41 (1994a) 21-30

KUSS, HORST: „Geschichtsdidaktik und Geschichtsunterricht in der Bundesrepublik Deutschland (1945/49-1990)". Eine Bilanz. Teil I, in: GWU 45 (1994b) 735-758; Teil II, in: GWU 46 (1995) 3-15

KUSS, HORST: Wozu noch Geschichte unterrichten? Funktionen und Grenzen einer historischen Grundbildung. In: Geschichte, Politik und ihre Didaktik 23 (1995) S. 182-195

LAFFIN, JOHN: Die P.L.O. zwischen Terror und Diplomatie (Aus dem Englischen von Urs Aregger), Altstätten 1983

LANGER, FELICIA: Die Zeit der Steine. Eine israelische Jüdin berichtet über den palästinensischen Widerstand, 4.Aufl. Göttingen 1991 (Aus dem Englischen von E. Harms. Aus dem Hebräischen von H. Lebrecht)

LAOR, DAN: Massenimmigration als Thema der hebräischen Literatur. In: ariel (Jerusalem) 85-86, 1992, S. 5-25

LAQUEUR, WALTER (ed.): The Israel - Arab Reader. A documentary History of the Middle East Conflict, London 1969

LAQUEUR, WALTER: Der Weg zum Staat Israel. Geschichte des Zionismus, Wien 1972

LAQUEUR, WALTER: Terrorismus – Wurzeln und Wirkungen, In: Meyers Enzyklopädisches Lexikon, Bd.23, Mannheim/Wien/Zürich 1978, S. 343-346

LEHMANN, PEDI: Land für Frieden. Zur innerisraelischen Kontroverse über den Frieden im Nahen Osten. In: Aussenpolitik. Zeitschrift für internationale Fragen 47 (1996) S. 165-174

WALTER LEHN, The Jewish National Fund, in: Journal of Palestine Studies, vol. III, Nr.4, 1974, S. 74-96

LICHTHEIM, RICHARD: Die Geschichte des deutschen Zionismus, Jerusalem 1954

LIPMAN, BEATA: Alltag im Unfrieden. Frauen in Israel, Frauen in Palästina. Frankfurt 1989

LITVAK, MEIR: „Erfindung oder Wieder-Entdeckung nationaler Vergangenheit: Der Fall der Palästinenser". In: SoWi 23 (1994): 105-117

LÖWENBERG, LISA: Vom Kampf um den jüdischen Traum, hrsg. von Gero Lenhardt, Frankfurt a. M. 1990 (Schriftenreihe des Deutsch-Israelischen Arbeitskreises für Frieden im Nahen Osten, Bd.19)

LOEWENSTEIN, BEDRICH: Identitäten – Vergangenheiten – Verdrängungen. In: Vergangenheit – Psyche – Geschichte, hrsg. von D. Klose/U. Uffelmann, Idstein 1993, S. 13-22 (Forschen – lehren – lernen, Bd.7)

LÜBBEN, IVESA: „Weißt Du, was es bedeutet, Flüchtling zu sein?". In: Hamdan, Y./Wiebus, H.O. (Hrsg.): Palästina, Berlin 1969, S. 34-39

LUFT, GERDA: Heimkehr ins Unbekannte. Eine Darstellung der Einwanderung von Juden aus Deutschland nach Palästina vom Aufstieg Hitlers zur Macht bis zum Ausbruch des Zweiten Weltkrieges 1933-1939, Wuppertal 1977

MATUZ, JOSEF: Das Osmanische Reich. Grundlinien seiner Geschichte, 2.Aufl. Darmstadt 1990

MEIER-CRONEMEYER, HERMANN: Geschichte des Staates Israel 1. Entstehungsgeschichte: Die zionistische Bewegung, 3. überarb. Aufl. Schwalbach 1997 (Schriftenreihe des Deutsch-Israelischen Arbeitskreises für Frieden im Nahen Osten, Bd.28)

MEJCHER, HELMUT/SCHÖLCH, ALEXANDER (Hrsg.): Die Palästinafrage 1917-1948. Historische Ursprünge und internationale Dimensionen eines Nationenkonfliktes, Paderborn 1981

MEYERS ENZYKLOPÄDISCHES LEXIKON, Bd.23, Mannheim/Wien/Zürich 1978

MORRIS, BENNY: The birth of the Palestinian refugee problem, 1947-1949. New York/New Rochelle/Melbourne/Sydney 1987

MORRIS, BENNY: 1948 and after. Israel and the Palestinians, Oxford 1994

NABULSI, RINA: Wasser als strategisches Gut im Nahen Osten. In: Palästina 4 (1991) S. 8-9

NAKHLEH, KHALIL: Kulturelle Determinanten der palästinensischen Kollektividentität: Der Fall der Araber in Israel. In: A. Flores/A. Schölch (Hrsg.), Palästinenser in Israel, Frankfurt/New York 1983, S. 144-156

NAKHLEH, KHALIL: Der drohende Durst. In: Palästina 4 (1991) S. 17-20

NEIFEIND, HARALD: Wassernot im Nahen Osten - Gefahren für den Frieden. In: Gegenwartskunde 45 (1996) S. 497-506

NEIFEIND, HARALD: Die Intifada – Aufstand der Palästinenser. In: Gegenwartskunde 46 (1997) S. 189-200

NEUSTADT, AMMON: Israel und die Normalität des Friedens. Ein schwieriger Anpassungsprozeß. In: Europa-Archiv 49 (1994) S. 423-430

NORDAU, MAX: Zionistische Schriften, Berlin 2. vermehrte Aufl. 1923

OFFERGELD, PETER/SCHULZ, DIETER: Krieg und Frieden. Friedensordnungen und Konflikte vom Mittelalter bis zur Gegenwart, Paderborn 1994

OHLMERT, EHUD: Ich beabsichtige, das Orient-Haus demnächst zu schließen. In: Avnery, Uri/Bishara, Azmi (Hrsg.): Die Jerusalemfrage, Heidelberg 1996, S. 245-254

ORLAND, NACHUM: Der arabisch-zionistische Konflikt in der hebräischen Literatur. Vier Vorträge, Pfaffenweiler 1988 (Reihe Sprach- und Literaturwissenschaft, 12)

OZ, AMOS: Jerusalem ist nicht das Paradies. In: Avnery, Uri/Bishara, Azmi (Hrsg.): Die Jerusalemfrage, Heidelberg 1996, S. 85-117

PAECH, NORMAN: Die Intifada und jüdische Siedlungspolitik im besetzten Palästina. In: Praxis Geographie 5/1994, S. 26-30

PANDEL, HANS-JÜRGEN/SCHNEIDER, GERHARD: Veranschaulichen und Vergegenwärtigen. Zu zwei zentralen Kategorien der geschichtsdidaktischen Mediendiskussion. In: Handbuch Medien im Geschichtsunterricht, hrsg. von H.J.Pandel u. G.Schneider, Düsseldorf 1985, S. 3-10 (Geschichtsdidaktik Bd.24: Studien und Materialien)

PERES, SHIMON: Battling for Peace, London 1995

PERTHES, VOLKER: Zwischen Eisbox und Neuordnung. Der Nahe Osten nach den Wahlen in Israel. In: Internationale Politik 51 (1996) S. 40-46

PINGEL, FALK: Jüdische Geschichte deutschen Lehrbüchern. In: Geschichte lernen H.34 (1993) S. 4-5

PINSKER, LEO: Autoemanzipation, Berlin 2.Aufl. 1919

RAMRAS-RAUCH, GILA: The Arab in Israeli-Literature, London 1989

REINARTZ, I. (Hrsg.): Konflikt in Nahost, Leverkusen 1979 (Heggen-Dokumentation, 8)

REINHARZ, JEHUDA (Hrsg.): Dokumente zur Geschichte des deutschen Zionismus, 1882-1983, Tübingen 1981 (Schriftenreihe Wissenschaftliche Abhandlungen des Leo Baeck Instituts, Bd.37)

REESE, ARMIN: Unkontrolliert – aber beeinflußbar? Das historische Kinder- und Jugendbuch als Vermittlungsinstanz für Emotionen, in: Mütter, Bernd/Uffelmann, Uwe (Hrsg.): Emotionen und historisches Lernen. Forschung – Vermittlung – Rezeption, Frankfurt a. M. 1992, S. 181-193 (Studien zur internationalen Schulbuchforschung, Bd.76)

ROBERT, RÜDIGER: Die Liga der Arabischen Staaten. Versuch einer Bestandsaufnahme. In: Aus Politik und Zeitgeschichte B 23 (1980) S. 25-46

ROHLFES, JOACHIM: Der Weg zum Staat Israel. Vom ‚Baseler Programm' zur Unabhängigkeitserklärung. In: GWU 44 (1993) S. 382-397

ROHLFES, JOACHIM: Geschichtserzählung. Stichworte zur Geschichtsdidaktik. In: GWU 48 (1997) H.12, S. 736-743

SABBAGH, JAMILL: Jerusalem – Stadt dreier Religionen. Entwicklung und Konflikte seit Mitte des 19.Jahrhunderts. In: Geographische Rundschau 45 (1993) H.1, S. 50-57

SAVAGE, CHRISTOPHER: Middle East Water. In: Asian Affairs 22 (1991) S. 3-10

SCHATZKER, CHAIM: Juden, Judentum und Staat Israel in den Geschichtsbüchern der DDR, Bonn 1994 (Hrsg.: Bundeszentrale für politische Bildung)

SCHATZKER, CHAIM: Die Juden in den deutschen Geschichtsbüchern. Schulbuchanalyse zur Darstellung der Juden, des Judentums und des Staates Israel, Bonn 1981 (Schriftenreihe der Bundeszentrale für politische Bildung, Bd.173)

SCHATZKER, CHAIM: Was hat sich verändert, was ist geblieben? Analyse von seit 1985 in der Bundesrepublik Deutschland erschienenen Geschichtslehrbüchern für die Sekundarstufe I und II bezüglich ihrer Darstellung jüdischer Geschichte. In: Deutsch-israelische Schulbuchempfehlungen, 2. erw.Aufl. Frankfurt a. M. 1992, S. 42-72 (Studien zur Internationalen Schulbuchforschung. Schriftenreihe des Georg-Eckert-Instituts, Bd.44)

SCHATZKER, CHAIM: Juden und Judentum in den Geschichtslehrbüchern der Bundesrepublik Deutschland. In: Lange, Thomas (Hrsg.), Judentum und jüdische Geschichte im Schulunterricht nach 1945, Wien/Köln/Weimar 1994, S. 37-47

SCHIFFLER, MANUEL: Konflikte um Wasser – ein Fallstrick für den Friedensprozeß im Nahen Osten? In: Aus Politik und Zeitgeschichte. Beilage zur Wochenzeitung Das Parlament B 11, 10.3.1995, S. 13-21

SCHILLER, DAVID TH.: Palästinenser zwischen Terrorismus und Diplomatie. Die paramilitärische Nationalbewegung von 1918 bis 1981, München 1982

SCHMIDA, LESLIE: Israeli Water Projects and their Repercussions on the Arab-Israeli Conflict. In: A.M.Farid/H.Sirriyeh (Hrsg.), Israel and Arab Water, London 1985

SCHNIEDERS, HEINZ-WILHELM/SCHRAMM, KARL-PETER: Gaza – PLO – Israel: Auf dem langen Weg zum Frieden. Reiseeindrücke aus einer gefährlich-gefährdeten Nahost-Region. In: Außerschulische Bildung H.1/1995, S. 92-94

SCHÖLCH, ALEXANDER: Europa und Palästina 1838-1917, in: Mejcher/Schölch, 1981, S. 11-46

SCHÖLCH, ALEXANDER: Die historische Dimension und die aktuelle Bedeutung des Landproblems in Israel. In: Flores, A./Schölch, A. (Hrsg.), Palästinenser in Israel, Frankfurt 1983, S. 11-26

SCHÖRKEN, ROLF: Historische Imagination und Geschichtsdidaktik, Paderborn/München/Wien/Zürich 1994

SCHREIBER, FRIEDRICH: Aufstand der Palästinenser – die Intifada, Opladen 1990

SCHREIBER, FRIEDRICH/WOLFFSOHN, MICHAEL: Nahost. Geschichte und Struktur des Konflikts, Opladen 1987

SHAKED, GERSHON: Die Figur des Arabers in der israelischen Prosa. In: ariel (Jerusalem) 54, 1983, S. 74-85

SHARAF, SHAMIL: Die Palästinenser. Geschichte der Entstehung eines nationalen Bewußtseins, Wien 1983

STEINBACH, UDO/ROBERT, RÜDIGER (Hrsg.): Der Nahe und Mittlere Osten. Politik, Gesellschaft, Wirtschaft, Geschichte, Kultur. 2 Bde. Opladen 1988

STERZING, CHRISTIAN: Jüdischer und palästinensischer Exodus. Der Kampf um Israel/Palästina. In: Heiss und Kalt. Die Jahre 1945-69, 2.Aufl. Berlin 1986, S. 118-122

STUDIENKREIS FÜR TOURISMUS (Hrsg.): Israel verstehen. Sympathie Magazin Nr. 22, Starnberg 1991

STUPPERICH, AMREI: „Der Dichter fischt im Strom, der ihn durchfließt". Literatur als historische Quelle im Geschichtsunterricht. In: Praxis Geschichte 1/1994, S. 4-10

TAWIL, RAIMONDA: Mein Gefängnis hat viele Mauern, 2.Aufl. Bonn 1980

TIBI, BASSAM: Nationalismus in der Dritten Welt am arabischen Beispiel, Frankfurt/Main 1971

TIBI, BASSAM: Konfliktregion Naher Osten. Regionale Eigendynamik und Großmachtinteressen, München 1989

TIBI, BASSAM: Drei Hindernisse für den Friedensprozeß im Nahen Osten. Die jüdischen Siedler, Hamas und die wirtschaftlichen Engpässe. In: Europa Archiv 49 (1994) S. 357-364

ULLMANN, ARNO (Hrsg.): Israels Weg zum Staat, München 1964

VALLIANATOS-GRAPENGETER, INA M.: Der Nahostkonflikt im Prisma der Wasserproblematik. Wasserpolitik im Jordantal 1882-1967, Hamburg 1996 (Studien zur Zeitgeschichte des Nahen Ostens und Nordafrikas, Bd.1)

VETTER, ANGELIKA: Wasserimpressionen. In: Palästina 4 (1991) S. 14

WEGENER-SPÖHRING, GISELA: Hopper und andere. Neue Dimensionen der Bildung in der Erlebnisgesellschaft, in: Neue Sammlung 34/1994/S. 547-560

WEHLING, ROSEMARIE: Frieden im Nahen Osten? 2.Aufl. Bonn 1996 (Thema im Unterricht. Arbeitsheft 9, hrsg. von der Bundeszentrale für politische Bildung)

WETZEL, JULIANE: Auswanderung aus Deutschland. In: Benz, Wolfgang (Hrsg.), Die Juden in Deutschland 1933-1945. Leben unter nationalsozialistischer Herrschaft, München 1988

WILHARM, INGRID: „Geschichtsbewußtsein im deutschen Nachkriegsfilm, in: G. Schneider (Hrsg.), Geschichtsbewußtsein und historisches Lernen, Pfaffenweiler 1988, S. 87-100

WOLFF, PETER: Durstiges Israel. Eine kritische Betrachtung zur wasserwirtschaftlichen Situation Israels, Witzenhausen 1992 (Hrsg.: Gesamthochschule

Kassel. Fachbereich 21: Internationale Agrarwirtschaft. Arbeiten und Berichte Nr.28)

WOLFFSOHN, MICHAEL: Israel. Grundwissen Länderkunde: Geschichte, Politik, Gesellschaft, Wirtschaft. 3.völlig überarb. Aufl. Opladen 1991

YOUNG, STUART: Sturmwolken am Himmel. In: Palästina 4 (1991) S. 10-11

ZEHAVI, ALEX: Die jüngste hebräische Literatur im Überblick. In: ariel (Jerusalem) 52, 1982, S. 85-90

ZIMMERMANN, MOSHE: Wende in Israel. Zwischen Nation und Religion, 2. erg. Aufl. Berlin 1997

ZIONISM: PROBLEMS AND VIEWS. Hrsg.: Paul Goodman /Arthur D.LewiS. With an Introduction by Max Nordau, London 1916

3. Belletristik

AGNON, SAMUEL JOSEPH: Nur wie ein Gast zur Nacht, Frankfurt a. M 1964 (hebr. Original 1951)

AMICHAI, JEHUDA: Vaters Tode. In: Eva Rottenberg (Hrsg.), Schalom. Erzählungen aus Israel, Zürich 1964 und 1981, S. 309-321

AMICHAI, JEHUDA: Auch eine Faust war einmal eine offene Hand. Gedichte. Aus dem Hebr. von Alisa Stadler, München/Zürich 1994 (hebr. 1989)

BARBASCH, BENNY: Mein erster Sony, Berlin 1996 (Erstausgabe: My first Sony, Tel Aviv 1994)

BOULLATA, KAMAL: Women of the Fertile Crescent, Washington D.C. 1978

DAYAN, YAEL: Three Weeks in October, New York 1979

EDVARDSON, CORDELIA: Gebranntes Kind sucht das Feuer. Aus dem Schwedischen von Anna-Liese Kornitzky, 6.Aufl. München 1986 (schwed. 1984)

GEDICHTE VON EREZ ISRAEL. Eine Auswahl von 23 Dichtern. In: ariel (Jerusalem) 1988, Nr.71-72, S. 85-105

GUR, BATYA: Denn am Sabbat sollst du ruhen, München 1992

GUR, BATYA: Am Anfang war das Wort. Aus dem Hebräischen von Mirjam Pressler, München 1995

GUR, BATYA: So habe ich es mir nicht vorgestellt. Aus dem Hebräischen von Mirjam Pressler, München 1996

HABIBI, EMIL: Das Tal der Dschinnen. Übers.: Hartmut Fähndrich u. Edward Badeen, Basel 1993 (arab. Original 1985)

HACKER, KATHARINA: Tel Aviv. Eine Stadterzählung, Frankfurt a. M.1997

HERZL, THEODOR: Altneuland, Wien-Basel-Stuttgart 1962

JEHOSCHUA, ABRAHAM B.: Angesichts der Wälder, in: ders. ‚Angesichts der Wälder: Erzählungen. Aus dem Hebräischen von J. Hessing, Stuttgart 1982, S. 87-136 (hebr. 1970)

JEHOSCHUA, ABRAHAM B.: Späte Scheidung. Aus dem Hebräischen von Barbara Linner. Frankfurt a. M. 1988 (hebr. Original Tel Aviv 1982) (Fischer TB)

JEHOSCHUA, ABRAHAM B.: Frühsommer 1970. Aus dem Hebräischen von J.Hessing, Frankfurt a. M. 1989 (dt. Ausgabe Stuttgart 1973)

JEHOSCHUA, ABRAHAM B.: Der Liebhaber. Aus dem Hebräischen von J. Hessing, 2.Aufl. München 1994 (hebr. Original Tel Aviv 1977)

JEHOSCHUA, ABRAHAM B.: Die Manis. Aus dem Hebräischen von Ruth Achlama, München 3. Aufl 1995 (Serie Piper) (hebr. Original 1990)

KAMINSKI, ANDRÉ: Nächstes Jahr in Jerusalem, Frankfurt a. M. 1988 (suhrkamp taschenbuch 1519)

KANAFANI, GHASSAN: Umm-Saad. 9 Bilder aus dem Leben einer Palästinenserin, Berlin 1981

KANAFANI, GHASSAN: Männer in der Sonne, Göttingen 1984 (Edition Orient, Bd.4)

KANAFANI, GHASSAN: Rückkehr nach Haifa. Aus dem Arabischen von H.Fähndrich, Basel 1992 (arab. Original 1972)

KANAFANI, GHASSAN: Das_Land der traurigen Orangen. In: ders. , Das Land der traurigen Orangen. Aus dem Arabischen von H.Fähndrich, Basel 1994, S. 7-16

KANAFANI, GHASSAN: Der Mann, der nicht starb. In: ders. , Das Land der traurigen Orangen. Aus dem Arabischen von H.Fähndrich, Basel 1994, S. 35-48

KANIUK, YORAM: Bekenntnisse eines guten Arabers (Aus dem Hebräischen von Ruth Achlama). In: Ariel (Jerusalem) 1987, S. 4-19

KANIUK, YORAM: Der letzte Jude, Frankfurt 1994

KANIUK, YORAM: Tante Schlomzion die Große. Aus dem Hebräischen von Ruth Achlama, Frankfurt a. M. 1995 (hebr. Orig. Tel Aviv 1976)

KANIUK, YORAM: Epilog über den Tod eines Freundes. Aus dem Hebräischen von Michael von Killisch-Horn (1997). In: Reimann, Patricia (Hrsg.), Israel. Ein Lesebuch, München 1998, S. 216-224

KHALIFA, SAHAR: Der Feigenkaktus. Übers.: Hartmut Fähndrich, Zürich 1983 (arab Original 1976); Besprechung von Boullata, Issa J., in: Middle East Journal 42 (1988) S. 328f.

KHALIFA, SAHAR: Die Sonnenblume, Zürich 1990 (dt. Erstausgabe 1986; arab. Originalausgabe 1980)

KHALIFA, SAHAR: Memoiren einer unrealistischen Frau, Zürich 1995 (arab. Orig. 1986)

KHALIFA, SAHAR: Das Tor, Zürich 1996 (arab. Orig. 1990)

LAPID, SHULAMITH: Im fernen Land der Verheißung. Aus dem Hebräischen von Wolfgang Lotz. Reinbek 1990 (hebr. Jerusalem 1982)

LAPID, SHULAMITH: Lokalausgabe, 2.Aufl. Frankfurt a. M. 1996 (hebr. Orig. 1989)

LIEBRECHT, SAVYON: Chajutas Verlobungsfest. Aus dem Hebräischen von Stefan Siebers (1992). In: Reimann, Patricia (Hrsg.), Israel. Ein Lesebuch, München 1998, S. 109-124

LIPMAN, BEATA: Alltag im Unfrieden. Frauen in Israel, Frauen in Palästina, Frankfurt/Main 1989

MANN, MENDEL: Das Haus in den Dornen. In: Eva Rottenberg (Hrsg.), Schalom. Erzählungen aus Israel, Zürich 1964 und 1981, S. 45-83

OZ, AMOS: Keiner bleibt allein, Düsseldorf 1976 (hebr. 1966)

OZ, AMOS: Im Lande Israel, Frankfurt a. M. 1984 (hebr. 1983)

OZ, AMOS: Der dritte Zustand, Frankfurt a. M./Leipzig 1992

OZ, AMOS: Mein Michael, Frankfurt a. M. 1997 (Übers. aus d. Engl., hebr. Original 1968)

OZ, AMOS: Panther im Keller. Übers. aus dem Hebräischen von Vera Loos und Naomi Nir-Bleimling, München/Wien 1997 (hebr. 1995)

SCHENHAR, JIZCHAK: Sinkende Schatten. In: Eva Rottenberg (Hrsg.), Schalom. Erzählungen aus Israel, Zürich 1964 und 1981, S. 11-34

SCHROBSDORFF, ANGELIKA: Jericho. Eine Liebesgeschichte, Hamburg 1995

SHABTAI, YAAKOV: Erinnerungen an Goldmann, Frankfurt 1993 (hebr. 1977)

SHAMIR, MOSHE: My Life with Ishmael, London 1970 (hebr. 1969)

SHAMIR, MOSHE: With his own hands. Translated from the Hebrew by Joseph Shachter, Jerusalem 1970 (hebr. 1951)

SHAMIR, MOSHE: Die Nacht von Sarona. In: Eva Rottenberg (Hrsg.), Schalom. Erzählungen aus Israel, Zürich 1964 und 1981, S. 167-193

SIVAN, ARYEH: Adonis, Tel Aviv 1992 (Frankfurt a. M. 1994)

TAMMUZ, BENJAMIN: Das Geheimnis des Minotaurus. Aus dem Hebräischen von Monika Zemke, Frankfurt a. M. 1996 (hebr. Original 1980)

URIS, LEON: Exodus, 4.Aufl. München 1969

YIZHAR, SAMUEL: Midnight Convoy. In: ders., Midnight Convoy and other stories. Israel Universities Press: Jerusalem 1969, S. 113-256

4. Zeitungen

AVENARIUS, THOMAS: Lebensspender Euphrat und Tigris. In: Süddeutsche Zeitung 17./18. Februar 1996

AVNERY, URI: Wollt ihr die totale Gerechtigkeit? In: Süddeutsche Zeitung 2. September 1997, S. 11

BORGMANN, MONIKA: „Ein Paß und ein normales Leben". In: Die Zeit 16. Dezember 1994: 46

BREMER, JÖRG: Die Diesseitigen und die Jenseitigen. Israels Mythen im Widerstreit: Masada und der Sechs-Tage-Krieg. In: Frankfurter Allgemeine Zeitung 5. Juli 1997: Bilder und Zeiten

BUSCHE, JÜRGEN: „Wozu Geschichte in der Schule?" In: Süddeutsche Zeitung 4./5. Februar 1995: 4

DACHS, GISELA: Abschied von der Jugend, in: Die Zeit 9. Dezember 1994: 56

DACHS, GISELA: Die Bomben wirken, in: Die Zeit 3. Februar 1995: 6

DACHS, GISELA: „Wir sind keine Brüder". In: Die Zeit 6. Dezember 1996, S. 12

DACHS, GISELA: Das Pferd muß weg. Journalismus in Nahost: Warum Bilder und Wirklichkeit nicht selten divergieren. In: Die Zeit 13. Juni 1997, S. 51

DINER, DAN: Das Ende der gestreckten Zeit. In: Frankfurter Allgemeine Zeitung 19. Oktober 1996 (Bilder und Zeiten)

FLOTTAU, HEIKO: Arabiens stumpfe Waffe. In: Süddeutsche Zeitung 2. April 1997, S. 4

FOCHT, PETER/NEININGER, MECHTHILD: Israel sorgt sich um jeden Tropfen. In: Zeitung für kommunale Wirtschaft, September 1993

FRÜNDT, BODO: Die zweite Generation. Fast die ganze Jahresproduktion: Filme aus Israel in allen Sektionen der Berlinale. In: SZ 17. Februar 95: 14

GOYTISOLO, JUAN: Weder Krieg noch Frieden. I: Das Pulverfaß Gaza (FR 22. Febraur 1995, S. 8); II: Arafat in der Reuse (FR 23. Februar 1995, S. 9); IV: Dividenden des Friedens? (FR 25. Februar 1995, S. 10); V: Ein Labyrinth aus Inseln (FR 27. Februar 1995, S. 9); VI: Traum und Alptraum (FR 28. Februar 1995, S. 8)

GROSSMAN, DAVID: Terror zersetzt die Gesellschaft. In: Die Zeit 2. August 1996, S. 8

GÜNTHER, INGE: Im Haus gegenüber wohnt der Kinderschreck. In: Frankfurter Rundschau 29. März 1997, S. 3

GÜNTHER, INGE: Chronik einer angekündigten Exekution. In: Frankfurter Rundschau 16. Mai 1997, S. 3

KOCH, ERWIN: Hebron. Shuhada? Israelisch-palästinensische Grenzgänge. In: Frankfurter Rundschau. Zeit und Bild, 31. Mai 1997

KÖHLER, WOLFGANG: „Eine Quelle des Stolzes für alle". Die Fedajin der Hamas sind in ihrem Kampf gegen Israel zum „Martyrium" bereit. In: Frankfurter Allgemeine Zeitung 30. April 1994

LECHNER, WOLFGANG/KASHI, ED: Wo die Macht des Wassers Frieden stiftet. In: Die Zeit – Magazin 22. März 1996, S. 12-22

LEHMANN, PEDI: Am Ende fliegen doch wieder die Steine. In: Frankfurter Rundschau 16. Juli 1997, S. 10

LOEWY, HANNO: Im Dreieck springen. Fragen an jüdische Identität heute. In: SZ 29./30. November 1997

MEISTER, MARTINA: Kino in der 1.Person Singular. Französisch-israelische Reaktionen auf Militär-Dokumentarfilme von Lanzmann & Ophuls. In: FR 6. Januar 1995

MORRIS, BENNY: Macht und Ohnmacht der Geschichte. Israels Historikerstreit - Friedensbeitrag, Nestbeschmutzung, Wahrheitssuche? In: Frankfurter Rundschau 13. Januar 1996, S. 14

NEIFEIND, HARALD: Israel vor dem Mord – Oktober 1995. In: Spektrum. Hrsg.: Georg-August-Universität Göttingen 1/1996, S. 16-17

NEULAND. KKL-Nachrichten Nr.20 (Hrsg.: Keren Kayemeth Leisrael, o.O., 1995)

PONGER, ANNE: Der Gegenschlag per Video. In: Süddeutsche Zeitung 21. November 1996, S. 3

PONGER, ANNE: Tag der offenen Tür in Hebron. In: Süddeutsche Zeitung 18./19. Januar 1997a, S. 7

PONGER, ANNE: Das Verbot, zu Hause zu sein. Jerusalem: Die stille Vertreibung der Palästinenser. In: Süddeutsche Zeitung 13. Mai 1997, S. 3

PONGER, ANNE: Ein Wildschwein ist ein Schwein. In: Süddeutsche Zeitung 10. Juni 1997b, S. 3

PONGER, ANNE: Nicht mehr für alle das gelobte Land. Israelische Existenzängste nach hundert Jahren Zionismus. In: Süddeutsche Zeitung 15./16. November 1997c, S. 10

PONGER, ANNE: Der Berg ist nur die Spitze des Problems. Mit dem Ja zum Har-Homa-Wohnungsprojekt will Netanjahu in Jerusalem Tatsachen schaffen. In: SZ 28. Februar 1997, S. 4

PONGER, ANNE: Osloer Friedensabkommen spalten die israelische Nation. In: SZ 3./4. Januar 1998, S. 2

ROSENTHAL, RUVIK: Die Euphorie in dem langen, heißen Sommer nach dem Juni-Krieg. In: Frankfurter Rundschau 6. Juni 1997, S. 18

SARRAJ, EYAD: Israel braucht einen Sadat. In: Die Zeit 10. Februar 1995

TIBI, BASSAM: Schlüsselregion des Südens. In: FAZ 9. August 1995

WATZAL, LUDWIG: Palästina zwischen Krieg und Frieden. In: FAZ 14. August 1997, S. 6

WEHLER, HANS-ULRICH: Wider die falschen Apostel. In: Die Zeit Nr. 46, 9. November 1990

WERTZ, ARMIN: Heimat bleibt Heimat, auch auf dem Ölberg. Aufgebaut und weggesprengt: Der Kampf einer palästinensischen Familie um das kostbare Bauland in Jerusalem. In: Frankfurter Rundschau 24. Dezember 1994

WERTZ, ARMIN: Kinder, die Steine werfen, sind nicht aus Stein. In: Frankfurter Rundschau 13. April 1995, S. 3

WIEDEMANN, ERICH: „Zuckerstück für Arafat". In: Der Spiegel 36/1993, S. 155f.

WISSER, ULRICH: Israels chronisches Wasserproblem. Internet-Auskunft der Presse- und Informationsabteilung der Botschaft des Staates Israel in der Bundesrepublik Deutschland vom 26.8.1997, S. 1-4 (http://www.israel.de/blickpunkt/wasser)

Titel der DIAK-Buchreihe

Reiner Bernstein:
Geschichte des Staates Israel / Teil II.
Von der Gründung 1948 bis heute
3-87920-419-5, 126 Seiten, € 13,40

Reiner Bernstein/Jörn Böhme (Hrsg.):
„Ein nationalbewußter Jude muß
Linker sein"
3-87920-412-8, 182 Seiten, € 18,–

Werner Fölling/Tobias Kriener (Hrsg.):
Kibbuz-Leitfaden
3-87920-410-1, 144 Seiten, € 12,80

Rabah Halabi/Ulla Philipps-Heck (Hrsg.):
Identitäten im Dialog. Konfliktintervention
in der Friedensschule von Neve
Schalom/Wahat al-Salam in Israel
3-87920-425-X, 204 Seiten, € 18,40

Kinan Jaeger:
Quadratur des Dreiecks. Die deutsch-
israelischen Beziehungen und die
Palästinenser. Mit einem Vorwort von
Hans-Jürgen Wischnewski
3-87920-415-2, 264 Seiten, € 29,80

Andrea Kaiser/Tobias Kriener (Hrsg.):
Normal ist das Besondere.
Streiflichter aus 30 Jahren
deutsch-israelischen Beziehungen
3-87920-414-4, 92 Seiten, € 12,80

Uta Klein/Dietrich Thränhardt (Hrsg.):
Gewaltspirale ohne Ende? Konflikt-
strukturen und Friedenschancen im
Nahen Osten
3-87920-428-4, 256 Seiten, € 24,80

Martin W. Kloke: Der israelisch-
palästinensische Friedensprozeß
3-87920-413-6, 116 Seiten, € 12,80

Martin W. Kloke:
Israel und die deutsche Linke.
Zur Geschichte eines schwierigen
Verhältnisses
3-87920-411-X, 388 Seiten, € 29,80

Tobias Kriener/Christian Sterzing:
Kleine Geschichte des israelisch-
palästinensischen Konfliktes
3-87920-417-9, 68 Seiten, € 9,20

Hermann Meier-Cronemeyer:
Geschichte des Staates Israel / Teil I.
Entstehungsgeschichte: die
zionistische Bewegung
3-87920-418-7, 126 Seiten, € 13,40

Harald Neifeind:
Der Nahostkonflikt – historisch,
politisch, literarisch
3-87920-422-5, 282 Seiten, € 28,80

Felix Gregor Neugart:
Die alte Herrlichkeit wiederherstellen.
Der Aufstieg der Schas-Partei in Israel
3-87920-426-8, 100 Seiten, € 13,40

Ulla Philipps-Heck (Hrsg.):
Daheim im Exil. ‚Orientalische' Juden
in Israel
3-87920-420-9, 152 Seiten, € 15,–

Dietmar Wiechmann:
Der Traum vom Frieden. Das bi-
nationale Konzept des Brith Schalom
zur Lösung des jüdisch-arabischen
Konflikts in der Zeit von 1925-1933
3-87920-416-0, 440 Seiten, € 44,–

Ulrike Wolff-Jontofsohn:
Friedenspädagogik in Israel.
Beiträge nichtstaatlicher Gruppen zur
Bewältigung gesellschaftlicher und
politischer Konflikte
3-87920-421-7, 460 Seiten, € 44,–

WOCHEN
SCHAU
VERLAG

Adolf-Damaschke-Str. 12 • 65824 Schwalbach/Ts.
Tel.: 06196 / 8 60 65, Fax: 06196 / 8 60 60
e-mail: wochenschau-verlag@t-online.de